国家社科基金
GUOJIA SHEKE JIJIN HOUQI ZIZHU XIANGMU
后期资助项目

训诂探索与应用

Exegesis Exploration and Application

周志锋 著

ZHEJIANG UNIVERSITY PRESS
浙江大学出版社

图书在版编目（CIP）数据

训诂探索与应用/ 周志锋著. — 杭州：浙江大学
出版社，2014.11
ISBN 978-7-308-13995-3

Ⅰ. ①训… Ⅱ. ①周… Ⅲ. ①训诂—研究
Ⅳ. ①H13

中国版本图书馆CIP 数据核字（2014）第246677 号

训诂探索与应用

周志锋　著

责任编辑　胡　畔（llpp_lp@163.com）
封面设计　续设计
出版发行　浙江大学出版社
　　　　　（杭州市天目山路148 号　邮政编码310007）
　　　　　（网址：http://www.zjupress.com）
排　　版　杭州立飞图文制作有限公司
印　　刷　浙江印刷集团有限公司
开　　本　710mm×1000mm　1/16
印　　张　21.5
字　　数　415 千
版 印 次　2014 年11 月第1 版　2014 年11 月第1 次印刷
书　　号　ISBN 978-7-308-13995-3
定　　价　48.00 元

国家社科基金后期资助项目
出版说明

后期资助项目是国家社科基金项目主要类别之一，旨在鼓励广大人文社会科学工作者潜心治学，扎实研究，多出优秀成果，进一步发挥国家社科基金在繁荣发展哲学社会科学中的示范引导作用。后期资助项目主要资助已基本完成且尚未出版的人文社会科学基础研究的优秀学术成果，以资助学术专著为主，也资助少量学术价值较高的资料汇编和学术含量较高的工具书。为扩大后期资助项目的学术影响，促进成果转化，全国哲学社会科学规划办公室按照"统一设计、统一标识、统一版式、形成系列"的总体要求，组织出版国家社科基金后期资助项目成果。

全国哲学社会科学规划办公室

目 录

上 编

下　编

上　编

　　本编前三章"上古、中古汉语词语训诂""近代汉语词语训诂""现代汉语词语训诂"以汉语史分期为纲,考释上古、中古、近代及现代汉语中的一些疑难词语,以训释单个词语为主,兼释某一类型词语和某些专书词语,还对几部近代汉语词典提出商榷。所讨论的词语大多"字面普通而义别",容易望文生义;有的众说纷纭,莫衷一是。本书立足于文献材料,综合运用各种训诂方法,广泛求证,深入考辨,试图给出一个合理而准确的解释。每篇文章字数不一,有话则长,无话则短,以讲清道理为原则。

　　第四章"训诂研究相关问题"大致可分为两类:一是讨论《说文》重文、词语理据、同步引申等与训诂的关系,二是讨论互文、倒文、平仄、省句等与古诗文解读的关系。内容稍有点"杂",但都与"训诂"相关。

第一章　上古、中古汉语词语训诂

一　释"凤凰来仪"①

"凤凰来仪"亦作"凤皇来仪",语出《尚书·益稷》:"《箫韶》九成,凤皇来仪。"这句话历来有两种不同解释,分歧缘自对"仪"字的不同理解。一种意见训"仪"为"容仪",《尚书·益稷》伪孔传:"仪,有容仪。"现代辞书多仍之,如《辞海》(1999年版缩印本)"凤凰来仪"条义项一:"谓凤凰来舞而有容仪,相传以为瑞应。"《汉语大词典》"来仪"条义项一:"谓凤凰来舞而有容仪,古人以为瑞应。"又"凤凰来仪"条:"凤凰来舞,仪表非凡。指吉祥之兆。"《中国成语大辞典》(上海辞书出版社1987年版)"凤凰来仪"条:"仪:容仪。凤凰来舞,仪表堂堂。"《汉语成语大词典》(中华书局2002年版)"凤凰来仪"条:"凤凰飞来,翩翩起舞,仪态优美。"另一种意见训"仪"为"匹",汉郑康成首创其说(见《周礼·春官·大司乐》贾疏引),清黄生发挥之,云:"仪,匹也。谓双下之也。"(见《义府》"凤凰来仪"条)今人于省吾先生亦持此说,云:"来仪犹言来匹。"(见《泽螺居诗经新证》"公尸来燕来宜"条)笔者以为,这个"仪"解作"容仪",固然牵强,释为"匹",亦非确诂。所谓"双下之",汉语习惯说法当云"仪来",不当云"来仪"。实际上,这个"仪"亦训"来","来仪"是同义复词。为了说明这个问题,先把与这句话有关的内容抄录下来:

> 夔曰:"戛击鸣球、搏拊、琴瑟以咏。"祖考来格。……《箫韶》九成,凤凰来仪。

---

① 原载《中国语文天地》1989年第6期,题目为《"凤凰来仪"之"仪"》,今略有改动。关于"凤凰来仪"的"仪"字,先后有多位学者讨论过,如殷寄明《汉语语源义初探》第五章第二节"语源分析方法的运用"例二"凤凰来仪"条,学林出版社1998年版,第220页;詹詹《"有凤来仪"疏》,《红楼梦学刊》2000年第4期;丁俊苗《"凤凰来仪"之"仪"释义辨证》,《巢湖学院学报》2008年第4期等。另外,瑞典汉学家高本汉《汉文典》"仪"有"来"一个义项,书证就是"凤凰来仪",见杨剑桥《评高本汉的〈汉文典〉》,《辞书研究》2001年第3期。

这段话写的是舜、禹、皋陶等人一次会议后举行祭祀的情况,大意是:乐官夔说:"演奏起鸣球、搏拊、琴瑟这些乐器来歌咏吧。"先王的灵魂来到了。……《萧韶》的音乐演奏了九次,凤凰飞来了。"祖考"和"凤凰"都是罕至之物,感于音乐,都来参加这个祭礼。了解了"凤凰来仪"的语境,下面我们再从几个方面来分析。

从文例看,"凤凰来仪"与"祖考来格"句式相同,构成对文,可知"来仪"与"来格"意思相同。《尔雅·释言》:"格,来也。"《方言》卷二:"佫,来也。"(佫为格本字)则"来格"属于同义连文。据此可以推知"来仪"也当是同义连文。因为"古人行文不避重复","古书中两字一义者,往往有之"。

把"仪"解作"来",训诂上也有根据。《方言》卷二:"仪、佫,来也。陈颍之间曰仪,周郑之郊、齐鲁之间曰佫。"钱绎《方言笺疏》:"《广雅》:'仪、招,来也。'……戴氏曰:'仪者,仪之而来。《周语》"丹朱冯身以仪之",仪即来归之义。'"可见,"仪"古代确实可当"来"讲。

下面的例子更有启发性:

(1)《文选·班固〈幽通赋〉》:"虞韶美而仪凤兮,孔忘味于千载;素文信而厎麟兮,汉宾祚于异代。"

(2)《吕氏春秋·开春论》:"王者厚其德,积众善,而凤皇圣人皆来至矣。"

例(1)"仪凤"与"厎麟"对举,"厎"是致的意思,"仪"也应是动词,来的意思。例(2)"凤凰圣人皆来至此",恰似"祖考来格""凤凰来仪"的缩写。"格""仪""至"皆与"来"同义连文,所不同的是,"格""仪"用的是方言,"至"是通语。

我们还可以从"来仪"一词的古书用例来证明"来仪"不当解为"双下之"。晋孔约《志怪》"卢充"条记载,卢充与女鬼崔氏女结合,三日即分别。四年后,崔氏女把所生之子交还卢充,临别时,又赠诗给丈夫,说自己本是"煌煌灵芝质",可是"含英未及秀,中夏罹霜萎"。下面说:"不悟阴阳运,哲人忽来仪。""哲人忽来仪"意思是说您这位有德行的人忽然来临了,"来仪"决非"成双地来"。又,《太平御览》卷九百十五"羽族部"二"凤"条引《尚书帝命验》曰:"舜授终,赤凤来仪。"《绣鞋记警贵新书》第一回:"丹凤来仪宇宙春,中天景色四时新。"《杏花天》第五回:"单凤来仪双玉树,两龙争抱一颗珠。"有"凤"无"凰",也足证"来仪"非"双下之"。

"凤凰来仪"这句话,《史记·五帝本纪》改写成"凤凰来翔",可见司马迁也不把"仪"当作"容仪"或"匹"讲。而"来翔"与"来格""来至"义近,这也可作为"仪"当训"来"的一个旁证。

二　释"九层之台,起于累土" ①

《老子》第六十四章:"合抱之木,生于毫末;九层之台,起于累土;千里之行,始于足下。"其中"累"字,通行解释有以下两种:

一为堆积。《汉语大字典》"累"字条义项一"堆集,积聚"首例举此例,《汉语大词典》"累"字条义项一"堆集;积聚"首例也举此例,《辞源》"累"字条义项一"堆集,积聚"引例相同。胡汝章主编《成语辞海》"九层之台,起于累土"条释为:"谓九层的高楼,其始亦由些微土渐积而成,喻事自小而终至大。"常晓帆主编《实用成语词典》释为:"九层高的台,是用一块土一块土砌起来的。"以上虽然没有专门解释"累"字,但从译文看,显然是把它理解为堆积。

一为土筐。湖北大学古籍研究所编《汉语成语大词典》"九层之台,起于累土;千里之行,始于足下"条释为:"累:当为'蔂',盛土的筐子。高达九层的土台,是从一筐土开始堆积起来的;行千里路,是从脚迈第一步开始的。"韩省之主编《中国成语分类大词典》注解、翻译基本相同。

两说之中,必有是非。今谓训土筐是,训堆积非。大型辞书《汉语大字典》《汉语大词典》等"累"字条义例不合,部分成语词典解释这条成语时也有望文生义之失。理由如次:

一、看句法。"合抱之木,生于毫末;九层之台,起于累土;千里之行,始于足下"既是排比句,又是骈偶句。句中"木""台""行"("行"非行走,而是指路程)相对为文,都是名词;"毫""累""足"也是相对为文,词性也应该是一致的。"毫"(毫毛)、"足"为名词,"累"也应当为名词。"累"释为名词"土筐",文从字顺;释为动词"堆积",则不合文例。

二、看异文。"累"释为"盛土的筐子",还可以从《老子》其他版本以及出土文献中得到印证。《老子》一书,魏晋以来比较流行的传本是王弼注本和河上公注本。河上公本此句写作"九成之台,起于蔂土"。《汉语大字典》"蔂"条:"蔂,同'累(虆)'。盛土笼。"20世纪70年代在长沙马王堆汉墓发现了汉初抄写的帛书《老子》甲、乙本,可以说是《老子》一书今日所能见到的最古抄本。对河上公本"九成之台,起于蔂土"的"蔂",许抗生《帛书老子注译与研究》一书指出:"蔂,甲本作'嬴',乙本作'纍'。嬴即纍也,为一

---

① 原载《语文建设》2011年第3期,题目为《"九层之台,起于累土"的"累"辨释》。与研究生江在山合作,江在山为第一作者。

种竹器,属箱类。籯即纍也,盛土之器。'籯'、'纍'义近。傅奕本、通行本皆作'累','累'应即为'纍'。今从乙本。"(引者按:"籯即籯也"之说稍嫌迂曲。其实"籯"也是"纍"的借字,参见《汉语大字典》"籯"字条)

三、看通借实例。"累"作为"纍(蔂)"的假借字在古文献中时有所见。例如:《说苑·善说》:"(子贡)对曰:'夫子不可增也。赐其犹一累壤也,以一累壤增大山,不益其高。'"清卢文弨《群书拾补》:"'累','蔂'之假字。"《越绝书·外传记吴地传第三》:"越王候(使)干戈人一累土以葬之。"清孙诒让《札迻》:"'累'即'蔂'之借字。"

四、看前人注解。"累"训土筐,《老子》各家注本也多持此说。高亨《老子正诂》:"累当读为蔂。土笼也。起于累土,犹言起于篑土也。"陈鼓应《老子注译及评介》:"高亨说:'累'当读为蔂,土笼也。起于累土,犹言起于篑土也。'土笼是盛土的用具,累土即一筐土。"

五、看古代建筑方式。古文献中所反映出来的先民建筑方式也能佐证"累"释为"盛土的筐子"的合理性。《诗·大雅·绵》:"捄之陾陾,度之薨薨。"汉毛亨传:"捄,蔂也。"郑玄笺:"捄,抒也。筑墙者抒聚壤土,盛之以蔂而投诸版中。"古人以泥筑墙,聚集起来的泥土需用"蔂"装入夹板,然后夯实为墙。《淮南子·说山训》:"针成幕,蔂成城,事之成败,必由小生。"此则是说城墙是一"蔂"一"蔂"筑成的。筑墙用"蔂",筑城用"纍"(蔂与纍是异体字),筑台也理应如此。尤其是"蔂成城"与"九层之台,起于累土"文意极为相似,两者比较可知,"累"与"蔂"其实就是同一个词。

综上所述,"九层之台,起于累土"的"累"为"蔂(纍)"的假借字,义为"盛土的筐子"。另外,"起"字帛书《老子》甲、乙本皆作"作","起""作"同义,《说文》:"作,起也。"而"作"有始义,如《广雅·释诂一》:"作,始也。"《老子》第六十三章:"天下难事,必作于易;天下大事,必作于细。"据此,湖北大学古籍研究所编《汉语成语大词典》把"九层之台,起于累土"译作"高达九层的土台,是从一筐土开始堆积起来的",似乎还可推敲,原文并没有"堆积起来"的意思,又有以"堆积"释"累"之嫌。正确的翻译应是:"九层的高台,起始于一筐土。"

三　释"方×里"①

"方×里"是古代计量面积的习惯用语,其中"方"的含义古人都明白,

① 原载《语文建设》2002年第6期,题目为《再说"方×里"》。今补上原稿删节部分。

今人却每有歧解。

先看辞书的释义：

（1）《孟子·梁惠王上》："地方百里而可以王。"……《汉语大字典》（第二版）"方"字条："方圆；周围。"

（2）《论语·先进》："方六七十，如五六十，求也为之，比及三年，可使足民。"……《汉语大词典》"方"字条："古代计量面积用语。后加表示长度的数字或数量词，表示纵横若干长度的意思。多用于计量土地。"

再看高中《语文》课本的注解：

（3）《邹忌讽齐王纳谏》："今齐地方千里，百二十城。"人教社1997年版高中《语文》第一册注："齐地方千里：齐国的土地方圆千里。"

（4）《赤壁之战》："将军以神武雄才，兼仗父兄之烈，割据江东，地方数千里，兵精足用。"人教社2000年版高中《语文读本》第二册注："方数千里：方圆数千里。"

（5）《毛遂自荐》："今楚地方五千里，持戟百万，此霸王之资也。"人教社2000年版高中语文实验课本《文言读本》下册注："方五千里：五千里方圆。"

（6）《齐桓晋文之事》："海内之地，方千里者九，齐集有其一。"人教社1998年版高中《语文》第五册注："方千里者九：纵横各一千里的地方有九块。"

"方×里"的"方"当作何解？笔者在高校执教"古代汉语"课程有年，曾多次问过中文系的学生，有的说指"方圆"，有的说指"周围"，有的说指"平方"，有的说指"见方"，言人人殊；也问过一些中学语文教师，答案也是见仁见智，各不相同。

概括以上有代表性的说法，"方×里"之"方"或以为指方圆、周围，或以为指纵横、见方。哪一说为优？后者。下面我们分几方面加以说明。

一、古代计算面积大多是截长补短折合成正方形加以计算的。文献中有关这方面的材料并不少见。例如：

（7）《墨子·非命上》："古者汤封于亳，绝长继短，方地百里。……昔者文王封于岐周，绝长继短，方地百里。"

（8）《孟子·滕文公上》："今滕，绝长补短，将五十里也，犹可以为善国。"

（9）《韩非子·初见秦》："今秦地折长补短，方数千里。"

（10）《战国策·秦策一》："今秦地形，断长续短，方数千里。"下文："今秦地断长续短，方数千里。"又《楚策四》："今楚国虽小，绝长续短，犹以数千里，岂特百里哉？"

（11）《礼记·王制》："凡四海之内，断长补短，方三千里，为田八十万亿一万亿亩。"

（12）《史记·楚世家》："西周之地，绝长补短，不过百里。"

（13）《后汉书·东夷列传》："东沃沮……其地东西夹（狭），南北长，可折方千里。"

（14）唐元稹《授李愿检校司空宣武军节度使制》："然而灵武魏博至于大梁，断长补短，方数千里，皆尔伯仲，又何加焉！"

以上例证表明，古人计算面积，是把不规则的形状凑成方形来计算的。

二、"方×里"又有"方各×里""方面各×里"等说法，"方"指纵横、见方，其义尤显。例如：

（15）汉东方朔《海内十洲记》："长洲一名青丘，在南海辰巳之地，地方各五千里。"下文："方丈洲在东海中心，西南东北岸正等，方丈（洲）方面各五千里。"下文："（昆仑三角）其一角有积金为天墉城，面方千里。"

《海内十洲记》记述各洲之面积，大多用"方×里"的传统说法，如："祖洲近在东海之中，地方五百里。""瀛洲在东海中，地方四千里。"以上几处则说成"方各×里""方面各×里""面方×里"，显然是同一意思，而"方"指"纵横""方形每边"则更为明白了。

三、古代文献和古代注释家、训诂学家对"方"都已有正确的解释，足资参证。例如：

（16）《礼记·王制》："方一里者，为田九百亩；方十里者，为方一里者百，为田九万亩；方百里者，为方十里者百，为田九十亿亩；方千里者，为方百里者百，为田九万亿亩。"

做两道简单的算术题：1. 已知方 1 里＝900 亩，方 10 里＝90000 亩，由方 1 里到方 10 里，只有每边扩大 10 倍，才能由 900 亩到 90000 亩。其余可以类推（郑玄注："一里方三百步。""亿今十万。""万亿今万万也。"）。2. 已知方 10 里＝方 1 里×100，前者只有理解为 10 里×10 里＝100 平方里，后者只有理解为 1 平方里×100＝100 平方里，等式才能成立。其余可以类推。

（17）《礼记·王制》："凡四海之内九州，州方千里……"汉郑玄注："此大界方三千里，三三而九，方千里者九也。……周公制礼，九州大界方七千里，七七四十九，方千里者四十有九也。"

联系例（3）"海内之地，方千里者九"、例（8）"凡四海之内，断长补短，方三千里"，"方三千里"，三三得九，故"方千里者九"。郑注得其真谛。

（18）《诗经·大雅·文王有声》汉郑玄笺："方十里曰成。"唐孔颖达疏："言每方十里之地。"

作为古代土地区划名的“成”,《汉语大词典》释为“指方圆十里之地”,不确;《汉语大字典》释为“指十里见方之地”,是。

(19)《孟子·滕文公上》:“方里而井,井九百亩。”清焦循《孟子正义》:“方者,开方也(引者按:“开方”有“见方”义,参《汉语大词典》)。方一里,谓纵横皆一里。”

四、清王引之《经义述闻》卷七“幅陨既长”条云:“古人言地之广狭,皆云方几里,或云广纵几里,无以还绕言之者。”这一说法基本是正确的,但古人也偶尔以周围的长度来计算面积,只不过所用词语是“周”“周围”“周回”“周匝”“周旋”“方圆”等,决不用“方×里”这种格式。例如:

(20)《周髀算经》卷上:“其周七十一万四千里。”

(21)北魏郦道元《水经注·汾水》:“其山特立,周七十里,高三十里。”

(22)《太平广记》卷四百八十二《孝忆国》引《酉阳杂俎》:“孝忆国,界周三千余里。”又《昆吾》引《酉阳杂俎》:“昆吾陆盐,周十余里。”

(23)《北堂书钞》卷一百五十引三国吴徐整《长历》:“月径千里,周围三千里。”

(24)宋度正《条奏便民五事》:“臣今打量军城,周围计九百四十三丈,高一丈五尺,址厚一丈六尺。”

(25)《汉书·刘向传》:“秦始皇帝葬于骊山之阿,下锢三泉,上崇山坟,其高五十余丈,周回五里有余。”

(26)《魏书·西域传·副货国》:“国中有副货城,周匝七十里。”

(27)汉东方朔《海内十洲记》:“其北海外又有钟山,在北海之子地,隔弱水之北一万九千里,高一万三千里,上方七千里,周旋三万里。”

(28)《宣和遗事》前集:“徽宗道:‘见说月宫方圆八百里,若到广寒宫,须有一万亿,如何得到?’”

(29)元无名氏《盆儿鬼》第一折:“俺这方圆四十里,再无一分人家。”

(30)《水浒全传》第十一回:“山东济州管下一个水乡,地名梁山泊,方圆八百余里。”

以上“周”“周围”“周回”“周匝”“周旋”是同义语,均指四周、圆周的周长。“方圆”既不是指方形,也不是指圆形的半径或直径,而是指周围的长度。通过对比,不难看出,“方”不同于方圆、周围,而等同于纵横、见方。

“方×里”还可以省说成“×里”,意思不变。以下的材料可以为证:

(31)《墨子·非命上》:“古者汤封于亳,绝长继短,方地百里。”《战国策·楚策四》:“昔汤、武以百里昌。”

(32)《礼记·王制》:“天子之田方千里,公侯田方百里,伯七十里,子男五十里。"

（33）《左传·隐公元年》晋杜预注："侯伯之城方五里。"《礼记·坊记》唐孔颖达疏："侯伯之城五里。"

（34）《左传·隐公元年》唐孔颖达疏："天子之城方九里，诸侯礼当降杀，则知公七里，侯伯五里，子男三里。"

据此，我们分析下面这个例子：

（35）《〈孟子〉二章·得道多助，失道寡助》："三里之城，七里之郭，环而攻之而不胜。"

人教版初中《语文》第五册注："三里之城，周围三里（那样小）的城。"朱东润主编《中国历代文学作品选》注："三里之城，周围三里的城。"把"三里"理解为"周围三里"，那么城的每边只有0.75里，这样的城未免太小了。其实，"三里"即"方三里"的省略说法，指每边长三里。

事实上，"方×里"的"方"当"纵横""方形每边"讲这于古人是个常识，不会产生费解、误解。今人注解古文，也每见正确的说法。如例（2）"方六七十，如五六十"，杨伯峻先生《论语译注》注："方六七十——这是古代的土地面积计算方式，'方六七十'不等于'六七十方里'，而是每边长六七十里的意思。"（王力先生主编《古代汉语》校订重排本第一册注："这两句是指周围六七十里和五六十里的小国家。"把"方"释作"周围"，不确）又如例（7）"方地百里"，王焕镳先生《墨子校释》注："土地百里见方。"另外，方文一先生撰有《还是释为'纵横'有据——'方'的一个义项》（《辞书研究》1995年第6期）一文，专门讨论"方"的纵横义，论证充分，很有说服力；笔者《新版中学语文课本古文注释发疑》（《宁波师范学院学报》1989年第1期，又见人大复印报刊资料《中学语文教学》1989年第5期）"三里之城"条对此亦有考释。应当说，问题早已解决了。但是，由于古今文化隔阂、语言隔阂，至今人们对"方×里"仍有不解其意者，故不厌其烦，再度申说。

四　释"拂士"①

《孟子·告子下》："入则无法家拂士，出则无敌国外患者，国恒亡。然后

---

① 本文初稿系笔者《新版中学语文课本古文注释发疑》中的一条，见《宁波师院学报》1989年第1期、人大复印报刊资料《中学语文教学》1989年第5期。该文被多人抄袭，见《新编中学语文疑难辨正六题》第二条，《古汉语研究》1995年第2期；又见《〈生于忧患，死于安乐〉注释商兑》第三条（凡三条，都是抄我的），《语文月刊》1999年第11期。另外，易思平先生撰有《"拂士"新解》一文，载《文史知识》1995年第11期，观点与本文相同，论述角度不一样，可参阅。

知生于忧患，而死于安乐也。"其中"拂"与"拂士"各家解释不一。

《汉语大词典》《汉语大字典》《辞海》、杨伯峻先生《孟子译注》以及中学《语文》课本等皆训"拂士"之"拂"通"弼"，义为辅弼、辅佐，如《汉语大词典》"拂（bì）士"条云："辅佐的贤士。拂，通'弼'。"首例举本例；人教社2006年版九年级《语文》下册《〈孟子〉二章·生于忧患，死于安乐》注："拂士，足以辅佐君主的贤士。拂，同'弼'。辅弼。"唯《辞源》"拂（bì）士"条云："能够直谏矫正君主过失的人。拂，通'弼'。"正举本例一例。我认为，《辞源》解释优于他说，下面略作分析。

一、从文意看，"法家拂士"与"敌国外患"相对为文，都是指使国君忧患的对象。"敌国外患"固然是君主所忧患者，法家是守法度的世臣，国君不依法而行，就要进谏劝阻，所以也是国君（尤其是昏君）忧患的人。如果"拂士"理解为"足以辅佐君主的贤士"，则国君对他何忧患之有？唯其"拂士"是"能够直谏矫正君主过失的人"，则昏君常忧之。

二、从古训看，"拂"通"弼"，"弼"有辅佐义，也有矫正义。《尚书·益稷》："予违，汝弼。"孔安国传："我违道，汝当以义辅正我。"此"弼"字就是纠正过失的意思。《大戴礼记·保傅》："洁廉而切直，匡过而谏邪者，谓之弼。弼者，拂天子之过者也。"更明言"弼"有"匡过谏邪"义。事实上，"拂"本身就有违逆、纠正义，不一定要通"弼"，即"拂"完全可以如字读。请看以下例子：《荀子·臣道》："有能抗君之命，窃君之重，反君之事，以安国之危，除君之辱，功伐足以成国之大利，谓之拂。"贾谊《新书·保傅》："洁廉而切直，匡过而谏邪者，谓之拂。拂者，拂天子之过者也。"《韩诗外传》卷八："辅臣五人，拂臣六人。""拂臣""辅臣"对举。《晏子春秋·杂上二十》："好则内无拂而外无辅，辅拂无一人，诌谀我者甚众。"《说苑·君道》："范氏之亡也，多辅而少拂。"两例皆"辅""拂"对举（《大词典》把《晏子春秋》例用作"拂"通"弼"、当"辅佐"讲的书证，恐不确）。上揭材料皆可证"拂士"是指能"拂天子之过之士"，非一般的能"辅佐君主的贤士"。

王力先生主编《古代汉语》（校订重排本）第一册《舜发于畎亩之中》"入则无法家拂士"注："拂（bì），通弼，匡正过失。拂士，能直谏匡过的臣。"第四册《常用词（十四）》"拂"字条："（三）读bì。通'弼'。辅佐。《孟子·告子上》（按：上当作下）:'入则无法家拂士，出则无敌国外患者，国恒亡。'《汉书·盖宽饶传》:'乃欲以太古久远之事匡拂天子。'"前后矛盾。前者除了谓"拂"音bì，通"弼"外，释义是；后者训释失当，所举两例"拂"均是匡正义。

五 释"养备而动时"

《荀子·天论》:"强本而节用,则天不能贫;养备而动时,则天不能病……本荒而用侈,则天不能使之富;养略而动罕,则天不能使之全。"其中"动时"和"时",古今有多种解释:

1. 把"动时"理解为"动以时"。唐杨倞注:"养生既备,动作以时,则疾疹不作也。"郭锡良等编《古代汉语》(修订本)注:"动时:动以时,即按时活动,指行动适应天时的变化。时,天时。"

2. 把"时"理解为"适合时宜"。北京大学《先秦文学史参考资料》(中华书局1962年版)引梁启雄说:"动时,谓动作适合时宜。"饶星先生《郭锡良〈古代汉语〉(修订本)注释商榷》(《古汉语研究》1993年第2期)云:"'时'字本身即有'适应天时'、'适合时宜'之意,可直接作谓语",并引《荀子·荣辱》"政令法,举措时,听断公"及《王制》"故养长时则六畜育,杀生时则草木殖,政令时则百姓一"等例为证。

3. 把"时"理解为"繁多"。俞信芳先生《鄞言发微》(《宁波师院学报》1986年第4期)"时"条认为,"时"与"罕"文相对而义相反,"时"是繁、多义,还援引古代文籍及鄞县方言来佐证"时"字此义。

诸说当中,第一说释"动时"为动补式"动以时",既增文为训,又与下文主谓式的"动罕"结构不合,不可从。就文字训诂而言,第二说最为得当。"时"古有适时、合于时宜义,此义《辞源》《汉语大字典》《汉语大词典》均收了,且《荀子》一书多有内证,用以解释本例,文义通顺。但从修辞角度考虑,犹有不足。第三说首次注意到"时"与"罕"的对文关系,然径释"时"为繁多,证据尚嫌不够。

今谓"养备而动时"与"养略而动罕"两句是互文,且是属于"相反见义"式的互文。这类互文不能从上下文中找出现成的互文词直接拼合互补,而是前后两部分相对的两个词语弦外有音,应当各自补出意义相反或相对的词语,方才文义相足(参阅本书《"互文见义"与古书解读》一文)。例如:

> 《礼记·坊记》:"君子约言,小人先言。"郑玄注:"'约'与'先'互言尔。君子'约'则小人'多'矣,小人'先'则君子'后'矣。"
> 《左传·宣公十四年》:"申舟曰:'郑昭宋聋。'"孔颖达疏:"'郑昭'言其'目明',则宋不明也;'宋聋'言其耳闻,则郑不闻也。耳目各举一事而对以相反。"

"养备而动时……养略而动罕……"，前者说"动时"，则意味着后者"动不时"（"时"均指合于时宜）；后者说"动罕"，则意味着前者"动多"。这几句话合起来就是：养备而动时且动多，则天不能病；养略而动罕且动不时，则天不能使之全。

六　释"口无择言"

成语"口无择言"语出《孝经·卿大夫》："是故非法不言，非道不行；口无择言，身无择行；言满天下无口过，行满天下无怨恶。"其中"口无择言，身无择行"句，唐玄宗注："言行皆遵法道，所以无可择也。"宋邢昺疏："口无可择之言，身无可择之行也。""经言'无择'，谓令言行无可择也。"可见，注疏均以本义选择、挑选解"择"字。胡平生先生《孝经译注》（中华书局1996年版）注释："口无择言，身无择行——张口说话无须斟酌措词，行动举止无须考虑应当怎样去做。"今译："〔由于言行都能自然而然地遵守礼法道德，〕开口说话无须斟字酌句，选择言辞，行为举止无须考虑应该做什么、不该做什么。"胡氏以"斟酌""考虑""选择"等来注译"择"字，即本唐宋注疏。这种说法颇有影响，请看以下大型语文辞书、有代表性的成语词典及教材的解释：

《汉语大词典》"口无择言"条："谓出口皆合道理，无需选择。"又，"身无择行"条："谓一身行为遵循法则而无其他选择。"（书证略，下同）

《中文大辞典》"口无择言"条："所言皆善，出口之言无需选择也。"

《中国成语大辞典》（上海辞书出版社1987年版）"口无择言"条："说出口的话无需选择。形容说的话都很正确。"

《汉语成语考释词典》（商务印书馆1989年版）"口无择言"条："嘴里说出来的话无须乎选择。指说的话都符合正理。"

《汉语成语大词典》（中华书局2002年版）"口无择言，身无择行"条："择：选择。言行都符合礼法，没有什么可选择的。"

汉马援《诫兄子严敦书》："龙伯高敦厚周慎，口无择言，谦约节俭，廉公有威。"部编高中语文实验课本《文言读本》上册（人民教育出版社2000年版）注："口无择言，不讲不合宜的话。择言，可以挑拣的话。"

"口无择言"古代文献用例颇夥，通行注解把"择"释作选择、挑拣、斟酌、考虑等义，均非达诂。究其原因，诸家皆为假借所魅。其实，"口无择言"的"择"不同于今语"急不择言""口不择言"的"择"，不当选择讲，而是"殬（dù）"的通假字，义为败、坏。"择言"即败言，不合法度的议论。《说文·歹部》:"殡,败也。"《尚书·吕刑》:"敬忌,罔有择言在身。"清孙星衍《尚书今古文注疏》:"择为殡假借字。《说文》云:'殡,败也。'"清王引之《经义述闻·尚书下》:"殡、择古音并同。'敬忌,罔有择言在身',言必敬必戒,罔或有败言出乎身也。"古书"择言""殡言"互见,义同。例如:

(1)汉扬雄《法言·吾子》:"君子言也无择,听也无淫。择则乱,淫则辟。"

(2)汉王充《论衡·自纪》:"口无择言,笔无择文。"

(3)汉应劭《风俗通·过誉·太原周党》:"身无择行,口无择言,修身慎行,恐辱先也。"

(4)《后汉书·刘般传》:"(刘)般在国口无择言,行无怨恶,宜蒙旌显。"

(5)清王闿运《长沙攸县庆都龙君年七十六行状》:"尝见闻者,金以为生平无遗行殡言,可以使懦夫立,薄夫敦。"(《汉语大词典》"遗行"条引此作:"金以为生平无遗行,殡言可以使懦夫立,薄夫敦。"断句误。)

《汉语大词典》"择言"条义项二释为"败言或不合法度的议论。择,通'殡'",举《尚书·吕刑》例;"择行"条释为"败坏的德行或不合法度的行为。择,通'殡'",举《孝经·卿大夫》等例,甚碻。然于"口无择言""身无择行"两条则泥于字面意思立说,致使前后矛盾,失去照应。"择"字这一通假用法《汉语大字典》"择"字条也有正确训释。事实上,这个问题早在清代已经解决了。除上引孙星衍、王引之诸家外,清朱骏声《说文通训定声·豫部》亦云:"择,假借为殡。《书·吕刑》:'罔有择言在身。'《孝经》:'口无择言,身无择行。'按,败也。"遗憾的是,后出的一些注本、辞书及教材未能采纳清儒成果,望文生训,相沿成误。

七 释"人自为战""各自为战"[①]

先说"人自为战"。

《史记·淮阴侯列传》:"此所谓驱市人而战之,其势非置之死地,使人人自为战;今予之生地,皆走,宁尚可得而用之乎?"这是成语"人自为战"的出处。"人自为战"文字浅显,学者多未措意。其实,这条成语的本义是什

---

① 本文是参加"新世纪汉语研究暨浙江语言学研究回顾与前瞻国际高级论坛"(杭州,2005年10月)所提交的论文,后投《辞书研究》,编辑部告知已有同类稿子备用,拙文后来以《"人自为战""各自为战"新解》为题发表在《汉字文化》2007年第2期。《辞书研究》2006年第3期刊有夏南强先生《"各自为战"的本义》一文,主要从史实角度进行论证,认为"各自为战"的正确解释应该是"各自为自己的利益(封地)而战",而不是"各自独立作战"。专此说明,以示不敢掠人之美。

么，语素"自"应作何解，"为"的音义是什么，"自为"又是什么样的结构，等等，仍有探讨的必要。先看通行的解释：

《辞源》(修订本)："人人主动奋战。"(书证略，下同)

《汉语大词典》："人人自动进行殊死战斗。形容人人都拼搏奋战。"("为"标音wéi，下同)

《中华成语大辞典》(吉林文史出版社1986年版)："人人主动奋战。现多用以指人人能独立作战。"

《中国成语大辞典》(上海辞书出版社1987年版)："指人人主动拼死作战，也指人人能独立作战。"

《汉语成语考释词典》(商务印书馆1989年版)："(原文)意思是使每一个人都能拼死作战。后来用'人自为战'，指人人都主动奋勇作战。也指人人独立作战。"

《汉语成语大词典》(中华书局2002年版)："人人都独自奋力作战。"

以上解释只说出了"人自为战"的大概意思，未能做到字字坐实。如以"主动""自动""独立""独自"等对译"自"字，而"自"根本没有这类意思；"为"均读作wéi，把"为战"连读，释为"奋战""进行殊死战斗""拼死作战""奋力作战"等，亦属臆必之谈，未足凭信。

"人自为战"的难解之处在于"自为"二字。今谓"自"，代词，自己。"为"，介词，音wèi，表示行为的对象，相当于"替""给"。"自为"即为自己，自己为自己。"自"作为人称代词，又叫反身代词、复指代词。古今汉语里，反身代词"自"用在及物动词前，可以表示动作的受事者，也即表示动作由自己发出并及于自身。例如：自欺欺人(自欺：欺骗自己，自己欺骗自己。其他准此分析)、自暴自弃、自轻自贱、扪心自问、故步自封、自爱、自尊、自勉、自杀、自卫、自救、自信、自夸，等等。介词"为"由动词虚化而来，具有与动词相似的语法功能，因而"自为"也有为自己、自己为自己的意思。《汉语大词典》"自为"条音项二释曰："(一wèi)为自己。"凡举四例。下面是笔者搜集到的例子：

(1)《左传·成公二年》："其自为谋也则过矣，其为吾先君谋也则忠。"

(2)《孟子·告子下》："先名实者，为人也；后名实者，自为也。"

(3)《庄子·天下》："虽然，其为人太多，其自为太少。"

(4)《史记·燕召公世家》："将渠泣曰：'臣非以自为，为王也！'"

(5)又《刺客列传》："彼伍员父兄皆死于楚而员言伐楚，欲自为报私雠也，非能为吴。"

(6)又《张耳陈余列传》："愿将军……遣人立六国后，自为树党，为秦益敌也。"

"自为"释作"为自己",那么"人自为战"就是"人人为自己作战",验之古书,文义顺畅密合。如《史记·淮阴侯列传》例,上文讲到,汉将韩信率兵攻赵,命士卒背水列阵,汉军前有大敌,后无退路,殊死作战,结果大破赵军。破赵后,诸将请教韩信背水为阵而能最终获胜的道理,韩信先援引兵书"陷之死地而后生,置之亡地而后存"的说法,进而解释说:这次攻赵,正像驱赶市民去打仗,必须把他们置之死地,使士兵人人为自己作战;如果给了他们生地,那就都逃跑了,难道还可能使用他们吗?根据"背水为阵""置之死地"的背景,把"人自为战"的"自为"释作"为自己",从逻辑上是完全说得通的。以下的例子也都应如此解释:

(1)《后汉书·吴汉传》:"若能同心一力,人自为战,大功可立。"

(2)《晋书·赫连勃勃载记》:"今因抄掠之资,率思归之士,人自为战,难与争锋。"

(3)宋苏轼《与孙知损运使书》:"亲戚坟墓所在,人自为战,不忧其不闲习也。"

(4)宋杨万里《论兵·下》:"盖以国守边不若以边守边,何则?人自为守也。夫人自为守者,守不以城;人自为战者,战不以兵。"

(5)明陆粲《拟上备边状》:"盖土兵……内欲为其室庐坟墓之卫,外欲报其父兄子弟之雠,人自为战,勇气百倍。"

(6)清于成龙《上张抚台善后事宜禀》:"成龙择殷实良善举为区长,联络守御,家自为守,人自为战,料宵小不能出其范围。"

再说"各自为战"。

与"人自为战"关系密切的还有一条成语是"各自为战"。一般都把"各自"连读,"为"念wéi音。例如:

《汉语大词典》:"各自独立作战。"(书证略,"为"标音wéi,下同)

《中国成语大辞典》:"各自成为独立的单位进行战斗。比喻各干各的,互不通气。"

《汉语成语大词典》:"各自分别对敌作战。也泛指各自分散行动。"

以上释义、注音均可商。"各自为战"出自《史记·项羽本纪》,为了说明问题,我们把有关内容逐录于下:

汉五年,汉王乃追项王,至阳夏南,止军,与淮阴侯韩信、建成侯彭越期会而击楚军。至固陵,而信、越之兵不会。楚击汉军,大破之。汉王复入壁,深堑而自守。谓张子房曰:"诸侯不从约,为之奈何?"

对曰："楚兵且破，信、越未有分地，其不至固宜。君王能与共分天下，今可立致也；即不能，事未可知也。君王能自陈以东傅海，尽与韩信；睢阳以北至谷城，以与彭越：使各自为战，则楚易败也。"汉王曰："善。"于是乃发使者告韩信、彭越……使者至，韩信、彭越皆报曰："请今进兵。"

文章说，起先汉王约韩信、彭越共击楚军，韩、彭不从；张良建议破楚后与韩、彭共分天下，分别许以土地，"使各自为战"，果然韩、彭欣然从命。联系上下文，不难看出，所谓"各自为战"，绝不是"各自独立作战""各自分别对敌作战"等意思，而是指"各自为自己作战"。其中"各"，各自。"自"，自己。"为"，介词，音wèi（本例唐张守节正义："为，于伪反。""于伪反"今音即wèi。可见张守节正把此"为"看作介词。此为力证）。"自为"即为自己。

要之，"人自为战"的本义是人人为自己作战，"各自为战"的本义是各自为自己作战，二者原来的意思十分相近，可以互相印证，互相发明。其中"自为"都是为自己的意思，不同于"人自为政""各自为政"中的"自为"（"人自""各自"为一个意义单位，"为政"为一个意义单位，"为"音wéi）。它们的引申义则有一定区别："人自为战"本义是人人为自己作战，既然是为自己打仗，势必勇猛异常、殊死拼搏，所以又可用来指人人都拼死奋战；"各自为战"则由"各""各自"生发，往往泛指各自独立作战或各自分散行动。下面的例子可以说明这一点：

（1）《旧唐书·杜伏威传》："（杜伏威）所获赏财皆以赏军士，有战死者，以其妻妾殉葬。故人自为战，所向无敌。"

（2）明谭纶《倭寇暂宁条陈善后事宜疏》："贼寡则各自为战，贼众则合力并攻。"下文："小警则各自为战，大警则互相应援。"

当然，这种差异不是绝对的，有时候"人自为战"也可以指人人独立作战或各人独立工作，这就与"各自为战"的引申用法相一致了。

八　释"人人自危"①

《史记·李斯列传》："法令诛罚日益刻深，群臣人人自危，欲畔者众。"其中"人人自危"的"危"一般都解作危险、不安全。例如：

《汉语大词典》："每个人都感到自己处境危险。指局势紧张恐怖。"

《中华成语大辞典》（吉林文史出版社1986年版）："人人都感到自身危

---

① 原载《汉字文化》2014年第3期，题目为《"人人自危"释义辨正》。

险而恐怖不安。"

《汉语成语分类辞典》(复旦大学出版社1987年版):"每个人都感到自己有危险,不安全。"

《中国成语大辞典》(上海辞书出版社1987年版):"每个人都感到自己不安全。"

《汉语成语大词典》(中华书局2002年版):"所有的人都感到自己有危险而心悸不安。"

这种解释虽大致可通,但未为笃论。"人人自己危险、不安全"云云,文义总嫌不顺。笔者以为,此"危"当训惧。"危"古有惧义(此义《汉语大词典》《汉语大字典》均已收),《说文》:"危,在高而惧也。"以下"危"字都应作恐惧、担忧、不安解:

(1)《孟子·尽心上》:"独孤臣孽子,其操心也危。"杨伯峻《孟子译注》:"危,不安也。"

(2)《荀子·解蔽》:"处一危之,其荣满侧。"唐杨倞注:"危,谓不自安,戒惧之谓也。"又下文:"蚊虻之声闻则挫其精,可谓危矣。"

(3)《战国策·楚策一》:"夫守易危之功,而逆强秦之心,臣窃为大王危之。"末句的意思《东周策》作"臣窃为大王私忧之",《秦策三》作"臣窃为王恐",可证"危"义同"忧""恐"。

"危"还常与"惧""怖""悚""忧"等连用,"危惧""危怖""危悚""忧危"等均为同义并列结构。例如:

(4)《尚书·汤诰》:"慄慄危惧,若将陨于深渊。"

(5)《三国志·吴志·吴主传》:"伯言、承明见礼,泣涕恳恻,辞旨辛苦,至乃怀执危怖,有不自安之心。"

(6)又《蜀志·蒋琬传》:"时新丧元帅,远近危悚。"

(7)《尚书·君牙》:"心之忧危,若蹈虎尾,涉于春冰。"

下面讨论"自危"一词的用法。《汉语大词典》"自危"条解释说:"自感处境危殆。"这一解释不够准确,也不够全面。据我们考察,"自危"主要有两个意思,其一是危及自己,自取危害,使自己危险。例如:

(8)《左传·昭公二十七年》:"知者除谗以自安也,今子爱谗以自危也,甚矣其惑也。"

(9)汉董仲舒《春秋繁露·立元神》:"如此者其君枕块而僵,莫之危而自危,莫之丧而自亡。"

(10)《汉书·元后传》:"俄而宗室安众侯刘崇及东郡太守翟义等恶之,更举兵欲诛莽。太后闻之,曰:'人心不相远也。我虽妇人,亦知莽必以是自危,不可。'"

（11）《三国志·魏志·董昭传》:"盖闻孝者不背亲以要利,仁者不忘君以徇私,志士不探乱以徼幸,智者不诡道以自危。"

（12）《旧唐书·李宝臣子惟岳传》:"今与群逆为自危之计,非保家之道也。"

（13）又《萧俛传》:"如或纵肆小忿,轻动干戈,使敌人怨结,师出无名,非惟不胜,乃自危之道也。"

（14）《资治通鉴·烈祖明皇帝中之上》:"（刘晔）独任才智,不敢诚恳,内失君心,外困于俗,卒以自危,岂不惜哉！"

（15）又《太宗简文皇帝下》:"吾挟天子令诸侯,犹惧不济,无故废之,乃所以自危,何安之有！"

（16）宋司马光《易说·上经》:"然则危人适所以自危,害人适所以自害也,乌在其能私哉！"

细玩文义,不难看出,以上"自危"均非"自感处境危殆"义。其二是自惧。例如:

（17）《史记·田敬仲完世家》:"始诸大夫不欲立孺子。孺子既立,君相之,大夫皆自危,谋作乱。"

（18）《汉书·张敞传》:"以臣心度之,大司马及其枝属必有畏惧之心。夫近臣自危,非完计也。"

（19）《后汉书·耿纯传》:"兢兢自危,犹惧不终,而况沛然自足,可以成功者乎？"

（20）《梁书·世祖二子传》:"初,徐妃以嫉妒失宠,方等意不自安,世祖闻之,又恶方等,方等益惧……徐妃不答,垂泣而退。世祖忿之,因疏其秽行,牓于大阁。方等入见,益以自危。"

（21）《新唐书·刘季述传》:"时帝嗜酒,怒责左右不常,季述等愈自危。"

（22）《资治通鉴·太宗孝文皇帝上》:"居顷之,人或说勃曰:'君既诛诸吕,立代王,威震天下。而君受厚赏,处尊位,久之,即祸及身矣。'勃亦自危,乃谢病,请归相印。"

（23）《宋史·程公许传》:"时诸将乘乱抄劫,事定自危,以重赂结幕府。"

（24）鲁迅《彷徨·孤独者》:"到秋末,山村中痢疾流行了；我也自危,就想回到城中去。"

当自惧讲的"自危"又作"自危惧",意思更为显豁。例如:

（25）《史记·黥布列传》:"使楚胜汉,则诸侯自危惧而相救。"

（26）《三国志·蜀志·姜维传》:"（黄）皓阴欲废维树宇,维亦疑之,故自危惧,不复还成都。"

（27）《新五代史·刘延朗传》:"是时,高祖弟重胤为皇城副使,而石氏公主母曹太后居中,因得伺帝动静言语以报高祖,高祖益自危惧。"

"自危"有自惧义,"人人自危"即人人自惧。以此诠释文献用例,文从字顺。例如:

（28）《史记·季布栾布列传》:"反形未见,以苛小案诛灭之,臣恐功臣人人自危也。"

（29）《后汉书·王允传》:"凉州人素惮袁氏而畏关东。今若一旦解兵（关东）,则必人人自危。"

（30）《资治通鉴·则天顺圣皇后上之上》:"时诸武用事,唐宗室人人自危,众心愤惋。"

（31）又《宪宗昭文章武大圣至神孝皇帝下》:"上服金丹,多躁怒,左右宦官往往获罪,有死者,人人自危。"

总之,"人人自危"是人人各自恐惧、人人自己害怕的意思,也即《史记·项羽本纪》"诸侯军无不人人惴恐"之"人人惴恐"的意思。《辞源》（修订本）"人人自危"条释曰:"恐怖不安,人人都有戒心。"近是。

九 释"选兵"

《史记·魏公子列传》:"得选兵八万人,进兵击秦军,秦军解去,遂救邯郸,存赵。"其中"选兵"的"选"费解。

程希岚、吴福熙主编的《古代汉语》（吉林人民出版社1984年版）注:"选兵,挑选精兵。"北京大学《两汉文学史参考资料》（中华书局1962年版）注:"选兵,经过挑选的精兵。"两书释"选兵"皆不确。若解"选兵"为"挑选精兵",则"得"字无着落;若解"选兵"为"经过挑选的精兵",则"选"究竟为何义仍嫌含糊。

此"选"当训"精善","得选兵八万人"即"得精善之兵八万人"。《史记·项羽本纪》:"使人收下县,得精兵八千人。"两相比较,不难看出"选兵"就是"精兵"。

"选"古有精善义,现有辞书皆失收,兹举数例以明之。

（1）《诗经·齐风·猗嗟》:"舞则选兮,射则贯兮。"郑笺:"选者,谓于伦等最上。"朱熹《诗集传》:"选,异与众也。"

（2）《汉书·武帝纪》:"《诗》云:'九变复贯,知言之选。'"颜注引应劭曰:"选,善也。"

（3）又《王莽传上》："君以选故而辞以疾，君任重，不可阙，以时亟起。"颜注："选，善也。"此例"选"实通"巽"，训逊让，说见郭在贻《训诂丛稿》55页。举此例说明颜师古亦知"选"有善义。

（4）《荀子·儒效》："舆固马选矣，而不能以至远、一日而千里，则非造父也；弓调矢直矣，而不能以射远、中微者，则非羿也。"这几句话，《韩诗外传》卷五作："夫车固马选而不能以致千里者，则非造父也；弓调矢直而不能射远中微者，则非羿也。""舆（车）固马选"与"弓调矢直"相对为文，"选"为形容词表精良义甚明。

（5）《史记·仲尼弟子列传》："夫吴，城高以厚，地广以深，甲坚以新，士选以饱。"

（6）汉赵晔《吴越春秋·夫差内传》："城厚而崇，池广以深，甲坚士选，器饱弩劲。"

以上两例"选"，《汉语大词典》释为"整齐"，不确。第一例"饱"指精神足、士气盛，第二例"饱"指充足。如果"士选"的"选"仅仅是"整齐"，不足以反映士兵素质的本质特点。

又有"选卒""选车""选锋""选士"等词，例如：

（7）《战国策·齐策一》："楚大胜齐，其良士选卒必殛，其余兵足以待天下。"

（8）《史记·张释之冯唐列传》："（李牧）遣选车千三百乘，彀骑万三千。"

（9）《孙子·地形》："将不能料敌，以少合众，以弱击强，兵无选锋，曰北。"

（10）晋袁宏《后汉纪·光武皇帝纪》："惟公多拥选士精兵，众郡骏马、仓谷、帑藏，皆得自调。"

以上诸"选"字并训"精善"。"选"，本指选择、挑选，引申为名词，可指被选拔出来的人才、杰出人物；[1]引申为形容词，就有精善义，因为人或物经过挑选，一定是精良、美善的。

十　释"劳军"[2]

蔡正发先生《"劳军"释义补》（《辞书研究》1992年第6期）一文认为，司马迁《报任安书》"陵一呼劳军，士无不起"中的"劳军"与其常义有别，不能训为"慰劳军队"，其说甚是，笔者完全赞同。但是，蔡先生接着说，这

---

[1]　叶正渤：《"选"有"俊杰"义证》，《云南教育学院学报》1990年第2期。
[2]　原载《辞书研究》1996年第2期，题目为《也说"劳军"》。今补上原稿删节部分。

里的"劳军"应训为"要军队劳累、出力","劳"用的正是"用力甚也"这一本义,只不过用的是使动用法而已,"劳军"即"使军劳","要士卒们出大力"。并把"劳"的这种用法与《左传·僖公三十二年》"劳师以袭远"、《左传·襄公四年》"劳师于戎"、《孟子·告子下》"劳其筋骨"等"劳"的用法相提并论,说:"劳师"就是使军队劳累出力的意思,"劳其筋骨"则是使其筋骨劳累出力而受到磨炼的意思……可见,将"劳军"训为使军队劳累出力不无依据。对于这种说法,笔者不敢苟同。

首先,对"劳"字的解释游移其说。既说"劳"用的是"用力甚也"这一本义("劳"的本义是不是"用力甚也"值得怀疑),又说"劳军"即"使军队劳累、出力",彼此显得矛盾。"劳累""出力"(此义也值得怀疑)意义迥异,在一个句子中,"劳"字不能同时兼而有之。

其次,所举《左传》"劳师"、《孟子》"劳其筋骨"等例证,不能证明"劳军"有"使军队劳累出力"的意思。"劳师"古书习见,是"使军队劳累"的意思,而不是"使军队劳累出力";"劳其筋骨"是"使其筋骨劳累"的意思,释为"使其筋骨劳累出力而受到磨炼",则殊属牵强。

再次,即使"劳军"释为"使军队劳累出力",将它代入"陵一呼劳军,士无不起"中,句子也显得很拗口,文意也不是很通畅。

旧说既不准确,新说亦未允当,那么《报任安书》中的"劳军"究竟应该怎样解释呢?

笔者以为,这个"劳军"是"劝勉军队""鼓励军队"的意思。

"劳"古有"劝勉"义。这个义项《汉语大词典》遗漏了,《汉语大字典》则收之,其于"郎到切"音项下义项三解释说:

> 劳 劝勉。《吕氏春秋·孟夏纪》:"命野虞出行田原,劳农劝民,无或失时。"高诱注:"劳,勉也。"

"劳"当劝勉讲,《汉语大字典》只举了一个书证,但在经传中用例却很多,清代王念孙、王引之父子在他们的著作中曾不止一处抉发、考释过。如王引之《经义述闻·通说上》"劳"条云:

> 劳又训为勉。《月令》:"孟夏之月,为天子劳农劝民。"郑注曰:"重力来之。"力来之,劝勉之也。《吕氏春秋·孟夏纪》文与《月令》同,高注曰:"劳,勉也。"《孟子·滕文公篇》:"放勋曰:'劳之来之。'"谓劝勉其民使率教也。《论语·子路篇》:"子路问政。子曰:'先之劳之。'"

先之，导之也；劳之，勉之也。《宪问篇》："爱之能勿劳乎？忠焉能勿诲乎？"劳亦勉也，谓爱之则当劝勉之也……孔注于"先之劳之"，以劳为使民，皇疏于"爱之能勿劳乎"，引李充说以劳为劳心，皆失之。

"劳"还常常与"来"连用，"劳来"是同义连用，"劳来"也有劝勉的意思。《经义述闻·尔雅上》"劳、来、强、事、谓，勤也"条云：

> 劳、来亦有三义……一为相劝勉之勤。《吕氏春秋·孟夏篇》："劳民劝民。"高注曰："劳，勉也。"《汉书·王莽传》："力来农事。"颜师古注曰："力来，劝勉之也。来音郎代反。"《孟子·滕文公篇》："劳之来之。"《汉书·宣帝纪》："劳来不息。"皆谓劝勉，是也。

王念孙《读书杂志·汉书第十六》"连语"条也说：

> 劳、来双声字，来亦劳也……劳来二字，有训为劝勉者，有训为恩勤者。《孟子·滕文公篇》曰："劳之来之。"《成帝纪》曰："勉劝农桑，出入阡陌，致劳来之。"《龚遂传》曰："劳来循行，郡中皆有畜积。"此皆训为劝勉者也。

王氏父子从大量语言材料出发，排比推绎，参以古注，驳正旧说，证明"劳"有劝勉义，其说确不可移。而用"劳"之劝勉义诠释"陵一呼劳军，士无不起"中的"劳"，应该说是文从字顺、妥帖得当的。

下面的例子可以作为"劳军"训"勉励军队"的旁证：

> 《论衡·率性》："三军之士，非能制也，勇将率勉，视死如归。""夫刃、火非人性之所贪也，二主激率，念不顾生。"

"勇将率勉，视死如归""二主激率，念不顾生"与"陵一呼劳军，士无不起"文意颇为类似，其中"率"犹"勉"，"率勉""激率"乃同义或近义连用，皆是勉励、激励的意思，则"劳"亦当是勉励的意思。

最后需要说明的是，"劳"为何能当"劝勉"讲？劳，勤劳，劳苦。引申之，慰其劳亦曰劳，则有慰劳义。慰劳既是对付出辛勤劳动或建立功勋的人慰问犒劳，同时也包含鼓励其再接再厉、再立功劳的意思，所以由慰劳进而引申为劝勉。

十一　释"正昼"

"正昼"是什么意思？先看几家代表性辞书的释义：

《辞源》（修订本）："大白天。《史记》一二八《龟策传》汉褚少孙补：'正昼无见，风雨晦冥。'唐韩愈《昌黎集》六《猛虎行》：'正昼当谷眠，眼有百步威。'"

《汉语大词典》："犹言大白天。《晏子春秋·杂上十一》：'景公正昼被发，乘六马，御妇人以出正闺。'《史记·龟策列传》：'正昼无见，风雨晦冥。'唐韩愈《猛虎行》：'正昼当谷眠，眼有百步威。'元王祯《农书》卷十六：'蚕时昼夜之间，大概亦分四时。朝暮类春秋，正昼如夏，夜深如冬。'"

《唐五代语言词典》："大白天。韩愈《猛虎行》诗：'正昼当谷眠，眼有百步威。'"

其他辞书的解释也基本相同。如台湾《大辞典》说："正昼，白天。与夜晚相对。"《中文大辞典》说："正昼，谓日间也。"这种解释粗看起来似乎也说得过去，但仔细推敲，却使人生疑：白天的意思，古人一般说"昼"或"昼日"，何以又说"正昼"？"正昼"如果是"大白天"或"白天"的意思，那么"正"字又该怎样解释呢？

其实，辞书训释有误。"正昼"一词确切的意思不是"大白天"或"白天"，而是"正午"（有时也可泛指"中午"）。正昼的"正"，义同正午的"正"；"昼"则是"日中""中午"的意思，《玉篇·书部》："昼，日正中。"《广韵·宥韵》："昼，日中。"即其证。①"昼"之日中义，《辞源》《汉语大字典》等不载，《汉语大词典》则收了，并收录了许多"昼"当日中讲的双音节词，如"昼食""昼时""昼暑""昼饭""昼铺""昼馔"等。从所举书证看，上至先秦（"昼铺"出自《庄子·盗跖》），下至现代民歌（"昼饭"引自《中国民谣资料》）。对于"昼"字这个古书习见而今人陌生的义项，不妨再补充几条书证：《左传·昭公元年》："君子有四时：朝以听政，昼以访问，夕以修令，夜以安身。"《说文·食部》："馐，昼食也。"王筠句读："'昼'《御览》引作'中'，谓日中也。"南朝吴均《与朱元思书》："横柯上蔽，在昼犹昏。"《太平广记》卷四百六十一《元道康》（出处原缺）："燕曰：'我来日昼时，往前溪相报。'道康乃策杖南溪，以伺其至。及昼，见二燕自北岭飞来而投涧下。"明徐光

---

① "昼"字甲骨文即有日中义，参见黄天树：《殷墟甲骨文白天时称补说》，《中国语文》2005年第5期。

启《农政全书·占候》："谚云：'对日鲎，不到昼。'"《警世通言》卷十："（希白）惊觉，乃一枕游仙梦。但见炉烟尚袅，花影微欹，院宇沉沉，方当日午。遂成《蝶恋花》词，词曰：一枕闲欹春昼午……"《三宝太监西洋记》第十六回："一个个弓衣儿边边，早三弦，昼三弦，晚三弦，弦上撮许多的虎豹；一个个箭壶儿小小，上八洞，中八洞，下八洞，洞里有无限的神仙。"《平鬼传》第十一回："此时五月昼间天气，薰蒸炎热。"现代方言如吴语、赣语、客家话、闽语等犹管中午为"昼"（参《汉语方言大词典》4494 页、《现代汉语方言大词典》4065 页），如宁波话管中午为"昼过"、管中饭为"昼饭"；温州话管中午、午饭皆为"日昼"。要之，"昼"之日中义从上古汉语到现代方言一直沿用，只是在现代汉语里才消失。可见，把"正昼"解释为"正午"，是有足够的训诂依据的。

正像"正午"一词后来又产生了"上午""下午"与之配套一样，"正昼"后世也产生了"上昼""下昼"二词与之配套。"上昼"义同上午，如《儒林外史》第三十三回："到上昼时分，客已到齐。"又第四十八回："那还是上昼时分，这船到晚才开。"（按：《汉语大词典》"上昼"条释为"指将近黄昏的时候"，并举上引《儒林外史》第三十三回一例，恐不确。清茹敦和《越言释》卷下："越人以午为昼，午前为上昼，午后为下昼。"民国《太仓州志》："自晨至午曰上昼。"并其证。）"下昼"义同下午，如《初刻拍案惊奇》卷十一："下昼时节，是有一个湖州姓吕的客人叫我的船过渡。"顾颉刚编《吴歌甲集》："朝晨提水烧粥饭，下昼提水烧浴汤。"从"上昼""下昼""正昼"诸词的对应关系看，"正昼"也当是"正午"的意思。

用"正午"去训释古书中的"正昼"，要比释为"大白天""白天"更切合文意。"大白天""白天"是个比较宽泛、比较模糊的时间概念，而"正午"则是白天中特定的、明确的一个时间。从《汉语大词典》所引诸例看，例一是说齐景公正午披发、乘六马、御妇人以出游。其事本不宜，又在正午，更非其时，故下文云"刖跪击其马而反之"。例二是说正午本来是阳光最好的时候，但因"风雨晦冥"，所以一无所见。例三是说猛虎正午眠于谷中。末例王祯《农书》所述之事，又见于明代冯梦龙《醒世恒言》。《醒世恒言》第十八卷："蚕性畏寒怕热，惟温和为得候。昼夜之间，分为四时。朝暮类春秋，正昼如夏，深夜如冬，故调护最难。"这段文字说得很明白，蚕畏寒怕热喜温和，正午天气最热，犹如夏天，深夜天气最冷，犹如冬天，只有朝暮似春秋，比较温和，所以说"调护最难"。若以大白天释"正昼"，岂不成了"从日出到日落的一段时间"天气都热如夏天了吗？这显然不合情理。

下面再举一些"正昼"的例子：

（1）《庄子·庚桑楚》："民之于利甚勤，子有杀父，臣有杀君，正昼为盗，日中穴阫。"

（2）晋干宝《搜神记》卷六"鼠巢"条："鼠盗窃小虫，夜出昼匿。今正昼去穴而登木，象贱人将居贵显之占。"

（3）宋叶梦得《避暑录话》卷上："余见世有畏暑者，席地袒裼，终日迁徙求避，百计卒不得所欲。而道途之役，正昼烈日，衣以厚衲，挽车负担，驰骋不停，竟亦无他，但心所安尔。"

（4）《太平广记》卷四百八十《契丹》引《稽神录》）："正昼方猎，忽天色晦黑，众星粲然……顷之乃明，日犹午也。"（上言"正昼"，下言"日犹午"，"正昼"即正午，确然无疑。）

（5）宋郭彖《暌车志》卷二："贰卿周公自强，淳熙辛丑自静江移镇丹阳。有第宅在上饶，将取道过家。未至，前守舍卒正昼闻铤声自宅堂出，亟启钥观之，则声在后堂大恒中。"

（6）明冯梦龙《古今谭概·苦海部·经义》："昼非寝时也，今宰予正昼而熟寐，其意必待夜间出来胡行乱走耳！"

现代方言亦可旁证。《汉语方言大词典》1161 页："正昼，中午。闽语。福建建瓯、厦门、东山东山岛。"

与"正昼"表示相同或相近概念的，古代还有"昼分""日中""日午""卓午""正午""亭午""停午""当午""当昼"等词。前八个词古书习见，无烦赘言。"当昼"则有必要讨论一下。《汉语大词典》"当昼"条解释说："白天。唐储光羲《吃茗粥作》诗：'当昼暑气盛，鸟雀静不飞。'唐韩愈《庭楸》诗：'当昼日上，我在中央间。'《新唐书·封伦裴矩传赞》：'妖禽孽狐，当昼则伏自如，得夜乃为之祥。'"所引三例均非"白天"义。例三"当昼"与"得夜"对举，"当"是介词在的意思，"昼"即白天，此"当昼"不是一个词。例一、例二"当昼"义同"正昼"，指正午（有时也可泛指"中午"），例句本身就说得很明白，暑气最盛、日在头顶的应是正午，而不是整个白天。唐韩愈《郑群赠簟》诗："携来当昼不得卧，一府传看黄琉璃。"又《送僧澄观》诗："影沉潭底龙惊遁，当昼无云跨虚碧。"两例"当昼"亦是正午、中午义。今徽语如绩溪话，赣语如南昌话，闽语如厦门话，客家话如广东梅县话等都有"当昼"一词，义为正午、中午（参《汉语方言大词典》1881 页、《现代汉语方言大词典》4787 页）可以佐证；宁波话中午叫"昼过"，正午叫"当昼过"（参朱彰年等编《宁波方言词典》284 页、103 页),也可旁证。①

十二 释"养怡" ②

曹操《龟虽寿》:"盈缩之期,不但在天;养怡之福,可得永年。"其中"养怡"一词,《汉语大词典》"养怡"条释为:"谓保持身心和乐。"人教版七年级《语文》上册注为:"养怡,指调养身心。怡,愉快、和乐。"人教社 1997 年版全日制普通高级中学《语文读本》(试验本)第三册注为:"养怡之福,养生愉快之福。养怡,养和。怡,愉快。"《中文大辞典》"养怡"条释为:"谓涵养其怡和之情也。"各家都把"养怡"之"怡"理解为愉快、和乐。迄今为止,似乎还没有人提出疑问。

笔者认为,上述解释大致可通,但恐非确诂。"养怡之福"与"盈缩之期"对举,"盈缩"为并列结构,"养怡"也当是并列结构;盈、缩反义成词,养、怡则是同义连用,其中"怡"也是"养"的意思。"怡"之养义,大型辞书均不载,但于古有征。例如:

(1)《梁书·忠壮世子萧方传》:"一壶之酒,足以养性;一箪之食,足以怡形。"

(2)三国魏嵇康《兄秀才公穆入军赠诗》之十八:"长寄灵岳,怡志养神。"

(3)《太平广记》卷二百七十一引《纪闻·牛应贞》:"水解冻而绕轩,风扇和而入牖,固可蠲忧释疾,怡神养寿。"

(4)明李贽《读书乐》:"束书不观,吾何以欢?怡性养神,正在此间。"

(5)明归有光《上王中丞书》:"所以终日闭门,怡神养性。"

以上各例均"怡""养"相对为文,"怡""养"当是同义词。前人不明"怡"有养义,每有误解。如例(1)"足以怡形"的"怡"《汉语大词典》释为"和悦",就不够准确。

"怡""养"还可连用,除了说成"养怡"外,更多的是说成"怡养"。例如:

(6)南朝梁何逊《入西塞示南府同僚》诗:"情游乃落魄,得性随怡养。"

(7)《旧唐书·丘和传》:"和时年已衰老,乃拜稷州刺史,以是本乡,令自

---

① 本文原载《辞书研究》1993 年第 6 期,今有改动。黎良军先生《汉语词汇语义学论稿》(广西师范大学出版社 1995 年版)"词义索解"一节曾引本文作为"索解的方法·源流考"的例子,并指出:"正,不偏不倚居中之谓,正昼,是白天的正中间那个时间……这就是说,从短语的角度看问题,即使以'昼'为'白天'之义,'正昼'的意义也还是'正午'。这也许正是'昼'由白天义引伸为中午义的原因。"(174 ~ 176 页)

② 原载《语文建设》2010 年第 6 期,与研究生江在山合作,江在山为第一作者。

怡养。"

（8）宋林逋《山阁偶书》诗："余生多病期怡养，聊此栖迟一避喧。"

（9）明方汝浩《禅真逸史》第十八回："既与高澄不和，不若丢职归山，守田园之乐，怡养天年。"

例（6）至例（8）三例转引自《汉语大词典》"怡养"条，《汉语大词典》释为"犹保养，休养"。释义很确切，反过来也可以证明"怡"有养义。遗憾的是《汉语大词典》"怡"单字条只收"和悦""喜悦，快乐""姓"三个义项，致使字头与双音词条意义失去照应。

"养老"明清小说里可以说成"怡老"，更可证"怡"有养义：

（10）明东鲁古狂生《醉醒石》第一回："君将此银归家怡老，逍遥林泉之间可也，何必为五斗粟折腰？"

古汉语里还有个"颐"字，也可当养讲。《尔雅·释诂下》："颐，养也。"《易·颐》："观颐，自求口实。"唐李鼎祚《周易集解》："虞翻曰：'观颐，观其所养也。'郑玄曰：'颐，养也。'""颐"之养、保养义古书习见，辞书都有收释。从用法看，"颐"也可与"养"构成对文、连文，"养老"也可说成"颐老"。例如：

（11）晋葛洪《抱朴子·道意》："养其心以无欲，颐其神以粹素。"

（12）《魏书·显祖记》："其践升帝位，克广洪业，以光祖宗之烈，使朕优游履道，颐神养性，可不善欤？"

（13）《文选·嵇康〈幽愤诗〉》："采薇山阿，散发岩岫；永啸长吟，颐性养寿。"

（14）《旧唐书·萧俛传》："近以师傅之崇，畴于旧德，俾从优逸，冀保养颐。"

（15）《后汉书·马融传》："夫乐而不荒，忧而不困，先王所以平和府藏，颐养精神，致之无疆。"

（16）明凌濛初《初刻拍案惊奇》卷二十："姑寄御酒二瓶，为伯父颐老之资；宫花二朵，为贤郎鼎元之兆。"

两相比较，不难看出，"怡""颐"当养讲，其实就是同一个词。"怡""颐"同隶《广韵·之韵》，都是"与之切"，古今同音，例得通用。但《说文》"怡"训"和也"，"颐"训"顄也"（即下巴），都与养没有关系。"怡""颐"当养讲，溯其源，当与"台（yí）""宧"两个词有关。汉扬雄《方言》卷一："台，养也。晋、卫、燕、魏曰台。"晋郭璞注："台，犹颐也。"许慎《说文·宀部》："宧，养也。室之东北隅，食所居。"《尔雅·释宫》"东北隅谓之宧"清郝懿行义疏："按：'宧'与'颐'同。《释诂》'颐'训'养也'。云'食所居'者，古人庖厨食阁皆在室之东北隅，以迎养气。"这些材料表明，"怡""颐"当养讲，可以看作来自古方言"台",本字可以写作"宦"。由于"台(yí)"读音比较特殊,"宦"字形比较生僻,所以文献中一般写作"颐",又可写作"怡"。"怡""颐"本质上都是"宦"的通假字。

综上所述,"养怡"是同义复词,义为保养。保养的对象,当是涵盖身、心两个方面。这样,"盈缩之期,不但在天;养怡之福,可得永年"就可以解释为:寿命长短之期,不仅受天支配;保养身心之福,也可延年益寿。

十三 《法苑珠林》词语选释①

唐释道世编纂的《法苑珠林》,是我国现存篇幅最大、最重要的一部佛教类书。该书广收六百科目,博采四百典籍,堪称中国佛教的百科全书。同时,由于该书口语成分较浓,僻字别构较多,它也是研究中古汉语俗语词、俗文字的宝贵材料。笔者研读之际,偶有所得,今董理若干条,公诸同好,亦可备大型辞书采择。所用《法苑珠林》版本为上海古籍出版社1991年据《影印宋碛砂版大藏经》一百卷本缩叶影印的本子。

1. 烦

烦,疼痛。《法苑珠林》卷三十六《华香篇·引证部》引《文殊问经》:"若人患寒热额痛,皆以冷水摩华,以用涂身。若吐利出血或腹内烦疼,以浆饮摩华,当服此华饮。"又卷五十九《宿障部·佛患骨节烦疼缘》引《兴起行经》:"由是残缘,今虽得佛,故有骨节烦疼病生也。"又卷六十二《占相篇·引证部》引《阿育王太子法益坏目因缘经》:"此人乃从活地狱来,支节烦痛,睡眠惊觉,梦寐凶恶。"

所引"腹内烦疼""骨节烦疼""支节烦痛"之"烦",若以常义解之,扞格难通。"烦疼""烦痛"当是同义连文,"烦"亦疼痛义。卷五十九《宿障部·孙陀利谤佛缘》引《兴起行经》:"以何因缘,世尊自患骨节疼痛。"此与"佛患骨节烦疼缘"同述一事,尤可证"烦疼"即"疼痛"。考《说文·页部》:"烦,热头痛也。""热头痛"这一本义固然可以引申出烦躁、烦闷诸义,但也不难引申出疼痛的意思。又,袁宾先生等编著《宋语言词典》"烦疼"条引《太平惠民和剂局方》卷一"骨节烦疼""肢节烦疼"两例而释为"疼痛扰人",其实"烦疼"也是疼痛的意思。②

①　本文主要根据《〈法苑珠林〉词语选词》(《宁波师院学报》1994年第4期)和《〈法苑珠林〉释词》(日本《俗语言研究》第二期,1995年6月)两篇文章整理修订而成。

②　王云路、王前《"烦疼"辨析》(《古汉语研究》2009年第3期)一文对"烦""烦疼"等词语有更详细考证,请参阅。

2. 摑裂

摑裂，同攫裂。《法苑珠林》卷八十二《持戒部·引证部》引《大庄严论》："假使遇恶兽，摑裂我身首，终不敢毁犯，释师子禁戒。"

《汉语大词典》"摑裂"条："打破。《无量寿经》卷上：'摑裂邪网。'"释义大误。"网"可以说"攫裂"，却不好说"打破"；同样，"身首"可以说被恶兽"攫裂"，但不好说被恶兽"打破"。究其致误原因，当是被"摑"的字面意思所蒙蔽了。其实，此"摑"音义同"膕"，也即同"攫"。慧琳《一切经音义》卷十九："摑裂，此亦俗谈之语，隳坏之义也。"玄应《一切经音义》卷十一："自摑，（摑）宜作攫。"《汉语大字典》"膕"字条："同'攫'。唐玄应《一切经音义》卷一：'膕裂，（膕）宜作攫，九缚、居碧二反。《说文》：攫，爪持也。《淮南子》云：兽穷则攫，是也。'《龙龛手鉴·爪部》：'膕，俗。正合作"攫"字。'""摑"与"膕"同从"國"声，形符"手""爪"意义相近，在"攫"这个意义上，不妨看作异体字；而作攫讲的"摑"与作打讲的"摑"，则是同形字的关系，应该看作两个词。

"摑"同"攫"，用例不少。如《法苑珠林》卷七十六《恶口部·引证部》引《出曜经》："（饿鬼）手自抓摑，举声嚘哭，驰走东西。"《经律异相》卷十六引《护口经》："（饿鬼）手自爪摑，举声号哭，驰走东西。"又卷四十九引《依品》："复因罪恶，手生铁爪……更相摑截，如刈竹笋。"又卷五十引《大智论》："铁爪相摑，血相涂墁。"

与"攫"音义相同的异体字，除"膕"之外，《大字典》还收有"膕""膕""膕""臛""膕"等五字，除"臛"外，其余五字（包括"膕"）均无例证。就《法苑珠林》而言，"攫"的异体字还可补充两个，一为"摑"；一为"膕"，如卷九十九《四果部》引《修行道地经》："（妇）前近死人，手膕其肉，口啮食之。夫见如是，尔乃知之，非人是鬼。"

另外，"膕"字《法苑珠林》等有用例，可补《大字典》有书证而无例证的不足：

（1）《法苑珠林》卷七《受报部》引《长阿含经》："第一想地狱十六者，其中众生手生铁爪，递相瞋忿，以爪相膕，应手肉堕。"

（2）《法苑珠林》卷四十四《王业部》引《谏王经》："载之出城，捐于旷野，飞鸟走兽，膕掣食之。"

（3）《经律异相》卷十一引《大智论》："师子知其叵得，自以利爪膕其胁肉，以贸猕猴子。"

《金瓶梅词话》第五十一回："不想旁边蹲着一个白狮子猫儿，看见动旦，不知当作什么物件儿，扑向前，用爪儿来摑。"又第八十回："有八角而不用挠掴,逢虱虮而骚痒难当。"两"掴"字亦当同"攫"。详见本书《古文献疑难词语校释》"掴"条。

3. 身分

"身分"一词,《法苑珠林》中有两种特殊用法。

(1)身体的某一部分。《法苑珠林》卷三十一《妖怪篇·引证部》引《佛本行经》:"尔时马王告诸商人:'……设使以手执我一毛而悬之者,我于是时安隐相送,速到彼岸。'作是语已,'汝等今者可乘我背,或执我身分脚足支节。'"又卷四十二《咒愿部》引《十诵律》:"举体诸身分,无有病苦处。"又卷四十六《慎用部》引《大集经·济龙品》:"一切身分常为蚊虻诸恶毒蝇之所唼食。"下文:"尔时世尊即为诸龙而说偈言:'宁以利刀自割身,支节身分肌肤肉。'"又卷八十二《忍辱部·引证部》引《新婆沙论》:"仙人告言:'王今何故自生疲厌?假使断我一切身分,犹如芥子,乃至微尘,我亦不生一念瞋恚。'"又卷八十八《五戒部·戒相部》引《优婆塞五戒相经》:"第一用内色煞者,谓用手打若用足及余身分令彼死,是犯不可悔罪。"下文:"第二用身者,谓用身分等取他物。"

(2)身体。《法苑珠林》卷七《受报部》引《起世经》:"譬如壮夫,执干草炬,逆风而走。彼炬既然,转复炽盛。彼诸众生,走已复走,彼人身分,转更炽然。"又卷九《现相部》引《胜天王经》:"佛自说云:八十种好者……九,身分不可坏……十七,身分满足……七十二,身分大……"又卷十《神异部》引《观佛三昧经》:"尔时世尊告诸尼揵:'汝等不知如来身分,若欲见者,随意观之。如来积劫,修行梵行,在家之时,都无欲想,心不染黑,故得斯报。犹如宝马,隐显无常,今当为汝少现身分。'"又卷二十一《奸伪部》引《萨婆多论》:"宁以身分内毒蛇口中,不犯女人。"下文:"以是因缘故,宁以身分内毒蛇口中,终不以此而触女人。"又卷七十九《引证部》引《中阿含经》:"至于晡时,王复敕以三百戟刺。彼人身分皆悉破尽,其命故存。"又卷八十一《量境部》引《地持论》:"若他来索我之身分,即须施与。"又卷八十二《持戒部·引证部》引《大庄严论》:"我今护他命,身分受苦恼。"又卷九十七《受生部》引《俱舍论》:"若人正死,于身分中意识断灭。"

"身分"的字面意思是"身体的某一部分"。"分"可专指身体的一部分,如《法苑珠林》卷十《求婚部》引《佛本行经》:"汝今观我此形容,前分阔大后纤细。"又卷八十二《忍辱部·引证部》引《新婆沙论》:"今仙人身七分堕落地。"(指王斩割了仙人两臂、两足、两耳、一鼻)又卷八十五《感应缘·唐司元大夫妻萧氏》:"作此语已,闺玉即死。唯心上暖,余分并冷。"引申之,"身分"又可指整个身体,此属词义的扩大。"身""体""支体"等词都既可指整个身体,又可指身体的一部分,"身分"有此二义,与之同理。《大词典》"身分"条凡列五义:①指出身和社会地位。②模样;姿态;架势。③指手段;本领。④行为,勾当。⑤质地,质量。但不及此二义,可补。①

4. 调直

调直,调匀端直。《法苑珠林》卷三《庄饰部》引《起世经》:"是其城内,四边住处,衢巷市廛,并皆调直。是诸天城,随其福德屋舍多少,众宝所成,平正端直。"又卷九《现相部》引《胜天王经》:"佛自说云:八十种好者……十三,身调直。"

例(1)谓四边住处,衢巷市廛协调平直,下文"平正端直"可证;例(2)谓身体匀称端正。要之,皆"调匀端直"之义。《中古汉语词语例释》"均调"条附有"调直",举一例:《齐民要术》卷十《五谷果蓏菜茹非中国物产者·槟榔》:"本不大,末不小,上不倾,下不斜,调直亭亭,千百若一。"释为"均直、笔直"。②本书"调直"意思与之基本相同。又,《禅籍俗语言研究会报》第2号《待质事项》中有"调直"一条,笔者以为似可训作"调和端直"。如例(2)"狐疑尽净,正信调直","正信调直"谓"笃信正法之心调和端直";例(3)"一心无妄,万缘调直","万缘调直"谓"一切因缘调和端直"。事物调匀(调和)端直则妥帖、得当,故宁波方言里"调直"一词有妥帖、得当的意思。③

5. 行

《法苑珠林》里,"行"有两个义项值得注意。

(1)清洗、浇洒(舍利)。《法苑珠林》卷四十《舍利篇·感应缘》:"乃更置之铁砧,以金椎击之。金铁并凹,而舍利如故。又以清水行之,舍利扬光散彩,洞烛一殿。"下文:"(安千载)明至他家,斋食上时,得一舍利,紫金色,椎打不碎。以水行之,光明照发。便自举敬,常有异香。后出欲礼,忽而失之。寻觅备至,半日还。时临川王镇江陵,迎而行之,杂交间出。"下文:"宋元嘉九年,浔阳张须元家设八关斋,道俗数十人见像前华上似冰雪,视得舍利数十,便以水行之,光焰相属。"下文:"(刘凝之)忽见额下有紫光,揣光处,得舍利二枚,割击不损,水行光出。"

上揭各例"行"字前大多有状语"以清水""以水"等修饰,后大多带指代舍利的宾语"之","行"当是清洗、浇洒的意思。

---

① 李维琦:《佛经续释词》(岳麓书社1999年版)第189页"身分"条:"身体的某一部分。'身分'也有指身体者。"请参阅。
② 王云路、方一新:《中古汉语语词例释》,吉林教育出版社1992年版,第239页。
③ 朱彰年等:《宁波方言词典》,汉语大词典出版社1996年版,第329页。

（2）递送、端送、传送（饮食、水等）。《法苑珠林》卷四十二《食法部》引《僧祇律》："若檀越行食多与上座者，上座应问：'一切僧尽得尔许不？'"又《咒愿部》引《佛本行经》："尔时轮头檀王以佛为首，诸比丘僧次第坐已，自手行诸微妙饮食，尽其种数。"又《施福部》引《十诵律》："是时居士行澡水，手自斟酌。众僧饱满竟，洗手执钵。"又引《摩得勒伽论》："众僧行食时，上座应语'一切平等'。"《感应缘》："时日将中，母出斋堂，与诸尼僧逍遥眺望。忽见空中有一物体下，正落母前，乃则钵也。有饭盈焉，馨气充教，阖堂肃然，一时礼敬。母自分行斋人，食之，皆七日不饥。"下文："净人行食，翻饭于地。"下文："此沙门云：'贫道钵中有饭，足供一众。'使（滕）普分行。既而道俗内外皆得充饱。"《经律异相》卷二十七引《蓝达王经》："王手斟酌饮食，躬行澡水。"下文引《普达王经》："王尽心供设，手自斟酌，行澡水。"

以上各例"行"当是递送、端送、传送的意思。行字此义，《大字典》不收，《大词典》"行"字字头下亦不列，但在所收的双音节词语里，时有把"行"当作"递送、端送、传送"讲的，如"行炙"释为"传送烤肉。亦泛指宴会时上菜"，"行食"项二释为"递送饮食"，"行炰"释为"传送烘烤的兽肉"，"行菜"释为"端送菜肴"，"行厨"义项一释为"谓出游时携带酒食；亦谓传送酒食"等。仅就《大词典》所收列的词语看，"行"当"递送、端送、传送"讲，并非罕见，而且有较强的构词能力，然而在字头下却遗漏此义，致使相关词语失去照应，不能不说是个缺憾。也正因为《大词典》忽略了"行"有"递送、端送、传送"义，导致有些词语释义不全或失当。如"行酒"一词，《大词典》凡收二义：①依次斟酒。②监酒，在席间主持酒政。其实，尚有一义可补，即"传送酒"。如《三辅黄图·秦宫》："（秦始皇）乃营朝宫于渭南上林苑。庭中可受十万人，车行酒，骑行炙。"（引自《大词典》"行炙"条）又如"行水"，《大词典》义项四释曰："谓用水洁身以祈佛。《南史·齐竟陵王子良传》：'数于邸园营斋戒，大集朝臣众僧。至赋食行水，或躬亲其事。'"此"行水"与"赋食"（布散饮食）结构相同，当是"递送澡水"的意思，"行水"之"行"应与上引"行澡水"之"行"同义。又，李维琦先生《佛经释词》有"行水"条，释为"倒水洗手，食前食后都这样做"。[①]从所举书证看，似乎大部分都非"倒水洗手"，而是"递送澡水"。如例（2）、例（3）："王子见已，即命令坐，行水施果，然后问讯。""坐毕行水下食，澡竟还于精舍。""行水"分别与"施果""下食"相对成文，应是"递送澡水"的意思。例（4）"各次第

---

① 李维琦：《佛经释词》，岳麓书社1993年版，第7页。

坐,长者躬自行水,清净饭食",此与例(6)前半部分引语"即至佛所,饮食已办。自行澡水,手自斟酌,上妙肴馔……"相比较,可知"躬自行水"与"自行澡水"文异义同,都是"亲自递送澡水"的意思(李先生认为"澡水"与"行水"是一回事,恐不确。澡水,名词)。例(7)"檀越行水至上座前。佛语施主:'先与汝师。'持水至师前,即举瓮,瓮口自闭,其水不下……",上言"行水",下言"持水",更可证"行水"是"递送澡水"的意思。

6. 保

保,检查,检验。《法苑珠林》卷二十八《胎孕部》引《分别功德经》:"昔有长者,名曰善施。家有未出家女,在家向火,暖气入身,遂便有躯。父母惊怪,请其由状。其女实对:'不知所以。'父母重问,加诸杖楚,其辞不改。遂上闻王。王复诘责,辞亦不异,许之以死。女即称怨曰:'天下乃当有无道之王,枉煞无辜。我若不良,自可保试,见枉如是!'王即检保,如女所言,无他增减。"

按:据上下文意,以上"保试""检保"均为同义连文,保即检查、检验的意思。保字此义颇为特殊,且用例不多。何以而有此训,尚不得知。记之,以俟高明。

7. 抄

抄,凭单,单据。《法苑珠林》卷二十《感应缘》引《冥报记》:"吏谓山龙曰:'官府数移改,今王放君去,可白王请抄。若不尔,恐他官不知,复追录君。'山龙即谒王请抄。王命纸书一行字,付吏,曰:'为取五道等署。'"又卷五十七《感应缘·唐雍州人程华》:"唐永徽五年……秋季输炭时,(里长)程华已取一炭丁钱足。此人家贫,复不识文字,不取他抄。程华后时复从丁索炭,炭丁不伏。程华言:'我若得你钱,将汝抄来。'炭丁云:'吾不识文字,汝语吾云:我既得汝钱足,何须用抄?吾闻此语,遂信不取。何因今日复从吾索钱?'"

前二例"抄"指起证明作用的凭单;后三例"抄"指征收钱物后作凭证的单据。《大词典》《大字典》"抄"字条均不载此义,而"钞"字条都列有一义:"古时官府征收钱物后所给的单据。宋范成大《催租行》:'输租得钞官更催,踉跄里正敲门来。'"然则"抄""钞"二字在"单据"意思上同义通用。

8. 颇峩 叵我

颇峩、叵我,倾斜摇动貌。《法苑珠林》卷三十六《音乐部》引《大树紧那罗王所问经》:"是大树王当弹此琴、鼓众乐时……所有诸山、药草、丛林,悉皆遍动,如人极醉,前却颠倒。须弥颇峩,涌没不定。"又卷九十七《遣送部》引《净饭王泥洹经》："世尊慰言：当来世人皆凶暴，不报父母育养之恩。为是不孝众生设化法故，如来躬欲担于父王之棺。即时三千大千世界，六种震动；一切众山，颇峨涌没，如水上船。"又卷五十六《富贵篇·引证部》引《树提伽经》："王将四十万众，椎钟鸣鼓，围树提宅数百余重。树提伽宅南门中有一力士，手捉金杖一拟，四十万众人马俱倒，手脚缭戾，腰髋婴婆，状似醉容，头脑叵我，不复得起。"

以上"颇峨"两见，"叵我"一见，求诸其文，不得其解。今谓"颇峨""叵我"乃异形同词，一般称为叠韵联绵词。字又写作"巓峩""嵦峩""嵦我"等，盖联绵词因声见义，本无定体。考《广韵·果韵》："巓，巓峩，山貌。"《字汇·山部》："嵦，嵦峩，山貌。"《龙龛手鉴·山部》："嵦，嵦我，山兒（貌）也。"但后三种写法仅存于韵书、字书，而诸书均以"山貌"释之，究竟状山之何貌，却不曾说明。[1]清代学者王念孙在《广雅疏证·释训》里说："大氐双声叠韵之字，其义即存乎声。"顺着声音，我们找到了这一联绵词的另一个变体"駊騀"，从而为揭示这一联绵词的义蕴提供了线索。"駊騀"一词，典籍习见，主要有两个意思：（1）马摇头。《说文·马部》："駊，駊騀，马摇头也。"（此从段注）唐杜甫《扬旗》诗："初筵阅军装，罗列照广庭；庭空六马入，駊騀扬旌旗。"仇兆鳌注引《说文》："駊騀，马摇头也。"（2）高大貌或偏颇貌。《文选·扬雄〈甘泉赋〉》："崇丘陵之駊騀兮，深沟嶔岩而为谷。"李善注："苏林曰：駊騀音叵我。善说：駊騀，高大貌也。"清桂馥《札朴·匡谬》"駊騀"条则不同意这种说法，认为："駊騀，言丘陵偏颇之状。""駊騀"与"巓峩"（举此以赅"嵦峩""嵦我"，下同）既然是同一个词，从"駊騀"的词义，我们可以破译"巓峩"的所谓"山貌"，似乎可以指：（1）山高大貌或偏颇貌；（2）山摇动貌（"駊騀"从"马"而训"马摇头"，"巓峩"从"山"而训"山摇动"，义类相同）。"巓峩"虽然尚未找到实际用例，却以另外的形式见诸文献，"駊騀"及"颇峨""叵我"即是。

以上我们论证了"駊騀""颇峨""叵我"写法各异，其实同词。现在再回过头来讨论《法苑珠林》中的用例。寻绎上下文义，可知"须弥颇峨，涌没不定"是说须弥山倾斜摇动，在水中上腾沉没不定。"一切众山，颇峨涌没，如水上船"义同。这两例均言"山"，而"头脑叵我"则言"头"，谓头脑偏斜摇动。这些例子很有价值，它们既为"巓峩"一词提供了文献例证（指

---

① 首版《汉语大字典》"嵦"条义项一解释说："〔嵦我〕山貌。《龙龛手鉴·山部》：'嵦，嵦我，山兒也。'"无例证。第二版"嵦我"释义改为"起伏不平，摇动不安貌"，并引《大乘悲分陀利经》卷五"若我足蹈地时，令此娑诃佛土六种震动，岠峨涌没，乃至金轮际"一例。

这一"词"的用例,而非这一"词形"的用例);又为"山貌"之训充实了具体内容,即至少有"倾斜摇动"的意思,从而使朦胧不清的"山貌"露出了真面目。《中华字海》"砠"字条:"〔砠硪〕倾侧摇动不安。见玄应《一切经音义》卷三。""砠硪"是"颇峨"的又一种写法,玄应的训释又为我们的结论提供了一个力证。①

又,上引"手脚缭戾,腰髋婴婆","缭戾"双声,义为弯曲;"婴婆"叠韵,辞书不载,玩味文意,当是柔弱弯曲、不能挺直的样子。

9. 级

级,斩(头)。《法苑珠林》卷四十六《慎用部》引《修行道地经》:"昔有国王,选择一国明智之人,以为辅臣。王欲试之,欲知何如。以重罪加之,敕告臣吏:'盛满钵油而使擎之,从北门来,至于南门,去城二十里,园名调戏,令将到彼。若堕一滴,便级其头,不须启问。'"又卷三十一《潜遁篇·引证部》引《生经》:"守者不觉,明复启王。王又诏曰:'前后警守,竟不级获。其贼狡黠,更当设谋。'"

"级其头"即斩其头,"级获"斩获,文义自明。他书亦有例,如《华严经》卷五十五:"或被众生诃骂毁呰,挞打楚挞,或截手足,或割耳鼻,或挑其目,或级其头,如是一切,皆能忍受。"卷后音义:"或级其头,级,居立反,斩首曰级。""级"何以有此义?秦制,战争中斩敌首一,赐爵一级,称为首级。后以"级"为所斩之首的量词,亦指所斩之首。斩下的人头为"首级",因称斩首为"级"。

10. 棠

棠,碰,触,撞。《法苑珠林》卷二十三《惭愧篇·引证部》引《庄严论》:"是身极鄙陋,痈疮之所聚。若共棠触时,生于大苦恼。"又卷三十一《引证部》引《佛本行经》:"(商主)即以手捉合欢树枝而摇动之。一枝动已,举树枝叶,互相棠触,而有声出。"又卷三十二《无记部》引《十诵律》:"有比丘众中睡……佛令比丘以五法用水洗他……犹睡不止,听以手棠。"又卷三十四《摄念篇·引证部》引《譬喻经》:"昔有人不信敬,妇甚事佛……妇恐将来入地狱中,即复白婿:'欲悬一铃,安著户上,君出入时,棠铃作声,称南无佛。'婿曰:'甚善。'如是经久,其婿命终,狱卒抆之掷镬汤中。抆棠镬作声,谓是铃声,称南无佛。"又卷三十六《呗赞篇·引证部》引《贤愚经》:"其

---

① 江蓝生、曹广顺:《唐五代语言词典》(上海教育出版社 1997 年版)第 285 页"巨我"条:"又作'髽髻''駏驉''颇我'等。①摇动不定貌。慧琳《一切经音义》卷九:'巨我':'谓倾侧摇动不安也。'李商隐《日高》诗:'水精眠梦是何人?栏药日高红髽髻。'"请参阅。

监见已,欢喜踊跃,忏悔前过,持一金铃,著塔棠头,发其愿言:'令我所生,音声极好,一切众生,莫不乐闻。'"又卷三十七《感福部》引《百缘经》:"时彼国王入塔礼拜,持一摩尼宝珠,系著棠头,发愿而去。"又卷六十九《生报部》引《譬喻经》:"风棠水,水棠地,地棠火。强者为男,弱者为女。风水相棠为男,地水相棠为女。"

上引"棠"字,凡十二见,均不得以字面解之。此"棠"当读chéng,碰、触、撞的意思。究其本字,当为"振",《玉篇·手部》:"振,直庚切。㧙(触)也。"字又"㧙""撑""杇""㨒""橙""㪉""敄""㪉"等,这些字声近义通,都有碰触、撞击之义。上引《佛本行经》"互相棠触",《佛本行集经》卷四十九作"互相振触";上引《譬喻经》"棠铃作声",《经律异相》卷四十五引《杂譬喻经》作"振铃作声",均其证。王云路、方一新两先生合著的《中古汉语语词例释》有"振""振触"条,[①]可参看。

11. 持用

持用,用来。《法苑珠林》卷三十七《感福部》引《僧祇律》:"真金百千万,持用行布施,不如一团泥,敬心治佛塔。"下文:"人等百千金,持用行布施,不如一善心,恭敬礼佛塔。"下文:"百千车真金,持用行布施,不如一善心,香华供养塔。"又卷六十四《引证部》引《对法论》:"谗构者,以离间语毁坏他亲,持用活命。"

"持用"之"持",与其常义有别,此用同"以"。"持"有"以"义,蔡镜浩先生《魏晋南北朝词语例释》已发之,[②]本书亦有用例,兹举二例:《法苑珠林》卷三十九《致敬部》:"若女人入寺,法用同前,但不得在男子上坐……持手㧙人。"又卷六十四《引证部》引《菩萨本行经》:"时辟支佛臂有恶疮,不能举手,即便持脚示其道径。"然则"持用"犹"以用",乃同义连文("以用"一词,义同"以、用来",佛经习见,本书亦例夥,此不赘。参《中古汉语语词例释》437页"以用"条)。《经律异相》卷五引《法句譬经》:"梵志答言:'若有男女,当复嫁娶,吉凶用费,计不足用。是以不取王言,尽以积宝,持用相上。'"又卷二十三引《跋陀罗比丘尼经》:"时月光童子取彼夫人持用作婢,以几罗婢作第一夫人。"又卷二十五引《大方便佛报恩经》:"大王,天下所重,莫若身己。云何今日持用施人?"唐柳宗元《田家三首》:"竭兹筋力事,持用穷岁年。"又《植灵寿木》:"安能事剪伐,持用资徒行。"各例"持用"义并同。"持用"又可倒作"用持",如《经律异相》卷四十四引《百句譬喻经》:

_____

① 王云路、方一新:《中古汉语语词例释》,吉林教育出版社1992年版,第81~83页。
② 蔡镜浩:《魏晋南北朝词语例释》,江苏古籍出版社1990年版,第41页。

"中有一衣,是鹿胎毛,细软滑泽,织持作衣,其价百倍。而色紫黑,不悦人眼,劫不赏别,用持作帊,以盛粗衣。"董志翘、蔡镜浩先生《〈中古汉语语法例释〉样稿》有"持、用持"条,释"用持"之"用"为介词,其宾语常省略,"持"为连词,犹"以","用持"犹"用来""用它来",[①]这种分析似乎还可斟酌。不然,"持用"就不好解释了。"用持""持用""以用"均属同义连文。

12. 忽

忽,竟,竟然,居然。《法苑珠林》卷九《召师部》引《佛本行经》:"时提婆达多复更重遣,使人语言:'若死若活,快须相还。我手于先善攻射得,云何忽留?'"又卷十《求婚部》引《佛本行经》:"云何将此丑身形,忽欲为我作夫主?"又卷二十八《杂异部》引《智度论》:"佛在世时,有人远行,独宿空舍。夜中有鬼,担一死人,来著其前。复有一鬼,逐来瞋骂,云:'死人我物,汝忽担来!'"又卷四十六《思慎篇·感应缘》引《搜神记》:"汉下邳周式,尝至东海,道逢一吏,持一卷书,求寄载。行十余里,谓式曰:'吾暂有所过,留书寄君船中,慎勿发之。'去后,式盗发视书,皆诸死人录,下条有式名。须臾吏还,式首(犹)视书。吏怒曰:'故以相告,而勿视之!'"("而勿视之"的"勿"当是"忽"之误,《搜神记》卷五"周式"条正作"而忽视之"。《太平广记》卷三百十六《周式》引《法苑珠林》作"何忽视之"。)又卷八十六《引证部》引《大庄严经论》:"先见此人勤修学问,护持禁戒,何意今日忽为此事?"

各例"忽"均竟、竟然、居然义。"忽"字这种用法,他书亦有之。如《经律异相》卷二十三引《贫女为国王夫人经》:"王言:'卿是一国之母,为上夫人。诸国夫人、宫内采女,大小皆恃赖卿。卿奈何忽规立此计,远近士夫闻之,不当笑人?'"《太平广记》卷一百七十四《阳玠》引《谈薮》:"有太仓令张策者,在云龙门与玠议理屈。谓玠曰:'卿本无德量,忽共叔宝同名。'玠抗声曰:'尔既非英雄,敢与伯符连讳。'"又卷三百三十四《杨准》引《广异记》:"准兄谓准曰:'汝为人子,当应绍续,奈何忽与鬼为匹乎?'""忽",本谓忽然、突然,含有出乎意料的意思。引申之,则有竟、竟然、居然义。"忽"字此义张联荣先生《读〈魏晋南北朝词语例释〉》一文已发之,并举《南齐书》《南史》《北齐书》四例为证。[②]但此义文献用例毕竟不多,容易发生误解,今更广其例,以助成其说。

---

① 董志翘、蔡镜浩:《〈中古汉语语法例释〉样稿》,《古汉语研究》1992 年第 1 期。

② 张联荣:《读〈魏晋南北朝词语例释〉》,《古汉语研究》1992 年第 3 期。又,方一新:《东汉魏晋南北朝史书词语笺释》(黄山书社 1997 年版)第 62 页"忽"条:"遂,乃;竟然。"请参阅。

13. 拼

《法苑珠林》里，"拼"有二义与其常训不同：

（1）张弓。《法苑珠林》卷九《捔力部》引《因果经》："太子嫌弓弱，取库内祖王一良弓，无能张者，太子在坐，以手拼弓，声悉闻城内百千国人及虚空。"

卷后音义："拼，北萌、普耕二切。""拼"当张弓讲，今音读pēng，本字则为"抨"或"骈"。《说文·手部》："抨，弹也。"（从段注本）段注："弹者，开弓也。"《集韵·庚韵》："骈，张弦也。披庚切。"

（2）捆绑。《法苑珠林》卷七《受报部》引《长阿含经》："第二黑绳大地狱，有十六小地狱……何故名黑绳？其诸狱卒，捉彼罪人，扑热鐵（铁）上，舒展其身，以热鐵绳拼之使直，以热鐵斧逐绳道斫罪人，作百千段。复次以鐵绳拼锯锯之。"又引《三法度论经》："二名黑绳地狱，先以绳拼，后以斧斫。"

以上三例"拼"字，义同"絣""繃（绷）"，都是捆绑的意思。《汉语大词典》"拼¹"条"pīn ①绑。《水浒传》第二三回：'武松定睛看时，却是两个人，把虎皮缝做衣裳，紧紧拼在身上。'"虽然收了"拼"之绑义，但只举《水浒传》一例，且例证偏晚；又注为pīn音，不确，当读bēng。《汉语大字典》"拼"条则不载绑义，而于音项一"pīn"下义项三释曰："缀合；贴"，亦引《水浒全传》第二十三回例，义例不合，音亦不确。《水浒全传》第二十回："只见一个大汉，头带白范阳毡笠儿，身穿一领黑绿罗袄，下面腿絣护膝。""拼在身上"与"腿絣护膝"字异义同，可证。

14. 嫡

嫡，通"适"，嫁。《法苑珠林》卷九十七《感应缘·晋唐遵暴死经夕见有灵征可验》引《冥祥记》："初（唐）遵姑嫡南郡徐汉，长姊嫡江夏乐瑜干，小姊嫡吴兴严晚。途路悬远，久断音息。"

三例"嫡"并当读为"适"，嫁的意思。"嫡""适"二字古可假借，然典籍习见"适"通"嫡"（《说文·女部》"嫡"字条清段玉裁注："嫡庶字古只作适。"），少见"嫡"通"适"。"适（適）"表女子出嫁，字又作"嫡"，《广韵·昔韵》："嫡，嫁也。施只切。"然则《法苑珠林》的"嫡"也可看作是"嫡"的省旁俗字。

15. 灯明

灯明，即灯，灯炬。《法苑珠林》卷二引《中阿含经》："佛告比丘：'释提桓因本为人时，行于顿施，沙门婆罗门贫穷困苦，施以饮食钱财灯明等，以堪能故，名释提桓因。''复何因缘，名富兰陀罗？'告曰：'彼为人时，数数行施衣被饮食乃至灯明故，名富兰陀罗。'"又卷四《月宫部》引《起世经》："譬如于多油中燃火炽炬，诸小灯明皆悉隐翳。"又卷十二《七百结集部》："汝施明月宝珠及摩尼珠等，用为塔灯明。"下文："上有大摩尼珠，以为灯明。"又卷十九《引证部》："譬如一灯然，百千灯明，终不尽量。"又卷二十《普敬部》："东南方有佛，名曰作灯明如来。"又卷三十五《引证部》引《贤愚经》："由昔灯明布施，从是已来，无数劫中，天上人间，受福自然，身体殊异，超绝余人，至今成佛，受此灯明之报。"又引《施灯功德经》："若人于佛塔庙施灯明已，临命终时，得三种明。"下文："舍利弗于佛塔庙施灯明已，于临终时，得见如是四种光明。"下文："若人住于大乘，施佛塔庙灯明已，得于八种可乐胜法。"又引《智度论》："若人盗佛塔中珠及盗灯明，死堕地狱。"又卷四十二《圣僧部》："若至冬寒，安被、厚帔、毡褥、炭火、汤水、灯明，随时供养。"又卷四十七《惩过篇·引证部》引《涅槃经》："夫死者……昼夜常行，不知边际；深邃幽暗，无有灯明。"

诸例"灯明"皆为灯、灯炬义。卷三十五引《施灯功德经》"施灯明"与"施灯"互见，尤可证"灯明"与"灯"同义。"明"，光明，明亮，引申之，照明物亦可叫"明"。柳宗元《商山临路有孤松往来斫以为明感而赋诗》："不以险自防，遂为明所误。"诗题、诗中二"明"字即指松明、照明物（今方言管灯为"亮"，引申轨迹相同）。然则"灯明"为同义并列结构。

16. 虚与

虚与，白送。《法苑珠林》卷十九《引证部》引《付法藏经》："（夜奢）白王言：'臣卖人头，反被骂辱，尚无欲见，况有买者。'王复语言：'若无买者，但当虚与。'夜奢奉教，重赏入市，唱告众人：'无钱买者，今当虚与。'市人闻已，重加骂辱，无肯取者。夜奢惭愧，还至王所，合掌白王：'此头难售，虚与不取，反被骂辱，况有买者。'"

上揭"虚与"凡三见，其义甚明。但说法颇为特殊，故为笺出。

第二章　近代汉语词语训诂

一　释"小乙"①

"小乙"一词习见于明清白话小说，现有辞书解释各不相同，有的释作指称排行第一的年轻男子，有的释作指称排行第二的，甚至有的释作指称排行最后的。请看以下五部辞书的解释：

《汉语大词典》（汉语大词典出版社1988年版）："古代对年轻男性排行第一者的俗称。《水浒传》第六一回：'此人百伶百俐，道头知尾。本身姓燕，排行第一，官名单讳个青字。'又：'卢俊义分付道："小乙在家，凡事向前，不可出去三瓦两舍打哄。"燕青道："主人在上，小乙不敢偷工闲耍。"'《警世通言·白娘子永镇雷峰塔》：'〔李仁〕家中妻子，有一个兄弟许宣，排行小乙。'又：'今清明节近，追修祖宗，望小乙官到寺烧香。'"

《白话小说语言词典》（商务印书馆2011年版）："排行第一的年轻男子的俗称。乙即一。[例]道人姓丘，排行小乙，绰号飞天夜叉。（水浒·六）有一个兄弟许宣，排行小乙。（通言·二八）"

《中国称谓辞典》（北京语言学院出版社1994年版）："小二的代称。《警世通言·白娘子永镇雷峰塔》：'家中妻子，有一个兄弟许宣，排行小乙。'案：乙，天干第二位，因以为第二之代称。此称排行二，行二，老二，小二之代称。"

《水浒词典》（汉语大词典出版社1989年版）："兄弟辈排行最后，或地位最低的人。'乙'即'一'。[例]燕青小乙，看管家里库房钥匙，只今日便与李固交割。61.1027 // 燕青道：'主人在上，须听小乙愚言。'61.1027 // 蔡福问道：'燕小乙哥，你做甚么？'62.1048 [文]《警世通言》卷二十八：'家中妻子，有一个兄弟许宣，排行小乙。'……"

《明清小说辞典》（花山文艺出版社1992年版）："排行中年龄最轻的人。《水》六一：'燕青小乙，看管家里库房钥匙，只今日便与李固交割。'"

以上观点大致可以分为三种：第一种较为常见，认为"小乙"是古代对年轻男子排行第一者的俗称，以《汉语大词典》《白话小说语言词典》等为

---

① 原载《辞书研究》2013年第5期，与研究生张龙飞合作，张龙飞为第一作者。

代表;第二种观点认为"小乙"是排行第二者,也可作"小二"的代称,以《中国称谓辞典》为代表;第三种观点认为"小乙"是兄弟辈排行最后或地位最低的人,以《水浒词典》《明清小说辞典》为代表。

根据前人研究,结合文献实际用例,我们认为,"小乙"可以归纳出以下三个义项:

一、俗称排行第一的年轻男子。也作"小一"。

《汉语大词典》所引《水浒传》第六十一回说燕青"排行第一",而卢俊义称燕青为"小乙",燕青自称也称"小乙",可见"小乙"是用来指称"排行第一"者的,既可以用于他称,也可用于自称,文义甚明。《警世通言》"小乙官"的例子值得讨论。《警世通言》第二十八卷:"原来许宣无有老小,只在姐姐家住。"又:"许宣答道:'在下姓许名宣,排行第一。'"许宣有个姐姐,但又自称"排行第一",这是否有矛盾?原来,我国古代有"男女异长"(《礼记·曲礼上》)的排行习惯,即兄弟、姐妹分别排行。许宣虽有姐姐,但他是长男,所以仍然是"排行第一"的。《醒世恒言》第二十一卷:"女子道:'妾姓张,有个哥哥,叫做张小乙,是我母亲过继的儿子,在外面做些小经纪。'"此例"小乙"表示排行第一者义更加明显。

从字面看,"乙"是天干第二位,为什么"小乙"却用来指称排行第一者呢?

上引《白话小说语言词典》《水浒词典》"小乙"条都有"乙"即"一"的解说,我们认为是可取的。近代汉语里,"乙"常借用为"一",学者多有论及,如周志锋《大字典论稿》224页"乙"条:"用同'一'、'壹'。《咒枣记》第八回:'我前日宰一个大大猪,不过直得乙两二三钱银子,做一件衣服还不彀些。'《弁而钗·情贞纪》第二回:'附具诗笺乙柄,京香二封,以表不肖臭味凉德。''乙'与'一'、'壹'同为入声字,吴语同音。今台湾地区尚有此种用法。"许少峰《近代汉语大词典》2222页"乙"条:"③代表数字'一'。多用于账目,为防窜改。《红楼梦》第五三回:'银霜炭上等选用乙千斤,中等二千斤,柴炭三万斤。'《飞花艳想》第十二回:'银子倒是乙百在此,恐吾兄资李缺乏,因此多带几两,以足吾兄之用。'""小乙"有排行第一者义,当是因为"乙"可表示"一","乙"与"一"同音通用。

甚至"小乙"还可径作"小一","乙"表"一"义更为显豁。例如:

《水浒传》第八十一回:"燕青听的,便去拜告李师师道:'姐姐做个方便。今夜教小弟得见圣颜,告的纸御笔赦书,赦了小一罪犯,出自姐姐之德。'"这里的"小一"也是燕青自称,义同第六十一回的"小乙"。《包龙图判百家公案》第十九回公案:"有佃夫张小一,径往蒋家看,笑道:'恭喜官人,粜了许多谷,得了若干银。'(蒋)钦云:'亡矣。'小一道:'我在半路相遇,官人何必谦退。'"又第五十三回公案:"适间我往庄外走一遭,遇见一起客商来说,龙江渡一人溺水身死,弟听得径往看之,族中张小一亦在,果有尸身浮泊江口,认来正是张兄……我同小一俩二人移尸上岸,买棺殓之矣。"《涉异志·兴善庙》:"台州城中委巷有兴善庙,神颇显,有赵小一者游其中,遇商人携囊金息肩庑下,入夜小一杀商人,取其金。"例中"张小一""赵小一"就是因为排行第一而代称其人。

二、指排行第一。

《警世通言》卷二十八"有一个兄弟许宣,排行小乙"的"小乙",上引各家辞书都把它理解为指称人,释为"排行第一的年轻男子的俗称"等,明显失误。《警世通言》同卷下文:"在下姓许名宣,排行第一。"两相比较,可知"小乙"即"第一",若释为指称人,则扞格不通。李法白、刘镜芙《水浒语词词典》(上海辞书出版社1989年版)26页"小乙"条:"本是排行第一的意思。习惯上常用来代称其人。可用于他称、对称,也可用于自称。[本例]这个道人便是飞天夜叉丘小乙!(六)(按上文云:'道人姓丘,排行小乙,绰号飞天夜叉。')……""丘小乙"的"小乙"指"排行第一"的人,"排行小乙"的"小乙"则指"(排行)第一",两者判然有别。"小乙"有"排行第一"义,《水浒语词词典》早就讲得非常清楚了,可惜没有引起人们足够的注意。

三、旧时称旅馆、茶店、酒肆等的侍应人员,义同"小二"。又可泛称年轻男仆。

《禅真逸史》第十七回:"酒保说话未完,只听见那睡的人已醒了,打几个呵欠,高声问道:'店小乙哥,这时分恰好放晚关了么?'酒保答道:'这时候将次放关了。'""店小乙"义同"店小二","小乙"指酒保。《海公大红袍传》第四十九回:"一案犯殴毙茶坊小乙胡亚六,经控未获。""茶坊小乙"义同"茶坊小二","小乙"指茶坊伙计。

"小乙"为什么会有"小二"义呢?我们认为恐怕与下面两个原因中的其中一个有关:其一,诚如《中国称谓辞典》所说,"乙,天干第二位,因以为第二之代称"。这样,"小乙"就等同于"小二"了。其二,"小乙"俗称排行第一的年轻男子,引申而指称"小二"。因为"小二"(包括"小二哥")除了称呼旅馆、茶店、酒肆等的侍应人员之外,最早也可泛称青年男子(袁宾等《宋语言词典》300页"小二"条只收一义:"对青年男子的称呼,亦可用作青年男子自称。"可见其"店小二"义为后起义)。

无论是表示"店小二"义的"小乙",还是表示"排行第一的年轻男子"义的"小乙","小乙"一般都是指称年轻的地位低下的男子,因而"小乙"还可以泛称年轻男仆,如《醒世恒言》第七卷:"等待天明,便唤家童小乙来,跟随尤大舍往山上去说亲。"

综上所述,我们认为,"小乙"在近代汉语里有三个义项:1. 俗称排行第一的年轻男子。各家释作排行第二者或最末者,不够准确。此义也可写作"小一",查考现有辞书,皆未见收录"小一"条,当补。2. 指排行第一。各家把"排行小乙"的"小乙"释作指称人,义例明显不合。3. 旧时称旅馆、茶店、酒肆等的侍应人员,义同"小二"。又可泛称年轻男仆。此义未见辞书收释,应予补充。

二　释"腼腆"①

"腼腆"是个常用词,近读德喜先生《"腼腆"应是"觍颜"》一文,引起了我们讨论的兴趣。全文不长,照录于下:

> 2011年9月7日,《中华读书报》刊登的《三位与〈我的前半生〉有贡献者》中有句话这样说道:"(《圣德纪述纂要》)此书专述溥仪就满洲国执政后一些起居情况。由中岛比多吉、林出贤次郎及宝熙、胡嗣瑗、沈瑞麟、张海鹏、熙洽等执笔,极尽腼腆之能事。"其中的"腼腆"显然用错了地方。"腼腆"(miǎn tiǎn)的意思是,因怕生或害羞而神情不自然。溥仪成为伪满洲国"皇帝"后,他的起居情况有专人记述,司其职的"大臣"们怎么会"因怕生或害羞而神情不自然"?文中大概是想说,作"起居注"的那些人,阿谀奉承,厚颜无耻。与此意思相近的词应是"觍颜"(tiǎn yán)。翻《现汉》,"觍颜"有两个义项:一是表现出惭愧的脸色;二是厚颜。"觍颜"的第二义,正符合上述文章所要表达的意思。(《咬文嚼字》2012年第4期)

从共时层面看,德喜先生的批评不无道理;但从历时层面看,这个说法还可推敲。因为在近代汉语里,"腼腆"(亦作"靦觍")除了《现代汉语词典》所收的"因怕生或害羞而神情不自然"意思外,还有一个特殊用法,正是"厚颜无耻"!请看下面例子:

(1)明沈炼《青霞集》第十一卷:"此生尚在当烈烈轰轰,以尽其臣子之心,不为依阿腼腆束儿女子之态以邀富贵者。"(依阿,曲从附顺)

---

① 原载《语文建设》2014年第7期,题目为《"腼腆"的一种特殊用法》。与研究生王凤娇合作,王凤娇为第一作者。今补上原稿删节部分。

（2）明无名氏《鸣凤记》第六出："我夏言呵，猛拼舍着残性命，不学他觍觍依回苟禄人。"（"依回"，依顺；"苟禄"，贪禄）

（3）清曹寅《续琵琶》第二卷："若是偷安觍觍对三军，能无惭？江宁甘百战死，马革裹尸旋。"

（4）清洪昇《长生殿》第二十八出："我虽是伶工微贱也，不似他朝臣觍觍。安禄山，你窃神器上逆皇天，少不得顷刻间尸横血溅。"

（5）清落魄道人《常言道》第十六回："刁钻奸狡巨滑，名为奸险人；贾斯文装腔做势，名为腼腆人；万笏枉生癫死，名为垃圾人；墨用绳死猫活贼，名为欺心人。"

（6）明金木散人《鼓掌绝尘》第二十七回："文荆卿腼腆道：'小姐，你岂不闻色胆如天？今日莫说是老夫人寝室在侧，总然刀锯在前，鼎镬在后，拼得一死，与小姐缔结百年，终身之愿足矣！'"

（7）清夏纶《无瑕璧》第二卷："（小旦）你一发肆无忌惮了。（与贴同作怒容指丑面合唱）胡缠你蝶浪蜂狂空腼腆，我金坚玉润凭烹炼。（丑）这时节那个还有工夫与你们通文，快些来嘎。"

（8）清归锄子《红楼梦补》第二十九回："黛玉道：'别讲古话了，他们那里，你也好几夜没有过去，别尽在这里讨人厌。今夜随你便到那一个屋子里去歇着，让我安安静静一晚。'宝玉又腼腆延挨了一会才起身，叫老婆子掌灯陪至怡红院。"

例（1）至例（4）用在讲节操的场合，"腼腆"解作厚颜无耻，若合符契。其中例（4）人民文学出版社1983年版徐朔方先生校注："觍觍——羞耻，害臊的意思。这里用以形容不知羞耻的朝臣。"徐先生已经看出了此"觍觍"与其常义有别，可惜未能直接释作"不知羞耻"。例（5）上文说"此等小人各有其名"，贾斯文"装腔做势"，故其外号用表示厚颜无耻义的"腼腆"来形容。例（6）至例（8）用在讲情爱的场合，其中例（6）文荆卿这番话绝非是羞怯之言，而是脸皮很厚的人才说得出的，"腼腆"用法与例（7）相同，都是厚着脸皮、不知羞耻的意思；例（8）根据具体语境可释为厚着脸皮，因为释作厚颜无耻语义太重，但也绝对不是害羞、神情不自然的意思。

"腼腆"也可重叠说成"觍觍觍觍"，字又可写作"偭偭倎倎"，例如：

（9）明陆人龙《型世言》第二十一回："徐铭道：'我替妹妹好歹做一头媒，叫你穿金戴银不了。只是你怎么谢媒？'觍觍觍觍的缠了一会，把他身上一个香囊扯了，道：'把这谢我罢。'"

（10）明陆云龙《清夜钟》第二回："（钱奉川和李承山）看上了他这两个媳妇，访得陈氏是个不端楷的，要踹浑水，踹上了老的，再乘机勾搭他这两个媳妇。时时价价依侬，捱身进来。"

"腼腆（觍觍）"还可作动词，义同"厚着脸"之"厚"、"涎着脸"之"涎"。例如：

（11）明凌濛初《二刻拍案惊奇》卷三十八："莫大姐本是已有酒的，更加郁盛慢橹摇船捉醉鱼，觍觍着脸庞，央求不过，又吃了许多。"

从目前搜集到的材料来看，"腼腆"当厚颜无耻讲，主要是吴语用法。沈炼是会稽（今绍兴）人，洪昇、夏纶、陆人龙、陆云龙都是钱塘（今杭州）人，凌濛初是乌程（今湖州吴兴）人；《鸣凤记》作者不详，《常言道》作者生平不详，但两部作品都有明显的吴语成分；《鼓掌绝尘》是比较典型的吴语作品。但是查考有关方言词典，现代吴语没有这种用法，其他方言也没有这种用法。

"腼腆"此义，《汉语大词典》及各种近代汉语词典都不载。《明清小说俗字俗语研究》一书中已经抉发了这一特殊用法，把"腼腆"释为"厚着脸皮，不知羞耻"，举明代白话小说四例，并对词义理据作了初步探析："'害羞、不自然'与'厚着脸皮、不知羞耻'这两个意思虽然截然相反，但也不是没有关联。小孩子多腼腆，大了脸皮就会厚，这是人之常情，也是'腼腆'一词词义转化的根本原因。'觍然''腆然''觍然'等词既可表羞惭貌，又可表厚颜貌，适其比类。"（中国社会科学出版社2006年版，第84～85页）

综上所述，"腼腆"是个多义词，除了一般意思以外，还有一个今人比较陌生但在明清汉语里却比较常用的义项——厚着脸皮、不知羞耻。《三位与〈我的前半生〉有贡献者》中"极尽腼腆之能事"的"腼腆"，正是沿用了近代汉语里的这种特殊用法，其实没有用错地方。

三 释"撮俏"[①]

"撮俏"一词，就我们目力所及，有三部词典收录了，举了三条书证，可以概括为以下两个意思：

一是"调情卖俏"。《汉语大词典》"撮俏"条："调情卖俏。明单本《蕉帕记·脱化》：'再不许傅粉弄蹊跷，拜斗逞妖娆，花月场来撮俏，燕莺群去调包。'"许少峰先生《近代汉语大词典》"撮俏"条释为"卖弄风骚"，引例相同（"卖弄风骚"与"调情卖俏"义近，实为一义）。

二是"取巧（以得份外之利）"。石汝杰、宫田一郎先生主编《明清吴语

---

① 原载《汉字文化》2014年第6期，与研究生王凤娇合作，王凤娇为第一作者。

词典》"撮俏（儿）"条："〈动〉取巧（以得份外之利）。口〔贴〕你是丫头家，袖这诗稿前去，尤其不雅相了。〔付〕小姐，我有极好勾主意拉里，包你撮俏。（才人福 4 出）却说这凹鼻凶贼，要撮这个俏儿。这俏儿到也撮得，其如头上有天。（生绡剪 3 回）"

　　由于语料挖掘得不够充分，现有辞书对"撮俏"的训释或可订正，或可补充。

　　根据我们考察，"撮俏"一词主要出现在明清戏曲里，用法较为复杂。今梳理如下：

　　从字面看，"撮"有抓取、拈取的意思，"俏"有漂亮、美好的意思，"撮俏"是动宾结构，最初指"拈取漂亮的东西"。例如：

　　（1）明陆采《明珠记》第四十三出："东吴才子多风度，撮俏拈芳入艳歌，锦片也似丽情传万古。"

　　例中"撮俏"与"拈芳"同义并举，用其比喻义，指"得到佳人"。

　　引申之，有《明清吴语词典》所释的"取巧（以得份外之利）"义。"取巧"就是用巧妙的手段谋取利益（多指不正当的），也即捞好处、占便宜。今更衍其例：

　　（2）清篱隐君《生绡剪》第三回："（青童）竟将章甫打鸟撞着巫娘，同逃至湖州某处躲避事情，从头说与。那光棍就心头一突，自想到：'造化，造化，坐在家里，平白地掉下一主子大钱。不要慌，那奚冠不中，不消说要吃我老胡一大钟酸酒；便中了，我也要撮他一个俏儿。'"

　　（3）明范文若《花筵赚》第十一出："（作见小生自语介）原来是他扒在墙上。待叫时，怕炒了撒了防了，听鹊营巢，见成咱捉调包，落一个证本还撮俏。"

　　例（2）与《明清吴语词典》所举次例同述一事；例（3）"落一个证本还撮俏"，"证本"又作"正本"，是够本、保本的意思（见《汉语大词典》），"撮俏"与例（2）同义，都是取巧、捞好处、占便宜的意思。

　　据此，我们再来看《蕉帕记》"花月场来撮俏，燕莺群去调包"的"撮俏"。"调包"又作"掉包"，指暗中用假的换真的或用坏的换好的，"撮俏"与"调包"相对为文，"撮俏"当指用巧妙的手段谋取不正当利益，也即取巧、捞好处。例（3）也是"调包"与"撮俏"互见，可作旁证。可见，《汉语大词典》把此例"撮俏"释为"调情卖俏"、《近代汉语大词典》释为"卖弄风骚"，都是随文释义、主观臆测，不可从，"撮俏"其实并没有这种意思。

　　"撮俏"由"取巧"等意思引申，还有"巧妙行事"义。例如：

　　（4）明冯梦龙《梦磊记》第十四折："（净）明日妙，越早越好。还有一说，此事非出合甥女所愿，只好撮俏。花红羊酒一色都干折了罢。"

（5）清陈二白《称人心》第十五出："新人态娇，着衣羞燥，东人性乔，花星偏照，须得媒人撮俏。"

（6）清袁于令《剑啸阁鹔鹴裘记》上卷："（旦）仗你做良媒，洗研过书馆，将机以就机，是则是了，还有一句，你出去须要撮俏，莫被人知道了。（小旦）这不须分付。"

例（4）"只好撮俏"即"只好巧妙行事"，因为这门亲事不合"甥女所愿"，如果大张旗鼓地送聘礼，走漏了风声，恐怕事情办不成，所以只好巧妙地来做；例（5）、例（6）"撮俏"义同。

由"巧妙行事"义再引申，"撮俏"又有"巧妙"义。例如：

（7）清无名氏《金兰谊》第十四出："我想这桩事做得好撮俏也。明明是我行奸，巧掇他名下，系笼樊。"

（8）清李玉《占花魁》第七出："（丑）呀！赵兄为何这时候才来？（外）与老妈设处身价，到债主家去掇些银子，撮足一百两，又写了一张婚书，只等你领人手到家，着了花字，就拿了银子了。（丑）妙！妙！做事真个撮俏。（外）如今行户中，闯席分媒钱的甚多，不得不撮俏些。"

（9）清李玉《五高风》第二十二出："（付）吓，这等说也罢，与你五百两罢。（丑）不够，小的银子得了，老爷的事须当做得妥当撮俏。"

（10）清李玉《人兽关》第三出："身穿青布衣，头带皂隶帽，大儌尽皆称阿叔，人都叫，跟官若马牛，行牌如虎豹，马脚快要劂，后手偏撮俏，开谈几十钱，动口吃东道，回限快如风，改差是翻调。"

（11）清袁于令《金锁记》第十六出："设计高，打干须撮俏，买药又恐人知道。咦，抬头忽见卢医到，这姻亲逢好，这机关凑巧。"

例（7）至例（11）都作形容词，可释为"巧妙"。例（7）训"巧妙"文义顺畅；例（8）是两个人贩子卜思春和赵老实的对话，为了骗卖"莘葡小姐"，赵老实做了周密安排，得到卜思春称赞："妙！妙！做事真个撮俏。"此"撮俏"当与前面的"妙"同义，也即"巧妙"；例（9）"撮俏"与"妥当"连用；例（10）"后手偏撮俏"是说那个差役"打后手"（私下克扣钱物）非常巧妙；例（11）"打干须撮俏"，"打干"指钻营、说情、行贿等活动，此"撮俏"也是"巧妙"义。

综上所述，"撮俏"一词可以归纳为以下四个义项：1. 拈取漂亮的东西。2. 取巧，捞好处，占便宜。3. 巧妙行事。4. 巧妙。这四个意思一脉相传，具有内在逻辑联系。《汉语大词典》《近代汉语大词典》释作"调情卖俏""卖弄风骚"，这是虚假义项，需要订正；《明清吴语词典》释作"取巧（以得份外之利）"，释义是，但不够完备，需要补充。

　　从来源看，"撮俏"当是明清时期的一个吴方言词。上面所引戏曲、小说，除了《金兰谊》作者不详外，其余作者都是吴语区的。单本是会稽（今浙江绍兴市）人；《才人福》的作者沈起凤是江苏吴县（今江苏苏州市）人；《生绡剪》系汇集众作而成，第三回作者题篱隐君，"从作品内容推测，当为明末清初江浙人"；范文若是上海籍邑人；冯梦龙、陈二白都是苏州长洲（今江苏苏州市）人；袁于令、李玉都是江苏吴县（今江苏苏州市）人。可见，"撮俏"一词主要流行于吴语作家、吴语作品当中。查考有关方言词典，现代吴语里没有这个词，其他方言里也没有这个词。看来，"撮俏"一词在明、清两代活跃了一个时期后，又悄然退出了历史舞台。

四　释"老丈"①

　　"老丈"，《汉语大词典》释为"旧时对年老男性的尊称"，《辞源》（修订本）释为"对老年男子的敬称"，《辞海》（1999年版缩印本）释为"对老年男子的尊称"，其他辞书也众口一词，似乎这个词意义单纯而明确，没有什么疑问。

　　但在近代汉语里，我们发现，"老丈"除了用来尊称老年男子外，也可用来尊称平辈成年男子。请看其例：

　　（1）明朱葵心《新刻回春记》第三折："自家姓钱名伯济字白木，浙江宁波人氏……二十一岁举了贤良方正，却选着安庆府桐城县知县……今已到芜湖地方，有一所酒店在此，且自饮酒则个。（与诸相见介）敢问老丈高姓尊号？（诸）学生姓诸，名文止，字君郁，苏州吴县人氏。敢问长兄尊姓大号？（钱）学生姓钱名伯济，字白木，浙江人氏。（诸）公干？（钱）学生去岁举着贤良方正，选了桐城县令，便道至任。（诸）却是官人了。（钱背云）闻得苏州秀才极富才极高，不免灌他几钟酒儿，与他说些前皇后代，偷他几句。到桐城县去和那些文人们说也好看相。（对诸云）贵处人才济济，甲于海内。学生僻处荒陋，虽侥幸了，终是枵腹，有恁么名人古书放稿行卷，老丈讲说些儿，学生洗耳愿闻。（诸）老丈此言莫非过于谦乎？"

　　从"二十一岁举了贤良方正""去岁举着贤良方正"可知，钱伯济时年二十二岁。而诸文止是"苏州秀才"，也当是个青年人。两人互称"老丈"。

　　（2）清袁于令《西楼记》第二十六出："（小生）……（指生介）因甚君

---

　　①　原载《现代语文·语言研究》2014年第30期，题目为《"老丈"可尊称平辈成年男子》，有增补。与研究生王凤娇合作，王凤娇为第一作者。

家独泪涟,就中难辨。二丈是会试来的么?(末)是。(小生向生介)老丈高姓大名?(生)小弟于娟。(小生)莫不是叔夜么?久慕大名,时诵尊制。(生)老丈上姓?(小生)胥表。(生末)原来是胥长公。(小生)此位上姓。(末)李节。(小生)是李贞侯。"

第八出提到,于娟十九岁。胥长公也是年轻后生。两人互称"老丈"。

(3)明梦觉道人、西湖浪子《三刻拍案惊奇》第十九回:"冯外郎道:'小弟一时误听小价、老母与房下,道奶娘频来,事有可疑,得罪了老丈。'杜外郎道:'老丈,小弟如今说过也罢了。只是才方说误听阿价与内人,差了。我们全凭着这双眼睛识人,全凭着肚里量人,怎么认不出老杜不是窝盗的?量不出老杜不肯纵人为非的?……凡人多有做差的事,大丈夫不妨直认,何必推人?'"

冯外郎与杜外郎同为处州府的书吏,杜外郎"妻王氏生有一个儿子,因少乳,雇一个奶娘金氏",可见他年纪不大。冯外郎与杜外郎互称"老丈"。又,吴士勋、王东明主编《宋元明清百部小说语词大辞典》"老丈"条:"对老年男子的尊称。《三》19回:'事有可疑,(小弟)得罪了老丈!'"义例不够密合。

(4)清无名氏《蕉叶帕》第五回:"龙生道:'休得取笑。今日请老丈到来,不为别事。'白生道:'求见教。'龙生道:'争奈寂寞,意欲觅个姻缘。'白生道:'此事小弟时常在心,但不知谁家女子可以相匹?'龙生趋近指内说:'就在此间。'白生道:'是了是了。这老先生又是令先尊的同僚,他的令爱又是通家兄妹。婚媾甚宜,必然见允。'龙生道:'此事全仗老丈执柯,小弟只怕此事不谐。'……龙生道:'老丈进去,小弟看个朋友,回来领教。'"

龙生父母早丧,由父僚胡招讨抚养长大,看上了胡公之女弱妹,请白生作伐。白生是龙生"故知",年龄当与龙生相仿。这里龙生称白生为"老丈"。

(5)《初刻拍案惊奇》卷八:"陈大郎道:'小可欲邀老丈酒楼小叙一杯。'那人是个远来的,况兼落雪天气,又饥又寒,听见说了,喜逐颜开。连忙道:'素昧平生,何劳厚意?'陈大郎捣个鬼道:'小可见老丈骨格非凡,心是豪杰,敢扳一话。'那人道:'却是不当。'口里如此说,却不推辞,两人一同上酒楼来。"

陈大郎是个年轻人,"那人"是山寨大王乌将军,年龄不详,但与陈大郎是平辈人。

(6)清墨憨斋《醒名花》第五回:"席间,景节看那贾龙,一貌堂堂,便把言语说他道:'小生仰窥老丈,器宇不凡,身兼武艺,何不立身朝庙,轰轰烈烈,建些功业,名垂不朽,而愿为此屈身丧节之事乎?'贾龙便称谢道:'多承先生指教……小可因为匪人所陷,失身于此。急欲弃邪归正,奈一时无便可乘。故此苟延性命,亦觉老大徒伤。'景节道:'容小子到京,对家尊说来。

若遇便时，当为老丈作招安计。'……翌王亦对贾龙道：'小子在此，荷蒙老丈覆庇，心感不尽。'"

贾龙也是绿林大王，年龄不详，与景节、翌王当是平辈人。

（7）《梼杌闲评》第一回："（黄达）正自踌躇未决，忽报泗州太爷来拜，传进帖来，上写着眷生的称呼。原来这知州也是吉水人，平日相善，相见坐下。知州道：'河台特取老丈来，以大事相托，想定有妙算。'黄达道：'河台意欲于湖心建堤，隔断淮、黄之水，岂非挑雪填井，以蚁负山？何得成功！着晚生奔走巡捕则可，河台竟将此事放在晚生身上，如何承应得起？'知州道：'老丈高才，固为不难；但此公迂阔，乃有此想，可笑之至。'"

黄达是高邮州州同（州同即知州的副职），与泗州知州是同辈人。

（8）清谷口生《生绡剪》第一回："少年道：'两件便衣，送与尊兄将就穿穿，省得风吹寒冷。'老脱穿了，作谢，作谢。少年又问道：'尊使在哪里？'老脱在背后草根头取起，叫他站着，他就恭身立着，似人家烧神化马的铁纸炉模样。少年扑手大笑道：'奇，奇，奇！你们来看，蛇到不奇，这个管家怪绝。老丈，你一定是个异人，有此异仆，我们决不放你，要同你到船里谈谈，慢慢请教。'"

老脱本名江有芷，上文他曾说："我今年三四十岁，只管蹲在家里何用？"于是出外闯荡。少年与老脱年龄有差异，但少年先称老脱为"尊兄"，后称老脱为"老丈"，说明还是平辈关系。

综上所述，"老丈"可以尊称平辈成年男子，平辈成年男子可以是年轻的，也可以是年长的。

与"老丈"相似，"丈"，《汉语大词典》《辞源》释为"对长辈的尊称"，《辞海》释为"对年辈长者的尊称"，吉常宏主编《汉语称谓大词典》释为"对老年男子的尊称"。但是"丈"还可以用作对朋友、对成年男子的尊称。"丈"字这种用法，《康熙字典》已发之，《康熙字典·一部》："丈，又朋友尊称。《长编》富郑公称范文正公曰范十二丈。"今人编写的词典也有言及的，如李崇兴、黄树先、姚则遂《元语言词典》及许少峰《近代汉语大词典》都这么解释："丈，对成年男子的尊称。"上揭例（2）清袁于令《西楼记》第二十六出："（小生）……（指生介）……二丈是会试来的么？（末）是。"下文：（小生）明日小弟南归，二丈北上。但是叔夜有所感伤，贞侯丈当解慰之。"例中"二丈""贞侯丈"之"丈"，都是年轻人用来尊称平辈朋友；而且文中"丈"与"老丈"并用，可以互证。

据此，我们认为目前通行辞书对"老丈"的释义不够完善，可以修正为："老丈，对老年男子的尊称，也可用作对平辈成年男子的尊称。""丈"字释义仿此。

又有"年丈"一词，《汉语大词典》释为："犹年伯。清蒲松龄《聊斋志异·续黄粱》：'曾心气殊高，便指同游曰："某为宰相时，推张年丈为南抚。"'……"又"年伯"条："科举时代为对父亲同年登科者的尊称，明代中叶以后亦用以称同年的父亲或伯叔，后用以泛指父辈……"《近代汉语大词典》"年丈"条凡收二义："①称与父辈同年登科的人。也称年伯……②对同年年长者的尊称。明袁宏道《与江进之书》：'年丈欲弟忍者，忍苦乎？忍病乎？若忍苦则吴县亦不甚苦……若忍病，则病安可忍。'"《汉语称谓大词典》亦收二义："①科举时代对同榜中式者的敬称。明周履清《锦笺记·草奏》：'〔净〕快快写来，小弟就去请诸年丈了！'清蒲松龄《聊斋志异·续黄粱》：'曾心气殊高，便指同游曰："某为宰相时，推张年丈为南抚。"'清袁于令《西楼记·乘鸾》：'〔外〕孩儿过来！有李年丈谆谆在此作伐……就与你成婚罢。'②对有年谊、世交的长辈的尊称……"三本辞书释义不尽相同。根据我们考察，"年丈"除了义同"年伯"之外，还可以尊称同年登科的平辈男子（例多不举）。《汉语大词典》漏略此义，且所举《聊斋志异》义例不合。《续黄粱》首段说："福建曾孝廉高捷南宫时，与二三新贵遨游郊郭……曾心气殊高，便指同游曰：'某为宰相时，推张年丈为南抚；家中表为参、游；我家老苍头，亦得小千把。于愿足矣。'"其中"张年丈"当是"同游"的"二三新贵"之一，非指"年伯"，此"年丈"当从《汉语称谓大词典》释为"科举时代对同榜中式者的敬称"。《近代汉语大词典》注意到"年丈"的另一种用法，值得称道，但释为"对同年年长者的尊称"，"年长者"未免过于拘泥该词及例句字面意思。同辈男子常尊称他人为兄，谦称自己为弟，并非严格按照年龄长幼来定，古今皆然。相比之下，成书早于《近代汉语大词典》的《汉语称谓大词典》释义最为确当。需要指出的是，《汉语称谓大词典》所举《西楼记》"〔外〕孩儿过来！有李年丈谆谆在此作伐……就与你成婚罢"例，是于叔夜的父亲称于叔夜的同年李节为"李年丈"，即以儿子的身份来称呼（犹今老师称学生为"同学"），与一般"对同榜中式者的敬称"稍有不同。

五 释"赞老子"①

《古今小说》第三十六卷："侯兴老婆看见了，动心起来，道：'这客长，有二三百只钗子！我虽然卖人肉馒头，老公虽然做赞老子，到没许多物事。你看少间问我买馒头吃，我多使些汗火，许多钗子都是我的。'"

---

① 本文为《近代汉语词语探源两则》（《语言研究》2006 年第 3 期）之第二则，今有增补。

其中"赞老子"一词，人民文学出版社1958年版《古今小说》许政扬校注："赞老子：赞，这里是不正、邪恶的意思。赞老子，指盗贼。"《汉语大词典》释为"隐语。指盗贼"，吴士勋、王东明主编《宋元明清百部小说语词大辞典》释为"盗贼的隐语。赞：邪恶；不正。老子：盗贼"，许少峰《近代汉语大词典》释为"指称盗贼。赞：不正道、邪恶之意"，张季皋主编《明清小说辞典》释为"盗贼"，曲彦斌主编《俚语隐语行话词典》释为"〈隐〉古代江湖指强盗"，许宝华、宫田一郎主编《汉语方言大词典》释为"强盗；盗贼。官话"，白维国主编《白话小说语言词典》释为"盗贼"，高文达主编《近代汉语词典》释为"盗贼的头目"，岳国钧主编《元明清文学方言俗语辞典》释为"盗贼头子"，均引本例一例。据上下文，侯兴是"做道路"（"做盗贼"的隐语）的宋四公的师弟，"他家住汴河岸上，卖人肉馒头"，杀人越货，的确是个盗贼（强盗兼窃贼）。但遍考辞书，"赞"无不正、邪恶义，"赞老子"为何可当"盗贼"或"盗贼头子"讲，着实令人费解。

今谓"赞老子"内部结构不是"赞／老子"，而是"赞老／子"，义为贩卖私盐的人。

"赞老"又作"赞郎""瓒老"，是市语，也即隐语，义为盐（"老"为市语名词后缀，"郎"与"老"一声之转。"酒"市语叫"海老"，又叫"海郎"，是其例）。考曲彦斌主编《俚语隐语行话词典》（上海辞书出版社1996年版）"赞郎"条："〈隐〉明清江湖诸行指盐。见《新刻江湖切要•饮馔类》。赞，辅助，此隐取盐为佐料之义。"王锳《宋元明市语汇释》（贵州人民出版1997年版）"瓒老"条："《通俗编》卷三十八引《江湖切要》：'盐曰瓒老。'按此字多音多义，《集韵》'瓒'字有'水集貌'之义，音组（志锋按：当作徂）丸切。盐是引聚海水经日晒而成，故有此称。"（王锳先生把"瓒"定音为cuan，以"水集貌"作为"瓒老"当"盐"讲的理据，恐欠妥。笔者以为，"瓒"当取zàn音，通"赞"，其理据则以"取盐为佐料之义"为长）"赞老"与"赞郎""瓒老"显然是同一个词。又有"蘸老"一词，《俚语隐语行话词典》释为："〈隐〉宋明行院指盐。见《行院声嗽•饮食》。系就盐的一种食用方法而言。"其实"蘸"与"赞"方言也近音或同音（宁波话同音）。

"赞老"指盐，那么"赞老子"就是盐子，也即贩卖私盐的人。市语行话里，与"赞老子"相关的还有一个"孝子"。《俚语隐语行话词典》"孝子"条："〈隐〉清末以来煮盐业指贩盐的人。孝，系就白色而言。隐喻盐。""孝"隐喻盐，"孝子"即"盐子"。"赞老子"与"孝子"词义相同而构词方式相似，可以比勘。

《汉语大词典》"盐子"条云："贩卖私盐的人。宋叶适《朝议大夫秘书少监王公墓志铭》：'赣广间，常以岁秒贩盐，空聚落往返，号盐子。所过辄杀伤官军，故有盐子狱。'"盐在古代是官府掌控的，官府负责食盐专卖，一般人不得随便私贩。贩卖私盐是违法行为，但可牟取暴利。贩卖私盐的人往往同时又是强盗、盗贼，叶适所说"所过辄杀伤官军"即其证，《古今小说》第二十一卷"（钱婆留）少不得又与顾三郎这伙亲密，时常同去贩盐为盗"，亦其证。

要之，"赞老子"即盐子，指贩卖私盐的人。贩卖私盐的人往往又是盗贼，但"赞老子"本身并无"盗贼"义，更无"盗贼头子"义。

我们释"赞老子"指盐子，是市语，在《古今小说》第三十六卷还可找到一些旁证。1. 侯兴第一次出场，小说写道："不多时，见个人挑一担物事归"。"一担物事"到底是什么东西，作者没有交代，但从侯兴归家时间是"日中前后"推测，这"一担物事"当非劫盗之物，而是食盐。"做赞老子"与"挑一担物事"是前后呼应的，不然小说没有必要特别说明侯兴是"挑一担物事归"。2. 该卷多用市语，如："这汉与行院无情，一身线道，堪作你家行货使用。"《绮谈市语·饮食门》："肉，线道。"又如上引"我多使些汗火"的"汗火"，《绮谈市语·饮食门》："药，汗火。"可见该卷使用市语并非"赞老子"一个。

六　释"能言快语"

"能言快语"有的成语词典不收，有的收了，但释义还可完善。例如：

《分类汉语成语大词典》（山东教育出版社 1988 年版）"能言快语"条解释说："快：爽快。形容会说话，爽快善谈。元·关汉卿《调风月》第三折：'老夫人随邪水性道我能言快语官媒证。'明·冯梦龙《古今小说·蒋兴哥重会珍珠衫》：'这婆子能言快语，况且逐日串街走巷，哪一家不认得？'"（例一当作"老夫人随邪水性，道我能言快语说合成。"上文有"像这洛阳城，少甚末能言快语官媒证"，两句错乱了。）

《新华成语词典》（商务印书馆 2003 年版）"能言快语"条解释说："快：爽快。指人很会说话，言辞爽快。元·无名氏《谇范叔》楔子：'欲遣一文武全备能言快语之士，往聘齐国。'《醒世恒言》卷三：'忽然想起，有个结义妹子，叫做刘四妈，时常往来。他能言快语，与美娘甚说得着。何不接取他来，下个说词。'《东周列国志》二〇回：'又有优人名施者，少年美姿，伶俐多智，能言快语，献公尤嬖之，出入宫禁，不知防范。'"

《汉语大词典》也收了"能言快语"，解释说："能说会道，言词敏捷爽利。元无名氏《刘弘嫁婢》第二折：'妾身做事真偻㑩，婆女招夫我说合，亲筵喜事来寻我，能言快语做媒婆。'《三国演义》第六六回：'肃乃辞孙权，至陆口，召吕蒙、甘宁商议——设宴于陆口寨外临江亭上，修下请书，选帐下能言快语一人为使，登舟渡江。'亦作'能言快说'。《水浒传》第八一回：'原来这李师师是个风尘妓女，见了燕青这表人物，能言快说，口舌利便，倒有心看上他。'"

两部成语词典把"能言快语"的"快"释为"爽快"，误。《汉语大词典》释义前一句是，后一句非，因为"言词敏捷爽利"显然是用来解释"快语"的，这是把"能言快语"的"快语"与"快人快语"的"快语"等量齐观了。其实，"能言快语"即能说会道，其中"快"也是能、会的意思。

近代汉语里，"快"有个颇为特殊的义项，当能、会、善于讲。例如：唐白居易《有感》："马肥快行走，妓长能歌舞。"宋无名氏《张协状元》第二出："小子最快说梦，又会解梦。"元高文秀《襄阳会》第一折："能吃好酒，快吃肥鸡。"元白朴《梧桐雨》第四折："虽然是快染能描，画不出沉香亭畔回鸾舞，花萼楼前上马娇。"《老乞大》："这个马快吃水，这个马吃水小。"《朴通事》："那红桥边一个张兽医，他快医头口。"《金瓶梅词话》第三十四回："小的不敢吃，吃了快脸红，只怕爹来看见。"《水浒全传》第七十六回："这个便是梁山泊能行快走的头领神行太保戴宗。"又第八十回："（丘岳）骑一匹快登山、能跳涧、背金鞍、摇玉勒胭脂马。"

"能言快语"在近代汉语里用例很多，除了上面两本词典已经举到的外，再引几例：《古今小说》第一卷："这婆子俐齿伶牙，能言快语，又半痴不颠的，惯与丫鬟们打诨，所以上下都欢喜他。"《醒世恒言》第十五卷："静真那张嘴头子，平时极是能言快语，到这回恰如生漆护牢、鱼胶粘住，挣不出一个字儿。"《醒世姻缘传》第三回："晁奉山媳妇平素原是能言快语的老婆。"

"快"字之能、会、善于义，张相《诗词曲语辞汇释》卷五"快（二）"、龙潜庵《水浒词典》"快[1]"条都有讨论，《汉语大词典》《汉语大字典》也都收了，可参阅。《中国成语大辞典》（上海辞书出版社1987年版）"能言快语"条释为"谓善于辞令"，《汉语成语大词典》（中华书局2002年版）"能说会道"条说也作"能言快语"，虽然没有具体解释"快"字，但总体都是正确的。白维国先生主编的《白话小说语言词典》（商务印书馆2011年版）"能言快语"条释为"犹'能言快说'"，"能言快说"条释为"善于言辞。快，善于"，这个解释就既准确又全面了。

七　释"所"的一种词缀用法

先请看以下一些用例及其解释：

（1）明贾仲名《对玉梳》第三折："生出此计，瞒过俺那虔婆。所央松江府旧认的孔目每，讨了一张文书。"龙潜庵《宋元语言词典》："所，因。"高文达主编《近代汉语词典》："所，因，便。"

（2）《五代史平话·汉史上》："所有成保幼小，叔叔若可收留，幸为养他成丁。"《水浒全传》第三十三回："花荣拜上僚兄相公座前：所有薄亲刘丈，近日从济州来。"龙潜庵《宋元语言词典》："所有，因有。"张季皋主编《明清小说辞典》："所有，因有。"许少峰《近代汉语大词典》将上两例"所有"分别释为"只因，惟因""因有，致有"。

（3）《金瓶梅词话》第九十八回："（陈经济）一日正打街前所走，寻觅主管伙计。"又第一百回："（吴月娘等）杂在人队里挨出城门，到于郊外，往前所行，到于空野十字路口。"白维国主编《白话小说语言词典》："所，表示强调的副词。强调动作不间断，一个劲儿地。"许少峰《近代汉语大词典》释前一例"所"为"一个劲儿。用于行走，犹'趱'。"

一般地说，"所＋动"属于"所"字结构。"所"字结构具有名词性，"所"指代动作行为的对象，如"所见所闻""所作所为"，此为通例。但上引"所央""所有""所走""所行"等显然不合这一通例。唯其如此，各家才根据文意语气分别作释，把同是动词前的一个"所"字解释得五花八门。

以上解释随文释义，主观臆断，不可从。究其致误原因，恐怕与人们不甚了解"所"放在动词前可以充当语助词这一用法有关。近代汉语里，"所＋动"（"动"主要是及物动词，少数为不及物动词，且必须是单音节的）有个特殊用法：其中"所"是语助词，有音而无义，相当于前缀；"所＋动"语义即等于"动"。这种用法其实并不少见，例如：

（1）《敦煌变文集·董永变文》："家里贫穷无钱物，所买（卖）当身殡耶娘。便有牙人来勾引，所发善愿便商量。""所卖"就是"卖"，"所发"就是"发"。

（2）唐白居易《三教论衡·僧问》："义休法师所问：'《毛诗》称六义，《论语》列四科。何者为四科？何者为六义？'""所问"就是"问"。

（3）《靖康要录》卷五："时召宰执并赴讲筵所究经义。""所究"就是"究"。

（4）《续资治通鉴长编》卷二百六十三："但请北朝别差横使，仍尽赍著实文据，往南朝逐一理会，所贵速得了当。""所贵"就是"贵"，欲，希望。

以上是唐宋的例子。在元曲里，这种用法更为常见，例如：

（5）元无名氏《鸳鸯被》第三折："小官张瑞卿，自到京都阙下，一举状元及第，所除洛阳为理。""所除"就是"除"，除授。

（6）元尚仲贤《单鞭夺槊》第二折："你唤尉迟恭来，寻他些风流罪过，则说他有二心，将他下在牢中，所算了他性命。""所算"就是"算"，暗算，谋害。

（7）元无名氏《神奴儿》第三折："你道他将亲来所图，你道他抵盗那财物，这公事凭谁做主，都是他二嫂妆诬。""所图"就是"图"，义同"所算"。

（8）元无名氏《朱砂担》第二折："待不前去，又怕那贼汉赶来，所伤了我的性命。""所伤"就是"伤"，伤害。

（9）元关汉卿《五侯宴》楔子："妾身近日所生了个孩儿，见孩儿口大，就唤孩儿做王阿三。""所生"就是"生"。

（10）元郑廷玉《后庭花》第二折："哥哥，你有甚事，谁敢道是支吾！教把谁所伏便所伏，教把谁亏图便亏图。""所伏"就是"伏"，制伏，降服。

明清小说中也不乏其例，上面已经提到过《水浒全传》《金瓶梅词话》中"所有""所走""所行"等例，今更补清代的例证：

（11）清无名氏《于公案奇闻》卷二第十七回："忽听五鼓锣鸣，大炮所响，吹打开门。"又第二十九回："皂隶扬起毛板，青衣跪倒报数，门子举签，一起一落，吧吧所响，打完放起。"又卷四第三回："府门开放，那些玄门一齐往里所走，千佛头一般。"又卷四第二十六回："（贤臣）来至南庄，复把卦板掏出，用手擎定，敲的连声所响，吆喝算命。刚进庄中，迎面来了一人，酒有八分，一步一恍，朝前所走。""所响"就是"响"，"所走"就是"走"。

（12）清无名氏《施案奇闻》第三十九回："施公才要叫原告对词，动夹棍严究，只见打角门进来四人，摇摇摆摆，往上所走。"（此据《古本小说集成》本，下例同）又第六十六回："只听刷的一声所响，盗寇在膀以上受伤。""所走""所响"义同上。

（13）清无名氏《万年清奇才新传》第十八回："此际仁圣天子适值走出船头，前来观看，意欲调停以了此事。所见他先将自己水手骂了一回，连随拿钱来赔偿了事，如此举动大方，谅来这人定是一个豪杰。""所见"就是"见"。

事实上，"所"字这一用法所自甚早，六朝就有用例。例如：

（14）晋陶潜《搜神后记·放龟》："于时所养龟人，被铠持刀，亦同自投。""所养"就是"养"。

（15）刘宋刘敬叔《异苑》卷四："帝所生母苟氏，燕国人，故貌类焉。""所生"就是"生"。

综上所述，"所"放在动词前充当语助词的用法，自六朝至清朝，代代相传，沿用不绝，成了一种独特的语法现象。最早注意到这一语法现象的是日本学者吉川幸次郎和田中谦二两位先生（参见《敦煌变文字义通释》1988年版第540页所引），张相《诗词曲语辞汇释》卷三也有论及，但把这类"所"字看作"指事之辞"，显得迂曲难通。全面准确论述这种"所"字的，当推蒋礼鸿先生。蒋氏在其《敦煌变文字义通释》"所"字条中，列举了六朝小说、敦煌变文乃至元人戏曲中的大量用例,得出结论:"所,语助词,放在及物动词前头,没有意义。"应当说,这个问题至此已经解决了。遗憾的是,蒋氏的这一见解并未引起应有的重视。翻检有关近代汉语工具书,我们发现,有的对"所"字这种用法不曾提及(如《元曲释词》《宋金元明清曲辞通释》),有的虽已论及但解释不当(如篇首所列),鲜有令人满意的。查考目前规模最大、质量最高的两部汉语辞书——《汉语大字典》和《汉语大词典》,前者于"所"之助词义不收上述用法;后者虽然收了"所央""所有""所除""所伤""所图""所算"等条,但于"所"之单字义亦不收上述用法,致使字头与其双音节词的释义失去照应。有鉴于此,笔者撰写此文,目的正是想引起人们对"所"字这种语助词用法的关注和准确理解。①

八 释"厮"的一种词缀用法②

杨荣祥先生指出,"'厮'用作副词始见于宋代,它实际上是'相'的语音变体的文字记录形式"("相""厮"唐五代都有"思必切"一读)。③"厮"义同"相",具体又可分两种用法:1. 互相。如宋辛弃疾《夜游宫·苦俗客》词:"几个相知可喜,才厮见,说山说水。"2. 表示一方对另一方的动作。如金董解元《西厢记诸宫调》卷五:"张生低告道:'姐姐言语错,休恁厮埋怨,休恁厮奚落。'"现有辞书如《汉语大词典》《白话小说语言词典》等就是这样解释的,而《汉语大字典》《近代汉语大词典》等则笼统地释为相、互相。但是,在"长相厮守"这个词语中,以上解释就扞格难通了。

"厮守"即相守,也即互相依靠、互相陪伴,白话作品习见,如《金瓶梅词话》第八十九回:"实承望和你白头厮守,谁知道半路花残月没。"表示长久地相守,古人则说"长厮守"或"常相厮守",如明高明《琵琶记》第二出:"夫妻长厮守,父母愿长久。"清末梁溪坐观老人《清代野记》卷上:"一日澂谓妇曰:'吾两人情好如此,不得常相厮守,奈何?尔能归我否?'"今人则多

---

① 原载《辞书研究》2004 年第 1 期,题目为《谈谈"所"的一种语助词用法》,今略有改动。文章发表后,后来购得江蓝生、曹广顺先生《唐五代语言词典》(上海教育出版社 1997 年版)和李崇兴、黄树先、邵则遂先生《元语言词典》(上海教育出版社 1998 年版),前者说:"所,语助词,多用在及物动词前面,不为义。"后者说:"所,用在单音动词之前,有加重语气的作用。"均是,请参阅。

② 原载《辞书研究》2014 年第 6 期,题目为《从"长相厮守"谈"厮"的词缀用法》,今补上删节部分。与研究生王凤娇合作,王凤娇为第一作者。又,本文在采集用例时,参考了张相《诗词曲语辞汇释》、许少峰《近代汉语大词典》、白维国主编《白话小说语言词典》及《汉语大词典》等著作和辞书,特此说明,并致谢忱。

③ 杨荣祥:《近代汉语副词研究》,商务印书馆 2005 年版,第 178 页。

说"长相厮守"。既然"厮"就是"相"的意思，"长（常）相厮守"中的"相"与"厮"岂不是重复了？

其实，近代汉语里，"厮"类词这种"叠床架屋"的现象颇为常见。"厮"类词前面常常可用"互相""递相（义同'互相'）""自相"等来修饰，例如：

（1）《水浒传》第六十三回："说罢，众官互相厮觑，各有惧色。"

（2）同上第一百零三回："若是不死，只是个互相厮打的官司。"

（3）同上第一百十三回："那四个好汉，却看了他们三个说了一回，互相厮觑道：'这个为头的人，必不是以下之人。'"

（4）《红楼梦》第三回："黛玉忙起身迎上来见礼，互相厮认过，大家归了坐。"

（5）同上第一百十五回："贾宝玉见是甄太太上坐，便先请过了安，贾环贾兰也见了。甄宝玉也请了王夫人的安。两母两子，互相厮认。"

（6）《官场现形记》第六回："忽而两军对垒，互相厮杀。"

（7）《水浒传》第十三回："阵面上军士们递相厮觑道：'我们做了许多年军，也曾出了几遭征，何曾见这等一对好汉厮杀！'"

（8）《初刻拍案惊奇》三十一卷："地方重大，方才取得，人心未固，如何轻易自相厮杀？"

"厮"类词前面既然有"互相"等副词，"厮"就不能再理解为"相"了，而相当于一个起衬音作用的动词前缀。

还有一种情况是"厮"前面单加"相"。例如：

（9）元张国宾《合汗衫》第二折："寺门前金刚相厮打，哎！婆婆也，我便是佛啰也理会不下。"

（10）明孟称舜《娇红记》第五出："这正是破粪箕，生笤帚，婆将来和你一对儿相厮像。"

（11）同上第二十二出："如今朝廷立法，内兄弟不许成婚。他弟兄相厮唤，怎可作姻亲？"

（12）同上第三十一出："自古道痴心女，负心汉，这对轴头儿两下相厮见，怎得个成双到老年。"

（13）明阮大铖《燕子笺》第二十二出："自古道涎夫烈女相厮称，一定要手奇擎。"

（14）明徐复祚《红梨记》第十九出："羊脂玉碾蜻蜻蜻颈，但风流占尽无余剩。添分毫便不相厮称。"

（15）《儿女英雄传》第三十八回："牧童儿，自在身，走横桥，卧树荫，短蓑斜笠相厮趁。"

（16）《花月痕》第五十二回："看你袅袅婷婷，对着这露叶风枝更可人。真侥幸，偎香倚玉，得与相厮并。"

这种"相＋厮＋动词"的形式，有人认为是两个副词同义连用，但把"厮"看作动词前缀也未尝不可。如例（13）"涎夫烈女相厮称"中的"相厮称"理论上似乎有"相厮/称"与"相/厮称"两读，但例（14）"添分毫便不相厮称"中的"不相厮称"只能读作"不相/厮称"。凭语感，"厮"与后面的动词结合得更紧密，"相＋厮＋动词"都应该读作"相/厮×"。

"厮"类词还可带宾语，例如：

（17）宋吕渭老《醉蓬莱》词："厮近清明，雨晴风软，称少年寻讨。"

（18）元无名氏《举案齐眉》第四折："夫人，这五花官诰、金冠霞帔，你请受了者……厮称你云锦花枝之貌。"

（19）《金瓶梅词话》第七十五回："西门庆只在屋里厮守着月娘，禁张丫头连忙熬粥儿。"

（20）《禅真后史》第十回："郁氏正在那里喃喃地骂，一见婆婆来到，慌忙厮唤聂氏向前'万福'。"

（21）《荡寇志》第九十三回："杀天使一事，并非我厮瞒你，便是山上众头领也不得几人晓得。"

（22）同上第七十五回："虽有三街六市，出门便被纱兜儿厮蒙着脸，真是讨厌。"

（23）同上第七十五回："外面一个青石撵子，厮挨着那板。"

"厮"类词带了宾语，"厮"更不能理解为表示互相或偏指一方的"相"了，只能看作一个前缀。

实际上，许多"厮"类词即使前面不加"互相""递相""自相""相"等，也不带宾语，"厮"也往往没有实在意义。例如：

（24）元王实甫《西厢记》第三本第四折："恨已深，病已沉，昨夜个热脸儿对面抢白，今日个冷句儿将人厮侵。"

（25）明金銮《节节高·别怨》曲："秋来意更深，漫思寻，音书欲写还厮噤。"

（26）明汤显祖《紫钗记》第二十二出："你说玉关西正干戈厮嚷，写救书付他星夜前往。"

（27）《水浒传》第三十七回："宋江听得声音厮熟，便舱里叫道：'船上好汉是谁？救宋江则个！'"

（28）《金瓶梅词话》第八十六回："此是你丈人深宅院，又不是丽春院莺燕巢，你如何把他妇女厮调？"

（29）《红楼梦》第五回："厮配得才貌仙郎，博得个地久天长。"

（30）同上第六十回："宝玉正在听见赵姨娘厮吵，心中自是不悦。"

（31）《荡寇志》第八十二回："刘麒的娘子已带重伤，战斗不得，撇了刀，倒在露水滩上厮唤。"

（32）同上第一百零一回："希真便乘锐攻闉，只见闉门厮闭，绝无动静。"

（33）《海上花列传》第三十三回："一个分明是沈小红；一个面庞亦甚厮熟，仔细一想，不是别人，乃大观园戏班中武小生小柳儿。"

以上各例，"厮侵"即侵扰、冒犯，"厮嗫"即闭口无言，"厮嚷""厮吵"即吵嚷，"厮熟"即熟悉，"厮调"即调戏，"厮配"即婚配，"厮唤"即叫唤，"厮闭"即关闭，其中"厮"都不表义。

"厮"的词缀用法当由其副词用法虚化而来。由于受到汉语词汇双音化影响，加上人们逐渐不太清楚"厮"表相义，在使用过程中，"厮"与后面的动词结合得越来越紧密，从而派生出新的用法。这与"乃"字用法演变情况颇为相似。"乃"作人称代词，有"你、你的"的意思，如宋陆游《示儿》诗："王师北定中原日，家祭无忘告乃翁。"还有"其、他的"的意思，如《红楼梦》第四回："令其读书识字，较之乃兄，竟高十倍。"在后一种用法的基础上，又产生了一种类似前缀的用法，例如：

（1）《金瓶梅词话》第九十三回："老拙念他乃尊旧日相交之情，欲送他来贵宫作一徒弟，未知尊意如何？"

（2）《醒世姻缘传》第十六回："他的乃父是我朝数得起一个清官。"

（3）《儿女英雄传》第二十三回："安老爷家这块坟地就是他乃翁在日看定的。"

（4）《儒林外史》第十九回："不想那一日早，弟媳妇不曾出来，是他乃眷抱柴，众人就抢了去。"

（5）《品花宝鉴》第三十九回："怪不得他的乃弟满口通文。"又第五十一回："（嗣元）在外面逢人便说，他乃兄是代枪进学的。"

（6）《玉娇梨》第二回："他只得一位乃郎，前年中了乡榜。"

（7）《姑妄言》第四回："原来他这几个乃郎都不愿儿子读书，因是老子的主意，不敢违拗。"下文："连钟趄的乃爱，也同着铁甲将军去了。"

上引"乃尊"等已凝结为一体，"乃"已不表"其"义，而是用在指称他人的亲属称谓词之前，相当于一个前缀。为了表意明确，"乃"前面还需要加"他"等领属性定语。

正因为有些"厮"类词"厮"的意思已经虚化，成了前缀，因此要表示彼此进行相同的动作时，前面还得加"互相""相"等副词。于是就有了"长相厮守"之类的说法。由此可见，"长相厮守"没有语病。

关于"厮"的词缀用法，有些学者已经注意到，如胡竹安先生《水浒词典》"厮赶"条解释说："赶。厮，前缀，无义。"[1]马启红指出："我们在阅读宋元以来的作品时还注意到许多动词前面的'厮'没有语法和词汇意义"，"在句中只起衬音作用"；[2]侯冬梅也指出："'厮'可作前缀。"[3]但都是随文提到，没有展开来讨论。本文在前人研究基础上作进一步阐述，以证成其说。

顺便说一下，《近代汉语虚词词典》"厮"条义项一释为"表示高度的程度副词，意为'非常'"，凡举两例：元无名氏《鸳鸯被》第三折："怪道你两个厮像，两个鼻子一般般的。"《初刻拍案惊奇》卷十七："我与衙门人厮熟，我等暗投文时，设法准了状，差了人径来拿他"。[4]释义误。"厮像"即相像，词义显豁。"厮熟"有点复杂，上例用于人与人，是相熟；但上揭例（26）"宋江听得声音厮熟"，用于人与声音，"厮熟"即熟悉，"厮"是前缀；例（32）"面庞亦甚厮熟"，"甚"才是程度副词，"厮"也是前缀。总之，"厮"没有程度副词"非常"的用法。

九 释请托义"浼"字的读音

"浼"主要有两个意思，一个是污，一个是请托；"浼"的读音，通行字典、词典均注为měi。例如：

《新华字典》（第11版）："浼 měi ①污染。②恳托。"

《现代汉语词典》（第6版）："浼 měi〈书〉①污染。②请托：央～。"

《辞源》（修订本）："浼 měi ①污染，玷污。②请托。……"（例证略，下同）

《汉语大字典》（第二版）："浼 měi ①污染。……③请托；央求。"

《汉语大词典》："浼 měi ①沾污；玷污。②央求；请求。……"

其他各种近代汉语词典也都无一例外地把当请托讲的"浼"注为měi音。我们认为，"浼"这两个意思读音不同，当污讲，读měi；当请托讲，应该读wǎn。下面略作考辨。

第一，"污"义与"请托"义毫无关联。"浼"当污讲，先秦已见，《说文·水部》："浼，汗也。从水，免声。《诗》曰：'河水浼浼。'《孟子》曰：'汝安能浼我？'"《广韵·贿韵》武罪切，《集韵·贿韵》母罪切，与"每"同音。"浼"当请托讲，则是宋元以后的新用法。两个意思相距甚远，不存在引申

---

① 胡竹安：《水浒词典》，汉语大词典出版社1989年版，第404页。

② 马启红：《"相"与太谷方言的"厮"》，《忻州师范学院学报》2003年第3期。

③ 侯冬梅：《"厮跟"中"厮"的探源》，《现代语文·语言研究》2010年第3期。

④ 雷文治主编：《近代汉语虚词词典》，河北教育出版社2002年版，第489页。

关系,因而请托义"浼"读měi也值得怀疑。

第二,"浼"又可以写作"挽","央浼"又可以写作"央挽",甚至同一部书往往"浼""挽"互用。请看以下例子(为节省篇幅,同一部书有多个用例的一般只举一例):

写作"浼"的,如《新编五代史平话·晋史平话》卷下:"北京留守,非卿不可,浼卿一行,为朕镇抚其民。"《水浒全传》第四回:"赵员外答道:'有些小事,特来上刹相浼。'"《西游记》第十三回:"明日你父亲周忌,就浼长老做些好事,念卷经文。"《古今小说》第三十卷:"这清一遂浼人说议亲事,将红莲女嫁与一个做扇子的刘待诏为妻。"《鼓掌绝尘》第十回:"他有一位小姐,年方及笄,欲浼老夫作伐,招赘状元。"《欢喜冤家》第十六回:"冯家浼我作《雪景赋》,以送崇德县尊。"《歧路灯》第八十四回:"王象荩承主母之命,遵依程公条例,东央西浼,托产行寻售主。"《大明正德皇游江南传》第四回:"其书内有云:拜请杨郡守大哥,浼他着兵船护送家眷回乡。"字又作"浼"("浼"同"浼",冫、氵两旁相通,如"净"与"净","凉"与"凉","减"与"减"),如宋赵令畤《侯鲭录》卷七:"东坡守杭州时,有县官贪而无耻,欲黜之,浼张父政解其事。"《清平山堂话本·戒指儿记》:"大官人,你相识浼我干甚事?"《醒世恒言》第十四卷:"他唤作王百会……邻里家有些些事都浼他。"《禅真逸史》第七回:"这是你心上人浼我送来的。"《廿载繁华梦》第三十九回:"(马氏)这时越发着急,便使侄子周勉墀回省里,浼人递一张状子。"

写作"挽"的,如《水浒全传》第一百零二回:"(蔡京、蔡攸)于是密挽心腹官员,与府尹相知的,教他速将王庆刺配远恶军州,以灭其迹。"《古今小说》第十六卷:"(张劭)随即挽人请医用药调治,蚤晚汤水粥食,劭自供给。"《警世通言》第三十八卷:"一日有个张二官过门,因见本妇,心甚悦之,挽人说合,求为继室。"《二刻拍案惊奇》卷二十二:"(上官翁)遂挽出前日劝他好话的那个张三翁来,托他做个说客。"《一片情》第六回:"商量已定,遂挽花熳前去。"《闹花丛》第八回:"余五向文英道:'相公府上有事,特挽老身相请。'"《豆棚闲话》第九则:"一边就挽几个积贼,暗地哄说钱财便利,手到拿来。"《世无匹》第八回:"他一见陆小姐容颜美丽,便挽个心腹,冒称陆氏宗亲,在当官纳了身价,将小姐领去为妾。"《八洞天》卷八:"主人怕大娘不容你,特挽五空师父来说合,讨你出去,私自另住。"《好逑传》第三回:"(水运)日日挽出媒人、亲戚来,兜揽冰心嫁人。"《天雨花》第一回:"都要与他连姻眷,挽托亲朋来议亲。"《官场现形记》第五十一回:"就是我自己没有权柄管理外国人,也总要挽出人来替你们和息的。"《何典》第八回:"(色鬼)家里不能做手脚,便在外面寻花问柳,挽通了师姑,却向佛地上去造孽。"《中国近代文学大系·民间文学集·拐儿桥》："甲惧甚,挽众调停,(店)伙遂罢。"

"浼"还可与"央"同义连用,构成"央浼"一词,如《水浒全传》第三十回:"但是人有些公事来央浼他的,武松都对监相公说了,无有不依。"《醒世姻缘传》第一回:"晁秀才也不用人情,也不烦央浼,竟把一个南直隶华亭县的签,单单与晁秀才掣着。"《醒世恒言》第二十九卷:"陆公还恐卢楠是个富家,央浼下的,未敢全信。"《警世通言》第二十四卷:"等俺妈妈来,你央浼他。"又作"央浼",如元无名氏《百花亭》第二折:"王舍想不知我在于此处。我特特央浼你通个信去,与他知道。"明孟称舜《桃花人面》第五出:"正有一言儿央浼着你!"《古今小说》第四卷:"我也只为令弟面上情分好,况令弟前日在床前再四叮咛,央浼不过,只得替他干这件事。"《三宝太监西洋记》第四十九回:"宫主转进自家宫里佛堂之上,指望去央浼菩萨。"又作"央挽",如《醒世姻缘传》第四十二回:"毕竟还亏了魏才是个别里的乡约,再三央挽那公差容他措手。"(此例徐复岭先生《醒世姻缘传作者和语言考论》268页认为"'央挽'不为词。'挽'当为'浼'之误",恐不确)《海公大红袍全传》第四回:"不觉又是十二月初旬,吉期逼近。夫人预早央挽了近房的族老,前往迎亲。"(华夏出版社1995年版第18页注:"央抚——指两边抚者。"正文作"央挽",注解作"央抚",文不对题,殊为可笑)又第十回:"我正要央挽你,你却自来,岂不是天赐其便么?小女今年已长成一十五岁了,正要挽人说合亲事,今得妈妈至此,大合鄙意。"

以上材料表明,在请托意义上,"浼"与"挽"是同一个词的不同写法,读音不当有别。

第三,"浼"是个方言词,查考各种方言词典,我们没有发现现代汉语方言读měi之"浼"表请托义的实例。"浼"主要见于吴语作品,吴语的实际读音是"挽"。如:清胡文英《吴下方言考》卷八:"今吴谚……倩人代己言事者亦曰绾(音'弯'上声)出。"(引者按:"绾"同"挽""浼")《简明吴方言词典》:"浼[uε^{34}]动词。央人从中说合某事:事体弄僵脱哉,还是浼个人去说说。"(252页)朱彰年等编《宁波方言词典》:"浼[uε^{445}]〈动〉请托;央求(多指央人从中说合某事):侬去讲讲呒没用场咯,还是浼个来头大眼人去讲一声好。"(325页)《汉语方言大词典》:"浼 ③〈动〉央求、委托中间人说合某事。(一)吴语。江苏苏州[uε^{51}]埃桩事体要浼个人去说说。上海[uε^{34}]事体弄僵脱哉,还是浼个人去说说。"(5120页)以上所标注的国际音标其实就是本地"挽"的读音。也有径作"挽"的,如:《汉语方言大词典》:"挽 ⑥〈动〉委托、央求中间人办事。吴语。上海。江苏启东吕四、江阴。"(4737页)汤珍珠等编《宁波方言词典》:"挽 ②托人从中说合某事:挽亲托眷做媒;该事体看样子要吃官司个,要末侬挽人去讲讲看。"(149 页)《崇明方言词典》:"挽媒人　请求别人作媒:两家本来裁有意,就挽媒人话一话末好哰。"(79 页)

综上所述,我们认为"浼"的本字即为"挽","挽"本义"牵引;拉",引申之,有"请托;央求"的意思。《汉语大字典》"挽"字条:"①牵引,拉。……又请,托。《水浒全传》第一百零二回:'怎奈蔡攸处挽心腹催促公人起身。'……"即把请托义看作是"牵引,拉"一个义项的不同用法;《汉语大词典》则把上引《水浒全传》"密挽心腹官员"作为"挽"之"拉;牵引"义项的一个例证,虽然义例不够吻合,也说明请托义与"拉;牵引"义关系非常密切。"浼"是"挽"俗写,"挽"有多种意思,为了加以区别,人们借用表污义读 měi 音的"浼"来记录当请托讲的"挽"。由于不明方言,不明"浼""挽"两者关系,后人就用"浼"的传统读音 měi 来标注请托义"浼"的读音,相沿而误。石汝杰、宫田一郎两先生主编《明清吴语词典》:"浼,〈动〉托,求。音当同'挽'。"(430 页)可谓精辟之见。

十　《太平广记》词语选释①

宋李昉等人编纂的《太平广记》,是一部专门收集自汉代至宋初野史小说的大型类书。是书用字用词,既有"字面生涩而义晦"者,更有"字面普通而义别"者,近年来钩稽考释不乏其人,成绩斐然。笔者研读是书,亦间有心得。今选取其中若干词语进行训释,庶几有助于解读此书或补正现有辞书的某些疏漏。所据《太平广记》版本系中华书局 1961 年 9 月新 1 版。

1. 缊缕

缊缕,贫困。《太平广记》卷一百五十八《阴君文字》引《玉堂闲话》:"其士人官至冀州录事参军,缊缕而卒。"又卷二百九十二《徐郎》引《幽明录》:"京口有徐郎者,家甚缊缕。常于江边拾流柴,忽见江中连船,盖川而来。"

上引两例"缊缕"与其常义有别,不光是指衣服破烂,而是指生活贫困。例(2)"家甚缊缕"意义尤为显豁,若以"衣服破敝"释句中之"缊缕",则文不成义。

明清小说也有用例,字又作"蓝缕""褴褛",如《客窗闲话》卷二《假和尚》:"(金生)蓝缕如丐,室人交谪。"《续客窗闲话》卷七《象棋子》:"然甚贫,恒周济之,而蓝缕如故。"《北宋三遂平妖传》第十八回:"看看穷得褴褛,

---

①　本文根据《〈太平广记〉通假字零拾》(《宁波师范学院学报》1991 年第 3 期)、《〈太平广记〉词语札记》(《古汉语研究》1992 年第 1 期)、《〈太平广记〉词义散记》(《古籍整理研究学刊》1993 年第 2 期)、《〈太平广记词语小札〉商榷》(《古汉语研究》1995 年第 1 期)等文章整理修订而成。

走去求告旧时相识。"例（1）"蓝缕如丐"可以理解为衣服破烂，但理解为贫穷似乎更加全面。例（2）无疑是贫穷的意思。例（3）比较特殊，既不是指一般的衣服破烂，也不是指一般的贫穷，而是指贫困不堪。

"缊缕"有贫困的意思，所自甚早。扬雄《方言》卷三："南楚凡人贫、衣被丑弊谓之须捷，或谓之褛裂，或谓之褴褛。"然则西汉时"褴褛"（"缊缕""蓝缕"）即有贫困之义。

2. 因山

因山，建造帝王陵墓。《太平广记》卷一百四十《睿陵僧》引《玉堂闲话》："睿陵之侧，有贫僧居之，草衣芒屦，不接人事。尝燔木取灰贮之，亦有施其资锸者，得即藏于灰中，无所使用。出入必挽一拖车，谓人曰：'此是驷马车，汝知之乎？他日必有龙舆凤辇，萃于此地。'居人罔测其由。及汉高祖皇帝，因山于此，陵寝陶器，所用须灰。僧贮灰甚多，至于毕功，资用不阙。又于灰积中颇获资锸，辇辂之应，不差毫厘。因山既毕，僧亦化灭。睿陵行礼官寮，靡不知者。"

"汉高祖皇帝，因山于此"，指五代后汉开国皇帝汉高祖刘知远（死后谥睿文圣武昭肃孝皇帝）在睿陵（今河南省禹州市）建造陵墓；"因山既毕"指陵墓建造完成。《三辅黄图·陵墓》："文帝霸陵，在长安城东七十里，因山为藏，不复起坟。"古代帝王陵墓常常"因山为藏"，故"因山"有此义。

3. 扱

扱，有两义：（1）捕兽工具。（2）用扱捕捉。《太平广记》卷四百五十一《宋溥》引《广异记》："宋溥者，唐大历中，为长城尉。自言幼时，与其党暝扱野狐，数夜不获。后因月夕，复为其事。见一鬼戴笠骑狐，唱独盘子，至扱所。狐欲入扱，鬼乃以手搭狐颊，因而复回，如是数四。其后夕，溥复下扱伺之，鬼又乘狐，两小鬼引前，往来极所，溥等无所获而止。有谈众者亦云：幼时下极，忽见一老人扶杖至己所止树下，仰问树上是何人物。众时尚小，甚惶惧。其兄因怒骂云：'老野狐，何敢如此？'下树逐之，狐遂变走。"

上文"扱"字凡六见（后二例"极"当是"扱"之讹，原文作"极"不作"極"），除"暝扱野狐"之"扱"为动词，当"用扱捕捉"讲外，其余五个"扱"字皆为名词，义为捕兽工具。考扬雄《方言》卷十三："扱，攃也。"《礼记·中庸》："驱而纳诸罟攃陷阱之中。"《释文》引《尚书传》云："攃，捕兽机槛。""攃"有捕兽工具的意思（《汉语大字典》"攃"字条收有"装有机关的捕兽木笼，即柞攃"一义），《方言》"扱""攃"同义，然则"扱"也可当"捕兽工具"讲。引申之，又可作动词，则有"用扱捕捉"的意思。《汉语大字典》"扱"字条音项二义项三："攃。《方言》卷十三：'扱，攃也。'"用来释义的

"摵"既难懂,又无例证,以上材料有助于弄清这个疑难问题。

4. 均

均,通"匀",分。《太平广记》卷九十八《佛陀萨》引《宣室志》:"里人怜其愚,厚与衣食,以故资用独饶于群僧,陀萨亦转均于里中穷饿者焉。"又卷四百二十七《李征》引《宣室志》:"后傥以己俸均给征妻子,免饥冻焉。"又卷四百六十二《乌君山》引《建安记》:"或果谷新熟,辄祭。先献虚空,次均宿老。"又卷二百八十一《周谒》引《北梦琐言》:"自是传灵语,均财产,戒子辞妻,言善意勤,殆一月而去,不复再来。"

以上"均"字,依字面解之,则扞格难通,其实都是"匀"的通假字,并训"分"。明清小说亦有用例,如《二刻拍案惊奇》卷十六:"晓得这典田事是欺心的,只得叫三个兄弟来,把毛家赎出之田均作四分分了。"《醉醒石》第六回:"(李)俨念故交,且已受虎之托,遂以己俸均给其妻子,免饥冻焉。"

5. 摵

摵,打,击。《太平广记》卷二百五十四《窦昉》引《启颜录》:"唐许子儒旧任奉礼郎,永徽中,造国子学。子儒经祀,当设有阶级,后不得阶。窦昉咏之曰:'不能专习礼,虚心强觅阶。一年辞爵弁,半岁履麻鞋。瓦恶频蒙摵(原注:音国),墙虚屡被扳(原注:音初皆反)。'"

《汉语大词典》"摵"字条引例作:"唐窦昉《嘲许子儒》诗:'瓦恶频蒙摵,墙虚屡被扳。'"释"摵"为"撤去",释"扳"为"推,搡";《汉语大字典》释"摵"为"揭开;刮掉"。此皆随文释义,恐非的诂。"摵",以音义求之,当为"掴"之异体字。从声音看,"虢""国""掴"三字同为见纽入声字,《广韵》分属陌、德、麦三韵,但"掴"字从国得声,又可读作"虢"(《康熙字典》"掴"字条云:"又《正韵》古伯切,音虢。"),而文中"摵"字从虢得声,原注"音国",然则"摵""掴"二字读音可以相通。从意义看,"摵"与"扳"(《太平广记》"扳"通"扳")对文,都是打的意思。"摵"字罕见,我们可从它的异体字得到证明。"掴"有打义是常训,如《广韵·麦韵》:"掴,打也。""掴"又可写作"㧖",《康熙字典》"掴"字条云:"掴,或作㧖。""㧖"其实就是"摵"的简省俗字(其字从手,虢省声),也有打义,如《玉篇·手部》:"㧖,批㧖也。"《集韵·陌韵》:"㧖,打也。"

"扳"也不是"推,搡",也是打、击的意思。《广韵·佳韵》:"扳,以拳加人。亦作搋。丑佳切。"《广韵·皆韵》:"搋,以拳加物。丑皆切。"《集韵·佳韵》:"扳,以拳加物。"

要之,"摵""扳"释为打、击,既有训诂依据,又能讲通文义。随文释义不足取。

6. 迅

迅，跳，跃。《太平广记》卷四百三十六《韦玭》引《三水小牍》："马逸不能止，迅越榛莽沟畎。"又同卷《贺世伯》引《广古今五行记》："我虽年老，不须鞴鞍，犹能控制。遂即蹑上，驴惊迅跳走，世伯荒忙跳下。"

"迅越"即"跳越"，"惊迅跳走"即"惊跃跳走"，此"迅"非快、迅速之义。"迅"当跳跃讲，最习见的是与"奋"或"振"组成"奋迅""振迅"等复合词。如《太平广记》卷四百二十九《丁岩》引《集异记》："虎乃跃而出，奋迅蹀腾，啸风而逝。"又卷四百三十二《松阳人》引《广异记》："朱都事忽起，奋迅成虎，突人而出，不知所之。"又卷四百三十六《卢从事》引《河东记》："（黑驹）遂奋迅数遍，嘶鸣龁草如初。"又卷四百二十六《峡口道士》引《解颐录》："道士取皮衣振迅，俄变成虎。"又卷四百三十四《凉州人牛》引《广异记》："兽遂振迅跳跃，解绳纵之，径至牛所。"又卷四百七十九《蚕女》引《原化传拾遗》："马闻其言，惊跃振迅，绝其拘绊而去。"以上所举"奋迅""振迅"，均属同义（或近义）并列结构，都是跳跃的意思。"迅"有跳跃义，《搜神记》即有用例。《搜神记》卷一"弦超"条："又赠诗一首，把臂告辞，涕泣流离，肃然升车，去若飞迅。"又卷三"郭璞（二）"条："顷之，马即能起，奋迅嘶鸣，饮食如常。""飞迅"即"飞跃"，"奋迅"即"跳跃"。《禅真后史》第二十六回："二蛇盘旋奋恶，群鸭已被他吞食百余。直待天色将明，方才迅跃而去。"下文："（二蛇）适下水之时，低头闭眼，气已垂绝，何能奋迅食人之鸭？"又第二十八回："咱瞧汝这一洼之地，鱼龙焉能奋迅？"考《说文·足部》："跃，迅也。""跃"可训"迅"，然则"迅"固可训"跃"。《尔雅·释诂下》："迅，疾也。"宋邢昺疏："迅者，疾走也。"亦可旁证。

7. 交

交，更，更加。《太平广记》卷六十五《赵旭》引《通幽记》述赵旭幽居，夜半忽有天上青童与之欢会，随后又有嫦娥女相寻青童至赵旭家。"青君笑曰：'卿何已知吾处也？'答曰：'佳期不相告，谁过耶？'相与笑乐，旭喜悦不知所裁。既同欢洽，将晓……约以后期。答曰：'慎勿言之世人，吾不相弃也。'及出户，有五云车二乘，浮于空中，遂各登车诀别。灵风飒然，凌虚而上，极目乃灭。旭不自意如此，喜悦交甚。"

"交"用作副词，有"交相""共俱"义，但用以解释"喜悦交甚"，讲不通。"喜""悦"同义一事，后面不当带表示交相、共俱意思的范围副词，此"交"应是程度副词更、更加的意思。从文义看，上文说仙女夜半忽临，情结罗帐，故"旭喜悦不知所裁"；下文说天明分手之际，仙女表示誓不相弃，后会有期，然后登车凌虚而去，故赵旭更加喜悦。交有更加义，亦见于他书。晋陶渊明《归去来兮辞·序》："饥冻虽切，违己交病。""交"即"更"，言生活上的挨饿受冻虽然急切，但违反自己的意志更加痛苦。近人因不达"交"有更义，于"违己交病"多有误解的，如朱东润主编《中国历代文学作品选》注："交病，犹言产生痛苦。"唐满先《陶渊明集浅注》注："交病：产生痛苦。"刘盼遂编《中国历代散文选》注："交：俱。一说，近。"四川师范学院编《中国历代文选》注："背离自己本心使身心都很痛苦。交，交互，指身、心。"考《玉篇·交部》："交，更也。"《吕氏春秋·务大》："细大贱贵，交相为赞。"高诱注："交，更也。"古书中"交""更"在"交替、更迭"的意思上同义通用，通过同步引申，"交"也可获得更加义。

8. 颇

颇，用作副词，《汉语大字典》列以下数义：1. 表示程度。a. 相当于"略微"。b. 相当于"很"、"甚"。2. 表示范围，相当于"悉"、"皆"。3. 表示语气。就《太平广记》而言，"颇"字用法颇为复杂，似可补者尚有多义、更义、既义、尝义等，试分述之。

（1）多。《太平广记》卷一百二十一《师夜光》引《宣室志》："夜光虑其（指惠达）再来，即密书与蓟门帅张廷珪：'近者惠达师至辇下，诬毁公缮完兵革，将为逆谋。人亦颇有知者。以公之忠，天下莫不闻之。积毁销金，不可不戒。'"又卷一百四十《睿陵僧》引《玉堂闲话》："又于灰积中颇获资镪，辇辂之应，不差毫厘。"又卷一百六十二《王晖》引《玉堂闲话》："西蜀将王晖尝任集州刺史，集州城中无水泉，民皆汲于里乡外。值岐兵急攻州城，且绝其水路，城内焦渴，旬日之间，颇有死者。"又卷四百七十三《蒋虫》引《搜神记》："是岁夏，大疾疫，百姓辄恐动，颇窃祀之者。"

上引"颇"字既不能释为很、甚，又不能释为悉、皆，当释为多。《颜氏家训·书证篇》："近代文士，颇作三妇诗。"《酉阳杂俎续集·贬误》："（予）职在集贤，颇获所未见书。"宋叶梦得《避暑录话》卷下："元丰间有名某者，字东老，家颇藏书，喜宾客。"诸"颇"字亦并训多。多与很甚、悉皆等意思相近而有区别，时人往往忽略它们的差别而误解文义。如《后汉书·皇甫嵩列传》："初，钜鹿张角自称'大贤良师'……跪拜首过，符水咒说以疗病；病者颇愈，百姓信向之。"郭锡良等编《古代汉语》（北京出版社1981年版）文选《黄巾起义》注："害病的人很多都被治好了。颇，很。"既注为"很"，又译为"很多都"，又矛盾，又含糊。其实这个"颇"就是多的意思。《法苑珠林》卷二十九《圣迹部》引《奘师传》："今有疾者，以香油涂像，多愈。"可比较。

"颇"训多，用来表示时间、频率，则是常、久的意思。《太平广记》卷二百八十四《侯子光》引《录异记》："安定人侯子光，弱冠美姿仪。自称佛太子,从大秦国来,当王小秦国。易姓名为李氏,依廊爱赤眉家。颇见其妖怪,事微有验,赤眉信之。"又卷三百九十七《赣台》引《十道记》:"虔州赣台县东南三百六十三里,南康记云,山上有台,方广数丈。有自然霞,如屋形。风雨之后,景气明净。颇闻山上有鼓吹声,即山都木客,为其舞唱。"晋陶渊明《读山海经十三首》之一:"穷巷隔深辙,颇回故人车。"以上"颇"训常、经常;①陶渊明《有会而作·序》:"旧谷既没,新谷未登。颇为老农,而值年灾。"这个"颇"训久。张相《诗词曲语辞汇释》卷二"苦"条:"甚辞,极也;多或久也。""颇"有甚、多、久义,可与"苦"类比。

(2)更,更加。《太平广记》卷四百五十六《天门山》引《博物志》:"又有人出行,坠深泉涧者,无出路,饥饿分死。左右见龟蛇甚多,朝暮引颈向东方。人因伏地学之,遂不复饥,体加轻便,能登岩岸。数年后,试竦身举臂,遂超出涧上。即得还家,颜色悦怿,颇更黠慧胜故。"

明徐光启《甘诸疏序》:"以此持论颇益坚。"所引二例,或"颇更"连文,或"颇益"连文,"颇"即更、益的意思。②甚、多、更等义类相同,皆为"甚辞",故"校(较)"有甚、多、更义,③"颇"亦有甚、多、更义。

(3)既,已经。《太平广记》卷八十六《王处回》引《野人闲话》:"因于山童处取剑,细点阶前土广尺余,囊中取花子二粒种子,令以盆覆于上。逡巡去盆,花已生矣。渐渐长大,颇长五尺已来,层层有花,烂然可爱者两苗。"又卷四百四十六《张寓言》引《纪闻》:"(张寓言)常寓居于朝士家,其宅大且凶,主人移出。寓言出饮,甚醉而还,不知其家已出,遂寝于堂庑下。夜半后颇醒,竖告之,寓言惧。"又卷四百四十九《韦明府》引《广异记》:"经一年,其子有病。父母令问崔郎。答云:'八叔房小妹,今颇成人,叔父令事高门。其所以病者,小妹入室故也。'"

上述诸例"颇"字都是既、已经的意思。"颇"有既已义,刘淇《助字辨略》发明于前,徐仁甫《广释词》衍例于后,所举都是汉魏六朝的例子。今更以《太平广记》增其用例,兼明其训确然可成立。《搜神记》卷十六"汝阳鬼魅"条云:"后汉时,汝南汝阳西门亭有鬼魅……寻问其故,云:'先时颇已有怪物。'""颇已"连文,此"颇"也是既已之义。

(4)曾,尝。《太平广记》卷四百二十九《申屠澄》引《河东记》:"澄愕

---

① "颇"有"经常"义,参见曾良:《唐宋语词札记》一文,《江西大学学报》1991年第3期。
② 董志翘、蔡镜浩:《中古虚词语法例释》(吉林教育出版社1994年版)第405页"颇"条义项二:"用在动词或形容词前,表示程度更进一层,可译为'更'、'又'、'还'等。"请参阅。
③ "校(较)"有"甚、多、更"诸义,参见郭在贻:《训诂丛稿》,上海古籍出版社1985年版,第130页。

然叹曰：'小娘子明慧若此，某幸未昏，敢请自媒如何?' 翁曰：'某虽寒贱，亦尝娇保之。颇有过客，以金帛为问，某先不忍别，未许。不期贵客又欲援拾，岂敢惜。'"又卷一百七十二《裴休》引《唐阙史》："土人垦田，得古器曰盎……隐隐有古篆九字带盎之腰，曲阜令不能辩。兖州有书生姓鲁，能八体书字者。召致于邑，出盎示之。曰：'此大篆也，非今之所行者。虽某颇尝学之，是九字曰：齐桓公会于葵丘岁铸。'邑宰大奇其说。"又卷三百八十一《薛涛》引《广异记》："王问：'君读书否?' 曰：'颇常读之。'"

上引"颇有过客"即"曾有过客"，"颇尝学之""颇常（常通尝）读之"，"颇""尝"同义连文。《初刻拍案惊奇》卷三："小人家住临淄，也是旧族子弟。幼年颇曾读书，只因性好弓马，把书本丢了。""颇曾"义同"颇尝"。又，《三国志·魏志·高柔传》："柔乃见子文，问所坐。言次，曰：'汝颇曾举人钱不? '"《洛阳伽蓝记·城南·菩提寺》："上古以来，颇有此事否?"这两例中的"颇"用在疑问句中，句尾有"不""否"等字，"颇"是表示疑问语气的副词。而上文所举"颇尝""颇曾"均用在陈述句中，"颇"是曾、尝的意思，二者判然有别。

9. 颇亦

颇亦，即"颇"，"亦"是语助词。《太平广记》卷三十五《成真人》引《仙传拾遗》："上默然良久，颇亦追思之。"又卷一百十七《裴度》引《摭言》："（裴度）屡屈名场，颇亦自惑。"又卷一百五十五《段文昌》引《定命录》："由是颇亦自负。"又卷二百五十四《狄仁杰》引《御史台记》："正员颇亦惭悚。"又卷二百六十六《韦薛轻高氏》引《北梦琐言》："高氏赡给孤遗，颇亦周至。"又卷三百八十八《文澹》引《野人闲话》："父母先有一子，才五岁，学人诵诗书，颇亦聪利。"又卷五百《沈尚书妻》引《王氏见闻》："其初至，颇亦柔和。涉旬之后，前行复作。"例多不备举。

"颇亦"是双音副词，意思与"颇"相同，其中"亦"是语助词，没有意义。以上"颇亦"都是很、甚的意思。《法苑珠林》卷十五《感应缘·宋居士葛济之》引《冥祥记》："纪授济手，指示佛所，济亦登见半身及诸幡盖，俄而隐没。于是云日鲜彩，五色烛耀，乡比亲族，颇亦睹见。两三食顷，方稍除歇。"此"颇亦"义为皆、全。白话小说也有其例，如《女仙外史》第二十五回："我看来将颇亦骁勇，恐是佯输之计。"又第四十四回："我兵越海攻城，颇亦不易。"《金云翘传》第一回："（王员外）为人淳笃，家计不丰，室人京氏，颇亦贤能。"两例"颇亦"是很、甚义。

"亦"也可以放在其他副词后面，如《法显传·师子国概述》："因商人来、往、住故，诸国人闻其土乐，悉亦复来，于是遂成大国。""悉亦"即"悉"；《敦煌变文集·伍子胥变文》："津傍更亦没男夫，唯见轻盈打沙女。""更亦"即更，再的意思。

王锳先生《唐宋笔记语辞汇释》（修订本）"亦"凡列六义：①只、仅；②皆、都、多；③犹言"尚"、"还"；④犹言"并"、"绝"；⑤颇、甚、深、极；⑥犹云"已"、"已经"。江蓝生、曹广顺先生《唐五代语言词典》"亦"凡收五义：①只，仅；②多，尽；③尚，还；④纵，虽；⑤实，甚。据此，则"颇亦"属于同义复词。但是笔者更倾向于把"颇亦"的"亦"看作语助词。

10. 因

因，在……的时候。《太平广记》卷六十二《谌母》引《墉城集仙录》："（婴母）因入吴市，见一童子，可年十四五，前拜于母云：'合为母儿。'"又卷三百八十四《许琛》引《河东记》："王潜之镇江陵也，使院书手许琛因直宿，二更后暴卒，至五更又苏。"又卷四百十七《光化寺客》引《集异记》："（光化寺客）夏日凉天，因阅壁画于廊序，忽逢白衣美女，年十五六，姿貌绝异。"

诸例"因"字，李亚明先生《〈太平广记〉词语小札》（《古汉语研究》1993年第1期）一文释为时间副词，犹"曾经""早先""以前"。李先生发现上面各例"因"字与常义有别，很有道理；但释为"曾经""早先""以前"，恐怕不够准确。从"因"的词义系统考察，"因"很难引申出时间副词"曾经"等意思。另外，像末例"因"字前面已经有了时间名词"夏日"，如果"因"再释为"早先""以前"，则文义抵牾。此类"因"字，当是"在……的时候"之意，"因"与后面的成分合起来表示时间。如此解释，各例文意畅通无碍。"因"字这种用法，《太平广记》例子很多，如卷二十八《郗鉴》引《记闻》："（郑曙）尝因会客，言及人间奇事。""因会客"即在会客的时候；卷二百十三《杨炎》引《唐画断》："卢因从容，乃言欲一踪。"卷四百九十七《李光颜》引《北梦琐言》："李光颜有大功于时，位望通显，有女未适人。幕客谓其必选嘉婿。因从容，乃盛誉一郑秀才。""因从容"即在交往接谈的时候；又卷四百五十一《宋溥》引《广异记》："后因月夕，复为其事。""因月夕"即在月夜的时候。

他书亦有例，如《法苑珠林》卷四十《舍利篇·感应缘》："皇帝当此十月之内，每因食次于齿下得舍利；皇后亦然。"唐德裕《次柳氏旧闻》："元宗于诸昆季友爱弥笃……每与诸王同食，因食之次，宁王错喉，喷上髭。""因食（之）次"即在吃饭的时候。明冯梦龙《古今谭概·谬误部·王彦辅〈麈史〉乖谬二事》："某路宪至一郡，因料兵，见护戎年高，谓守、倅曰：'护戎老不任事，何可容也！'守、倅并默然。""因料兵"即在视察清点军队的时候。

"因"作介词，表示时间、时机，有乘、趁义，如《左传·僖公二十八年》：

"（晋）因其凶也而攻之，三月丙午，入曹。""因其凶"即"趁其凶（恐惧）"，而解释为"在其凶的时候"也未尝不可；《后汉书·种暠传》："时南阳郡吏，好因休沐游戏市里，为百姓所患。""因休沐"即"趁休沐"，也可理解为"在休沐的时候"；《太平广记》卷五十《裴航》引《传奇》："俄于苇箔之下，出双玉手，捧瓷。航接饮之，真玉液也，但觉异香氤郁，透于户外。因还瓯，遽揭箔，睹一女子。""因还瓯"即"趁还瓯"，而解释为"在还瓯的时候"也讲得通。"因"当"在……的时候"讲，当是由"因"的介词"乘、趁"义发展演变而来。①

十一　《西游记辞典》订正②

　　曾上炎先生编著的《西游记辞典》（河南人民出版社1994年版。以下简称《辞典》）是迄今为止唯一的《西游记》专书语言词典。吴宗济先生在《序》里说："曾上炎同志在从事语言研究之暇，为《西游记》编写了这部很有分量的词典，历经十余寒暑，参考了大量典籍，范围遍及儒、释、道、杂各家，使这本词典条条有明确的解释，事事有可稽的出处。特别是有不少也散见于元、明小说、杂剧中的语词，都能尽量查找举例，加以对照、印证……因此，这部词典既是阅读'西游'的津梁，又可当作增长汉语知识的读物，它的用途是多方面的。"笔者同意吴先生这种评价。但辞书编纂是一项遗憾的艺术，很难做到尽善尽美。限于篇幅，本文对《辞典》的成绩和贡献不作阐述，主要谈谈释义及断词立目方面存在的问题，供编者和读者参考。

（一）关于释义

　　《辞典》主要缺憾是，有些条目释义不够准确。下面择要胪列如次：

　　［爱厚］厚爱。（例）行者笑道："莫说！莫说！但不念那话儿，足感爱厚之情也。"（三十一）（词目注音略；"三十一"指第三十一回；原回数后所注例句页数也略。下同）

　　"爱厚"之"厚"当训厚待、看重。"爱厚"犹爱重，爱惜看重的意思。"爱厚"是并列结构，而"厚爱"是偏正结构。

　　① 本条初稿为《〈太平广记词语小札〉商榷》（《古汉语研究》1995年第1期）中的第二条。滕志贤《"因"在中古的一种特殊用法》（《辞书研究》1997年第6期）一文认为，《景德传灯录》中"因"可用如介词"于""在"，这种用法的"因"主要出现在"因……次"结构中表示时间，"因"的宾语多为动宾词组。江蓝生、曹广顺《唐五代语言词典》（上海教育出版社1997年版）"因"条义项二释为"介词，相当于'于'"，举《敦煌变文集》两例，均可参阅。
　　② 原载《辞书研究》2008年第2期，今有改动。

[把滑] 滑动。（例）促损琪花为顾生，踢破翠苔因把滑。（七十九）

例句上下对偶，"顾生"是动宾结构，"把滑"亦然。"把滑"即防滑、控制滑倒。《警世通言》第二十三卷："顺娘出神在小舍身上，一时着忙不知高低，反向前几步，脚儿把滑不住，溜的滚入波浪之中。"《北宋三遂平妖传》第五回："瘸子也不免把着滑，逐步捱去。"《老残游记》第八回："好在我们穿的都是蒲草毛窝，脚下很把滑的，不怕他。"义同，可证。

[不省] 胡涂。（例）①我方才这般与你说了，你还不省？（一）②老高，你空长了许大年纪，还不省事！（十八）

"不省"，不懂，不明白。"省"（音xǐng，注音shěng，误），知晓，懂得。

[参] 对付。（例）大圣却又留心：恐他仙法难参，油锅里难做手脚。（二十五）

"参"无对付义，此系随文释义，不确。"参"，领悟，琢磨。《水浒全传》第九十回："此乃禅机隐语，汝宜自参，不可明说。"是其例。

[草子] 小草。（例）①那人道："师父啊，我这里五年前，天年干旱，草子不生，民皆饥死，甚是伤情。"（三十七）②一连三载遇干荒，草子不生绝五谷。（八十七）

"子"作为名词后缀，往往表示小称，所以编者把"草子"释为小草。其实，这里的"草子"就是草，而不是小草。用"子"作后缀，《西游记》使用很普遍，如："尾子"即尾巴（三十三回），"锄子"即锄头（五十九回），"书子"即书信（三十一回），"家子"即人家（二十二回），"势子"即架势（三十一回），"旁边子"即旁边（二十七回），等等。

[槎]（二）竹筏或木筏。（例）池鱼偎密藻，野鸟恋枯槎。（四十八）

此"槎"当训树枝、树杈。唐卢照邻《行路难》："君不见长安城北渭桥边，枯木横槎卧古田。""槎"义同。鱼偎密藻，鸟恋枯枝，文从字顺。

[柴蓬] 枯枝柴草。（例）八戒笑道："他害你了。若还没雨，拿上柴蓬，一把火了帐！"（四十五）

"柴蓬"，方言，柴堆，柴垛。今宁波话犹称柴火垛为柴蓬，参见朱彰年等编著《宁波方言词典》302页。

[尽情] 任情。（例）①呼的一翅，飞向前，轮开利爪，把他那衣架上搭的七套衣服，尽情雕去。（七十二）②却说那大圣在半空中，又见那黑气浓厚，把祥光尽情盖了。（八十）

"尽情"固然有任情义，但上引两例却是"全部"的意思。"尽情"当全部讲，明清白话作品用例甚夥，《汉语大词典》已收释，其他近代汉语词典也多有收释。

[客纲客纪]出门人的规矩。《初刻拍案惊奇》卷一："果然是客纲客纪,句句有理。"（例）孙二官人诚然是个客纲客纪。早是来到舍下,第二个人家也不敢留你。（八十四）

《汉语大词典》"客纲客纪"条云:"出门人应遵守的规矩。"举《初刻拍案惊奇》一例（引文标点有误）,并误。根据语法,"客纲客纪"是指某种人,而不是抽象的事物。要弄清这个词的准确意思,不妨从"纲纪"入手。古代公府及州郡主簿叫"纲纪",后亦称管理一家事务的仆人为"纲纪"。可见"纲纪"可指人,指管理事务的人。"客纲客纪"当指有办事经验的生意人。四川文艺出版社1987年版朱彤、周中明校注、吴小如审订本《西游记》注:"客纲客纪——意谓正派的商人。"许少峰《近代汉语大词典》:"客纲客纪,指老练的江湖买卖人。"庶几得之。

[撩]引。（例）三藏撩前走,沙僧挑担,八戒牵着空马,行者拿着棒,引着女子,一行前进。（八十）

"撩"无引义,此"撩"当训朝。《西游记》第九十七回:"把寇员外撩阴一脚,踢翻在地。"下文:"不期被他一脚,撩阴踢死。""撩阴"即朝着生殖器部位,此是内证;宋陆游《入蜀记》卷五:"故语云:'下江者疾走如烟,上江者鼻孔撩天。'""鼻孔撩天"即鼻孔朝天,此是外证。

[嗛]口衔。嗛,通"衔"。……（例）①二郎见了,急抖翎毛,摇身一变,变作一只大海鹤,钻上云霄来嗛。（六）②鹰最能嗛虫……（七十二）

"嗛",同"鹐""搴",以喙啄物,非口衔。《集韵·咸韵》:"鹐,鸟啄物也。或作搴。丘咸切。"《西游记》第六十一回:"逐年家打雁,今却被小雁儿鹐了眼睛。"《续金瓶梅》第二十五回:"终日打雀儿,被老鸦嗛了眼。"是"嗛""鹐"通用之证。又可借"签"为之,如《老残游记》第十五回:"正要告辞,只见地保同着差人,一条铁索,锁了一个人来,跪在地下,象鸡子签米似的,连连磕头。"又,"嗛"音qiān,注音qiǎn,误。

[遂此]就此。（例）①老者闻言,回嗔作喜。躬着身,便教:"请! 请入寒舍安置。"遂此,四众牵马挑担,一齐进去。（六十七）……

"遂此"一词《西游记》用例甚多,承接连词,于是。"此",意义虚化,类似于后缀。近代汉语里,另有"故此""已此""才此"等说法,如《西游记》第二十一回:"此间乃云多人少之处,却才闻得叫门,恐怕是妖狐、老虎及山中强盗等类,故此小介愚顽,多有冲撞。""故此",所以;《西游记》第二十四回:"八戒道:'我已此晕倒昏迷,眼花撩乱,那认得是谁?'""已此",已经;元康进之《李逵负荆》第一折:"你还不知道,才此这杯酒是肯酒,这裹膊是红定。""才此",刚才。"遂此""故此""已此""才此"等可以比较互证。

［偎风］靠风。（例）三藏下马，一行四众，进了月城。见一个老军，在向阳墙下，偎风而睡。（七十八）

在"池水渐成冰""淡云飞欲雪"的冬天，一个老军在向阳墙下，"靠风"而睡，不合情理。此"偎"非靠近、紧贴义，而当背、避讲，"偎风"实谓背风、避风。"偎"古有背、避义，如《朱子语类辑略》卷七："遂至于凡事回互，拣一般偎风躲箭处立地，却笑人慷慨奋发。"字又作"猥"，如《敦煌变文集•降魔变文》："和尚猥地夸谈，千般伎术；人前对验，一事无能。"又作"隈"，如《朝野金载》卷四："去贼七百里，隈墙独自战。"详参蒋礼鸿先生《敦煌变文字义通释》（第四次增订本）388 页"猥地"条。

［新鲜］指新鲜供物。（例）案头有供献新鲜，桌上有斋筵丰盛。（四十四）

这两句句法倒置，顺读之，当为：案头有新鲜供献，桌上有丰盛斋筵。"新鲜"，形容词，用字面意思；"供献"，名词，供品（《汉语大词典》首举清代例，可提前）。又，《辞典》"新鲜"条不必收，"供献"条可补名词供品义。

［行止］指行动踪迹。（例）①好耍子！好耍子！原来是个有行止的妖精！ 该和他做朋友！ （六十七）②你这众和尚好呆哩！ 只晓得那妖精，就不晓得我老孙的行止么？ （八十一）

"行止"是个多义词，以上两例都不当行动踪迹讲。首例是品行的意思，下文云："沙僧道：'这般黑夜，又不曾亲面相逢，怎么就知好歹？' 八戒道：'……你看他打一对灯笼引路，必定是个好的。'"可证。次例指品行、本领，从上下文中也不难看出。

［引意］饯别之意。（例）那国王见说，又惊又喜，笑吟吟捧着一杯御酒递与行者道："神僧远劳，进此一杯引意。"（七十）

"引意"是动词性词语，犹言表达心意。"引"，表达。元乔吉《扬州梦》楔子："蔬食薄味，不堪献敬，聊引饯意耳。""引饯意"即"表达饯别之意"，可证。

释义失当有的是不明通假造成的。例如：

［槽札］四边高、中间低凹的喂牲口食料的木制器具。（例）我舍下院落宽阔，槽札齐备，草料又有，凭你几百匹马都养得下。（八十四）

释义大误。"槽札"当是两物，即槽与铡。详见本书《古文献疑难词语校释》"槽札"条。

［侧离］从身旁离开。（例）是我在这里看着师父，何曾侧离？（八十五）

释义有望文生训之嫌。"侧"当是"摘"的借字，"侧"，《广韵•职韵》阻力切，方言"侧""摘"同音或近音。"摘离"系同义连文，离开、分离、脱离的意思，近代汉语用例很多，如元关汉卿《鲁斋郎》第四折："夫共妻，任摘离；

儿和女,且随他。"明刘兑《娇红记》:"想佳期心攘攘,盼欢会眼巴巴。他怕不是难摘离老人家。"《水浒全传》第二回:"(史进)只一挟,把陈达轻轻摘离了嵌花鞍。"王学奇、王静竹《宋金元明清曲辞通释》1363 页有"摘离"条,所论甚详,可参阅。

[雷挝]霹雷。(例)⋯⋯等天王战斗之时,教雷公在云端里下个雷挝,照顶门上锭死那妖魔,深为良计也。(五十一)

"雷挝"又作"挝""雷公挝""雷屑"等,《西游记》多见,如第五十一回:"邓、张二雷公,在空中暗笑道:"早是我先看头势,不曾放了雷挝。假若被他套将去,却怎么回见天尊?""又第五十二回:"一边又雷公使挝,天王举刀,不分上下,一拥齐来。那魔头巍巍冷笑,袖子中暗暗将宝贝取出,撒手抛起空中,叫声'着!'唿喇的一下,把六件神兵、火部等物、雷公挝、天王刀、行者棒,尽情又都捞去。"又第七回:"又着雷部众神,以雷屑钉打,越发不能伤损一毫。"从以上例子看,"雷挝"往往与刀、棒等并举,可以被妖魔用圈子套去,可见它是实在之物,而非霹雷。今谓"挝"通"楔"(《广韵•屑韵》:"楔,木楔。挝,揳挝。"二字同为先结切),"雷挝"即传说中雷神打雷所用的工具,其形如斧楔,故名"雷楔"。"雷楔"又称"雷斧""霹雳楔""霹雳斧",这四个词《汉语大词典》都有收释,可参看。

[外趫]比喻大道以外近便的小路。趫,便捷。(例)心君正直行中道,木母痴顽躘外趫。(四十)

"趫"有行动便捷、善于行走义,然于此未安。"趫"当通"峤",本指尖而高的山,《集韵•宵韵》:"峤,《尔雅》:山锐而高,峤。渠娇切。""峤"字《西游记》即有用例,如第四十九回:"鼻准高隆如峤耸。"上例对仗,"行中道"与"躘外趫"相对为文,"外峤"即外边的高山。例句上文云:"三藏道:'你看前面又有大山峻岭,须要仔细堤防,恐一时又有邪物来侵我也。'"例句下文云:"行此险峻山场,空身也难走,却教老孙驮人。"并可证"外趫"与高山峻岭有关。又,"峤"又有山道义,《广韵•笑韵》:"峤,山道。渠庙切。"宋苏轼《和寄天选长官》诗:"何时命巾车,共陟云外峤。"从文意看,"峤"之山道义优于高山义,但前者读去声渠庙切(jiào),后者读平声渠娇切(qiáo),而例句出自《西游记》"有诗为证"的一首律诗,韵脚字为"妖、趫、焦、消",故取"峤"字读平声的高山义。

有几条俗语解释有误。例如:

[善猪恶拿]形容捉猪人的凶狠相。(例)行者道:"轻不成!顾你不得!常言道:'善猪恶拿。'只等见了我师父,果有真心,方才放你。"(十九)

"善猪恶拿"是说即使捉老实的猪也要采取强硬的手段,比喻抓人时不能心慈手软。

[赊三不敌见二] 比喻不愿麻烦更多的人。（例）悟空道："我老孙不去！不去！俗语谓'赊三不敌见二'，只望你随高就低的送一副便了。"（三）

"赊三不敌见二"谓赊欠的虽然多，也比不上尽管少些但能现到手的。《何典》第四回："赊三千弗如现八百。"义同。又，"见"音xiàn，注音jiàn，误。

[望山走倒马] 意谓似近而远。倒，此处指马似倒着走。（例）行者笑道："师父，还不到拜处哩。常言道：'望山走倒马。'离此镇还有许远，如何就拜……"（九十八）

释文前一句是，后一句非。"倒"（音dǎo，注音dào，误）指倒下，而不是倒退。俗语意谓山看起来很近，走起来却很远，要累死马。《小五义》第二十三回："常言一句说的好：'望山跑死马。'自打上船就看见君山，行了三十余里路，方到飞云关下。"可比勘。

（二）关于断词立目

《辞典》另一个缺失是，断词立目不当。例如：

[曾奈] 无奈。（例）②水漫四野，湆了民田，未曾灌在他的洞里，曾奈之何？（五十一）

例中"曾奈"非一词。"曾奈之何"当读为"曾／奈之何"，"曾"（音zēng，注音céng，误），副词，表示相承，相当于"则"（训见《经传释词》）；"奈之何"是动词性固定结构，意为"对它该怎么办"。附带说一下，《辞典》"奈"条义项二云："奈何。指应付。《望江亭》四折：'今日端坐衙门，看那厮将着甚的，好来奈何的我？'（例）①大仙把玉麈左遮右挡，奈了他两三回合。（二十五）"用来佐证的《望江亭》例子"奈何"是一词，也犯了断词不当的毛病。

[打的] 打架。（例）一个个伸拳敛袖，各执兵器，似乎要与人打的一般。（四十）

"打的"之"的"，结构助词。"打的"不成词。

[了了]（一）完了。（例）①行者笑道："了了！已装在我这瓶儿里也。"（三十五）……（二）结果。指打死。（例）①我待要打你这一棒，奈何老孙这棒子甚重，略打打儿就了了性命。（四十三）……（三）了却。（例）我们且住一个月儿，了了他母子的愿心也罢了，只管忙怎的？（九十六）

"了了"非一词。前一"了"动词，了结，结束；后一"了"（音le，注音liǎo，误）时态助词，表示完成。上列三义，就"了"而言，实即一义。《辞典》是把两个写法一样、音义各异的"了"混为一谈了。

［已了］已经。（例）是谎！是谎！果子已了了帐,怎的说这般话？（二十五）

"已了"无已经义,此亦属断词不当。"果子已了了帐"是说果子已经了了帐。"了帐"是一词（"了了帐"的第二个"了"是时态助词）,义为完结、了结、解决,《西游记》有数例,如第四十七回:"八戒道:'既是了帐,摆出满散的斋来,我们吃了睡觉。'"

［生居］居住。（例）你快把唐僧、八戒送上河边,交还了孙大圣,凭着我与他陪礼,你还好得性命；若有半个"不"字,休想得全生居于此也！（四十三）

"生居"不辞。后一句当读为"休想得全生／居于此也"。"全生"即保全生命。唐卢纶《代员将军罢战后归旧里赠朔北故人》诗:"结发事疆场,全生俱到乡。"是其例。

［也倒］倒；反倒。（例）天师笑道:"那个猴子还是这等村俗。替他收了怪神,也倒不谢天恩,却就唶唶而退。"（三十一）

"也倒"为词颇可疑。"也"当属上读,即:"替他收了怪神也,倒不谢天恩,却就唶唶而退。"详见本书《古文献疑难词语校释》"也倒"条。

［只好］仅只；仅仅。（例）①原来此时秋深时节,鸡鸣得早,只好有四更天气。（十三）②二小妖大惊道:"才说话时,只好向午,却怎么就黄昏了？"（三十三）

明清小说里,"只好"有个特殊的意思,相当于"只有",上揭第二例即是此义。他如:《欢喜冤家》第五回:"见枕头边有一双大红软底的女睡鞋,只好三寸儿长。"《飞花咏》第一回:"再看那小女子,也只好六七岁。"又有"只好有"一词,也是"只有"的意思,上揭第一例即其例。他如:《西游记》第四十回:"行者把他扯在路旁边,试了一试,只好有三斤十来两重。"又第五十一回:"（拳头）只好有个核桃儿大小,怎么称得个锤子起也？"《天凑巧》第三回:"昨日有浙江总兵一个亲用的人,年纪也只好有二十岁。"《绿野仙踪》第三十六回:"这罐口只好有我半只脚大。"可见,"只好""只好有"当分两条,《辞典》于第一例以"只好"立目,失当。

［指下］指点。（例）那国王在内闻言,满心欢喜。打起精神,高声应道:"指下明白！指下明白！果是此疾！请出外面用药来也。"（六十九）

"指下"非一词,也无指点义。上文说,孙悟空为朱紫国国王"悬丝诊脉",用左右手手指分别替国王诊了寸脉、关脉和尺脉,然后准确地说出脉象,因而赢得国王的称赞:"指下明白！"可见所谓"指下",就是手指下面。《九尾狐》第三十五回:"别人告诉俚病情,俚连搭理才勿搭理,把过仔脉,一声也勿问,别人勿晓得格，还赞俚有本事，指头底下，已经明白格哉。轧实开出来格方子，差勿多才是一靠辈格，勿管俫啥格病，第一样药，老调用南北沙参，余外大半是勿去病勿丧命格药。""指头底下，已经明白"与"指下明白"同义，可证。

[自为人]学做人。(例)①师父啊，我自为人，也穿了几件背心，不曾见这等纳锦的。(五十)②弟子当年闹天宫，称大圣，自为人以来，不曾吃亏，今番却遭这毒魔之手！(七十七)

"自为人"不成词。"自"，介词，从。"为人"，做人("为"音wéi，注音wèi，误)。顺便提一下，《辞典》"为人"条云："(一)体面；露脸。……(二)做人。懂事。……①泼狠秃厮！昨日三个敌我一个，我败回去，让你为人罢了。(九十)"细玩上下文意，"让你为人罢了"之"为人"当是体面的意思，而不是做人、懂事义。

(三)其他

有些词语《汉语大词典》已收录，并且有准确的解释，《辞典》没能很好参考，可据以订正(《汉语大词典》于1986年至1993年陆续出版，《辞典》于1992年编成，1994年出版，有的当是来不及参考)。例如：

[安休]胜败。(例)两家齐努力，一处赌安休。(五十三)

上例底下两句是："咬牙争胜负，切齿定刚柔。""胜负""刚柔"是"胜败"的意思，则"安休"不当训"胜败"。《汉语大词典》"安休"条云："①安宁。汉焦赣《易林·谦之大壮》：'防患备灾，凶恶不来，虽困无忧，未获安休。'"上例"安休"也是安宁之意。

[扳倒](一)倒提。(例)①这个是唐僧有难神龙助，扳倒天河往下倾。(四十一)②遂把净瓶扳倒，唿喇喇倾出水来，就如雷响。(四十二)(二)弄倒在地。(例)他啐了我们一口，我们就脚软口强……被他扳倒，把银子搜了去，牌儿解了去。(八十九)

"扳倒"谓用力扳动使翻倒。上述所谓"倒提""弄倒在地"二义其实都是这个意思。《汉语大词典》"扳倒"条云："①用力拧转使之倒翻；翻倒。"正举"遂把净瓶扳倒""被他扳倒"两例，是。

[不是处]遇到麻烦。(例)牛王道："正是。列公若在西天路上，有不是处，切要躲避他些儿。"(六十)

《汉语大词典》"不是处"条云："错误；过失。"是。又，"处"音chù，注音chǔ，误。

[不数]数不着。(例)论景致，休夸阆苑蓬莱；较芳菲，不数姚黄魏紫。(八十二)

《汉语大词典》"不数"条云："②不亚于。""数"(shǔ)有亚于、次于的意思。宋苏轼《谢赐御书诗表》："文不数于游夏,书已逼于钟王。"可从。

[层冰]冰层。(例)悟空!快回施主家,收拾行囊,叩背马匹,趁此层冰,早奔西方去也。(四十八)

《汉语大词典》"层冰"条云："犹厚冰。"上例"层冰"正是厚冰之意。

[陈具]详细地述说。(例)他说那泾河龙诬告我许救转杀之事,是朕将前言陈具一遍。(十一)

《汉语大词典》"陈具"条云："陈述。"正举上例一例。"陈""具"同义,"详细地"三字为蛇足。

[空退]虚邀。(例)金星道："圣旨在身,不敢久留;就请大王同往,待荣迁之后,再从容叙也。"悟空道："承光顾,空退!空退!"(三)

《汉语大词典》"空退"条云："谓客人无所受用而退。犹怠慢。"正举上例一例。是。

[扣背]牵马驮负。背,同"揹"。(例)①我老汉却不能少有周济,明日将那鞍辔取来,愿送老师父,扣背前去,乞为笑纳。(十五)……

《汉语大词典》"扣背"条云："谓装好鞍辔。"举《西游记》两例。训释是。"扣背"之"扣"训套住、系住,而不是牵、拉的意思;"背"通"鞴",指装备车马,把鞍辔等套在马上。扣、背并列近义。又作"叩背""扣备",如《西游记》第四十八回："收拾行囊,叩背马匹。"又第七十七回:"悄悄地牵来,束紧了肚带,扣备停当,请师父上马。"《汉语大词典》及《辞典》均不收"叩背""扣备"。

[没口]嘴里急忙地说。(例)①那风婆婆、巽二郎没口的答应道："就放风!"(四十五)……

《汉语大词典》"没口"条云："满口。"首例即举此例。可从。

[靦颜]面有愧色。……(例)痛夫已被贼人所杀,岂可靦颜从贼?(附)

《汉语大词典》"靦颜"条云："①犹厚颜。②面容羞愧。"据文意,例中"靦颜"是厚颜义,也即厚着脸皮、不知羞愧的意思,如果解作"面有愧色",意思相反了。又,"靦"音tiǎn,注音miǎn,误。

[平阳]平坦向阳。(例)①判官令太尉摇动引魂旛,领太宗出离了枉死城中,奔上平阳大路,飘飘荡荡而去。(十)……

张季皋主编《明清小说辞典》598页解释相同,都属望文生义。《汉语大词典》"平阳"条云："①犹平坦。"是。《冷眼观》第四回:"但见两边树林,长得一字平阳,无甚高下,心中颇以为异。"此例"平阳"与"向阳"一点没有关系。"平阳"又作"平洋",俗语"虎落平阳被犬欺"(见《万花楼》第七回),也作"虎落平洋被犬欺"(见《天豹图》第九回),亦可证"阳"非太阳之"阳"。

[玩好]好玩。(例)我夜来得了一件宝贝,名唤锦襕佛衣,诚然是件玩好之物。(十七)

"玩好"非好玩,《汉语大词典》"玩好"条云:"②供玩赏的奇珍异宝。"是。此为常义。

[言喘]喘息。形容极度紧张。言,助词,无义。(例)三藏闻说,不敢言喘,心中暗想道:"或者悟空打杀的就是也。……"(五十六)

《汉语大词典》"言喘"条云:"犹吭声,吭气。"举《醒世姻缘传》等两例。许宝华、宫田一郎主编《汉语方言大词典》2829页"言喘"条云:"说话;吭声。"举中原官话、晋语、兰银官话等例。要之,"言喘"本义为言语、喘息,引申为吭声,"言"表实义而非助词。又,《辞典》"一似"条云:"如同。一,助词,置词首加强语气。(例)①你这般一个筋多骨少的瘦鬼,一似个螃蟹模样……(三十一)……""一似"又作"一如",犹全像,"一"当全讲,也是实词。

[眼大]视力差。江苏、上海一带方言常用。……(例)猴王喝道:"这泼魔这般眼大,看不见老孙!"(二)

《汉语大词典》"眼大"条云:"形容眼高,看不起人。"此说为优。

[逐逐]形容心烦。……(例)寻穷天下无名水,历遍人间不到山。逐逐烟波重迭迭,几时能彀此身闲?(三十二)

《汉语大词典》"逐逐"条云:"奔忙貌;匆忙貌。"上例正当训"奔忙貌;匆忙貌"。

[足足]足以;足见。(例)①三藏道:"快些儿下手!再停一日,足足闷杀我也!"(四十九)②三怪把行者扳翻倒,四马攒蹄捆住;揭起衣裳看时,足足是个弼马温。(七十五)

《汉语大词典》"足足"条云:"②确实,实在。"正举以上两例。确当可从。

十二 《宋元明清百部小说语词大辞典》订正①

本文主要讨论吴士勋、王东明先生主编《宋元明清百部小说语词大辞典》(陕西人民教育出版社1992年版。以下简称《大辞典》)收词立目方面存在的问题。词典是词语使用的典范。作为一部断代语言词典,进入词典的词语必须是某个历史阶段曾经使用过的,词形上有文献依据,结构上符合

———————

① 原载《辞书研究》2010年第5期,题目为《词语入典要谨慎——读〈宋元明清百部小说语词大辞典〉札记》。今有改动。

词或词语要求，词义上具有时代特征。换言之，入典的词语必须是真实的，成词的，有特点的。这是断代语言词典收词立目的起码要求。但在词典编纂实践中，由于取材文献版本不精，编纂者识见局限，以及编写印刷文字错讹等原因，入典词语值得商榷的时有所见。翻阅《大辞典》，发现不合格的词语更是为数众多，以致严重影响了该辞典的质量。本文拟分三个方面择要进行辨正。

（一）校勘疏失

《大辞典》所选作品的版本都是今人整理的本子。今人整理的本子固然不乏精品，但失校、误校的情况也不在少数。如果依据有问题的整理本子来取材而不进行覆核，就很难避免有问题的词语"混进"词典。《大辞典》这方面的例子很多。例如：

[高岑qín]高峻；高耸。岑：芦苇属植物。《大唐三藏取经诗话》第11："前去之间，忽见石壁～万丈。"（引例出处原用简称，为了便于理解，改为全称。下同）

"岑"（qín）当作"岑"（cén），形近而讹。《方言》第十二："岑，高也。"例中"高""岑"同义连用。又，《汉语大词典》"高岑"条云："①高山。……《大唐三藏取经诗话》卷中：'前去之间，忽见石壁高岑万丈，又见一石盘，阔四五里地。'""高岑"与"阔"相对，当是形容词"高峻"的意思，释作名词"高山"，恐不确。

[阚]望。《石点头》14卷："～小娘又乡城远隔，就～一两夜也得其真趣。"（"也"下脱"未"字，"真"为衍字）

华夏出版社1995年版《石点头》369页、时代文艺出版社2003年版276页文字同。《大辞典》把"阚"列在kàn音下，释义则取《说文·门部》"阚，望也"之训（"阚"字此音义今写作"瞰"），似乎形音义三者吻合，其实不然。"阚"当作"闟"。"闟"同"嫖"，《字汇补·门部》："闟，溺倡也，俗字。""阚"与"闟"形近，且"闟"字少见，故误。

[口合gě不敷]口粮不够，难以度日。《初刻拍案惊奇》35卷："立文书人某人，因～，情愿将自己亲儿某过继与财主贾老员外为儿。"

"口合（gě）不敷"费解，当作"口食不敷"。《古本小说集成》本《拍案惊奇》1541页、上海古籍出版社1982年版章培恒整理、王古鲁注释本《拍案惊奇》631页均作"口食不敷"。"口食"即食物，饭食，古书习见，《拍案惊奇》卷一就有用例："拼凑得一两银子在此，也办不成甚货，凭你买些果子，船里吃罢。口食之类，是在我们身上。""敷"即"入不敷出"的"敷"，足、够的意思。

[罗乖]调皮；淘气。《西湖二集》19卷："两脚鏖糟拖破鞋，～象甚细娘家？"

"罗乖"当作"罗里"，"罗里"同"啰里"，吴语疑问代词，哪里。详见本书《古文献疑难词语校释》"罗乖"条。

[每]①代词。某；吾。《警世通言》27卷："～与汝宿世有缘，合当度汝。"

"每"无代词"某、吾"义，"每"乃"吾"之讹。《古本小说集成》本《警世通言》1095页正作"吾"。

[判衪yì]分离；分开。衪：衣袖。《青楼梦》48回："我之与君～，亦迫于不得已耳。"

"衪"(yì)不见字书，文字有误，当作"𧝝"，《古本小说集成》本《青楼梦》701页作"𧝝"(即使类推简化，"𧝝"字右边应作"艺"而不当作"乙")。"𧝝"，音yì，《篇海类编·衣服类·衣部》："𧝝，袂也。"《文选·潘岳〈藉田赋〉》："蹑踵侧肩，掎裳连𧝝。"李善注："郭璞《方言》注曰：'𧝝即袂字也。'《说文》曰：'袂，袖也。'"然则"判𧝝"犹"判袂"，也即分袂、离别之意。上海古籍出版社1994年版《青楼梦》214页作"判袂"，意义相同而文字失真。

[凭]①通"恁"，如此。《石点头》2卷："原来～地可恶，把我轻薄也罢，如何触伤我父亲。"("触伤"当作"伤触")

"凭"与"恁"声不相近，无缘通假；两字形近，容易致讹。《古本小说集成》本《石点头》75页、上海古籍出版社1985年新1版29页、中州古籍出版社1985年版22页、华夏出版社1995年版174页皆作"恁"，是。又，例中"恁地"才是一词(《大辞典》已收)，如此、这样的意思；光释"恁"，割裂了词语。

[起在]起来；起着。《喻世明言》36卷："公公害些病未～，等老子入去传话。"

"起在"当作"起去"，指起床。详见本书《古文献疑难词语校释》"起在"条。

(二)辨识有误

编者辨识失当，是虚假词条进入《大辞典》的另一个重要原因。例如：

[班卖]摊开出卖。《三宝太监西洋记通俗演义》56回："六月间那有第二家卖帽套的，拿定了～，却不是一本十利。"

尽管"班"有分开、铺开义，但把"班卖"释为"摊开出卖"，实属望文生义。其实"班卖"不成词，"拿班"才是一个词。《三宝太监西洋记通俗演义》第五十六回本例下文云："腊月间那有第二家卖扇子的，也拿定了班卖，却也是一本十利。……我们拿定了班，却又是一本十利。……我们拿定了班，却又是一本十利。"后两例无"卖"字，足证"班卖"非一词。而"拿班"近代汉语里习见，如元关汉卿《望江亭》第一折："非是我要拿班，只怕他将咱轻慢。"《二刻拍案惊奇》卷二："私下去说，未免是我求他了，他必然还要拿班。不如当官告了，他须赖不去。"《禅真后史》第十二回："适才那富翁拿定班儿，止肯出这些数目。""拿班"犹摆架子，装腔作势。《大辞典》已收"拿班"，不应再收"班卖"这个假词条。

[答闲] 空闲。《三遂平妖传》1 回："若还有～田地，不是栽花蹴气球。"

"答闲"非一词。"答"，"垯"的借字（《集韵·盍韵》："垯，地之区处。德盍切。"），一般作名词，义为地方、处；这里用作量词，相当于"块、处"。《醒世恒言》第三十九卷："拼几日工夫，到那答地方，寻访消息。"用法相同。字又作"搭""笪"。如《三遂平妖传》第七回："（慈长老）锄开墙角头一搭地，就把鸡窠做了小孩子的棺木，深深的埋了。"《石点头》第六卷："周六又是阘冗不学好的人，总或有搭空地，也未必肯去及时耕种。"《醒世恒言》第二十一卷："却说那元礼脱身之后，黑地里走来走去，原只在一笪地方，气力都尽。"

[环行奇节] 完美的品行，出众的节操。《二十年目睹之怪现状》86 回："孝子贤孙，果有～，得详具事略，奏请旌表。"（"贤"当作"顺"）

核所据人民文学出版社 1978 年版《二十年目睹之怪现状》698 页原文实作"瓌行奇节"。"瓌"同"瑰"，美石，美玉，引申为珍奇，奇异。"瓌行奇节"中，"瓌""奇"同义。大概是因为与"瓌"同偏旁的"懷""壞"现在分别简化为"怀""坏"，编者据此类推，把"瓌"当作了"环"。其实，"环"的繁体字是"環"（"还"繁体作"還"，与此同例）。由于简化字"不"旁来源于繁体的两个偏旁，辨认疏忽而致误。顺便说一下，许少峰先生《近代汉语大词典》788 页"环"条云："环，甚是。唐白行简《李娃传》：'汧国夫人李娃……节行环奇，有足称者。'又温庭筠《乾腰子》：'忽有一客造门，仪状环古……'"其中"环"亦是"瓌"之误。"瓌奇""瓌古"皆是同义连文。

[兼只] 几只；数只。《醒世恒言》31 卷："况～香罗木，是我爹在日许下心愿，要往东峰岱岳盖嘉宁大殿，尚未答还。"

"兼只"断词大误。"况兼"是一个词，"只"又是一个词。"况兼"，表递进的连词，犹况且，近代汉语用例很多，如《五代史平话·周史》卷上："那法司检拟郭威弹雀误中顾驴儿额上，系是误伤杀人，情理可恕；况兼年未成丁，难以加刑。"《水浒全传》第二十一回："这阎婆惜水也似后生，况兼十八九岁，正在妙龄之际，因此宋江不中那婆娘意。""只"，代词，这。如《水浒全传》第二十六回："既是好意请我们吃酒，如何却只般相待，不许人动身？"《醒世恒言》第二十七卷："玉英姊妹看了只个光景，越发哭得惨伤。"

[希颜] 迎合他人脸色。《喻世明言》39 卷："今有楮券四百,聊奉～表意。为我转限两三个月。"

本例上文云:"汪革带着半醉,唤郭择的表字道:'希颜是我故人,敢不吐露心腹。'"本例下文云:"希颜念吾平日交情,休得推委。"原来"希颜"是书中人物郭择的表字。《大辞典》失考。

[璇如] 如果;假如。《海公大红袍全传》1 回:"～合绝嗣,即使姬妾罗列,也不过徒事酒色而已,何益之有? "

《海公大红袍全传》第一回:"却说前明正德间,粤省琼南有海璇者,字玉衡。"下文:"三朝洗儿,弥月请酒,自不必说。乃取名海瑞,这也不在话下。且说玉衡因有了儿子。万事俱足。"可知,"璇"是海瑞父亲之名,"如"是如果,编者生生地把不相干的两个字扯在一起了。

[一若] 一个;一条。《睢阳忠毅录》5 回:"山中间夹～大涧。"

"一若"不辞。"一",数词;"若"与后面"大"方为一词。"若大"犹"偌大",这么大,那么大。《绿野仙踪》第八十四回:"现放着若大家私,再连这样一件事办不了,要那银钱何用? ……万一因此事动了别的短见念头,留下这若大家私,将来寄托那个? "是其例。

[乂手] 拱手。《清平山堂话本》12 篇:"陈辛～告曰:'听小生诉禀……'"

《大辞典》把"乂手"放在 yì 音下,误解了"乂"字音义。此"乂手"同"叉手","乂"即"叉"的俗字、异体字("乂 yì"古代写作"義")。中华书局 1961 年版《太平广记》卷三百八十一《皇甫恂》引《广异记》:"寻见牛头人以股乂乂其颈去……后五日,患头痛,寻生三痈,如乂之状。"句中三"乂"字音义并同"叉",是其比。江苏古籍出版社 1990 年版《清平山堂话本》147 页作"叉手"。

[斩齐] 非常整齐。《官场现形记》6 回:"老远的便见有多少洋枪队,由教习打着外国口号,一～的走了上来。"

汉语方言里,"斩齐"固然有"非常整齐"的意思,但例句中却应以"一斩齐"取词,否则"一"字就没有着落了。《官场现形记》第十四回:"轿子跟前一把红伞,一斩齐十六名亲兵,捐着的雪亮的刀叉,左右护卫。"此为内证。字又作"一崭齐"。《吴方言词典》"一崭齐"条:"整齐划一的样子。……评弹《小白旗的风波》:'手指伸出来也会有长短,那会一崭齐呢? '"《汉语方言大词典》"一崭齐"条:"〈形〉整整齐齐。西南官话。四川成都:街上是～的新楼房。贵州沿河。◇陈珂《大巴山下》第六章三:'后来又双双走进了河边的竹村盘,还肩膀挨肩膀,走得～! '"

（三）编印差错

《大辞典》部分立目不当是编写印刷过程中文字讹误造成的。例如：

［回非］全然不是。《施公案》272 回："郝素玉打扮得如仙子一般：头戴凤冠，身穿蟒袍，低垂二目，若有不胜羞之状，～阵上临战交锋那种雄赳赳的光景。"

"回非"当作"迥非"。"迥非"犹全非、绝非，如《老残游记》第九回："一步高一步的上去，真是仙境，迥非凡俗。""回"异体或作"迴"，"迴"与"迥"形近，故误。

［拒常］不比寻常；充其量。《水浒全传》4 回："小人～说，只可打条四五十斤的，也十分重了。"

"拒常"当作"据常"，《大辞典》所据版本上海人民出版社 1975 年版《水浒全传》55 页原文正作"据常"。"据常"即根据常理。《大辞典》词目用字既误，释义也不准确。

［牢登］骚扰。《醒世恒言》23 卷："定哥捺不住春心鼓动，欲念～。"（"住"下脱"那"字）

"牢登"乃"牢骚"之误。《古本小说集成》本《醒世恒言》1352 页、岳麓书社 2002 年版 289 页均作"牢骚"。又，许少峰先生《近代汉语大词典》1107 页引例相同，解释说："牢登，旺盛。"当系因袭而误。

［棋杆］棋盘。《金瓶梅》54 回："白来创看见厨上有一副～，就对常时节道：'我与你下一盘棋。'"（"厨"当作"橱"）

"棋杆"系"棋枰"之误。

［泉厥］黄泉；地下。《石点头》2 卷："长辞尘世，徜徉～。"

"泉厥"当作"泉阙"，《古本小说集成》本《石点头》95 页、上海古籍出版社 1985 年新 1 版 37 页、华夏出版社 1995 年版 178 页、时代文艺出版社 2003 年版 28 页并作"泉阙"，是。"泉阙"一词《汉语大词典》不收，当据补。

［屁股大弗了心］骂人善忘。《金瓶梅》31 回："你抱着执壶儿，怎的不见了，敢～了怎的？"

"屁股大弗了心"费解。"弗"应作"弔"，"弔"同"吊"，用同"掉"。香港太平书局 1982 年版影印明万历刊本《金瓶梅词话》第三十一回 807 页、第八十三回 2517 页均作"屁股大吊了心"，第三十三回 853 页作"屁股大敢弔了心"，并可证。

［一喕hū］一觉；睡觉。《海上花列传》18 回："～困下去，困到仔天亮末，一夜天就过哉。"

[着瞑]〈方〉睡熟。《海上花列传》33 回:"此也是合当有事,王莲生鼾声虽高,并未～。"

"瞑""瞑"并当作"瞑"。所据人民文学出版社1982年版《海上花列传》141 页、276 页原文正作"瞑"。"瞑",吴语,相当于睡觉的一觉(jiào)。"瞑"字冷僻,故误作"瞑""瞑"。

以上我们从三个方面讨论了《宋元明清百部小说语词大辞典》收词立目上的问题,从中可以得到一些启示。首先,对待孤证要慎重。语言是社会性的,一个词语在某个历史阶段只有单个用例,其真实性就值得怀疑。其次,对待僻义要慎重。一个词语有某种意思,一般说来总是有理据的,词义奇特到了"匪夷所思"的地步,其真实性同样值得怀疑。再次,校勘、校对要慎重。认真校勘,可以把好编写质量关;认真校对,可以把好排印质量关。

十三 《明清吴语词典》商酌

石汝杰、宫田一郎先生主编的《明清吴语词典》(上海辞书出版社2005年版)问世后,引起了学术界的广泛关注和普遍好评。《辞书研究》2006年第3期发表了两篇书评,从不同角度对它进行了评价和推介,其中《明清吴语词汇的全景展示——评〈明清吴语词典〉》一文系笔者所撰,文章说:该词典"全面展示了明清吴语词汇的面貌,资料丰富,收词齐全;考释精当,义项完备;体例合理,便于使用。既是一部高质量的断代方言词典,又可看作是一部有特色的近代汉语词典";该词典"是明清吴语词汇研究集大成性的、创造性的、标志性的成果"。以上说法并非过誉。但是,编纂一部228万多字的断代区域语言词典是一项大工程,存在一些疏漏和缺失是在所难免的。笔者在学习和使用过程中,也陆续发现了一些小问题,撰成《〈明清吴语词典〉释义探讨》一文,刊于《中国训诂学报》第二辑(商务印书馆2013年版)。本文系以《〈明清吴语词典〉释义探讨》为基础,并撮取《明清吴语词汇的全景展示》第三部分若干内容整理而成,希望对该词典的修订和明清吴语研究有所助益。限于本书的性质(只讲训诂中的"问题"),评价该词典优点的内容未予收录(下文《〈白话小说语言词典〉商酌》也是如此),敬请编著者见谅。

(一)有些条目解释不够准确

[澳]〈动〉洗,浸。口 台人谓以水沃釜曰澳。(光绪镇海县志39卷)

"澳"又作"燠",《广韵·号韵》:"燠,燠釜,以水添釜。乌到切。""澳(燠)"即往锅里加水。今宁波管米下锅后加入适量的水叫"澳饭",正与《广韵》《镇海县志》等契合。

[大头蛆]〈名〉比喻走投无路的人,且数量多。有贬义。囗　往下一看,坑里都是夹弗断屎连头,无万大千的大头蛆在内拥来拥去。(何典1回)

"大头蛆"即蛆,在文中看不出任何比喻义。又,"且数量多"云云,大概是受"无万大千"这个词语的影响,其实"大头蛆"本身并无这样的附加义。

该词典有关《何典》条目的训释,往往存在着义例不符的情况,笔者在《明清吴语词汇的全景展示》一文已有论及,这里再举一些条目,如:"白头呈子""棒槌敲木鱼""吃蚊子老虎""触呆猪婆""倒拔蛇""吊长丝瓜""赌神收徒弟""急屎狗""乱话汤""青肚皮猢狲""竖头棺材""竖头铺盖""头发丝牵老虎""无屁干卵硬""鸭背上水""摇干橹""壅鼻头"等等,限于篇幅,不作具体分析。

[喋]〈动〉吃。此例说明《集韵》时代南北"吃"字音已不同。囗　江南谓吃为喋。去涉切。(集韵入声29 葉)

"吃"有吃食义,字本作"喫",《广韵》苦击切;又有口吃义,《广韵》居乞切。"喋"释作"吃",编者似乎把"喋"和"吃"都理解为吃食义了,其实应是口吃义。《方言》卷十:"譴极,吃也。"晋郭璞注:"今江南又名吃为喋。"可见"喋"是口吃的意思。又,"喋"当口吃讲,读去涉切,今音qiè,不当列于"DIE"音下。

[肚肠根]〈名〉常用于表示某种心情达到很高的程度。囗……阿晓得我为子个件事务肚肠根才急断拉里哉?(文星榜18 出)引得人笑断肚肠根……(何典序)家内夫人先晓得,几乎哭断肚肠根。(玉蟫龙42 回)

其实,"急断肚肠根""笑断肚肠根""哭断肚肠根"才"表示某种心情达到很高的程度","肚肠根"本身并无此义。考《现代汉语方言大词典》"肚肠根"条:"丹阳。肠子(多虚用):把人格~笑断则哆。"可从。

[饭潭眼]〈名〉船上插桡杆的洞。囗　推个推来扳个扳,掀铃吭郎浪头颠。颠得饭潭眼里侪是水,利市头上弗曾干。(山歌8 卷)[利市头]〈名〉橹上的部件。(首例书证相同)

这两条释义均可疑。《汉语方言大词典》收有"饭潭眼",释曰:"〈名〉做酒酿时,缸或碗的中间留出的小潭(可蓄积酒浆)。吴语。明冯梦龙《山歌》:'颠得~里侪是水。'"此释"饭潭眼"本义,是;惜未点明句中的比喻义。句中"饭潭眼"比喻橹脐(橹中部朝下的孔,用来扣住橹人。《山歌》中又称作"脐"或"填脐")。"利市头"也不是"橹上的部件",而是安在船尾上用来支撑橹的小铁棍,顶端呈半球形,跟橹脐相匹配(《山歌》中又称作"橹人",今苏州方言称作"橹人头")。如果再深入一层,"饭潭眼"其实是比喻女阴,"利市头"则是比喻阳物,因为《山歌》内容十有八九跟性事有关。

[花心]〈名〉花蕊,也比喻女阴深处。口 贪花费尽采花心,身损精神德损阴。劝汝遇花休浪采,佛门第一戒邪淫。(醒世恒言28卷)……

"花心"确有此义,但所举首例义例不合。此例当读作"贪花/费尽/采花/心","采花"是一词,"花心"非一词。

[坚]〈动〉耐;能经受。口 你到洞里取出那些葛藤来,拣选几根长大的,又要坚勠的,接续了放将下去,救他上山来。(三宝太监西洋记20回)[勠]〈动〉磨损;耐(用)。口 物久用而消磨曰勠。(沪谚)今苏俗语谓物消磨曰勠,谓衣可耐久曰勠着。(说文通训定声13卷)

"坚"当动词耐、能经受讲,未见其他文献及方言用例,而"勠"正如朱骏声所说,由"磨损"义引申而有"耐磨"义,因而《三宝太监西洋记》中的"坚勠"当是并列结构,义为坚固耐磨。

[开火仓]〈动〉指开支伙食的费用。尤指吃饭的事情。口 这几天就叫这外国人不必开火仓,统通在我们这里做好,叫打杂的替他送去,他也乐得省钱,岂不两全其美。(官场现形记6回)……

"火仓"本指炉灶,引申指伙食,如《再生缘》第三十七回:"粗细家丁差两个,安排火仓与汤茶。""开火仓"犹普通话"开伙",即生火做饭、开办伙食。字又作"开伙仓"。今丹阳、扬州、崇明、上海、杭州、宁波犹有此语(参见《现代汉语方言大词典》4564页、4566页)。

[乱梦]〈名〉噩梦。口 恍恍惚惚作了一夜乱梦,到明日早上,就起得迟了。(品花宝鉴13回)[乱梦颠倒]噩梦连连;指睡眠不好。口 我这两天庆寿,应酬众客,忙碌异常,累得身子疲乏,心神不宁。故此乱梦颠倒,幻出这般景象,那里好作得准?(九尾狐53回)

词典释"乱梦"为"噩梦","噩梦"即"凶恶惊人的梦""可怕的梦"(见《现代汉语词典》),验之引例,《品花宝鉴》第十三回"乱梦"的内容是:"(蕙芳)到睡了时,就见春航在面前,变了华冠丽服,仪容严肃的相貌,令人生畏;又变了一个中年的人,穿着一品服饰。""乱梦"显然不是"噩梦";《九尾狐》第五十三回之"乱梦"虽是"噩梦",但文中"恶梦""乱梦""梦"互见。《警世通言》第三十卷:"吴小员外自一路闷闷回家,见了爹妈,道:'我儿,昨夜宿于何处?教我一夜不睡,乱梦颠倒。'"这个"乱梦颠倒"也是说做了许多梦,而不是说做的就是"噩梦"。其实,梦必乱,"乱梦"即梦。今宁波方言犹称梦为"乱梦",如"做乱梦"(做梦)、"乱梦地里"(梦中)(参见朱彰年等编《宁波方言词典》160页),可证。

[娘戏]〈名〉詈语,他妈的,狗日的。口……倘然我要瞒其,乌糟糟轧仔

妍头,拨其晓得仔,其就要娘戏娘倒辱的。(九尾狐34回)

《九尾狐》例义例不合。例句是宁波富翁钱慕颜说的话,是地道的宁波方言。"辱",骂;"娘戏娘倒"是一词,形容骂人凶狠、刻毒的样子,其中"戏"当是"死"的口语记音字。今宁波还说"娘死娘倒辱人家"。

[盘]⑩〈动〉潜(水)。囗　这艄公被形容鬼拖住,越盘水越深的,只顾点弗够深浅起来。……艄公再盘入水中,将船拖到岸边。(何典3回)[越盘水越深]在水里越走越深。比喻执迷不悟,越陷越深。盘:蹚水。(引例同上)

"盘"字释义前后矛盾。《何典》第九回:"即或有个好亲眷,好朋友,想替你伸冤理枉,又恐防先盘水,先湿脚。"三例"盘"都是蹚水,而非潜水。又,"越盘水越深"条所谓"比喻执迷不悟,越陷越深"的解释也不够准确,这里只用其字面意义,而无比喻义。

[盘顶]〈动〉买进(别人出让的商店等)。囗　玠如把五马路影戏馆将要收歇、可以盘顶的事说知……(续海上繁华梦3集8回)

这个解释不够全面。正如"盘"既有出让(产业)义,又有购进(别人转让的产业)义,"盘顶"除了买进(别人出让的商店等)义外,还有出让(产业)义,如《海上繁华梦》后集第十二回:"群玉坊有所妓院,就在阿金院子的东面,那男本家生病死了,女本家开不起来,要想盘顶与人。"

[譬如]②〈连〉对已经过去的事作相反的假设,以说服人。假如(那时没),就算。囗……这项银子,譬如没得,再不要动他。(醒世恒言18卷)反正拿着不肉痛的钱,譬如没有的一样,胡钻乱塞。(活地狱32回)走失了何必再寻,譬如俺这匹好马换了你的童儿,岂不是扯一个十吗? (九尾狐29回)("十"当作"平")

释为"就算",是;而释为"假如(那时没)",代入原文,明显讲不通。准确的解释应是"权当;就算"。今宁波方言仍有此词(参见朱彰年等编《宁波方言词典》500页)。

[塞白(儿)]〈动〉少量行贿;塞腰包。囗　若是要考试诗文,待小弟躲在外边,代作一两首,传递与兄,塞塞白儿,包你妥帖。(平山冷燕第17回)……

"塞白"原指填补文字空白,这里指拼凑文字搪塞或应付考试,而非"少量行贿;塞腰包"(参见《汉语大词典》"塞白"条)。此与《吴下方言考》卷十二"吴中谓不得已而稍与人物曰塞白"之"塞白"意思有别。

[绍]〈动〉认识;承认。囗　认谓之绍。(戒庵老人漫笔5卷)

本条依明李诩训释立说,但理解上还可斟酌。李诩"认谓之绍"说得很简单,参考文献用例,可知这里的"认"不是认识义,而是认账义,也即"绍"是承认、承受、承担的意思,多指承担费用。字又作"召""招"。《禅真后史》

第四十二回:"卞心泉道:'我有一计,可救舍亲。但所费之物,兄肯绍否?'"下文:"凡使费之物,不拘多寡,自有一囊主绍还,愁他做甚?"《型世言》第三十二回:"孙监生应银打发,原议输只独召,赢时三七分分。"《水浒全传》第四十七回:"杨雄便唤酒保计算酒钱。杜兴那里肯要他还,便自招了酒钱。"以上"绍""召""招"均指承担、支付费用。《欢喜冤家》第九回:"小山道:'我便做了个召屁大老也罢,只是为这娃子身上使费,我决不召的。'"同回上文:"忽闻京里点选秀女,一时人家有未嫁之女,只要有人承召,就送与他了,那里说起年纪大小、贫富不等。"首例两"召"都训"认",前者为承认,后者为承担,词典"召"条不收承认义;次例"承召"系同义连文,义为接受,词典不收"承召"条。又,"担绍"条云:"〈动〉包涵,替人遮掩(差错)。口(丑)世兄,勿要动气,总要?担绍一担绍笃。(付)别样事体好担绍,教我说鬼话没勿会个。(昆曲大全·呆中福3回)""担绍"亦当是同义连文,义为承担、承担别人的差错。

[脱赚]〈动〉欺骗抛弃。口 被丈人刘翁脱赚,如今孤苦无归,求老师父提挈,救取微命。(警世通言22卷)

"脱赚"犹"欺骗",而无"抛弃"义。"赚"有欺骗义,常见;"脱"也有欺骗义,"下脱""赚脱""骗脱""脱哄""脱漏""脱骗"之"脱"均训欺骗。"脱赚"系同义连文,《元典章·刑部三》:"冯珪系脱赚钱物厌魅,决五十七下。"用法相同。

[下饭]②〈名〉(下饭的)菜肴。参见"嗄饭"。口 我们且把厨里见成下饭,切些去吃酒罢!(拍案惊奇31卷)……

释文中"(下饭的)"当删。"下饭"就是菜肴,而不是专指下饭的菜肴,本例"把厨里见成下饭,切些去吃酒",《初刻拍案惊奇》卷十四"山东酒店没甚嗄饭下酒,无非是两碟大蒜几个馍馍",都是"下饭(嗄饭)"与"吃酒""下酒"并举,其义尤显。"下饭"一词宋元以降通俗作品习见,作名词,均指菜肴。今宁波、舟山、萧山、新昌等地犹称菜肴为"下饭"。各种有关近代汉语的词典释"下饭(嗄饭)"为"下饭的菜肴""配饭的菜肴""佐饭的菜肴""吃饭用的菜肴"等等,均泥于字面为训,不确。

[哮]②〈形〉(因过咸)齁人。口 其弟语吃(音"吉",言謇也),连叫"鲊、鲊、鲊"。其兄大怒曰:"你休得吃哮了,连累我使钱买药。"(解愠编7卷)

"齁",指"太甜或太咸的食物使喉咙不舒服"。而喉咙不舒服不至于"使钱买药"。例中"哮"实指哮喘。今宁波民间尚有吃得过咸要得哮喘病的说法。

[易]②〈连〉相当于"又……又……"。口 恰好生出个孩子,取名叫做

"楼生"。相貌魁然,易长易大,只可惜肾囊里面止得一个肾子。(十二楼·生我楼1回)常惬养勿大了,全仗着佛法无边领过了关。似乎说道过子关末,就易长易大哉。(三笑39回)

　　吴语管"又"叫"咦",在明清及近代通俗文学作品中,字又写作"以""夷""咿""咿""伊""已""亦"等,写作"易"则很新奇。但是细核文意,两例"易长易大"均非"又长又大",而是容易养大、容易长大的意思。首例是说财主尹厚婚后无子,"知道是阳宅不利,就于祖屋之外另起一座小楼",搬进去后,果然得子,且孩子容易养;次例意思更加显豁。又,词典"咦介"条云:"〈副〉同'咦'。又。介,后缀。""咦介"又写作"伊介""咿介""已介""亦介"等,我们认为"咦介"即又这样、又那样,"介"是代词,而非后缀。

　　[赚]①〈动〉哄骗;用计骗人。囗……一娘进帘子来叩头,王奶奶见他人品生得好,嘴又甜,太太长奶奶短,管家婆他称为大娘,丫头们总唤姑娘,赚得上上下下没一个不欢喜。(梼杌闲评2回)②〈动〉蹑手蹑脚地走;溜(走)。囗……乡下人不见粪桶,各处又寻,门上牢头说:"是了,被他挑桶赚去了。"一齐四下追赶,那里去寻! (欢喜冤家10回)

　　义例不够密合。首例"赚"实为赢(得)、获(得)义,次例实为诓骗义。

(二)有些条目义项分合欠妥

　　有的属于当分未分,例如:

　　[晦气]〈形〉倒霉,不吉利;受损失。囗 个种事情,总归铜钱晦气,只好再交落点,叫个俒人去搭俚说开仔完结哉。(海天鸿雪记10回)北人出遇不祥曰丧气,南人曰晦气。(清稗类钞·上海方言)……

　　以上"晦气"其实包含两个意思:1. 形容词,倒霉,不吉利。这已成为通语,参见《现代汉语词典》。2. 动词,受损失。"铜钱晦气"即其例。朱彰年等编《宁波方言词典》"晦气"条云:"〈动〉浪费;糟蹋:买该种补品晦气钞票咯,一眼呒没劲道。"可比较互证。

　　[烂贱]〈形〉极便宜,极下贱。囗 你个样烂贱个东西方便门里去,后来弄得粉碎臭朋朋。(山歌8卷)一面写信回家,拿来接济。一面又等不得到手,就将马骡烂贱准折去了。(豆棚闲话9则)……

　　可分两义:前一例是"极下贱",后一例是"极便宜"。"贱"之"便宜""下贱"两义当有别。

　　[头]③〈助〉与"二"、"两"等数词连用,表示概数。有时相当于"一"。囗 鼓手四个,礼生一双,头二十两银子,祭了他,拿去穿罢了。(缀白裘11集3卷)这头二万银子算得什么,不如且答应了他。(官场现形记37回)像

这一行的人来,不过与他吃上一顿饭,十分过意不去,与他拿上三头二百老钱。(绿野仙踪44回)

从所引三个例句看,助词"头"的用法可细分为两类。1. 用在"二""两"等数词构成的数量词组前,表示接近这一数量。前两例即属于这一类用法,明清通俗作品中用例颇多,现代吴语如崇明、杭州、宁波、上海、金华岩下、苍南金乡等方言都保留了这种用法。此外,扬州方言、绩溪方言也有这种用法(参见《现代汉语方言大词典》5656 ~ 5659 页、《汉语方言大词典》1468页)。2. 用在某两个数字之间,表示约数,兼表数目不大。后一例即属于这一类用法,词典所收"三头二""三头两""三头四""三头五""一头半""一头二""一头两"等也都属于这一类用法,今崇明话、牟平话、广州话、忻州话、东北官话等仍保留了这种用法(参见《现代汉语方言大词典》5656 ~ 5660 页,《汉语方言大词典》56 页、169 页)。"头"这两种用法有明显区别,分列为宜。

有的属于当合未合,例如:

[刉]①〈动〉用力端。囗 用力掇物曰刉,堆上声。(光绪黄岩县志32卷)②〈动〉用力拉,扯。囗 舌头像卷簟,喉咙如刉纤。(越谚上)刉:俗言以手扯物也。《篇海》:都罪切,着力牵也。(光绪嘉定县志8卷)

"刉"当"用力拉,扯"讲,吴语如上海、嘉定、宝山、松江、南通、杭州、宁波、象山、萧山、温州等方言,闽语如潮州、汕头、潮阳等方言,客家话如梅县方言均有之(参见《汉语方言大词典》3450 页、《现代汉语方言大词典》2277页),而当"用力端"讲,则未有所闻。所引《黄岩县志》"用力掇物曰刉"之"掇",不当以方言"端"义释之,而应理解为"取"。"用力取物"其实就是用力拉物的意思。可见两义当合为一义。

[漾]④〈动〉昂(头)。囗(那江猪)一个翻身,拱起身子来,一个翻身,漾起头来,在江心作怪。(型世言34回)⑤〈动〉见"样"。[样]〈动〉比划。……又作"漾"。囗 阿哥,诺,俉你阿见水面浪伸出一只手来,漾起子两个节头?似乎说道救子起来谢俚二千铜钱。(合欢图1回)

以上两例"漾"其实用法相同,都可释为举、竖。

(三)有些条目词性不合

[暴]③〈动〉捏拳,用指关节打。囗 皇甫殿直捻得拳头没缝,去顶门上屑那厮一暴,道:"好好的把出来教我看!"那厮吃了一暴,只得怀里取出一个纸裹儿。(古今小说35 卷)

"暴"即"栗暴",把手指弯曲起来打人头顶叫屑暴,一般叫凿栗暴、打栗暴,其中"暴""栗暴"是名词而不是动词。

　　[大家]③〈代〉常用作状语，表示一起，共同，都。囗……休羡他，莫自叹，少不得大家做老汉。（警世通言18卷）众人也大家忙了手脚，你挨我挤，吆吆喝喝，磕磕撞撞，那里挣得着？（二刻拍案惊奇1卷）却原来是一块柴。……待我拾回去拢些火来，与娘子大家亨一亨。（缀白裘4集1卷）

　　"大家"表示"一起，共同，都"的意思，词性当是已经转化为副词。今宁波话"大家"一词尚保留其副词用法（参见朱彰年等编《宁波方言词典》14页、《现代汉语方言大词典》268页）。

　　[饿痨]〈名〉饥饿；贪嘴，馋。囗　征徭紧急实难逃，个样杂情杂意个郎君真饿痨。也无好丑，逢着做媾。也无老少，遇着便交。（夹竹桃）

　　从释义及用例看，"饿痨"当是形容词。又，释义可改为："嘴馋，贪吃；又比喻贪色。"

　　[行贩]〈动〉做小贩。囗　十六七岁上，不习父亲篦头生理，做个八鲜行贩，海蛳市里专卖海蛳。（生绡剪1回）今以肩贩蔬果等物行卖街巷为"行贩"，"行"当如字，而方俗读之若"杭"。（通俗编21卷）

　　"行贩"前已有"做"，此"行贩"不当看作动词，也不当释为"做小贩"，应释为"〈名〉小贩"。名词"行贩"今仍沿用，见《现代汉语词典》。

　　[连仔]〈副〉同"连搭"。囗　我里老爷勿空来朵，连仔我介没工夫搭悟那处，得罪哉。（珍珠塔2回）[连搭]〈介〉连。对其后的成分（包括短语）加以强调，但强调的意味比"连"更强。……

　　两者词性矛盾。"连仔"当是介词。

　　[盘费]②〈名〉生活费用。囗　泣谓浑家道："你可善待公姑，好看幼子，丝行资本尽毂盘费。"（古今小说3卷）这后山是小人衣食饭碗，除了生病，便尽够盘费。（野叟曝言94回）这花仙在监里，小姐不时送酒食，送盘费，不必言。（欢喜冤家6回）

　　以上三例"盘费"，除末例当名词"生活费用"讲以外，另外两例其实都是动词"开销；支付生活费用"的意思。

（四）有些条目未能交代本字

　　明清方言俗语词往往据音记字，同音替代现象非常普遍。该词典在释义时大多能拈出本字或说明方俗音转关系，从而使人不仅知其然，而且知其所以然。如"荐"条："②〈动〉即'僭'。超越本分。……⑤〈动〉即'占'。见'荐便宜'。"又如"高"条："①〈动〉'教'的白读音。吩咐，让。"从更高的要求看，这一工作还做得不够彻底。例如：

　　[掘手]〈名〉不能自由伸展的手。一种残疾。囗　这位姐姐生得却好，

但是掘手,诸色不便当。(合欢图66回)

可补:"掘,用同'瘸'。""瘸"普通话指腿脚有毛病,古代则指手或脚偏废的病,如《说岳全传》第七十回:"(那疯僧)手瘸足跛,浑身污秽。"今南北许多方言仍有"手瘸""瘸手"等说法。

[里夫]〈名〉内襟。囗 要长要短凭郎改,外夫端正里夫村。(山歌6卷)

可补:"夫,用同'袚'。"该词典"袚襟"条云:"〈名〉衣服前襟。囗《广韵》:'袚,衣前襟也。'今苏俗有袚襟之语。(说文通训定声9卷)"可证。又,词典不收"外夫"条,似可补收。

[买求]〈动〉行贿(以求过关、脱身)。囗 那吴旺与李直悄地赶到水口,拿住汪涵宇,……汪涵宇极了,买求,被二个身边挤了一空。(型世言6回)

据释义,"买求"的"求"似乎是用字面意思,其实"求"用同"赇"。"买求"二字并列,谓收买贿赂。《隋唐演义》第三十三回:"内有一百八十家大户,共凑黄金三千两,要买求叔谋,没个门路。"用法同。

[灭]〈动〉旋转(灯捻儿,调节火的大小)。囗 又将保险灯灭暗了些,一手在台上拿支水烟袋,一手点了个火,走至床沿坐下。(海上繁华梦2集6回)……

可补:"灭,用同'搣'。"《广韵·薛韵》:"搣,摩也。亡列切。"今吴语犹称用手指头捻或搓为"搣"(参见《汉语方言大词典》6470页)。

[斩货]〈名〉好货;好东西。斩,好。囗(末)你家阿有上等的行首?(丑)有,有介一个斩货拉里,叫做张娇。(缀白裘12集3卷)

可补:"斩,用同'嫨'。"《说文·女部》:"嫨,白好也。"《广韵·翰韵》:"嫨,美好兒。祖赞切。"今吴语、江淮官话、客话、粤语等仍有管好叫"嫨"的(参见《汉语方言大词典》7471页)。"嫨"俗多写作"崭"(参见同上5480页),简省之,则作"斩"。

[照]②〈叹〉行;好。囗 马俭道:"今朝阿哥出了,明朝兄弟出就是了。"金台接口说:"照啊,一日一个,轮流倒也公道。"(金台全传39回)

可补:"照,用同'着'。""照""着"二字音近,常常通用。如宋王道父《道父山歌》:"种田不收一年辛,取妇不着一生贫。"《歧路灯》第四十九回:"俗语说:庄稼不照只一季,娶妻不照就是一世。""不着"同"不照";《西游记》第二十回:"(八戒)举起钯,刺斜着头一钯。"又第六十一回:"(八戒)举钯照门一筑。""着"同"照",可证。

(五)有些条目取词不当或文字失校

[大手指桠]〈名〉大的指缝,比喻大手大脚。囗 你向常用一个钱要

掂掂厚薄，也算是一钱如命的。几时屙落了肚（胆）子，就这般大手指桠起来？（何典3回）

"大手指桠"非一词。"大手指"犹大手大脚；"桠"，抓，参该词典"桠"条。

[呼开眼龟]〈动〉同"呼卵脬"。开眼龟，喻指男阴。囗　吮痈何足异，尝粪不为奇。呵尽豪门卵，名呼开眼龟。（禅真逸史24回）

核原文，这几句是描写帮闲无赖管贤士的。下文云：管贤士的妻子"和隔壁富商黄草包通奸，管贤士禁止不得，只索做了开眼龟"。词典已收"开眼龟"，释为"明知老婆与别人通奸而不加干涉的男人"，且正举"只索做了开眼龟"为例。可见，所谓"名呼开眼龟"也即"名叫开眼龟"，文中两例"开眼龟"同义，"呼开眼龟"不成词。

[热石头]〈名〉用于"热石头浪蚂蚁"。比喻焦急、走投无路的人。参见"蚂蚁"。囗　心慌意乱，如热石头上蚂蚁一般，又如金屎头苍蝇相似。（常言道4回）……[蚂蚁]②〈名〉比喻走投无路的人。参见"热石头浪蚂蚁"。囗　得了这个消息，急得如煎盘上蚂蚁，没奔一头处。（醒世恒言20卷）……

单是"热石头"或"蚂蚁"都不能比喻走投无路的人，"热石头上（浪）蚂蚁"才有这个意思。而所谓"参见'热石头浪蚂蚁'"，其实词典只是在"热石头"条提到了它却没有单独出条。

[仔甲]〈名〉翅膀。囗　倸但看小小雄鸡捞水先扑仔甲，奴奴撩郎是先敞胸。（吴歌乙集）

"仔甲"不辞。"仔"是助词，相当于"了"；"甲"才是比喻翅膀。此外，"一条蛮称"条也属取词不当，应该以"一条蛮称十八两"立目。

[毅]〈动〉轻敲。囗　吴中泥匠用砖瓦嫌大则毅而小之。又凡轻击其物而破皆谓之毅（音笃）。（吴下方言考10卷）

"毅"音yì，汉代上谷郡称猪为毅；当轻敲讲的字作"毅"，《说文•殳部》："毅，椎毄物也。"《集韵》都毒切。"毅"既然是敲的意思，胡文英又注明"音笃"，字当作"毅"。原书文字有误，词典沿袭失校。又，词典据误字将"毅"列于"YI"音下，亦失当。

十四　《白话小说语言词典》商酌

白维国先生主编的《白话小说语言词典》（商务印书馆2011年版。以下简称《词典》）封底印有下列文字："作者队伍强大，全由国内研究汉语历史词汇和从事专业辞书编撰的学者担纲撰稿；基础资料扎实，直接从40余种主要白话小说中勾乙资料，制资料卡片近30万张，重要的白话小说词语应无遗漏；引证丰富，引书达240余种；收词5.6万余条，为国内同类辞书之最；释义精当，很多条目为国内首释，一些条目订正了此前学界的误释；出条词语加注音，省却读者查检之劳；引例均注明出处，便于核查；正文按汉语拼音音序排列，备有词目首字笔画索引，便于检索。"笔者粗读《词典》一过，深感以上文字并非溢美"广告"，而是真实、客观的评价。关于该词典的优点和创新之处，笔者撰有《悉心打磨，后出转精——评〈白话小说语言词典〉》(《辞书研究》待刊)一文予以评介。本文则专门披毛求疵，就其中若干疏失提出商榷。

(一)释义问题

有的条目误解了近代汉语特殊用法。例如：

[靦觍]害羞。[例]莫大姐本是已有酒的，更加郁盛慢橹摇船捉醉鱼，～着脸庞，央求不过，又吃了许多。（二拍·三八）

"靦觍"同"腼腆"，古今基本意思都是"因怕生或害羞而神情不自然"，但本例恐非此义。上文介绍莫大姐"生得大有容色，且是兴高好酒，醉后就要趁着风势，撩拨男子汉"；与郁盛喝酒前是跟烧香女伴一起喝酒，"莫大姐并不推辞，拿起杯来就吃、就干"。这样的人，应该不会"害羞"的。上例句意当是："莫大姐本是已有酒的，更加郁盛慢橹摇船捉醉鱼，靦觍着脸庞（央求），（莫大姐被）央求不过，又吃了许多。""靦觍着脸庞"的主语是"郁盛"，"靦觍"是动词，义同"厚（涎、腼）着脸"之"厚（涎、腼）"。作形容词，"腼腆"有厚着脸皮，不知羞耻的意思。如《鼓掌绝尘》第二十七回："文荆卿腼腆道：'小姐，你岂不闻色胆如天？今日莫说是老夫人寝室在侧，总然刀锯在前，鼎镬在后，拼得一死，与小姐缔结百年，终身之愿足矣！'"文荆卿这番话绝非是羞怯之言，而是脸皮很厚的人才说得出的。"害羞、表情不自然"与"厚着脸皮、不知羞耻"虽然意思截然相反，但也不是没有关联。小孩子多腼腆，大了脸皮就会厚，这是人之常情，也是"腼腆"词义转化的根本原因。"靦（腼、觍）然"既可表羞惭貌，又可表厚颜貌，适其比类。"腼腆"此义，笔者《明清小说俗字俗语研究》84页有说；明清戏曲亦有用例，见本书《释"腼腆"》一文。

[方脉]开方诊脉。[例]咱县门前住的行医何老人大小～俱精。（金瓶·六一）

此袭中华书局《金瓶梅词典》而误。"大小方脉俱精"是说大方脉、小方脉俱精，"方脉"不是"开方诊脉"。《汉语大词典》收有"方脉"条，释曰："医方与脉象。引申为医术。"但"大方脉""小方脉"中的"方脉"也非此义。

明陶宗仪《辍耕录》卷十五《医科》："医有十三科。考之《圣济总录》，大方脉杂医科、小方脉科、风科、产科兼妇人杂病科、眼科、口齿兼咽喉科、正骨兼金镞科、疮肿科、针灸科，祝由科则通兼言。""大方脉"指治疗成人内科杂病的，"小方脉"即小儿科，合称为"大小方脉"。宋周密《武林旧事》卷八《宫中诞育仪例略》："仍令太医局差产科大小方脉医官宿直。"《二十年目睹之怪现状》第一百四回："他的招牌是'专医男妇老幼大小方脉'。"并其例。《词典》已收"大方脉"，释为"中医分科，医治成年人内科疾病的称大方脉"，是，此当以"大小方脉"（《汉语大词典》已收）出条，互相照应。又，"方脉"还有诊脉义，如《杀子报》第十回："世成连声答应道：'冯先生，费神与我方方脉看。'……冯先生点头道：'是。'就去坐在床沿之上与他方脉。"《何典》第三回："到得家里，方过了脉，那郎中道：'这不过是吓碎了胆，又受了寒湿气，不妨事的。'"今老派徐州方言犹称号脉为"方脉"（参见笔者《明清小说俗字俗语研究》112 页）。《词典》未及此义，可补。

［省记］明白记得。［例］读的是文章说话，晁夫人不甚～，止记诏书说道："福府洞天之主，必需积仁累德之人。"（醒世·九〇）

"省记"是同义复词，义同下文"记"，"省"不当"明白"讲。张相《诗词曲语辞汇释》卷五："省，犹记也，忆也。"所举"省""省记""记省"用例甚多。兹更举"省记"三例：《太平广记》卷九十八《怀信》引《独异志》："隐之归扬州，即访怀信。信曰：'记海上相见时否？'隐之了然省记。"《隋史遗文》第三十二回："这两人文武全才，略略省记，也都不差。"清袁枚《小仓山房文集》卷二十二《黄生借书说》："有张氏藏书甚富。往借，不与，归而形诸梦，其切如是。故有所览辄省记。"《汉语大词典》收有"省记"条，可参阅。

［卧地］躺倒在地。［例］打到分际，众人（齐）喊一声，一个汉子在血泊里～。（古今·一五）

"血泊里"已表处所，"地"按字面解释，则一个句子有两个处所词，有重复之嫌。此"地"是助词，相当于"着"。张相《诗词曲语辞汇释》卷三："地，语助辞，犹着也。与作副辞语尾之地字异。此以坐地、立地两语为最多。"近代汉语里，除了"坐地""立地"外，还有"住地""卧地"等说法。《词典》已收"坐地""立地""住地"，释义正确（只是"地"均注 dì 音，当读 de，包括本条），而本条则考虑欠周。元关汉卿《调风月》第一折："卧地观经史，坐地对圣人。"两"地"亦义同"着"。

有的条目误解了方言词语。例如：

［捎滚］shāo gǔn 揪扭翻滚。［例］两人搅做一团，在地～。（野叟·五三）那熊～不脱，四足爬挖，登时成坑。（野叟·九三）

《词典》又收有"捎""消滚"两条,释曰:"捎,xiāo 撞;碰。[例]被把门的一棒直打下台阶来,就在地下乱～乱滚,嚎哭无休。(野叟·五七)""消滚,xiāo gǔn 捎滚;撞头打滚。[例]痦生已被救醒,在地～嚎哭。(野叟·一三一)"以上"捎滚""捎""消滚"三条均出自《野叟曝言》,但是注音有差异,同一个"捎"注音也不一样;释义有差异,"捎"或释作"揪扭",或释作"撞;碰"。"捎"是多音字,这里应该读xiāo。"捎""消"是吴语,都是打滚的意思,"捎滚""消滚"都是同义并列结构。《汉语方言大词典》"捎"字条:"⑫滚动。吴语。江苏无锡薛典:伊痛得～来～去。江苏苏州、常熟。"又"消"字条:"③翻滚;打滚。吴语。上海松江:痛来正～。江苏江阴、苏州。"《现代汉语方言大词典》"捎"字条:"苏州。转动:痛得～来滚去……〇广韵宵韵相邀切:'摇捎动也'。也作消。"又"消"字条:"上海。身体倒下打滚:痛得来～啦地浪。"《明清吴语词典》收有"捎""捎滚"条,《近代汉语大词典》收有"捎滚""捎滚"条,并可参考。

[夹头夹脑]犹"夹脑连头"。[例]那武周把大砍刀～砍下来,咬金无法可当。(说唐·四九)

《词典》"夹脑连头"释为"连头带脑。指整个头"。但从例句看,武周并没有把程咬金的头"连头带脑""整个头"都砍下来,不然,程咬金早就死了,而不仅仅是"无法可当"。上文:"武周举刀劈面就砍,咬金把斧急架。""劈""夹"同义。"夹",方言,"朝着、正对着"的意思,《词典》"夹"字条已收此义,又把"夹腰"释为"正对着腰","夹嘴"释为"兜嘴;冲着嘴巴",均是。"夹头夹脑"的"夹",也是这个意思。《后西游记》第二十回:"(太子)满心大怒……遂叫左右将大棒夹头夹脑乱打。"《女仙外史》第四十四回:"四邻八舍都拿着枪刀棍棒赶入屋内,夹头夹脑,乱搠乱砍,半个也不得存留。"《何典》第六回:"醋八姐大怒,拿起一根有眼木头来夹头夹脑的就打。"用法相同。今宁波方言犹有"夹头夹脑"一词。又,《词典》"夹嘴夹面"条:"嘴和脸部。[例]众人不由分说,～只是打。(拍案·一五)"也不确,此"夹"也是朝着、正对着的意思。

有的条目误解了通假关系。例如:

[海]②嘴。[例]姚天君跨鹿持铜,面如黄金,～下红髯。(封神·四八)面皮微白,～下无须。(济公·二)生得方面大耳,虎背熊腰,～下一部虬髯。(荡寇·八八)

《宋元明清百部小说语词大辞典》"海"义项二释为"大口;大嘴巴",举《济公全传》第二回"海下无须"一例;《近代汉语大词典》"海"义项二释为"嘴巴",举《济公全传》第四十六回"海下一部黑胡须"、《施公案》第三十回"海下无须"两例。其实"海"无"嘴"义,"海"通"颏",下巴。"颏"通读为kē，又音为hái，《广韵•咍韵》："頦，颐下。户来切。"元无名氏《争报恩》第二折"他把我揪头稍托下頦"，臧懋循音释："頦，音孩。""海"与"頦"清浊相混，音近通用。《词典》"捞海"条："即络頦。络腮，指胡须连着鬓角。"此亦"海""頦"相通之证。《西游记》第三十九回："原来那猴子頦下有嗉袋儿。"《初刻拍案惊奇》卷十九："伛兜怪脸，尖下頦生几茎黄须。"《儿女英雄传》第十五回："頦下一部银须，连鬓过腹，足有二尺来长。"此三例"頦"用本字。《梼杌闲评》第二十六回："颔下长髯飘拂，耳边短鬓弯环。"《永庆升平全传》后传第七十四回："颔下一部银髯根根见肉。"此两例"颔下"与"頦下""海下"字异义同。"海下"之"海"拙著《大字典论稿》231页已论及，《明清吴语词典》释为"下颔，下巴"，均可参阅。

〔吞〕②犹"褪①"。〔例〕都去地下乱摸，草里胡寻，～袖子，揣腰间，那里得有？（西游•三四）

《词典》"褪①"的解释是"使套着的东西脱离；脱"。上例"吞"，《汉语大词典》释为"借作'褪'（tùn）。使穿着的衣服部分地脱离身体"，人民文学出版社1980年版黄肃秋注为"把手缩进袖管里叫吞"。以上说法实际上都把"吞"看作是"褪"（tùn）的借字，因为"褪"有脱去衣装、藏在袖内两个意思，但施于上例，均不惬。《西游记》第二十六回："正说处，八戒又跑进来，扯住福星，要讨果子吃。他去袖里乱摸，腰里乱吞，不住的揭他衣服搜检。"一说"吞袖子"，一说"腰里乱吞"，两相比较，即可发现"吞"不是上述意思。其实这两个"吞"同义，与前后文"摸""寻""揣"意思也相近，都是"把手伸进去掏摸"的意思。吴承恩是江苏淮安人，江淮官话今尚有此词。《汉语方言大词典》"吞"字条："②把手伸进有一定深度的地方去摸取。江淮官话。江苏北部：～螃蟹。……"字又作"捛"。《汉语方言大词典》"捛"字条："tùn 手伸进口袋里掏东西。江淮官话。江苏盐城：他手到我口袋里～东西；～了半天才～出一块钱来。"今宁波方言也有此词，读"吞"浊音，字多写作"㧅"，如："蟹洞里㧅进去，抲着一只蟹"；"裤袋里㧅出一只角子"。拙著《大字典论稿》164页有说，可参阅。

释义不够准确的还可举出一些，如"所"义项一释为"强调动作不间断，一个劲儿地"，"所"用在单音节动词之前，当是语助词，没有实在意思（参见拙作《谈谈"所"的一种语助词用法》，《辞书研究》2004年第1期）；"不道得"义项二释为"岂不是"，所举《水浒传》第十六回的例子其实是不至于、不见得的意思，与义项一无别（参见拙作《〈智取生辰纲〉中的四则注释》，《语文建设》2003年第2期）；"借掇"释为"借取。掇，取"，"掇"是吴语，不是取，也是借的意思，"借掇"是同义复词（参见拙作《近代汉语词语选释》，

《语言研究》1995年第2期);"问劳"释为"慰问劳苦","劳"非劳苦,"问劳"犹"问慰","问""劳"同义(参见《汉语大词典》"问劳"条);"豪燥"义项二释为"爽利",实为副词"赶快"义,是吴语,此词大型方言词典及一般吴语词典都有收录;"撒极"释为"发急;着急",当是撒泼、撒野的意思;"直笼统"释为"形容粗直不精致",当是形容直貌,《越谚》卷下:"直偬侗,直貌。"可旁证。

(二)立目问题

有的词目文字失校。例如:

[克农]凑合;对付。参见"农"、"脓"。[例]里边小衣括裳,我陪上几件,～着过了门,慢慢的你们可拣着心爱的做。(醒世・七五)

高文达主编《近代汉语词典》收"克农"条,释为"凑和,将就",引例相同。此当据齐鲁书社1980年版(987页)。齐鲁书社1993年版《醒世姻缘传(足本)》第七十五回作"我陪上几件儿,克农着过了门"(581页),上海古籍出版社1981年版《醒世姻缘传》作"我陪上几件儿,农着过了门"(1077页)。今谓"克农"不辞,齐鲁书社两种本子文字均有误,上海古籍版是。《古本小说集成》本作"我陪上几件兒农着过了门"(2060页),其中"兒"字迹有点模糊,似"克"而实为"兒"。可见,齐鲁书社1980年版"克"当为"儿",且属上;齐鲁书社1993年版既有"儿",不当再有"克"。"农",方言,又作"脓""浓""哝""侬""挊""眿""穊"等,义为将就,凑合,敷衍,勉强对付(详参拙著《明清小说俗字俗语研究》101页)。故上例可以"农"出条,而不当以"克农"立目。

[完耤]wán jí 完整;完全。[例]跨入门房,听了二人言语,轻步踅进床后窃听～,才讲请二人陪酒。(后史・一〇)

《近代汉语大词典》也收有"完耤"条,释为"完完全全,一点不落",引例相同。"耤"字生僻,《汉语大字典》(第二版,下同)释为同"藉",所列二音四义都与上例没有关系。而"完耤"更无其他用例。今谓"完耤"文字有误,"耤"当是"毕"的讹字。巴蜀书社1993年版《明代小说辑刊》第一辑第四册《禅真后史》第十回作"轻步踅进床后窃听完,方才讲请二人陪酒"(137页),浙江古籍出版社1987年版作"轻步踅进床后,窃听完毕,才讲请二人陪酒"(71页),而《古本小说集成》本"窃听完×"的"×"模糊不清,似"耤"而绝非"耤"(219页)。从文义再结合字形,原文当为"毕(毕)"字。

[言主]答应。[例]二人你一句我一句称赞,小姐只不～。(五美缘・二)

"言主"罕见，且从字面上很难看出有"答应"的意思，这就不得不让人怀疑这一条目的准确性。核《古本小说集成》本《五美缘全传》第二回，"言主"作"言语"（26页），说明这是一个虚假词条。

[唫嗻]yín zhē 犹"吓嗻"，有本事。[例]这卜吉看着婆婆道："小娘子是个～的人。"婆婆道："若不是我在这里，你的性命休了。"（平妖·二五）

"唫嗻"系"吓嗻"之讹。详见本书《古文献疑难词语校释》"唫嗻"条。

有的词目辨识欠妥。例如：

[奖借]奖励爱护。借，疑为"惜"字之误。[例]见了后生英俊，加意～。（通言·一八）

原文不误，所疑非是，释义也得修正。"奖借"是同义复词，犹夸奖、称赞。"奖"当夸奖、称赞讲，古书常见，今仍沿用。"借"字此义，辞书亦收之，如《汉语大字典》"借"字条义项四："推重；赞许。《正字通·人部》：'借，推奖也。'《隋书·刑法志》：'武帝敦睦九族，优借朝士，有犯罪者，皆讽群下，屈法申之。'清包世臣《再上杨季子书》：'然奖借逾分，又有未甚喻意之处。'"《汉语大词典》有"奖借"条，凡举宋司马光《答彭寂朝议书》、《元史·曹伯启传》及《警世通言》第十八卷（即上例）三例，但释为"勉励推许"，以"勉励"释"奖"，未达一间。明梅鼎祚《玉合记》第六出："〔贴云〕郎君常道相公才貌来。〔生云〕多承奖借。"明无名氏《赠书记》第二十四出："若说他纳款，须把言词奖借，休相犯。"两例"奖借"亦是夸奖、称赞义。又有"褒借""称借"等词，义与"奖借"同。

[脚分]脚钱。分，或疑应作"金"。[例]你等可出五百文钞还～。（钱塘）

"脚钱"又称"脚价""脚直""脚费""脚佣""脚资""脚步钱"等，称"脚分"则罕见，故可疑，是。然"分"非"金"之误，乃"钱"之误。《词典》不知据哪一个版本，《古本小说集成》本《钱塘湖隐济颠禅师语录》、巴蜀书社1995年版《明代小说辑刊》第二辑第四册《钱塘湖隐济颠禅师语录》均作"脚钱"（73页、544页）。如果有本子作"脚分"，是因为"钱"俗书作"㪚"，与"分"形体相近而讹。

有的词目断词不当。例如：

[日昼]白天。[例]到了次日上半～，还不见归。（何典·六）

此本《汉语大词典》立目、释义，恐未安。首先，"日昼"不是白天，而是中午。"昼"自先秦汉语至现代方言都有中午义，"日昼"今温州、温岭、黄岩、雷州、汕头、海口、福州等地仍指中午（参阅《现代汉语方言大词典》《汉语方言大词典》"日昼"条）。《何典》是吴语小说，"日昼"当是中午义。其次，词目当以"上半日昼"出条，"上半日昼"即上午。

[黄草布]黄草心织的布。[例]著一领～衫,被西风一吹,赵旭心中苦闷。(古今·一一)陶铁僧看着身上～衫卷将来,风飕飕地起。(通言·三七)

《词典》又收"黄草",释曰:"即黄草布。[例]～衣裳,渐渐底卷将来。(通言·三七)～秋深最不宜,肩穿袖破使人悲。(通言·三七)"比较"黄草布衫"与"黄草衣裳",可知"黄草布"不成词。两条可合二为一,以"黄草"出条,释作"黄草布;黄草心织的布"。"黄草衣裳"即黄草布做的衣裳,"黄草布衫"即黄草布做的布衫(单衣)。

他如,"含死忘生"释为"不顾生死",举《西游记》第六十一回例,"含"显然是"舍"之误,当加以说明,同书第二回即有"舍死忘生"用例;"声告诉"释为"告诉",举《古今小说》第十二卷"是夜月仙仍到黄秀才馆中住宿,却不敢声告诉"一例,尽管各种版本文字相同,但"声告诉"不辞,当是"声张告诉"之讹,《词典》不必收录这种有疑问的"词语";"炒菇菇"释为"指鸡奸",举《绣榻野史》例,"炒茹茹"释为"即'炒菇菇'。疑'茹'为误字",举《石点头》第十四回例,正误搞反了,"炒茹茹"才对的,且《绣榻野史》不知据哪种版本,笔者所见本子正作"炒茹茹"。

(三)其他问题

个别俗字、方言字注音有误。例如:

[跏子]jiā zi 瘸子;跛子。[例]关上来了个起课先生,是个～,叫做甚么李跛老。(梼杌·四)

《汉语大字典》"跏"字条:"jiā ②行走时,脚向内盘。明汤显祖《邯郸记·合仙》:'怎生穿红穿绿,跏的跛的,老的小的? 是怎的起有这等一班人物?'"《汉语大词典》释作"行走时,脚向内拐",注音、引例相同。两者音义均误。《词典》以"瘸""跛"释"跏",非常准确,但读音注为"跏趺"之"跏(jiā)",仍误。上两例"跏"均为"瘸"的俗字,读qué。元无名氏《博望烧屯》第三折:"你退了五万,肯退了那好兵? 都是囊的、懦的、老的、小的、瘸的、跛的,则留下精壮的。"此可与《邯郸记》文字比较互证。《咒枣记》第十四回:"疯瘫跏跛之魂聚作一团。"(据《古本小说集成》本,下四例版本同)《二十四尊得道罗汉传·聪耳罗汉》:"五十不言不步,愚骏痴蠢人也,跏跛跮踔人也。"《玉蟾记》第十六回:"枣核钉胡彪前日被打回来,不忘此恨,一跏一跛来到赵家。"以上"跏"并为"瘸"的俗字。字又作"痂",如《风月梦》第十六回:"有许多男女乞丐携男抱女,以及哑、聋、痂、瘫、烂头、破鼻、老弱、残废在那里喊着要钱。"《清风闸》第十回:"我也不论他疤麻破绽,痂腿瞎眼。"《聊斋俚曲集·快曲》第二联:"赶了个痂脚鬼儿,讨愧的紧! "三例"痂"

与"疮痂"的"痂"有别,是"癞"的简省俗字。

[挨啗受咪] ái dàn shòu jué 挨骂;被人骂。[例]～不上算,还要骂我祖和先。(跻春台·东瓜女)按:啗,实是tāo 的记音误字,骂;咪,也是骂(或数落)的意思。

释义是,但对"啗"字注音及分析不够准确。《汉语大字典》:"啗,同'啗'。"俗书"臽""舀"不分,故"啗"可作"啗"(同"啖")的俗字。但俗字往往有异字同形的情况,上例"啗"与表吃义的"啗"没有关系,而是四川方言骂的意思。《跻春台》用例很多,如《元集·哑女配》:"丈夫说他,他就乱啗乱咪。"《亨集·吃得亏》:"胡二门外就闹起,咪了先人又啗爹。"字又作"滔"。《汉语方言大词典》"滔"字条:"①骂。(一)西南官话。四川达县、南充。云南曲靖、昭通。(二)客话。四川西昌。"又"挨滔"条:"挨骂。西南官话。四川达县。"可见,"啗"注dàn 音欠妥,而谓"实是tāo 的记音误字"也可商,它不是误字,而是表骂义的"滔"的俗字或方言字。

个别条目义例不合。例如:

[那谟]即"南无"。[例]适来的长老来有影,去无踪,不知是那一位～?(西洋·四)当中坐着个瘪嘴～佛。(何典·一)

《词典》"南无"条释为"梵语音译,意思是归命、敬礼、度我。常用在佛、菩萨或经典名前,表示对佛法僧三宝的归敬。""那谟""南无"是一词异写,但《三宝太监西洋记通俗演义》中的"那谟"却与"南无"常义有别,是名词,指和尚。例1下句:"弟子道:'他自己称为滕和尚。'"可证。该书这种用法多见,如第一回:"这老祖却不是等闲的那谟。"第五回:"却说四众人等弟子,要做圆满,便就有个弄神通、阐法力的那谟来了。"第十二回:"文武百官本等是说天师高妙,也有说这和尚却不是个等闲的那谟。"第十三回:"这个校尉也就晓得这个长老不是个等闲的那谟。"事实上,"南无"也有类似以法,不过不是指和尚,而是指佛或菩萨。《词典》"南无"条例2:"我的～耶!那里寻本儿利儿!(金瓶·四五)"《词典》释义与实际用法也不符,此例"南无"犹言菩萨。《西湖二集》第二十六卷:"至心朝礼,木鱼中敲出雷经;皈依南无,跪拜时误踏罡斗。"此例"南无"犹言佛、菩萨。至于《何典》中的"那谟佛",其实就指佛或菩萨。《何典》语言风格独特,好用"偏义格",如第四回"即使要再嫁,也该拣个梁上君子"、第九回"轻骨头鬼听说,便拿了一把两面三刀","梁上君子""两面三刀"只取"君子""刀"义,同理,"那谟佛"只取"佛"义。

[揣] chuāi ②用手压或揉。[例]都去地下乱摸,草里胡寻,吞袖子,～腰间,那里得有?(西游·三四)横生就用刀割,难产须将拳～。(金瓶·三〇)

"揣"有以手用力揉压义(如第二例,字又作"㨻"),但"揣腰间"的"揣"却非此义,而是摸的意思。上文已说过,"摸""寻""吞""揣"四字同义或近义,此"揣"义同"摸"。《元典章新集·刑部·骗夺》:"(王牙儿等)于王二姐床上揣摸到籐箱一只。"《海上花列传》第十九回:"李秀姐踅至床前看看面色,东揣西摸了一回。"《词典》还收有"摸摸揣揣""瞎摸瞎揣"等条,并其证。《词典》把二义误合成一义了,且于"揣"之chuǎi音项下失收"摸"义。

[趁钱]②所赚的钱。[例]看官们,试看世界上那个肯破悭,送人他吃辛吃苦的做官担惊担险的~。(照世杯·百和坊)虽是银子日在手内抟弄,算起~,又甚微细。(载花·六)

"趁钱"一词,其他词典只收"赚钱、挣钱"一义,《词典》还收了名词用法,值得肯定。次例出《载花船》第六回:"但因三家人口重大,费用繁多,虽是银子日在手内抟弄,算起趁钱,又甚微细。接客人家(指客栈)原有两句旧话,说道客来客盘缠,客去便无钱。开及半年,每人二次,也各分得三五两赚钱,虽不能利息丰盈,却自衣食饶裕。"例中"趁钱""赚钱"都是名词,义同"赚头"("赚钱"此义未见任何词典收释)。今补一例:《鼓掌绝尘》第十三回:"夏虎道:'爹爹,真是孩儿有算计,不然,你在娄公子那里,一年可有这许多趁钱?'"但首例标点有误,理解也不够准确。《照世杯·百和坊将无作有》:"看官们,试看世界上那个肯破悭送人?他吃辛吃苦的做官,担惊担险的趁钱,宁可招人怨,惹人怪,闭塞上方便门,留积下些元宝,好去打点升迁;极不济,便完赃赎罪,拌着流徙,到底还仗庇孔方,保得一生不愁冻饿。"例中"趁钱"还是赚钱义。

个别条目取词、释义都有问题。例如:

[抄弄堂]指未婚夫妻(童养媳)发生性关系。[例]相公从这肉弄堂里进去,抄过了弄堂便是。(何典·一)

此袭《宋元明清百部小说语词大辞典》而误。《何典》第一回:"(形容鬼)道:'撒屁常防屎出。这里可有应急屎坑的么?'和尚把手指着道:'相公从这肉弄堂里进去,抄过了弄堂便是。'形容鬼依言走去,果有一只牢坟坑,上面铺着石屎坑板。"《何典》多"鬼话",但是"抄过了弄堂"却没有其他意思。本条既取词不当,释义更牵强。类似的条目还有"半截观音"等。

尽管还存在着一些小问题,但《词典》堪称古代白话小说词汇研究集大成、创造性的著作,其成就和价值是毋庸置疑的。

第三章　现代汉语词语训诂

一　释"为荷""是荷"

公文或书信里，常常看到这样的说法："望批准为荷""请予接洽为荷""望准假是荷""请大力协助是荷"等。"为荷""是荷"是应用文里的惯用语，其中"荷（hè）"字的意思，不但一般人模糊不清，甚至连辞书的解释也不够确切。请看：

《新华字典》（第11版）："②承受恩惠（常用在书信里表示客气）：感～｜请予批准为～。"

《现代汉语词典》（第6版）："④承受恩惠（多用在书信里表示感谢）：感～｜为～。"

《现代汉语规范词典》（第2版）："③客套话，表示承受恩惠（多用于书信）：无任感～｜是～。"

《辞海》（1999年版缩印本）："③承受。多用于书信中表示感激。如：感荷；至荷；为荷。"

《辞源》（修订本）："④承受。如感荷、拜荷。《左传·昭三年》：'一为礼于晋，犹荷其禄。况以礼终始乎？'《宋书·袁顗传》：'我等并过荷曲慈，俱叨非服。'"

《汉语大词典》："④特指承受恩德。唐韩愈《京尹不台参答友人书》：'所示，情眷之至，不胜悚荷！'宋陆游《老学庵笔记》卷八：'秦公嘻笑曰："甚荷。"'张天翼《春风》二：'鄙人因患沙眼，请勿用鄙人手巾，并原谅鄙人为荷！'"

《汉语大字典》（第二版）："③承受。后多用在书信中表示感激。《左传·昭公三年》：'一为礼于晋，犹荷其禄，况以礼终始乎。'北魏杨衒之《洛阳伽蓝记·永宁寺》：'吾世荷国恩，不能坐看成败。'宋王安石《再答吕吉甫书》：'惠及海物，愧荷不忘。'《三国演义》第六十回：'甚荷大夫不外，留叙三日。'"

以上解释大致可以分为三组：一是"承受"，代入"感荷""拜荷""为荷""是荷"等词语中讲不通；二是"承受恩惠（德）"，代入上面诸词语中仍然讲不通；三是"承受。后多用在书信中表示感激"，后半句虽然虽能够讲通，但是"表示感激"与"承受"两个差别很大的意思放在一个义项，既不够严密，也令人费解。而造成这一切的根本原因是现有辞书没有把"荷"的一个重要义项"感谢"离析出来。

"荷（hè）"本作"何"，古代主要有三个意思：1. 肩负；扛。2. 承担；担任。3. 承受；蒙受。这三个意思由本义到引申义，由具体义到抽象义，词义发展脉络十分清楚。由于"荷"当"承受、蒙受"讲，其对象往往跟恩惠、恩德有关（如上揭"犹荷其禄""世荷国恩"），所以又派生出一个新的义项"感谢"。

"荷"当感谢讲，始于南北朝，后世沿用不绝，其例颇多。例如：南朝鲍照《拜侍郎上疏》："祗奉恩命，忧愧增灼，不胜感荷屏营之情。"《太平广记》卷五十《裴航》引《传奇》："裴拜姻，悲泣感荷。姻曰：'裴郎自是清冷裴真人子孙，业当出世，不足深愧老姻也。'"唐张鷟《游仙窟》："赐垂音乐，惭荷不胜。"《敦煌变文集·伍子胥变文》："子胥愧荷鱼（渔）人，哽咽悲啼不已。"① 宋无名氏《张协状元》第十九出："谢荷公婆，非不知感！"《再生缘》卷一："荷感一言留薄面，拜辞好复督台情。"以上"感荷""惭荷""愧荷""谢荷""荷感"均系同义连文，都是感谢的意思。唐李朝威《柳毅传》："荷贞人兮信义长，令骨肉兮还故乡。齐言惭愧兮何时忘！"《太平广记》卷一百五十七《李君》引《逸史》："甚荷郎君相厚意。"《西游记》第十七回："至期，千乞仙驾过临一叙是荷。"《包龙图判百家公案》第二十九回公案："潘松道：'甚荷姨婆见爱。'"《歧路灯》第一百零八回："篑初抢了一跪，禀道：'侄儿荷伯大人宠光，俟谒神主后，万叩以谢。'"以上"荷"单用而表感谢义。

"荷"有感谢义，前人注意到了，《辞源》《汉语大词典》"感荷"均释作"感谢"，是，只是在解释单音词"荷"的时候没有一以贯之；段观宋先生《文言小说词语通释》（广西人民出版社1994年版）"荷"条："义为感谢，动词"，举《集异记》《博异志》等四例。总之，无论是从词义发展规律看，还是从文献实际用例看，"荷"的感谢义都是可以成立的。

据此，我们再来讨论辞书的释义。1. "荷"当感谢讲，并不局限在书信中使用；2. "承受（恩惠）"与"感谢"，意思相去甚远，不宜看作一个义项的两个义层，而应当把"感谢"义独立出来。3. "感荷""拜荷""为荷""是荷"的"荷"，就是"谢"。

---

① "惭愧""惭""愧"有感谢义，参见张相《诗词曲语辞汇释》卷六、蒋礼鸿《敦煌变文字义通释》"惭愧"条。

二　释"不屑"①

　　"不屑"一词，《现代汉语词典》（第6版）收有两个义项："①认为不值得（做）：～一顾｜～置辩。②轻视：脸上现出～的神情。""不屑"为什么会有这些意思？

　　"屑"本作"屑"，《说文·尸部》："屑，动作切切也。"古今常用义是"碎末"，如米屑、煤屑、铁屑、竹头木屑等。此外，还有"劬劳，劳累"（《方言》卷十二："屑，劳也。"）、"狡诈"（《方言》卷十二："屑，獪也。"）、"敬"（《玉篇·尸部》："屑，敬也。"）、"顾惜，介意"（《广韵·屑韵》："屑，顾也。"）、"轻忽，轻视"（《增韵·屑韵》："屑，轻也。"）、"清洁，洁好"（《小尔雅·广诂》："屑，洁也。"）等义。

　　诸义当中，哪个意思跟"不屑"的"屑"有关？吴福熙先生编著《古代汉语》（甘肃人民出版社1980年版）89页说："不屑"之"屑"有"敬或顾的意思"。钱煦先生《不肖·不消·不屑》（《咬文嚼字》1997年第10辑）一文说："屑，《说文》作屑。屑，动作切切也。……义为'不安'。引申为顾惜，介意。'不屑'就是不顾惜，不介意，也即不值得，轻视的意思。"

　　笔者认为，"不屑"之"屑"是个通假字，本字作"洁（潔、絜）"（"絜"为"潔"的古字）。经传多借"屑"为"洁"。《诗经·邶风·谷风》："宴尔新婚，不我屑以。"毛传："屑，絜也。"高亨《诗经今注》："不我屑以，不屑要我。不屑有鄙视的意味。"又《鄘风·君子偕老》："鬒发如云，不屑髢也。"毛传："屑，絜也。"朱熹《诗集传》："屑，洁也。髢，发髢也。人少发则以髢益之，发自美则不洁于髢而用之矣。"（髢，tì，假发；装衬假发）"屑"，《广韵》先结切；"洁"，《广韵》古屑切，两者同隶《广韵》入声屑部，声近而通假，从而使"屑"获得了"洁"义，《广韵·屑韵》："屑，清也。"又："洁，清也。""屑""洁"同训，可证。

　　"不屑"本非固定结构，"不我屑以"即其明证。但经传习用，文人相因，于是成为凝固结构，《孟子》一书就共用五次。至于其语法结构，古人亦已有揭示，如"不我屑以"，朱熹《诗集传》："不以我为洁与之。""不屑髢也"，郑笺："不用髲为善。"（髲，bì，假发）皆以"不以（用）……为洁（善）"解经，得其真谛。"不屑"结构犹如"不耻下问"中的"不耻"、"不可一世"的"不可"，"屑""耻""可"都是形容词用作为动词，表示意动。"不屑"即"不

_____

① 本文系笔者《古汉语词语琐记》（《宁波师专学报》1984年第1期）中的一条，今有改动。

以……为美洁"，引而申之，则有"认为不值得（做）""轻视"等意思。

既为此说，后检得杨树达先生《词诠》（上海古籍出版社1986年版）卷六"屑"字条："屑，助动词。古义训'屑'为'洁'，'不屑'谓'不以为洁'。◎是故诸侯虽有善其辞命而至者，不受也。不受也者，是亦不屑就已。（《孟子·公孙丑下》）◎于心有猜，则簠殡饎饎，犹不屑餐；旌瞀以之。（《后汉书·张衡传》）"（《公孙丑下》当作《公孙丑上》）又检得向熹先生《诗经词典》（四川人民出版社1986年版）"屑"条："清洁；洁美。不屑，不以为洁。即不肯；不愿。"杨氏、向氏之说甚确，可从。

三　释"援手"

近年来，"向灾区人民伸出援手"之类的说法在报刊上已屡见不鲜。有人认为，"伸援手"有语病，"援手"难伸。因为"援手"这个词词典上虽有，"但不是'援助之手'的缩略，却是'救助'的意思，是个动词。'伸出了援助'，讲得通吗？"（《咬文嚼字》1997年第8辑《"拂手"和"援手"》）"'援手'一词出自《孟子·离娄上》：'嫂溺，援之以手。'……在后世的引用中，'援之以手'逐渐被缩略成'援手'，引申为'救助''援助'之意。可见'援手'并非偏正词组'援助之手'的简缩语，而是一个特殊结构的复合词……'伸援手'的说法破坏了'援手'特定的结构，曲解了这一习惯语的意义……（'援手'）这种不规范简缩使'援之以手'和'援助之手'发生重叠，造成歧义。"（《咬文嚼字》1998年第7期《"援手"难伸》）

"援手"真的伸不得吗？笔者以为，"援手"可伸。

认为"伸援手"说法不当的立论依据是现有辞书对"援手"的解释。考《汉语大词典》"援手"条，释曰："伸手拉人一把以解救其困厄。语出《孟子·离娄上》：'天下溺，援之以道；嫂溺，援之以手。'（举宋苏轼《洗玉池铭》、清纪昀《阅微草堂笔记》两例）亦泛指援助。（举《二刻拍案惊奇》、李大钊《青春》两例）"《现代汉语词典》（1996年修订第3版）"援手"条释曰："〈书〉救助（语出《孟子·离娄上》：'嫂溺，援之以手'）。"在古代及近现代文籍中，"援手"确实只当"救助""援助"讲，下面是笔者搜集到的例子：

（1）清吴贻先《风月鉴》第八回："阿粲小妹同出一辙，望早援手，是切是祷。"

（2）清诞叟《梼杌萃编》第二十四回："试问，这四万万同胞，更有何人援手？"

（3）《中国近代文学大系·民间文学集·神话传说·鲁班》："夫子之病革

矣，归烦寄语冯君，身后事切求援手。"

以上材料表明，权威词典对"援手"一词的释义是准确的。但是，这并不等于说，"援手"只能有这个意思，只能用这个意思。社会在不断发展，语言也在不断发展。语言的发展与辞书的编纂、修订是不平衡的，前者永远领先于后者。如果从"本本"出发，任何新词新义自然都是不合"法"的。因此，对于那些新词新义，必须从语文应用和语文发展的实际出发，认真分析，正确对待，切不可以词典是否有成说作为评判它是否合理的唯一依据。认为"援手"难伸的人，首先恰恰是犯了"本本主义"的毛病。

把当"救助"讲的"援手"与当"援助之手"讲的"援手"混为一谈，机械地以此例彼，是批评"伸援手"说法者所犯的又一个毛病。诚然，"救助"义的"援手"是由"援之以手"缩略、引申而来，但这并不意味着"援助之手"就不能缩略为"援手"。"救助"义的"援手"是个古词语、书面语，在当代汉语里已很少见到，一般人已颇感陌生。而在提倡精神文明的今天，"援助之手"的概念被广泛使用，为追求省便，人们把它简缩为"援手"。"援之以手"义的"援手"与"援助之手"义的"援手"，虽然缩略形式相同，但这是一种巧合，其实是分属于古今的两个不同的缩略词语。由于使用的时代、范围不同，同形的缩略词语一般不会产生误解，如教育界的"人大"（中国人民大学）不会理解成政界的"人大"（全国人民代表大会）；同样的道理，"伸出了援手"的说法，作者、读者都心知其意，恐怕谁也不会把它理解成"伸出了援助"的。

把"援助之手"缩略为"援手"，既符合汉语词语节缩习惯，又简洁省便，能够见词达意，因而它有充分的存在理据。事实也正是这样，"援手"这一新的缩略词语在公众的语言实践中已经得到了广泛的认可。下面是笔者从《宁波晚报》中随手摘录的例子：

（1）请您再伸援手　捐衣捐被支援灾区温暖灾民（1998 年 8 月 22 日）

（2）"月湖"居民争献爱　老弱病残也向灾区伸援手（1998 年 8 月 24 日）

（3）职工要为遭灾同事伸援手　厂方提前发工资（1998 年 8 月 28 日）

（4）家陷困境聋哑孩面临辍学　余姚七老人协力伸援手（1998 年 10 月 2 日）

（5）贪玩少年醉卧街头　八旬老太昏倒家中　特警闻讯急伸援手（1998 年 10 月 12 日）

（6）祸不单行　家境贫寒又发重病　雪中送炭　好心人们齐伸援手（1998 年 10 月 16 日）

（7）老兵家中有难　官兵纷伸援手（1998 年 11 月 1 日）

（8）克林顿熬难关　希拉里伸援手（1998年12月21日）

（9）千人伸援手　爱心暖百家（1999年2月1日）

（10）少年脑骨畸形致瘫痪　鄞江师生争伸援手（1999年3月18日）

以上例句全部是新闻报道的标题。在短短的半年多时间里，竟然有这么多例"伸援手"出现在一家报纸的标题上，足见"援手"一词的影响之大、流行之广了。也难怪人们偏爱"伸援手"，因为要表达这一意思，我们实在找不出比它更简洁明了、更形象生动的表达形式了。

新词新义（包括新缩略词语）的产生是无止境的。对于那些有生命力的、为大众语言实践所认可的新词新义，我们不要草菅"词"命。[①]

四　释"乘龙快婿"

"乘龙快婿"是对好女婿的美称，其中"快婿"，辞书大多解释为"称心如意的女婿"或"令岳父、岳母满意的女婿"。释义基本正确，但非确诂。因为上述解释容易得出这样一个结论，"快"本是高兴、愉快，这里引申为让人高兴、愉快，于是就有"称心的""令人满意的"之类的意思。其实，这个"快"义为"佳、好"。

《说文·心部》："快，喜也。"凡是令人高兴、愉快的都是好事情，所以南北朝以降，"快"产生了一个新的义项，表示好、佳。例如：北齐颜之推《颜氏家训·勉学》："人见邻里亲戚有佳快者，使子弟慕而学之。"清卢文弨补注："佳快，言佳人快士，异乎庸流者也。"《三国志·魏志·华佗传》："快自养，一月可小起；好自将爱，一年便健。""快""好"对举。宋无名氏《张协状元》第八出："你命快，撞着我一道行。""命快"即命好。宋楼钥《陈夫人挽词》："奇男已南省，快婿更东床。""快婿"与"奇男"相对，快即奇，奇也是好、佳义。《初刻拍案惊奇》卷二十九："县宰看了供词，大加叹赏，对罗仁卿道：'如此才人，足为快婿。'……县宰（对罗仁卿）道：'辛家已如此，而今可以贺足下得佳婿矣。'""快婿""佳婿"互用，义同。"快婿"最初说成"快女婿"，如《魏书·刘昞传》："吾有一女，年向成长，欲觅一快女婿。"明代就有"乘龙快婿"的说法（《汉语大词典》"乘龙快婿"条举峻青《海啸》一例，未能溯源），如汤显祖《紫钗记》第十出："待做这乘龙快婿，骐骥才郎，少的驷马高车。"

<hr>

① 原载《语文建设》2001年第4期，题目为《"援手"伸不得吗？》。"援手"一词，《现代汉语词典》第4版（2002年5月）、第5版（2005年6月）都只收"救助"一义。笔者高兴地看到，第6版（2012年6月）已经收录了这个新义项："救援之手：伸出～（指在人力、物力方面给予救助）。"

"乘龙快婿"也作"乘龙佳婿",如明王玉峰《焚香记》第五出:"我只愿得乘龙佳婿,是吾之幸。"《醒世恒言》第七卷:"高赞为选中了乘龙佳婿,到处夸扬,今日定要女婿上门亲迎,准备大开筵宴,遍请远近亲邻吃喜酒。"《歧路灯》第一百零八回:"榆次夫人见乘龙佳婿少年英俊,加上官服,愈觉光彩夺目,好生喜在心头。"《姑妄言》第五回:"那花老见此乘龙佳婿,敬之如神明,又赠了数十金为喜筵之费。""快""佳"异文,更可证"快"即"佳"义。

总之,"乘龙快婿"的"快",不能按其常用义来理解,它既不是快速的"快"(即不是指所乘之龙飞腾得快,更不是指追女孩子追得快),也不是愉快的"快",而是好、佳的意思。"快"训好、佳,张相《诗词曲语辞汇释》卷五、《汉语大词典》"快"字条、《汉语大字典》"快"字条都有说,董志翘先生《中古汉语中的"快"及与其相关的词语》(《古汉语研究》2003 年第 1 期)更有详考,均可参阅。

五　释"欣欣向荣"①

"欣欣向荣"是个成语,意思是"形容草木茂盛,也形容事业蓬勃发展"(《现代汉语词典》第6版)。但如果咬文嚼字,其中"向""向荣"还需要进一步探讨。

"向",一般成语词典不作解释。如《新华成语词典》(商务印书馆2002年版):"欣欣:草木生机旺盛的样子。荣:茂盛。晋·陶潜《归去来兮辞》:'木欣欣以向荣,泉涓涓而始流。'后用'欣欣向荣'形容草木生长茂盛。多比喻事业蓬勃发展,兴旺昌盛。"解释很详尽,独独没有理会"向"字。

"向荣",《辞源》(修订本)解释说:"滋长茂盛。晋陶潜《陶渊明集》五《归去来兮辞》:'木欣欣以向荣,泉涓涓而始流。'"《汉语大词典》解释说:"谓植物滋长茂盛。晋陶潜《归去来兮辞》:'木欣欣以向荣,泉涓涓而始流。'宋杨万里《次昌英主簿叔晴望韵》:'秋水冬全落,寒梅暖向荣。'阿英《灰色之家》九:'静青的天空,向荣的树,悠悠的钟声。'亦比喻事物兴旺发达。清黄鷟来《雨中感怀》诗:'万象渐向荣,我何尚淹留。'"两书所举凡四例,有的是词,有的不一定是词。

原来,"欣欣向荣"最初的用法与后代稍有不同,最初"欣欣向荣"的"向"与"天天向上"的"向"并不一样。"向上"的"向"是动词,义为往、

---

① 原载《中学语文教学》1991 年第 5 期,题目为《小议"木欣欣以向荣"的"向"》。今有改动。

到……去，"向上"即上进；而"向荣"的"向"却另有含义。

据初步调查，最早注意到"欣欣向荣"的"向"用法特殊的是徐仁甫先生。他在《广释词》卷四"向——正、方"条说："向犹'正'、'方'，时间副词。陶潜《归去来辞》：'木欣欣以向荣，泉涓涓而始流。''向''始'互文，皆方正也。齐梁孝嗣《离夜》：'石泉行可照，兰杜向含风。''行''向'互文，行训正（已见），则向亦正也。……梁萧琛《饯谢文学》：'春笋方解箨，弱柳向低风。'陈释智恺《临终诗》：'泉路方幽暧，寒陇向凄清。''向''方'互文，'方'犹'正'，则向亦犹正也。……"

徐先生举了许多例子来证明"向"有正、方义，很有说服力。徐先生例证都是东晋南北朝韵文的例子，据笔者考察，"向"在唐宋笔记中也有当方、正讲的。如《太平广记》卷二百三十《王度》引《异闻集》："大业十年，度弟勖自六合丞弃官归，又将遍游山水，以为长往之策。度止之曰：'今天下向乱，盗贼充斥，欲安之乎？'"又卷三百《河东县尉妻》引《广异记》："景云中，河东南县尉李某，妻王氏，有美色，著称三辅。李朝趋府未归，王妆梳向毕，焚香闲坐。忽见黄门数人，御犊车，自云中下至堂所。"又卷三百零四《颍阳里正》引《广异记》："颍阳里正说某不得名，曾乘醉还村，至少妇祠醉，因系马卧祠门下。久之欲醒，头向转，未能起。闻有人击庙门，其声甚厉。"又卷三百三十五《浚仪王氏》引《广异记》："初葬之夕，酒向醒，无由得出。"以上诸"向"字均是方、正的意思，足可证成徐说。

据此，我们再来看辞书对"向荣"的释义。《辞源》《汉语大词典》都把"木欣欣以向荣，泉涓涓而始流"的"向荣"看作一个词，释为"滋长茂盛"或"谓植物滋长茂盛"，不妥。《归去来兮辞》是辞赋体的文章，文中多用对偶句。"木欣欣以向荣"与"泉涓涓而始流"句法对称，"始流"不成词（"始"是副词方、正的意思），"向荣"也不成词。《汉语大词典》次例杨万里诗"秋水冬全落，寒梅暖向荣"，"向荣"与"全落"对举，"向荣"也不是一个词。例3"向荣的树"、例4"万象渐向荣"才可以看作一个词。可见，一个词的形成有其发展演变的过程，不能把形式相同而内涵不一的"向荣"混为一谈。

成语"欣欣向荣"语出《归去来兮辞》，遗憾的是，各文选选本及中学大学教材于"欣欣以向荣"之"向"都无注解，使人往往不能很准确地理解这一句子的原意。"向"之方、正义《汉语大字典》《汉语大词典》等都不曾收录，也当补收。

六　释"风餐露宿"

"风餐露宿"又作"餐风宿露""露宿风餐""宿露餐风",其中"露"字,有两种解释。

一为"露天"。例如:

《新华成语词典》(商务印书馆2002年版)"风餐露宿"条释为"在风中吃饭,在露天住宿"。

一为"露水"。例如:

《汉语常用成语手册》(内蒙古人民出版社1978年版)"餐风宿露"条释为"在风里面吃饭,在露水里睡觉"。

甚至同一部辞书也往往解释不一,前后矛盾。例如:

《汉语成语九用词典》(浙江教育出版社1993年版)"风餐露宿"条解释说:"在野外的风雨中吃饭,在露天的环境中睡觉(餐:吃饭;露,露水;宿,住宿,过夜)。"

《汉语成语大词典》(中华书局2002年版)"风餐露宿"条解释说:"餐:吃。露,露水。在风雨里吃饭,在露天里睡觉。"

《汉语大词典》"风餐露宿"条释为"在风中进餐,在露水下住宿",而"露宿风餐"条则释为"在露天过夜,在风口吃饭"。

尽管这两种解释都说得通,于这一成语的使用和理解无关宏旨,但从训诂学角度讲,准确的解释只有一个,因此还有讨论的必要。

笔者认为,"露"理解为"露水"为优。这可以从这一成语的内部结构和不同变体两方面得到证明。

先看其结构。"露"与"风"相对为文,意义当相类。若解作"露天",则与"风"义类不一;若解作"露水",则"露"与"风"义类相同,都属于天文类。

再看其变体。近代汉语里,形容旅途或野外生活的艰苦,类似"风餐露宿"的说法很多,例如:

风餐水宿　如宋无名氏《张协状元》第二十二出:"风餐水宿,怕暮嫌晓,寻思自觉心焦躁。"

餐风宿水　如《型世言》第三十七回:"那做官餐风宿水,孤孤单单,谁来照顾你?"

水宿风餐　如《鼓掌绝尘》第十三回:"朝行暮止,水宿风餐,将近个半月日,方才到得荆州。"

宿水餐风　如明高明《琵琶记》第三十二出:"奴家为寻丈夫……登高

履险,宿水餐风,其实难捱。"

　　风餐雨宿　　如《醒世姻缘传》第五回:"风餐雨宿,走了二十八个日头。"

　　餐风宿雨　　如《韩湘子全传》第二十二回:"湘子也不驾云踏雾,跟着退之一般的餐风宿雨,冒冷耽寒。"

　　雨宿风餐　　如宋范成大《四明人董峰久居岳市乞诗》:"祝融峰下两逢春,雨宿风餐老病身。")

　　宿雨餐风　　如明陈汝元《金莲记》第三十四出:"梯山航海,白发将侵;宿雨餐风,红颜非故。")

　　风宿水餐　　如明邵璨《香囊记》第七出:"烟波万里谁为伴,忘机数点白鸥闲,东西没牵绊,风宿水餐。"

　　在上述例子里,"露"被换成了"水""雨"甚至"风"。"水""雨""风"等尽管具体意思不同,但都是表示自然现象(天文)的词语,词义的大类是相同的。"露"既然可以与"水""雨"等互换,可知它是指"露水",而非"露天"。

　　持"露天"说的人还有一个理由是,"露宿"解释为"在露天睡觉"比"在露水中睡觉"更合乎情理。但我们不能忽略这一点:成语往往带有形容性、夸张性的特征,不能拘泥于字面意思、生活常情,不然,"风餐水宿""风餐雨宿"之类的说法更不好理解了。

七　释"天要下雨娘要嫁"

　　"天要下雨娘要嫁"(又作"天要下雨娘要嫁人"。"下"也可说"落")是一句老少皆知的俗语,用来比喻某种事情必然发生、无法阻挡。其中"娘"字,有关辞书未作说明,一般则理解为母亲。但稍加推敲,就会发觉这种解释很难讲通:"天要下雨"乃自然之理,必然之势;母亲是已嫁之人,难道还非得再嫁、改嫁不可?"娘要嫁"既然与"天要下雨"并列,两者一定具有逻辑上的相似点,这样方能合起来构成同义比喻,共同说明一个道理。比如用"六月飞雪公鸡下蛋"来比喻不可能发生的事情,"六月飞雪"与"公鸡下蛋"具有相似点,属同义比喻,所以两者能够合说并举。准此分析,"娘"显然不能解作母亲。

　　今谓此"娘"当训少女、姑娘。"娘"古有少女、姑娘义。例如:宋郭茂倩编《乐府诗集·清商曲辞·子夜歌》:"见娘喜容媚,愿得结金兰。"又《黄竹子歌》:"一船使两桨,得娘还故乡。"唐白居易《对酒自勉》诗:"夜舞吴娘袖,春歌蛮子词。"唐李贺《唐儿歌》:"东家娇娘求对值,浓笑书空作'唐'

字。"元王实甫《西厢记》第一本第三折:"可喜娘的脸儿百媚生,兀的不引了人魂灵!"明孙仁孺《东郭记》第十一出:"俊娇娘,如何不教人儿想。"他如杜丽娘、杜十娘、红娘的"娘"亦为此义。今宁波方言管女孩为"小娘","娘"字犹存古义;日本汉字"娘"仍用作少女之称,而非母亲,并其证。

当母亲讲的"娘"本作"孃","孃""娘"原是两个不同的字,《玉篇·女部》:"孃,母也。娘,少女之号。"《广韵·阳韵》:"孃,母称。娘,少女之号。"故"爷娘"本作"爷孃"或"耶孃",如古乐府《木兰诗》:"爷孃闻女来,出郭相扶将。"唐杜甫《兵车行》:"耶孃妻子走相送,尘埃不见咸阳桥。""孃""娘"二字在敦煌写本中已见混用,后世则多以"娘"为"孃";加上"娘"的少女、姑娘义现在已不单独使用,只在"渔娘""新娘"等词中还保存年轻女子义,所以一般人见"娘"即认"母",这正是造成对"天要下雨娘要嫁"的"娘"字费解、误解的原因。

清人王有光《吴下谚联》卷二"天要落雨娘要嫁人"条云:"天,纯阳无阴,要落雨则阳之求阴也;娘,孤阴无阳,要嫁人则阴之求阳也。如矢赴的,如浆点腐,其理如是,其势如是。"这段文字从阴阳角度阐释了"天要落雨娘要嫁人"的"道理",王氏虽然未及"娘"的词义(也许他认为其义自明,根本不需要解释),但从"娘,孤阴无阳"的说解看,他显然是把"娘"当作未婚女子的,如果是已婚的"母亲",则不能说"孤阴无阳"了。常言道:"男大当婚,女大当嫁。""女大不中留,留下结冤仇。"姑娘嫁人合乎天理人道,是人类社会的必然规律;而"天要下雨"则是自然界的必然规律。正是基于这种逻辑上的相似点,人们把两者合在一起,使之相辅相成,相得益彰,成为一句很有表现力的民间俗语。

当然,俗语也有原始义、引申义及误用义(或曰习非成是义)之分,后来一般人的确都是把它当作"母亲"来理解、来使用的。如晚清小说《杀子报》第十三回:"你这小畜生,这样无礼。你今朝赶出和尚,我明日就去嫁人,你便怎样?我就叫天要下雨娘要嫁人。你也去到衙门告出什么来。"我们认为这是俗语的误解误用义,而且现在这一误解误用义已经占了上风。①

---

① 原载香港《语文建设通讯》2005 年 10 月总第 82 期,题目为《"天要下雨娘要嫁"的"娘"应作何解?》。九江陈林森老师在博客《也说"天要下雨,娘要嫁人"中的"娘"》一文里对我这一观点提出批评,并举传统甬剧《天要落雨娘要嫁》等为例来证明"娘"就是母亲。其实,我讨论的是原始义,与后人的误用义是两码事。

八　释"令尊"类词语

"令尊"是个古词语,今仍沿用。这个词意义单纯,用法却比较灵活。近读曾俊扬先生《"令尊"用法不当》一文,引起了笔者探讨的兴趣。该文说:

> 老作家汪曾祺先生在《张郎且莫郭郎》(《南方周末》一九九七年一月十日)一文中有一句话:"丁聪所以被称为'小丁',大概和他的令尊被称为'老丁'有关。"这里"令尊"一词用法不当。"令尊"是人称敬辞,意思是"你的父亲"。按照这个解释,原句显然不通,"令尊"当改成"父亲",才合乎文法。(《咬文嚼字》1997年第6辑)

这种看法,是否有道理呢?

一般说来,"令"作敬辞,多用于称对方的家属或亲属,如令尊、令堂、令慈、令岳、令妻、令正(政)、令阃、令兄、令弟、令姊(姐)、令妹、令郎、令嗣(似)、令爱(媛)、令媛、令孙、令亲等等。其中"令尊"一词,《现代汉语词典》(第6版,下同)解释说:"敬辞,称对方的父亲。"《现代汉语规范词典》(第2版)解释说:"敬词,用于称对方的父亲。"《汉语大词典》解释说:"称对方父亲的敬词。"曾先生立论大概即本于此。诚然,"令尊"类词语往往用于对话或书札中,含有"你的父亲"等的意思,但"你的"是隐含义,并非"令"等于"你的"。"令"有美、善义,如令名、令姿、令望、令闻、令德、令器、令声、令誉等,"令"作敬辞,正取此义。语言是发展的,在使用过程中,这类词可以派生出另外一些用法。首先,"令尊"类词结构进一步凝固,成为对对方家属或亲属的敬称,为了使表意更加明确,可以在"令尊"等前面加上第二人称代词"你""你们"加以限定。例如:

(1)《西游记》第四十一回:"行者道:'哥哥,是你也不晓得。当年我与你令尊做弟兄时,你还不知在那里哩。'"下文:"你令尊叫做牛魔王,称为平天大圣。"

(2)《咒枣记》第十回:"适才遇着杨丰吉老丈,说道死的是你令尊,这娃子是你令郎。"

(3)《醉醒石》第三回:"娘子,你令尊在日,也是一个财主,怎的把你放到这样年纪才嫁出门?"

(4)《连城璧》申集:"只怕你令尊的家法,没有这般处得他痛快。"

(5)《锦香亭》第八回:"如今待我放出你令尊,封他作大大官儿。"

（6）《离合剑莲子瓶》第十回："想你令尊在日，虽不叫巨万，尽尽可以过得。死去未过三年，怎么就说消条？"

（7）《升仙传》第三十七回："我和你令尊又是同年又是一拜兄弟，如今久已不通信了。"

（8）《说唐》第八回："贤侄，老夫想你令尊，为国忘身，归天太早。"

（9）《儿女英雄传》第二十四回："我如今把你令尊令堂给你请到你家庙来，岂不早晚厮守？"又第十九回："你令堂这口灵，你就果的忍心埋在这座荒山，不想他合葬不成？"

（10）元郑德辉《㑳梅香》第三折："这声音九分儿是你令堂。"

（11）《醒世恒言》第二十二卷："元礼道：'这是你令堂恻隐之心，留我借宿。'"

（12）《华光天王传》第十七回："我当初与你令堂老夫人同囚在驱邪院。"

（13）《闪电窗》第五回："你们的风流不风流，与我没相干，快请你令堂起来。"

（14）《二刻拍案惊奇》卷二十二："张三翁赶上，一把拉住道：'是你的令岳，为何见了就走？'"下文："今住的，原是你令岳家的房子。"

（15）《绣鞋记警贵新书》第十一回："数月前你令叔到舍，称说需银应急。"

（16）《清风闸》第九回："众人说：'孙小继，你的意思要招你令婶母不成？'"

（17）《金瓶梅词话》第六十一回："你令正病才好些，你又禁害他！"

（18）《梦花酣》第十出："只怕你的令政，像了这画，也是个人草藁哩。"

（19）《欢喜冤家》第续一回："玉香笑道：'你的令政也差认了尊兄，亦被良人冒名宿歇了。'"

（20）《冷眼观》第十一回："我前天在京里引见的那日，适巧你令兄放了俄国钦差。"

（21）《初刻拍案惊奇》卷二十三："你令姊借你的身体，陪伴了我一年。"

（22）《梼杌萃编》第六回："只要妹妹依了同着出京，你令姊的柔情淑德，难道还有什么不相容么？"

（23）《风月鉴》第十三回："郑氏说：'你这话说错了。奚家也是旧族……就是如今也还过得。只要你令姐不嫌我们就是了。'"

（24）《兰花梦奇传》第九回："你令表弟在此替你令弟说亲，我瞧各事都还相当，我就为你令弟不曾发过科第，所以尚在游移。"

（25）《听月楼》第十一回："分明一个宝珠的阴魂出现，怎说是你令妹？"

（26）《西游记》第四十三回："行者道：'你令妹共有几个贤郎？'"又第

五十九回:"你令郎因是捉了师父,要蒸要煮,幸亏了观音菩萨收他去,救出我师。"

(27)《鼓掌绝尘》第十三回:"(众人)都劝解道:'比如你令郎不来,那些都要被他弄完了,幸喜留得些还好。'"

(28)《听月楼》第六回:"柯爷见宣爷不认账,怒道:'你说令郎不在家,怎么有个凭据是你令郎笔迹,且情事显然,难道我冤赖你令郎么?'"

(29)《官场现形记》第一回:"将来望你们令郎,也同我这小孙子一样就好了。"

(30)《金瓶梅词话》第六十七回:"西门庆道:'多的你收着。眼下你二令爱不大了?你可也替他做些鞋脚衣裳,到满月也好看。'"

(31)《闪电窗》第五回:"(邬云汉)说道:'敝年兄娶你的令爱,费了些银钱,原是寻快活的。不料你们令爱终日炒闹,却没一些恩情,敝年兄的意思也冷了。'"

(32)《平山冷燕》第十九回:"你令爱得配此人,方不负胸中才学。"

(33)《照世杯》卷一:"张少伯道:'你令爱多少身价?'"

(34)《比目鱼》第五回:"若像你令爱那样性情,要想他趁人家的银子,只怕也是件难事。"

(35)《新上海》第二十回:"你令侄女受了聘了,配了个鼎鼎盛名的杨月楼呢。"

(36)《儒林外史》第二十一回:"你令孙长成人了,著实伶俐去得。"

作为"称对方父亲的敬词","令尊"前除了可加第二人称代词外,还可加"你家"等名词性词语。例如:

(37)《清风闸》第十五回:"当初你家令尊翁姓张,你们弟兄三个。"下文:"你家令尊当日借我家父亲四百两银子,至今本利未还,到了如今你开了店,认不得相好的了?"

以上诸例中,"令尊"之类再也不能理解为"你的父亲"等意思了。这与下列情况有点相似:"乃"有"其,他的"义,但在"他乃尊"(《金瓶梅词话》第九十三回)、"他的乃父"(《醒世姻缘传》第十六回)、"他乃翁"(《儿女英雄传》第二十三回)、"他乃眷"(《儒林外史》第十九回)、"他的乃弟""他乃兄"(《品花宝鉴》第三十九回、五十一回)、"他乃弟"(《快心编》三集第四回)、"他这几个乃郎""钟趋(人名)的乃爱"(《姑妄言》第四回)等说法中,"乃"与后边的"尊"等已凝固为一词,都不能用"其"义来解释了。

其次,"令尊"类词既然凝固成了对对方亲属的敬称,推而广之,自然也可用作对第三者亲属的敬称。这时,"令尊"等前面要加上第三人称代词

"他"。例如：

（38）《型世言》第十一回："但是目下要写书达他令尊，教他来接去，未得其便。"又第三十二回："水心月道：'这他令尊估过几处才买，都道值一百多两。'"

（39）《比目鱼》第三回："我今把这个意思也写在上面，求在他令尊面前说个方便，把我改做正生。"

（40）《红楼梦》第二回："他令尊也曾下死笞楚过几次，无奈竟不能改。"（商务印书馆《红楼梦语言词典》释此例"令尊"为"尊称对方父亲"，不确）

（41）《绿野仙踪》第四十三回："苗三道：'这是泰安州温公子。当年做过陕西总督，即他令尊也。'"

（42）《蜃楼志》第十四回："老乌因他令尊兼署了盈库，气象大不似从前。"

（43）《姑妄言》第五回："及至他家的亲友闻知走来吊唁时，孰知他令尊已出过殡了。"又第九回："一个八九岁娃娃知道甚么？把他所见他令堂的这行乐图细述，这话外边也就传开了。"

（44）《黄孝子》第九出："我说是个叫化婆，你每说他的令堂，可知他是骗子。"

（45）《欢喜冤家》第一回："他父亲在京中去了，是他令堂悄地央人接我，要我及早催他过门。"

（46）《歧路灯》第二十一回："我有个朋友，叫做林腾云，要与他令堂做寿屏，要一班戏，与我商量。"又第三十四回："与谭家这孩子一个甜头儿，他令堂就喜欢了，他再一次也肯来。"

（47）《照世杯》卷二："你家老爷在生时，与我极相好，他的令叔便是我的叔执了。"

（48）《型世言》第二十六回："如今我自领了银子去，等他令兄进来。只是他令兄，朝奉须打点一个席儿待一待，也是朝奉体面。"

（49）《连城璧》卯集："他令兄与我相熟的，待我去讨来。"

（50）《梼杌萃编》第十三回："有一夜，他令兄倒没有出去应酬，在家里住的。到了黎明，却就起来，到他妹子窗外一看，只见床面前摆着两双鞋子，晓得他令妹正在同一位新学朋友研究那体育功夫。"

（51）《歧路灯》第二十八回："咱说行事，他令弟与他个信儿，他自然回来。"

（52）《红楼梦》第五十九回："（那婆子）复又看见了藕官，又是他令姊的冤家，四处凑成一股怒气。"又第九十二回："冯紫英又问：'东府珍大爷可好么？我前儿见他，说起家常话儿来，提到他令郎续娶的媳妇远不及头里那位秦氏奶奶了。'"

（53）《儒林外史》第十八回："仍旧立的是他二令郎，将家私三七分开，他令弟的妾自分了三股家私过日子。"又第三十一回："小侄已经把他令郎、令孙都接在此侍奉汤药。"下文："凡他令郎、令孙来看，只许住得两天。"

（54）《歧路灯》第十八回："到了他令郎夏逢若手内，嗜饮善啖，纵酒宿娟，不上三五年，已到'鲜矣'的地位。"又第四十四回："周小川道：'怕他是装的腔儿。我恐王春宇回来，果然是他令甥，这脸上便不好看了。'"

（55）《型世言》第一回："他令爱现在此处，兄要一见么？"

（56）《快心编》三集第四回："若他令爱得归小儿，自然六礼全备；他的侄女来时不成局面，自然退居妾媵。"

（57）《离合剑莲子瓶》第三十回："陆老爷嫌贫爱富，他令爱贤德，不肯改节。"

（58）《蕉叶帕》第五回："这老先生又是令先尊的同僚，他的令爱又是通家兄妹。婚媾甚宜，必然见允。"

（59）《新上海》第四十二回："吴乡绅派人四处寻访，才晓得他令媛已与小阿四自由结婚了。"

用"令尊"类词指称他人的亲属，在"令×"前还可以加指示代词（后面可带量词）、数量词、各种称谓词或人名。例如：

（60）《梼杌萃编》第十三回："这位令兄倒也深明只求保全自己的自由、并不侵人的自由的道理，所以也不去惊动他。"又第十四回："他这令弟也答应了，就帮着他脱卸，两人睡了下来。他这令弟靠着他姊姊的酥胸雪股，也觉得异样香温。"下文："他这令弟才交十三岁，这是个未脱茧的僵茧。"下文："他这位令弟名叫近仁，却是生成木讷，如同傀儡一般，可以听人播弄的。"

（61）《姑妄言》第四回："他那令爱在闺中待字，信都不知，忽然间得了个女婿，大约也没有甚么抱怨父母处。"又第十二回："家私籍没入官，阖家男妇发陕西庆阳府充军，王恩的令爱不消说是跟着去了。"

（62）《绿野仙踪》第四十三回："既然有他两个令妹在这里，我们就暂时坐坐何妨！"

（63）《歧路灯》第二十一回："敬约者，九月初十日汉霄林兄令堂陈老夫人萱辰。公约敬制锦屏，举觞奉祝。"

（64）《蜃楼志》第十四回："他少奶就是大奶奶的令姊，闻说最贤慧的。"

（65）《型世言》第二十七回："那皮匠便对陈公布道：'个是高徒么？'陈公布道：'正是，是陈宪副令郎。'"

（66）《醒名花》第五回："（贾龙）道：'这就是令妹丈么？'翌王道：'正

是舍妹丈,陕西总戎陶药侯的令郎。'"

（67）《九云梦》卷一:"（道人）问曰:'君是避乱之人,必淮南杨处士令郎也。'杨生趋进再拜含泪而对曰:'小生果是杨处士子也。'"

（68）《五色石》第一卷:"原来陶寅翁的令爱已物故了,他前日原说有病。"

（69）《十二楼·合影楼》第一回:"风流才子的公郎,比不得道学先生的令爱:意气多而涵养少。"

（70）《青楼梦》第六十一回:"（抱香）道:'大贤媳,你是林哥哥令媛,闺训必谙,无庸愚舅琐琐。'"下文:"梦仙有三子二女,也替他们婚嫁,剩一第三儿子,聘了一位户部郎中之令媛,也算向平毕愿。"

以上令类词语的用法,更是远远逸出了尊称对方家属或亲属这一范围。

"他令尊"之类的说法,现代汉语里也不乏其例。除篇首所引汪曾祺先生一例外,再举两例:

（71）《鲁迅书信集·致增田涉》:"我觉得令郎比他令尊更为神气,这样说似乎颇不妥当,但照片是事实胜于雄辩。"

（72）吴组缃《山洪》二七:"又叫双全官和东老爹出面照料,吩咐他的令弟富黄瓜帮忙当差。"

综上所述,"他的令尊"这一说法于古有征,于理可通,不能说是"用法不当"。之所以造成误解,除了这类说法现在比较少见外,根本原因在于通行辞书对"令尊"类词的用例搜集不够全面,训释不够周密:只注意到尊称对方亲属的常见用法,而忽略了尊称他人亲属的特殊用法。

《汉语大词典》是一部古今兼收、源流并重的大型语文词典,在"令尊"类条目的收释方面,存在着不少疏失。表现在:1. 词目有遗漏。如收了"令尊""令堂"而不收"令岳""令叔",收了"令弟"而不收"令兄",收了"令妹"而不收"令姊""令姐",收了"令子"而不收"令孙"。2. 释义欠准确。除已论及的"令尊"外,如"令堂"释为"称对方母亲的敬词","令郎"释为"称对方儿子的敬词","令爱"释为"称对方女儿的敬词","对方"太狭窄,当改为"他人"。3. 义例有矛盾。如"令正"条释曰:"称对方嫡妻的敬词。……《西游记》第五九回:'尊府牛魔王,当初曾与老孙结义,乃七兄弟之亲。今闻公主是牛大哥令正,安得不以嫂嫂称之!'"引文系行者与铁扇公主对话,此"令正"实为尊称第三者的嫡妻。《欢喜冤家》第十一回:"（你）原来是蔡官人的令政,失敬了。"用法相同。

《现代汉语词典》是一部规范性中型语文词典,对"令尊"这类古词语的处理方式自然可以与《汉语大词典》有所不同。比如"令尊"类词有许多现在不用了,只有一部分还继续使用（主要见诸书面语）,《现代汉语词典》

以常见的"令尊""令堂""令郎""令爱""令亲"等出条,简明扼要,突出重点,这样处理很好。但在释义方面,均释为"敬辞,称对方的××",总觉得不尽妥帖。如上所论,这些词语在近代汉语甚至现代汉语里还可用于尊称第三者的亲属,以上解释显然失之偏颇。我认为,释义可以改为这样:"令尊,敬辞,称他人的父亲,现多称对方的父亲。"余仿此。

事实上,不少语文辞书对"令尊"类词语已有正确的解释。比如《辞源》(修订本)"令"条第六义云:"对别人亲属的敬称。"并对令正、令兄、令弟、令似、令妻、令岳、令妹、令侄、令郎、令堂、令尊、令爱等都有相应的释义;《中文大辞典》"令"条第九义云:"敬词。今俗尊称他人之亲属,辄冠以令字。"《汉语大字典》"令"条第九义云:"对他人亲属的敬称。"吉常宏主编《汉语称谓大词典·正确使用称谓词(代序)》:"敬称本是敬称对方的,是天然的对称词,但也可以用于他称。不过这须在前边加个第三人称代词'他'。如令尊、尊翁、令兄、令舅兄等,加一个'他'就可转对称为他称了。明乎此,也就可以了解如何对第三者示敬了。"[1]洪成玉《谦词敬词婉词词典》"令尊令严"条云:"敬称他人的父亲。"[2]遗憾的是,比《辞源》《中文大辞典》后出的《汉语大词典》未能采纳。

附带说一下,戴昭铭先生《文化语言学导论》第十二章第三节为"古代称谓和礼仪习俗",其中第4点"称说对方亲属及有关事物"下云:"令类:'令'含有善美之意,又有'您的'之意,其前不必加代词。"[3]该章节既然讨论的是"古代称谓",这样的表述似有缺憾,因为令类词语不光用来"称说对方亲属";"令"的前面既可以加第二人称代词,又可以加第三人称代词。辛南生先生说,"'我同时窃以为'显然'犯规'。这种说法,犹如'你家的令尊大人''我的拙作'一样,'窃以为'失之于叠床架屋也。"[4]陈建民先生说,"至于'你的令尊在哪儿工作?''我的家父快七十了',都是常识性错误。"[5]据上所论,"你家的令尊大人""你的令尊"恐怕不能简单地与"我的拙作""我的家父"画等号,不能简单地看作语言"叠床架屋"的"常识性错误"。

---

① 吉常宏主编:《汉语称谓大词典·正确使用称谓词(代序)》,河北教育出版社2001年版,第6页。

② 洪成玉编著:《谦词敬词婉词词典》,商务印书馆2002年版,第74页。

③ 戴昭铭:《文化语言学导论》,语文出版社1996年版,第218页。

④ 辛南生:《既然有"我",何必再"窃"》,《咬文嚼字》2000年第1期,第11页。

⑤ 陈建民:《说话的艺术》(增订本),语文出版社1994年版,第107页。

九　命名指瑕三则

（一）电视剧名"雄关漫道"指瑕

为了纪念红军长征胜利70周年，2006年10月央视一套播出了由张玉中执导的二十集电视连续剧《雄关漫道》。这个片子的思想性、艺术性都不错，但片名"雄关漫道"似有瑕疵。

"雄关漫道"出自毛泽东《忆秦娥·娄山关》词"雄关漫道真如铁，而今迈步从头越"。截取"雄关漫道"作为片名，似乎把它理解为"雄关长道""雄关险道"之类意思了，也即把它理解为偏正型联合式结构了。汉语四字格词语属于偏正型联合式结构的很多，如"阳关大道""雄才大略""漫山遍野"等。但是"雄关漫道"却不属于这种结构。其中"雄关"指雄伟险要的关隘，"漫"是否定副词，休、莫的意思，"漫道"即休说、不要说。唐王昌龄《送裴图南》诗："漫道闺中飞破镜，犹看陌上别行人。"宋陆游《步至湖上寓小舟还舍》诗："漫道贫非病，谁知懒是真。"即其例。又有"漫说""漫云""漫言"等说法，义同"漫道"，如唐司空图《柳》诗："漫说早梅先得意，不知春力暗分张。"秋瑾《日人石井君索和即用原韵》诗："漫云女子不英雄，万里乘风独向东。"郭沫若《访日杂咏·吊千代松原》诗："千代松原不见松，漫言巨害自微虫。""雄关漫道真如铁"意为不要说雄奇险峻的娄山关真像钢铁一般坚固。可见，"雄关漫道"无论是解释为"雄关不要说"，还是解释为"不要说雄关"，都是半截子话，语义都是不完整的。

无独有偶。据报载，早些年贵州遵义市为了开发娄山关旅游资源，曾制作了一幅大型广告牌矗立在交通要道，上书"雄关漫道"四个大字。这也是误解了"漫道"，腰斩了句子，细细咀嚼，真不是滋味。①

（二）书名"闲来笔潭"指瑕

吴官正同志新著《闲来笔潭》于2013年4月由人民出版社出版后，反

① 本文原载2006年11月4日《宁波晚报》，题目为《"雄关漫道"剧名有瑕疵》。近日从网上读到王蒙先生《从"乖戾"说到"你家父"》（载2006年5月26日《光明日报》）一文，文中讲到类似的一件事情："我还想起了当年一个笑话，有一出正儿八经的话剧竟然命名为'雄关漫道'，他老先生竟以为漫道是漫长的道路之意。其实这里的漫只是副词，犹言莫道，而这里的道是说的意思，毛泽东诗云：'雄关漫道真如铁，而今迈步从头越'，含意是'莫说雄关如铁，如今只要迈步，一步步走，就能跨越过去'之意。"另外，还查到2006年10月至11月，有好几篇博客也都谈到了这个电视剧剧名失误的问题。

响热烈,好评如潮。人民网官方评介是:"该书收录了吴官正同志离开领导岗位后创作的随笔、散文、杂记、小说、对谈等文学作品及部分画作。既有青少年时代的生动回忆、工作后的难忘经历以及退后所思所悟等写实之作,又有寄实于虚、寄虚于实、虚实结合的虚构篇章。读来或使人感慨,或令人称奇,或怡人心智,或催人奋进。"笔者拜读了《退后的心态》《难忘那夜的秋雨》《生日》《过年》《梦》《清明忆母亲》《两位班主任》《骆老师的遗书》等篇,的确感到这是"一本不一样的领导人著作","是一部非常独特的兼具思想性、知识性、趣味性和可读性的个人著作"。

不为尊者讳,该书白璧有微瑕,瑕疵就是书名《闲来笔潭》中的"潭"字。

据介绍,理工科出身的吴官正喜欢读书,也一直有写作的习惯。他"将'闲时走走、看看、想想、议议'的诸多所得记录在笔记本上,数量多达40余本"。人民出版社曾出过吴官正的三部书,但均为工作文稿。鉴于此前的合作,出版社找到吴官正,希望他能将文章结集出版。作者遂挑选了百余篇文章,交给了出版社。他将此文集取名《闲来笔潭》,大意为"写的东西像一个潭,一般不大,深浅也无标准"。一些书评、读后感也往往抓住"潭"字做文章,如《看似闲来笔潭中有千秋》《折射共产党人胸怀的一汪清潭》《潭寄心声心为民呼》《桃花潭水深千尺,不及笔潭为国情》等。

"闲来"即闲时,是个时间词;"潭",《现代汉语词典》解释为"深的水池"。这样,"闲来笔潭"就是"闲时笔的深水池",无论如何讲不通;即使"潭"取其比喻义,但是"笔潭"仍然是名词性的,还是讲不通。一般来说,时间词"闲来"后面应接动词性或形容词性的词语,表示"闲来干什么""闲来怎么样",如"闲来养养花""闲来很无聊",而不能跟名词性的词语。

稳妥的改法是将"潭"改成"谭"。"谭"古可通"谈",如《庄子•则阳》:"夫子何不谭我于王?"鲁迅《书信集•致许寿裳》:"欲言者似多,而欲写者则又无有,故止于此,容后更谭。"成语"老生常谈""谈天说地""谈何容易""谈虎色变"的"谈"均可写作"谭"。就书名而言,明冯梦龙纂有《古今谭概》(又称《古今笑史》),阿拉伯著名民间故事集有《天方夜谭》(又称《一千零一夜》)。这样,《闲来笔谭》就文从字顺了。

如果"潭"字不改,用其比喻义,深邃、清澈如潭,那么去掉"闲来"二字,可改成"笔潭"。"笔潭"勉强可通,但仍不是最佳选择。

书名不同于人名,人名可以不拘语法,书名或通俗质朴,或新颖奇特,但前提是必须讲究语法,不然就会造成费解、误解。

据报道,卸任国家领导人出书,从确定选题、选稿到编辑、出版各个环节,都有很严格的把关。《闲来笔潭》书名有语病,应该与人民出版社没有当好"参谋"有关。

本文丝毫没有批评《闲来笔潭》内容的意思，只是从语言文字规范的角度对书名"鸡蛋里挑骨头"，供作者和出版社参考，也请读者和专家批评指正。

（三）住宅小区名"水尚阑珊"指瑕

《宁波晚报》2005年3月24日第32版"新家园"以大半版的篇幅介绍了由宁波普兰房地产策划代理有限公司策划和设计、荣安集团推出的精品楼盘"水尚阑珊"的广告创意。该广告由具有古典美的画、抒情味的诗以及以楼名"水尚阑珊"为核心的文字组成，"意与境融"，饱含"古典元素"。平心而论，这则房地产广告运用了多种艺术手段，洋溢着古典情调和文化气息，给人以清新脱俗的感觉，的确很有创意，难怪"荣安·水尚阑珊"荣获2004全国十佳楼盘策划金奖。然而，遗憾的是，楼盘名"水尚阑珊"存在着严重缺陷。

据同版文章介绍，"水尚阑珊""灵感源自本案地域沿江风景以及著名诗人（当作词人）辛弃疾的一首《元夕》。'水'：强调项目的地理地貌中有得天独厚的水系……'尚'：时尚、崇尚、高尚之借喻……'阑珊'：对社区品质、形象进行定位描述，体现本案所营造出的'水/时尚'之意境已达'阑珊'般的极致程度。"

何谓"阑珊"？《现代汉语词典》解释说："〈书〉将尽；衰落：春意阑珊；意兴阑珊。"《汉语大词典》共列五个义项，分别是："衰减；消沉""暗淡；零落""残，将尽""零乱；歪斜""窘困，艰难"。王学奇、王静竹《宋金元明清曲辞通释》："阑珊，在咏事、咏景、咏物时，有衰歇、将尽、零落、暗淡等义。在咏人的思想情绪时，有消沉、懒散、打不起劲的意思。"

可见，"阑珊"基本上是贬义词，从古到今都只表示消极的意思。"水尚阑珊"的"阑珊"取意于辛弃疾《元夕》词，那么我们来看看辛词的原意。《青玉案·元夕》："东风夜放花千树，更吹落，星如雨。宝马雕车香满路。凤箫声动，玉壶光转，一夜鱼龙舞。　蛾儿雪柳黄金缕，笑语盈盈暗香去。众里寻他千百度，蓦然回首，那人却在，灯火阑珊处。"此词上片极写元宵夜灯火如星、车马如织、游客吹箫起舞的盛况，过片写赏灯的美女，末尾是说自己追慕的人"众里寻他千百度"都找不到，猛一回首，发现他却在灯火零落的地方。"那人却在灯火阑珊处"是点睛之笔，作者以反衬手法暗示出"那人"具有不同凡俗、自甘寂寞、孤高自赏的品格。但说到底，"阑珊"仍是零落、暗淡、衰落的意思。他如唐白居易《咏怀》诗："白发满头归得也，诗情酒兴渐阑珊。"南唐李煜《浪淘沙》词:"帘外雨潺潺,春意阑珊。"鲁迅《华盖集·"碰壁"之后》:"此刻太平湖饭店之宴已近阑珊。""阑珊"也都是衰退、将尽的意思。

把"阑珊"用于楼盘名,恐怕是把辛词的"灯火阑珊"误作"灯火辉煌"来理解了。无独有偶,1997年7月2日,中央电视台新闻联播节目报道驻港记者发回的"香港人民庆回归"的新闻时,主持节目的驻港女记者说:"灯火阑珊的维多利亚海港一片欢腾。"其中"阑珊"的意思也说反了(见《咬文嚼字》1997年第12辑)。又,1995年8月4日《北京日报》有一篇《灯火阑珊话节电》的文章,标题中的"阑珊"意思也用反了。

类似"阑珊"这样的古词语,使用时要慎重,要多查查词典。尤其是用作楼盘名,更要细细推敲。因为中国人命名向来有避俗求雅的文化心理和审美取向,莎士比亚名言"名字有何内涵?玫瑰不叫玫瑰仍一样芬芳",我们只是在理论上认同。

当然,词义发展过程中也有因误解误用而习非成是的情况,比如"空穴来风",原指有了洞穴才有风进来,比喻出现的传言都有一定的原因或根据,现在比喻消息和传说毫无根据;"七月流火",原指农历七月大火星每日黄昏出现在天空上的位置由正南逐渐西降,借指天气转凉,现在也形容公历七月天气炎热似火;"美轮美奂",原来形容房屋高大华美,现在也可形容景色、装饰、舞蹈、艺术品等美好绝妙。但是,"阑珊"这个误用义至少目前还没有被大家普遍认可,所以是不规范的。

十 社会用字用语讨论五则

(一)何谓"神只"?

2010年3月25日晚重庆卫视《拍案说法》节目播出的是《轮椅谜案》。故事结尾,主持人引用了元曲《朱砂担》的几句话,字幕打出来的文字是这样的:

> 休将奸狡昧神只,祸福如同烛影随;善恶到头终有报,只争来早与来迟。

其中"神只",主持人念作shén zhī。但是,古今汉语并没有"神只"一词,稍加思考,不难发现,"神只"其实就是"神祇"之误。这几句话出自元代无名氏《朱砂担》第二折,原文正作"神祇"。该杂剧第四折也有用例:"我

忙合手顶礼神祇，现掌着死生文簿，何曾错善恶毫厘。"《现代汉语词典》（第
6版）对"神祇"的解释是："〈书〉'神'指天神，'祇'指地神，'神祇'泛指神。"

那么，"神祇"为什么会误成"神只"呢？问题出在繁简字识别上。

"祇"是多音多义字，常见的有两音两义，一读qí，古代称地神；一读zhǐ，
同"只"，副词，义为只、仅仅。简化字推行后，"祇"读zhǐ时简化成了"只"。
但读qí时仍作"祇"，并未简化。可见"神祇"的"祇"绝对不能写作"只"！

"只"也有读zhī的，作量词，那是"隻"的简化字。

汉字繁简关系、异体关系比较复杂，不仔细分辨，就会闹出有眼不识
"地神"之类的笑话。

（二）"雍"是错字吗？①

《宁波晚报》1999年1月29日第3版《〈雍正王朝〉片头有错字》一
文说：

> 近日，《中国艺术报》编辑部收到一封读者来信，信中指出，目
> 前正在中央电视台一套节目播出的电视连续剧《雍正王朝》的片头有
> 错字。该读者说："《雍正王朝》片头用印章刻的'雍正王朝'四个字
> 中，第一个字错了，应该是'雍'字，而不是'雝'字。出现这样的
> 错字是不应该的，特别是观众天天看这部电视连续剧，要看44次这
> 个错字。"接到这封读者来信后，《中国艺术报》记者马上电话采访了
> 中央电视台影视部负责人高建民。高建民在和《雍正王朝》的制作人
> 员取得联系后，答复："现在我们也认为《雍正王朝》片头中的'雍'
> 字有问题，该字左边的'乡'字写成'糸'字。但是'雍正王朝'四
> 字片头不是出于哪位书法家之手，而是从电脑的字库中调取的。当时
> 该电视剧的制作人员在制作片头时，由于时间匆忙，没有请名家书写，
> 也没有仔细研究这些字，不曾想电脑字也出现了问题。"

"雝"真的是错字吗？我认为，它是"雍"的异体字，而不是错字。理由
是：1.该字既然是从电脑的字库中调取的，说明它是有来历的。查考古今
字书，虽然《康熙字典》《汉语大字典》等不载此字，秦公《碑别字新编》收
了这个字。其"雍"字条注：隋朝《张轲墓志》"雍"写作"雝"。迄今为止收

---

① 原载《宁波晚报》1999年2月2日第3版，题目为《〈雍正王朝〉片头无错字》；又见《咬
文嚼字》1999年第9期，题目为《"雝"是错字吗？》。今有改动。

汉字最多的大型字典《中华字海》也收了此字,解释说:"雝,同'雍'"。以上材料表明,"雍"写作"雝"是有根据的。2."雝正王朝"四字是以印章形式出现的,而印章属于书法篆刻艺术品,字体古拙是其特点。可见,从这一角度看,把"雍"写作"雝"也未尝不可。

综此,我们认为"雝"不是错字,而是"雍"的俗体字、异体字。但笔者同时又认为,电视剧《雍正王朝》片头使用这个冷僻字,其做法不可取。电视剧是大众艺术,片头用字理应采用规范字体。而照现在的写法,既导致观众费解、误解,又不利于汉字规范。

(三)计日"成"功?[①]

《宁波日报》2000年3月13日《让语文教学"回归传统"》一文中说:"造成这种状况的原因和改变这种状况的有效措施当然需要研究和探索,但研究和探索又不是可以计日成功的,亿万学生实在等不起。"文章的作者是我的老师、原宁波师范学院中文系主任贺圣模先生,贺老师的文字功夫向来为人称道,怎么这里会出现"计日成功"呢?

其实,原稿本作"计日程功",编辑不解其意,以为文字有误,就径自改为"计日成功"了。"计日成功"看似词义显豁,却是一个生造的词语。

"计日程功"是一个成语,"程"用其古义。《广雅·释诂三》:"程,量也。"《汉书·东方朔传》:"武帝既招英俊,程其器能,用之如不及。"颜师古注:"程,谓量计之也。""程"本有衡量、估量的意思,在"计日程功"中,"程"与"计"义近,当计量、计算讲。又有"计功程劳"一词,义为计算功劳,亦可证"程"与"计"同义。"计日程功"合起来是数着日子计算功效的意思,形容进展快,成功指日可待。如果写作"计日成功",既破坏了成语固定结构,又改变了词语本来意思。

编辑擅改作者原稿而点金成铁的事情经常发生。要避免出现这种差错,除了不断提高自己语文修养外,还要养成勤查字典的好习惯。

(四)"苟利国家生死己"?

多年前到中学听课,看到教室里挂着几幅名人条幅,其中一幅是清代林则徐的,写道:"苟利国家生死己,岂因祸福避趋之。"按照字面解释,上句似乎是"舍己为国"之意,但总觉文义不畅。其实,文字有误,"己"应当作"以"。

---

① 原载《咬文嚼字》2000年第11期,今有改动。

这幅名联出自林则徐《赴戍登程口占示家人》七律诗之颔联。此诗是林则徐1842年因禁烟而被贬流放,自西安启程赴新疆伊犁时所作。颔联表现了作者爱国主义精神和无私无畏的人格,一百多年来广为传诵。其中"生死以"语出《左传》。据《左传·昭公四年》记载,春秋时郑国大夫子产因改革军赋制度遭到国人毁谤,子产说:"何害?苟利社稷,死生以之!"这里的"以"用其古义,是为、做的意思。"以"有为、做义,现有辞书只有《汉语大字典》收录,解释说:"做;从事。《玉篇·人部》:'以,为也。'《论语·为政》:'视其所以。'《韩非子·扬权》:'虚而待之,彼自以之。'叶绍钧《倪焕之》:'教育事业最有意义,情愿终身以之的。'"今更补一例:清酌元亭主人《照世杯》卷一:"倘能出我水火,生死以之,即白头无怨也。""生死"则是偏义复词,偏指"死"。据此,"苟利国家生死以"就是:如果有利于国家,死也去做。

还需说明的是:1. 上面已经谈到,"生死以"源于"生死以之"。按常规,"生死以之"的"之"是不能省略的,这里却省略了,这固然与诗律的限制有关系,但也跟作者采取了必要的补偿手段不无关系。"生死以之"写作"生死以",属于蒙下省,即因为对句"避趋之"用了宾语"之",出句"以"字的宾语"之"就蒙下省略了。换句话说,这个"之"字,既作"避趋"的宾语,又兼作"以"字的宾语。2. "以"作"为"解,是动词;而"之"是代词,古人看作虚词,两者为什么可以相对呢?原来作者巧妙地使用了"借对",即句中用的是"以"的实词义,但同时借用它的虚词义来与"之"构成对仗。3. 至于"以"误作"己",恐怕出于以下原因:"以"古字作"目",这个字的篆体与"己"相似,就误认为是"己"字了。

上引条幅下方印有"爱国主义教育彩图条幅 内蒙古文化出版社出版发行 1995年6月第1版"等字样。作为正式出版的"爱国主义教育彩图条幅",出现这种文字错误是很不应该的,既对不起爱国先烈,也对不起莘莘学子。

(五)慎用文言虚词

《厦门航空》2011年第七期第100页用整页的篇幅刊登了"武夷·山墅"的一个广告,广告词中有这样一句话:"山水风景的灵动之妙,唯站定巅峰之者所拥"。后半句使用了"唯""之""者""所"四个文言虚词,除"者"以外,大多使用不当,并由此导致句子不通,意思费解。

首先是后半句"之"字纯属多余。"站定巅峰之者"不通,"之"当删去,"站定巅峰者"就是站定巅峰的人。删掉"之"字后,还有许多问题。

如果保留"唯"字,后面"所拥"就用得不当。"所拥"生造,即使理解为"所拥有",所字结构也是一个名词性词组,意为拥有的东西,那么整句话就成了"山水风景的灵动之妙,只有站定巅峰的人拥有的东西",还是不通。只有去掉"所"字,"所拥"改为"方能拥有",句子才能通顺:"山水风景的灵动之妙,唯站定巅峰者方能拥有。"

如果保留"所"字("所拥"改为"所拥有"),前面"唯"就用得不当,应改为"为"。"为……所……"是古汉语一个被动句式,全句就说成"山水风景的灵动之妙,为站定巅峰者所拥有",意思是说:山水风景的灵动之妙,被站定巅峰的人所拥有。

推测这则广告语原本想要表达的意思是:山水风景的灵动之妙,唯有站定巅峰者方能拥有。为了文辞简洁、典雅,就使用了一些文言虚词。殊不知,由于不懂文言虚词的用法,出现了"硬伤",反而大大降低了广告的品位。

第四章　训诂研究相关问题

一　《说文》重文的训诂价值①

《说文》重文（即重出的异体字）"给后来对'异体字'的研究，提供了范例，并且对今天研究字形的变化、声音的通转和语源的探寻等，都提供了很重要的线索和方法"。②本文只就《说文》重文的训诂价值作一些探讨，分三个方面阐述。

（一）据"重文"探语源

《说文》重文有相当一部分是由于形声字采用不同的声符而造成的，这种声符互换所提供的语音线索及通用实例，往往能够帮助我们探求语源，系联同源词。下面各举数例说明之。

1. 利用"重文"求源

醑　《说文·酉部》："醑，歙（饮）酒俱尽也。从酉，畢声。"黄侃认为："凡形声字之正例，声必兼有义"，"凡形声字无义可说，有可以假借说之者"。因为"古者造字时已有假借"。③黄焯也说："凡形声字所从之声，未有不兼义者。其有义无可说着，或为借声。"④"醑"训"饮酒俱尽"而从畢声，《说文·皿部》："畢，拭器也。从皿，必声。"于义无所取。考《说文·玉部》"珌"重文作"瑆"（从段注。又，重文多为小篆或其他古文形体，为了方便起见，本文一律改为楷书字体），说明必、毕古音相同，可以通用。《集韵·质韵》"咇"又作"哔"，"魆"又作"鱓"，亦可旁证。《说文·支部》："敱，敱尽也。从支，毕声。"（今通作"毕"）可知"畢"即"毕"之借，"醑"的语源就是"毕"。

狄　《说文·犬部》："狄，赤狄，本犬种。从犬，亦省声。"王筠《说文句读》依《初学记》所引补为："狄，赤犬也。赤狄本犬种。"然则"狄"之本义为赤犬，引申之，春秋时衣服尚赤的北方一个少数民族叫"赤狄"，又泛称北

---

①　原载浙江省语言学会编：《语言论丛》，杭州大学出版社 1990 年版。今有改动。

②　陆宗达：《说文解字通论》，北京出版社 1981 年版，第 222 页。

③　转引自许嘉璐：《黄焯先生的小学成就及治学精神》，《训诂研究》第一辑，北京师范大学出版社 1981 年版，第 78 页。

④　黄焯：《形声字借声说》，《说文笺识四种》，上海古籍出版社 1983 年版，第 361 页。

方少数民族叫"狄"。《说文·亦部》"亦"训"人之臂亦"（即古腋字），声符无义可说。考《说文·攴部》"赦"的重文作"㪤"，知赤、亦古代同声可以假借，"狄"从亦省声，"亦"实即"赤"之借，"狄"的音义来自"赤"。

　　腴　《说文·肉部》："腴，腹下肥也。从肉，臾声。"又《申部》："臾，束缚捽抴为臾。从申从乙。"声与义不相应。考《说文·鸟部》"鸹"重文作"鵴"，知谷、臾二字古音相近，可以通用。《说文·衣部》："裕，衣物饶也。从衣，谷声。"（谷有空虚广大义，声兼义）多肉为"腴"，多衣物为"裕"，音义相关，可见"腴"从臾声，"臾"实即"裕"之借，"臾"的语源即为"裕"。

　　2. 利用"重文"系源

　　《说文·肉部》："肥，多肉也。从肉，从卪。"又《鼓部》："鼖，大鼓谓之鼖。……从鼓，贲省声。"段注："凡贲声字多训大。如毛传云：'坟，大防也。''颁，大首皃。''汾，大也。'皆是。"大与肥义相近。考《说文·艸部》"蕡"重文作"黂"，肥、贲二字古音相近，可知"肥"与"鼖""坟"等字是一组音义皆近的同源词。《诗经·周南·桃夭》："桃之夭夭，有蕡其实。"毛传："蕡，实貌。""实貌"很笼统，可以理解为数量多，也可以理解为形体大。以重文及读音解之，"蕡"乃果实肥大丰满之貌。

　　《说文·疒部》："瘻，颈肿也。从疒，娄声。"又："瘤，肿也。从疒，留声。"二字皆有肿义。考《说文·网部》"罶"重文作"䍜"，知留、娄二字古音相近，则"瘻""瘤"不但义通，而且声近，共出一源。

　　《说文·牛部》："牝，畜母也。从牛，匕声。"又《女部》："妣，殁母也。从女，比声。"（其实古代生存之母也可称妣。《尔雅·释亲》："父为考，母为妣。"）"牝""妣"义类相同。考《说文》"妣"重文作"𡥀"，可知比、匕同声，"牝""妣"同源。

　　《说文·田部》："畎，陌也。赵魏谓陌为畎。"《广雅·释宫》："畎，道也。"清胡文英《吴下方言考》卷二："吴人谓田中径曰地畎。"《广韵·梗韵》："埂，堤封。吴人云也。"《说文·土部》"埂"字段注："今江东语，谓畦埒为埂。""畎""埂"都有田塍、堤埂义。考《说文·辵部》"迒"重文作"𨒅"，《禾部》"秔"重文作"稉"，亢、更声符互换的现象表明，当"田塍"讲的"埂"与"畎"声近义通，当是同源词。又，《说文·土部》："埂，秦谓阬为埂。"《玉篇·土部》："埂，小坑也。"埂本义为坑、小坑，则与"坑"同源，此已见王力《同源字典》280页。

　　又如：从焦、爵、肖、秋、卡得声之字多有小义。考《说文·口部》"噍"重文作"嚼"，《言部》"谯"重文作"诮"，《韦部》"鞗"重文作"撆"，《鸟部》"鷦"重文作"鴯"，知焦、爵、肖、秋、卡五声古音相近，可以互换，据此可以判定，以上五词尽管具体意义各不相同，但命名之意却相同，其实是一组声近义通的同源词。

以上诸例，王力先生《同源字典》皆未收。

根据重文探明语源，不仅弄清楚某个词当什么讲，而且弄清楚这个词为什么有这个意义，这对我们更加准确地理解古代文献不无裨益。例如，《论语·雍也》："文质彬彬，然后君子。"郑玄注："彬彬，杂半貌也。""彬彬"为什么训"杂半貌"，从"彬"字形体很难解释。考《说文·人部》："份，文质备也。从人，分声。《论语》曰：'文质份份。'彬，古文份从彡、林。林者，从焚省声。"知道"彬"的重文作"份"，"彬彬"的"杂半貌"就可以解释了。"份"从分声，"分"有半义。《公羊传·庄公四年》："师丧分焉。"何休注："分，半也。"又"夜分"即夜半，"春分""秋分"即春之半、秋之半。文质平分各半，故"彬彬"可训"杂半貌"。字后作"斌"，正取文武各半之意（《玉篇·文部》："斌，文质貌。亦作彬。"）。"彬（份）"之语源既明，对"文质彬彬，然后君子"的理解自然就更加透彻了。

（二）据"重文"求本义

《说文》是一部说解本义的字书，它把小篆作为标准字体，据形说义，力求诠释字的本义，因为"本义明而后余义明，引申之义亦明，假借之义亦明"。[①]但由于小篆去古已远，有的已成笔势，据之以释义，往往不得其本。而正篆的重文，有时却能透露出造字本意的信息。例如，《说文·干部》："干，犯也。从反入，从一。"许慎以"冒犯"为"干"的本义。段玉裁"兵"字注则云："干与斤皆兵器。"根据就是《说文》"兵"字正篆及重文，都像双手执持械器之形。"干"既然和"斤"一样都是战士手中所持之物，自然是兵器之类。再联系《方言》卷九："盾，自关而东或谓之干。"可见"干"的本义是盾牌，"冒犯"是它的引申义。下面再举一些例子。

养　《说文·食部》："养，供养也。从食，羊声。"许慎以"供养"为"养"的本义。考《说文》"养"的重文作"羧"。比较《说文·支部》："牧，养牛人也。从支，从牛。""羧""牧"造字法全同，分别象手持鞭牧羊、牧牛之形。商承祚说："（羧）象以手持鞭而牧羊，牧牛则字从牛，羧羊则字从羊也。后以从牛之字为牧，而以羧为养矣。"[②]可见"养"的本义是"牧羊"，"供养"是它的引申义。《左传·文公十三年》："邾子曰：'命在养民，死之短长，时也。'"《说苑·君道》："君曰：'命在牧民，死之短长，时也。'""养""牧"文异义同，

①　江沅：《说文解字注·后叙》，《说文解字注》，上海古籍出版社1981年版，第788页。

②　商承祚：《说文中之古文考》，上海古籍出版社1983年版，第49页。

亦其证。朱骏声云:"养古文从攴,未详。"王筠云:"案此字从攴,殊不可解。"①盖皆拘于养之常训,未达本义之故。

辜 《说文·辛部》:"辜,罪也。从辛,古声。""辜"在古代主要有两个意思,一个是"罪",一个是"分裂肢体"。许慎以"罪"为本义,《辞源》《汉语大字典》《汉语大词典》等也把"罪"列为第一个义项。考《说文》"辜"重文从死(右边为"死"的古文,左边为声符"古"),这就告诉我们"辜"和"死"有关系,而"分裂肢体"就是死刑,可见"辜"的本义当是"分裂肢体"。我们这样说,还可以找到许多旁证。《说文·桀部》:"磔,辜也。"又《歺部》:"殆,枯也。"段玉裁注:"殆同辜,磔也。"《周礼·秋官·掌戮》:"杀王之亲者辜之。"郑玄注:"辜之言枯也,谓磔之。"这些都说明"辜"与"磔"同义,而与"殆""枯"同源(殆、枯与死义近)。段玉裁"辜"字注:"辜本非常重罪,引申之,凡有罪皆曰辜。"("非常重罪"即死罪,而"分裂肢体"就是死刑)这种说法是很有见地的,也是与"辜"字重文所反映出来的造字意图完全吻合的。

彻 《说文·攴部》:"彻,通也。从彳,从攴,从育。""彻"在古代主要有两个意义,一个是"通达",一个是"撤除"。其中"撤除"义,《辞源》(修订本)、《辞海》(1999年版缩印本)等辞书都以为是通"撤",这种看法其实是值得推敲的。考《说文》"彻"字重文从鬲,作"徹",甲骨文则作从鬲从又。罗振玉《增订殷虚书契考释》:"此从鬲从又,象手象鬲之形,盖食毕而彻去之。许书之徹从攴,殆从又之讹。卒食之彻乃本义。训通者,借义也。"②罗氏以"撤去"为"彻"的本义,实为精辟之论。他之所以得出这个结论,正是以"徹"为中介,沟通了"彻"与"从鬲从又"甲骨文形体的关系。"彻"本义撤除,撤除障碍物,则通达无阻,故引申为"通"(罗氏"训通者,借义也"之说恐不确)。为了减轻"彻"字兼职过多,后别造"劈"(俗作撤)字作为"撤除"义专字。可见,《说文》及《辞源》《辞海》等都误把"彻"的本义当作假借义,而把它的引申义当作本义了。《汉语大字典》《汉语大词典》把"撤除;撤消(去)"当作"彻"的本义,是。

他如"民",《说文》训"众萌也",陆宗达以为本义是"俘虏";③"次",《说文》训"不精不前也",陆宗达、王宁以为本义是"帐篷";④"良",《说文》训

---

① 朱骏声:《说文通训定声》,中华书局1984年版,第893页;王筠:《说文释例》,武汉市古籍书店1983年影印版,第253页。

② 转引自商承祚:《说文中之古文考》,上海古籍出版社1983年版,第28页。

③ 陆宗达:《说文解字通论》,北京出版社1981年版,第70页。

④ 陆宗达、王宁:《训诂方法论》,中国社会科学出版社1983年版,第142页。

"善也"，何金松以为本义是"首"。[①]他们借以立说的重要依据也都是《说文》"民""次""良"重文的形体。可见，《说文》重文"在使用时是多余的，往往成为阅读的干扰，但在训诂中运用以形索义方法时，却大有裨益，不可忽视"。[②]

（三）据"重文"破假借

古书多有假借，"不知假借者，不可与读古书。"（《说文通训定声·自叙》）判定假借应该具备两个条件：1. 两个字语音相同或相近；2. 古书有相通的实例。因声符不同而造成的《说文》重文具备了这两个条件，因为既然是异体字，其声符字读音一定相同或相近；这两个（或两个以上）不同声符字即使在古书中找不到通借实例，但既然声符可以互换，从理论上说也是可以假借的，包括由它们得声的字。因此，利用重文可以破假借，求本字。训诂学家常常利用重文来破经传中的假借字，从而使一些疑难问题涣然冰释。下面聊举三例：

《左传·庄公二十三年》："夫礼，所以整民也。故会以训上下之则……征伐以讨其不然。"杜预注："不然，不用命。"杨树达《读左传》云：读然为戁。《说文》："戁，敬也。""讨其不然"犹《左传·宣公二年》之"伐不敬"、《成公二年》之"惩不敬"。杨说优于杜说。杜说"不用命"即不从命，文意大致可通，但不好解释"不然"为什么有"不用命"的意思。而杨说则讲清楚了所以然。"然"为什么能借作"戁"？根据就是《说文》"然"重文作"蘰"，"然""难"二声古代音同音近可通用。

《诗经·小雅·宾之初筵》："式勿从谓，无俾大怠。""从谓"一语，文意难晓，说诗者见仁见智，解释不一。于省吾云："从谓"当读为"纵溃"。从通纵，古代习见，谓读为溃，根据就是《说文》"喟"重文作"嘳"，说明胃、贵声同可假借。《尔雅·释诂下》："纵，乱也。"《玉篇·水部》："溃，乱也。""纵""溃"叠义，并训为乱。全句是说，（喝酒的人）"不要紊乱，无使局面至于太坏"。[③]此说新颖别致，自成一家之言。

《楚辞·九章·哀郢》："过夏首而西浮兮，顾龙门而不见。"其中"西"字，是楚辞训诂中的一大难题，众说纷纭，皆未得的诂，郭在贻云：西字当读做迅，迅从卂声，西、卂古双声，《说文》："讯，古文从卥。"卥即古文西，是西、卂声近可通用之证。《说文》："卂，疾飞也。""迅，疾也。"所以"西浮"就是

① 何金松：《释"良"》，《中国语文》1985年第3期。
② 陆宗达、王宁：《训诂方法论》，中国社会科学出版社1983年版，第52页。
③ 于省吾：《泽螺居诗经新证》，中华书局1982年版，第133页"式勿从谓"条。

"迅浮",亦即"疾浮",谓船行甚疾速。①这样《楚辞》的一个悬案得到了解决。

据"重文"还可以破释方言中的假借字。方言来自古汉语。由于古今语变、方俗音转,导致许多方言词语本字不明,难以下笔,于是就借用同音字来替代。《说文》重文还为考释某些方言本字提供了重要的线索。试举一例:

宁波话形容东西体积大叫"大彭彭",如"箱子大彭彭个,交关占摆地方","铺盖大彭彭个,带仔勿方便"。"大彭彭"的"彭"于义无所取,本字当作"旁"。"旁"古有大义,《说文·上部》:"旁,溥也。从二(上),闕,方声。"又《水部》:"溥,大也。"《广雅·释诂一》:"旁,大也。"彭、旁《广韵》分属庚、唐两韵,上古同为阳部字。考《说文·示部》"禜"重文作"祊",可见彭、旁(旁从方得声)同音相通。《集韵·庚韵》"澎"又作"滂","牚"又作"竀",亦可旁证。以上皆可证"彭彭"即"旁旁"之音转。

在训诂实践中,往往需要同时运用各种方法和材料来达到正确训释词义、读懂古书、揭示语言规律等目的,重文不过是其中的一种。但因为《说文》成书年代早,科学性强,所以重文在训诂上有其他材料所不能替代的作用。唯其如此,历来研究汉语言文字的人,大都留心于它,并据此解决了许多疑难问题。

二 研究词语理据需要具备训诂知识②

汉语词源研究源远流长,有关研究成果也非常丰富。但是,以词典形式对现代汉语复合词理据进行比较全面解释的,当推王艾录先生。近年来,王艾录先生相继出版了两部著作——《汉语理据词典》(北京语言学院出版社1995年版;以下简称《理据词典》)和《现代汉语词名探源词典》(山西人民出版社2000年版;以下简称《探源词典》),这两部词典凝聚了作者多年来研究汉语理据的心血,对汉语词源的研究作出了积极的贡献。尤其是《探源词典》,实际上是《理据词典》的修订本,后出转精,更值得我们重视。与《理据词典》相比,《探源词典》有以下两个特点:1. 收词更加恰当。前者收词4800余条,后者收词2840余条,词条精简了40%多。被删去的大多是理据容易理解或现代汉语不常用的词条,但又不是简单的删减,而是减

---

① 郭在贻:《训诂丛稿》,上海古籍出版社1985年版,第27页。
② 原载《辞书研究》2002年第5期,题目为《科学地研究理据 准确地揭示词源——读〈现代汉语词名探源词典〉札记》。今略有改动。

中有增。如 A 母原有 23 条，现为 18 条，其中"阿拉伯数字""爱晚亭""安徽""鳌头""奥林匹克运动会""奥斯卡奖""澳门""澳洲"等 8 条即为新增。这样处理，使得《探源词典》更具有实用性和查考价值。2. 诠释理据更加详细、准确。如"模范"条，前者给出的理据是"本为古代铸器的模型"，后者则说："模、范皆为古代铸器的模型，模为木制，范为竹制。东汉王充《论衡·物势》：'陶冶者，初埏埴作器，必模范为形，故作之也。'"信息量明显增加。又如"救火"，前者释其理据为"援救使免火灾"，后者更改为："救，止，禁止。救火即止火。"字义明理据自然明。

但是，诚如作者所说，"汉语复合词理据诠释是一项十分艰巨的拓荒性质的工作"，"个人视野有限，汲深绠短，舛误和不周之处"自然难免。本文分六个方面对《探源词典》若干条目提出商榷，同时想说明：研究汉语词语理据难度很大，需要具备扎实的古汉语功底和训诂学知识。

（一）有些探源不够彻底

汉语复合词的来源和构造多种多样，诠释词语理据的途径和方法也各不相同。从声音入手，探寻词的音义联系，无疑是揭示词源的重要方法。有些词发展到现在，书写形式发生了很大变化，字义与词义已不对号。这就需要求诸声音，追根溯源，任何浅尝辄止、望文生训的做法都不可取。该词典在这方面还有欠缺。例如：

［哈腰］○弯腰。△哈：伛，弯。（依原书，"○"后表示词的理性意义，"△"后表示词的理据探源。注音略。下同）

把"哈"解释为"伛，弯"，只是揭示了字义或语素义，还没有说明"得名之由"。其实，"哈腰"的"哈"词源为"虾"。"虾"为节肢动物，它的身体是弯曲的。"虾腰"者，谓腰如虾之曲也。"虾腰"的构词法与"猫腰"相同。元高安道《哨遍·嗓淡行院》套曲："靠棚头的先虾着背脊，卖薄荷的自肿了咽喉。"《西游记》第六十六回："那呆子吊了几日，饿得慌了，且不谢大圣，却就虾着腰，跑到厨房寻饭吃。"《小五义》第七十七回："艾虎缩颈藏头，大虾腰，方才躲过。"正用"虾"字。又，"哈"或作"躬"，此字结构为从身，从虾（今作虾）省，虾亦声，"躬"的音、形、义均源于"虾"，亦可旁证。[①]

［伴当］○做伴的伙伴或仆人。△当伴儿，充当伙伴。当：充当，承当。

"伴当"本作"伴党"，如《生经》卷四："当得伴党，独不可谐。"《大庄严

---

① 参见笔者《古汉语词语琐记》"哈腰"条，《宁波师专学报》1984 年第 1 期；《明清小说俗字俗语研究》135 页"'哈腰'探源"，中国社会科学出版社 2006 年版。

论经》卷十五:"共诸伴党,至大秦国,大得财宝,还归本国。""伴",伴侣,同伴;"党",朋党,同伙。《中古汉语语词例释》"伴党"条云:"'伴党'系同义连文。近代汉语作品中,可见'伴当'、'伴侣'、'伴等'等词,有伙伴、同伴和仆从二义,当系由'伴党'演变而来。"①清代小说中,字又作"伴傸"(见《万年清奇才新传》第十一回)。可知,把"伴当"颠倒其序、按字面解释是不妥的。

他如"浙江"条,未点明"浙"取钱塘江"其流曲折"义;"滇池"条未点明"滇"源于"颠"(颠倒);至于谓"喷嚏"本作"喷帝",则失之更远了。

(二)有些探源误解了语素义

复合词是由两个或两个以上语素按一定句法关系组合而成,复合词的词义和语素义之间有着密不可分的联系。对大多数复合词而言,弄清语素义往往是揭示其理据的一个有效途径。该词典在这方面用力甚勤,通过挖掘语素义,使许多原本晦涩费解的复合词理据得以知晓。但是也有不少条目误解了语素义,致使探源失当。例如:

[国是]〇国家大计。△"国是"为复指结构。是:指示代词,复指"国"。"国是"即"国"。

上述"是"的复指用法,古汉语里未闻。"国是"一词始见于汉刘向《新序》。《新序•杂事二》:"楚庄王问于孙叔敖曰:'寡人未得所以为国是也。'孙叔敖曰:'国之有是,众非之所恶也,臣恐王之不能定也。'……'君臣不合,国是无由定矣。夏桀、殷纣不定国是,而以合其取舍者为是,以不合其取舍者为非……'庄王曰:'善哉!愿相国与诸侯士大夫共定国是。'"文中"国是"的"是"与"非"相对,"是",正确,正确的目标、方针。"国是"最初是指治国的是非准则、法度,引申为国策、国家大计。②可见,"国是"属偏正结构,"是"决非复指代词。

[恻隐]〇对人表示同情。△恻隐于内。恻:悲伤。隐:隐藏。(原书"恻"均误为"侧")

"隐"有忧伤、同情、怜悯义,"恻隐"系同义连文。《孟子•梁惠王上》:"王若隐其无罪而就死地,则牛羊何择焉?"《资治通鉴•汉武帝元光二年》"此仁人之所隐也"胡三省注:"隐,恻也。"并其证。

[鞭楚]〇鞭打。△鞭打使痛苦。楚:痛苦。楚←使楚。

"鞭楚"本指鞭子和刑杖(楚,木名,荆属,枝干坚劲,可作杖),引申作动

---

① 王云路、方一新:《中古汉语语词例释》,吉林教育出版社1992年版,第12～13页。
② 未名:《"国事"与"国是"》,1995年3月27日《中国教育报》语言文字版。

词,则有鞭打义。在"打"的意义上,"楚"与"鞭"同义,而跟"痛苦"无涉。

[看病]〇病人就诊或医生给人治病。△照料病人。看,照料,料理。《敦煌变文集·下女夫词》:"贼来须打,客来须看。"

把"看病"的理据理解为"照料病人",显然不妥。不然,"我到医院看病"就成了"我到医院照料病人"了。"看",诊治;"病",毛病。

[物议]〇众人的批评。△物:自己以外的人或跟自己相对的环境。议:议论,评议,批评。

"物"古有人、众人义,如"待人接物""恃才傲物",故"物议"即众人的议论。试想:"自己以外的人"固然会议论人,"跟自己相对的环境"怎么会议论人呢?

[媳妇]〇儿子的妻子;妻子。△本作"息妇"。息:增长、滋生。生儿曰"息男",故儿子的妻子曰"息妇"。

分析理据说了很多,但没有说到点子上。"息妇"之"息"是儿子的意思,这是常训。又,"生儿曰'息男'",费解,亲生儿子才叫"息男"。

这种情况很多,"逼肖""长足""斥候""孩提""横事""间谍""可人""烂醉""是正""羡余""匀停"等条也都存在着字义解释不够准确的问题。

(三)不明通假或轻言通假

通假字的存在是复合词词义与理据造成隔阂的一个重要原因。 对于使用了通假字的复合词,只有点破本字,才能探得词源;如果按照字面强作解释,就不免南辕北辙了。该词典充分注意到了这一点,但也偶有疏失。例如:

[物故]〇去世,死。△《汉书·苏武传》颜师古注:"物故谓死也,言其同于鬼物而故也。一说,不欲斥言,但云其所服用之物皆已故耳。"

"物故"的理据除上引两说外,尚有:《三国志·蜀书·刘二牧传》裴注引高堂隆曰:"闻之先师:物,无也;故,事也。言无复所能于事也。"清黄生《义府》"物故"条:"物犹事也,不正言死,但讳云事故,犹《孟子》所谓大故耳。"诸说均望文生义,不可从。清王念孙《读书杂志·汉书第十》"物故"条云:"物与殁同。《说文》:'殁,终也。'或作歾。殁、物声近而字通。殁故,犹言死亡。诸家皆不知物为殁之借字,故求之愈深,而失之愈远也。"[1]类似的还有"妃色"等条。

---

① 参见郭在贻:《训诂学》(修订本),中华书局 2005 年版,第 92 页。

但是，本非通假关系却刻意易字为训，这样求得的词源也是靠不住的。例如：

[知道] ○知晓，晓得。△"知道"即"知得"，"知不道"即"知不得"。"道"通"得"、"到"。

"知道"本系动宾结构，义为通晓自然与人事规律，如《管子•戒》："闻一言以贯万物，谓之知道。"因"知道"常连用，后"道"受"知"同化也有了"知"义，如梁吴均《咏雪》："零泪无人道，相思空何益。"[1]据此，现代汉语"知道"的来源可作两种分析：一是由"通晓自然与人事规律"引申而来，二是"知道"同义连用。不管怎样，"道"都不能看作是"得"或"到"的通假字。

[酒篓子] ○酒量大的人。△"篓"通"溇"。《说女》："溇，雨溇溇也。"

《说文•水部》："溇，雨溇溇也。一曰汝南谓饮酒习之不醉为溇。"词典未引的《说文》"一曰"义似乎与"酒量大的人"关系更为密切，但仔细玩味，《说文》这两个意思都与"酒篓子"无关。"酒篓子"本指用竹篾编成的盛酒篓子。小民《乡情•风物•风味》："（酒店）方砖地上摆着竹编的酒篓，里外经过防水处理，是为运酒用的。""酒篓子"是盛酒的，因用以戏称酒量大的人。方言称酒量大者为酒缸、酒坛、酒桶，取喻正同。类似的还有"吃醋""嚼舌头""自首"等条。

（四）误解联绵词[2]

按照《凡例》，该词典"不收单纯词（个别有歧解的除外）"。事实上，还是收了不少单纯词，主要是联绵词。一般以为，联绵词其整体形式只能视为两个音节组成的一个语素，不存在什么理据；对联绵词进行拆字释义，无异于缘木求鱼。从现代汉语角度看，这种说法也许是正确的。但从"探源"角度看，情况就不同了，因为并非所有联绵词从一开始就是不可分拆分训囫囵一团的东西，相反，有相当数量的联绵词是由单音词衍音、缓读或合成词凝固而成，有相当数量的联绵词可以找到它们的同族词甚至根词、源词。从这个意义上讲，专门研究理据、词源的辞书，酌情收录一些联绵词并说明其来

---

① 参见张博：《组合同化：词义衍生的一种途径》，《中国语文》1999 年第 2 期。

② 宁波大学沈怀兴教授《联绵字理论问题研究》（商务印书馆 2013 年版）一书对古今联绵字观念进行了详尽的梳理和考辨，对已成"定论"的现代联绵字观念进行了彻底的反思和质疑，认为"以'联绵字—双音单纯词'说为核心理论的现代联绵字观念及相关理论是不成立的，信守派学人所见的'联绵字／词'实际上无异于一般双音词"。考论精当，结论可信。这里暂依传统说法行文。

源,不仅是应该的,而且是很有必要的。该词典的问题在于,往往把联绵词当作复合词并误解词源。例如:

[垄断]〇独占和把持。亦作"陇断"、"龙断"。△本为高而不相连属的土墩子,即山丘隔断。《孟子·公孙丑下》:"有贱丈夫焉,必求龙断而登之,以左右望而罔市利。"意谓商人登高探望,以求获利。后引申为独占和把持。垄:土埂,高出地面的土墩子。断:断开,分成几段。

"垄断"的今义"把持和独占"由本义"山冈、高地"引申而来,近是。但山冈、高地何以称"垄断"? 《孟子·公孙丑下》朱熹注:"龙音垄。垄断,冈垄之断而高也。"《辞源》《辞海》解释略同。这是词典探源所本。其实,"垄断"不是合成词,而是单纯词。李维琦先生认为,"垄断"是"峦"的分音联语,字义同词义无关。"垄断"急言即是"峦","峦"缓言就成了"垄断"。[①]笔者以为此说明显优于旧说,可以信从。

[魁梧]〇身材高大强壮。△身材高大若梧。魁:高大。梧:梧桐树。

"魁梧"是联绵词,又作"魁偌""魁吾","梧"与梧桐树无涉,颜师古注《汉书》以"梧"为"惊悟"亦非。若求其来源,当是由同义并列复合词凝固而成。清王念孙《读书杂志·汉书第十六》"连语"条:"魁、梧皆大也。梧之言吴也。《方言》:'吴,大也'……'(其貌)魁梧奇伟',四字平列,魁与梧同义,奇与伟同义。"

[罗锅]〇驼背。△本作"瘰痀"。《玉篇·疒部》:"瘰,病也。"《集韵·麻韵》:"痀,病也。"

"瘰痀"充其量只是表驼背义的专字,而非理据。"罗锅"实为联绵词。《广雅·释器》:"枸篓,軬也。"(軬,fàn,车篷)王念孙疏证:"枸篓者,盖中高而四下之貌。山颠谓之岣嵝,曲脊谓之痀偻,高田谓之瓯窭,义与枸篓并相近。倒言之则曰偻句。"以音义求之,"罗锅"即"偻句",也即"枸篓""痀偻"等的颠倒说法。[②]"罗锅"与"枸篓""岣嵝""痀偻""瓯窭"等同源;推衍之,与"果赢"词族亦同源。[③]他如"辟易"(当为"避"的衍音)、"懵懂"(误为偏义复词)、"玛瑙"等联绵词的解释也都有问题。

(五)有关"外来词"方面的疏失

这方面的问题,一是把汉语词误作外来词,二是把外来词误作汉语词。

---

① 参见许匡一:《关于"垄断"的释义》,《古汉语研究》1989 年第 3 期。
② 参见李申:《金瓶梅方言俗语汇释》,北京师范学院出版社 1992 年版,第 685 页"瘰痀"条。
③ 参见徐振邦:《联绵词概论》,大众文艺出版社 1998 年版,第 37、252 页。

源头搞错了,理据自然落空了。例如:

[三只手]〇小偷儿。△源自古罗马普拉图斯的喜剧《一坛黄金》:吝啬鬼尤克里丢了一坛金子,怀疑为仆人所偷,便让他们伸出手来。他看了一只又一只都没有发现,但仍不罢休,非要仆人伸出"第三只手"给他看。本此。

"三只手"这一概念很普通,难道国人就想不到,非要到古罗马的喜剧里去借不可?此词《现代汉语词典》注有"方"字,看作方言词,是对的。考许宝华、宫田一郎主编的《汉语方言大词典》,北方方言、吴语、湘语、赣语、客话、粤语、闽语都有此词,可见其流行广泛,当是土生土长。此词清代文献多见,如《快心编》初集第九回:"初先还是白日撞、三只手,后来想:'不济事,偷这些,须不够做赌本。'"《清风闸》第六回:"王二开言:'先生看我一看,将来可有碗饭吃?'借左手一观,'好呀!'右手一观,'尊驾是三只手,不是又鸡定剪绺。'"清范寅《越谚》卷中:"三只手,亦窃盗隐名。"

[婆姨]〇北方方言词,指妻子或已婚妇女。△本作"婆夷",为梵语音译词。婆夷←优婆夷。佛教有"四方之众",……在家女众称"优婆夷"。……黄土高原一直是佛教文化最昌盛的地区,这里的广大妇女都被称为"优婆夷",简称"婆夷",后写作"婆姨",沿用至今。

表示佛教徒信女意思的"优婆夷"又作"乌婆斯迦""乌波赐迦""邬波斯迦""优婆斯""优婆斯柯""优波夷"等,汉语方言的"婆姨"恐怕与此无关。方言里,"婆娘"一词也可指妻子或已婚妇女,"婆姨"与"婆娘"则可类比。又,"婆姨"一词,《汉语大词典》义项一是"泛指妇女",举现代例。清初小说《豆棚闲话》已有用例,如第十一则:"始初破城,只掳财帛、婆姨;后来贼首有令:凡牲口上带银五十两、两个婆姨者,即行枭示。"

[目的]〇想要达到的结果。△《旧唐书·高祖窦皇后传》:北周要官窦毅认为女儿"有奇相,不可轻许人",便画二孔雀,谓求婚者先射孔雀的眼睛,中者为婿……李渊连发二箭,各中孔雀左右眼,遂娶窦女。"目的"即"以目为的"。目:眼睛;的:箭靶子。

"目的"一词跟眼睛、箭靶子有关,但与李渊射孔雀眼睛无关,此为俚俗语源,不可信。"目的"一词近代才有(《汉语大词典》首举梁启超例),实为日语借词。[1]

(六)个别词条修订本不及初版本

如上所说,《探源词典》是在《理据词典》的基础上修订而成,反映了作

---

① 参见刘正埮等编:《汉语外来词词典》,上海辞书出版社1984年版,第249页。

者词源研究的最新成果，从总体看，修订本明显优于初版本。但也有例外。例如：

[泡桐] △《通雅·四十三》："椅桐、荣桐、白桐，即泡桐也。""先花后叶，《尔雅》谓之荣桐，荣即泡也。"(《探源词典》)

[泡桐] △木材质地疏松之桐。泡：虚而松软。(《理据词典》)

前者引方以智《通雅》只是介绍了"泡桐"的几种别称，所引"荣即泡也"之说又费解，并未讲清"泡桐"得名的理据。后者则释"泡"为"虚而松软"，一枪打中。清梁同书《直语补证·泡》："凡物虚大谓之泡。"明李时珍《本草纲目·木二·桐》："其材轻虚，色白而有绮文，故俗谓之白桐、泡桐。"并其证。

[破鞋] △解放前妓女们红颜渐减后揽不上生意，便去矿区、林区等地方寻找卖苦力的单身汉。她们经常奔走于崎岖不平的道路上，脚上的软底缎面的绣鞋被磨破。矿区、林区的人一看见穿破损绣鞋的女人就知道她们是妓女，于是"破鞋"一词就逐渐叫了开来。(《探源词典》)

[破鞋] △乱搞男女关系的女人，有如众人乱穿之破鞋。(《理据词典》)

前者是俚俗词源，似乎合情合理，但经不起推敲，不如后者平实可信。《斩鬼传》第八回："若论他的本领，倒也跳得墙头，钻得狗洞，嫖得娼妓，耍得破鞋。"《斩鬼传》是清代小说，成书于康熙年间。可见"破鞋"一词早就有之。

该词典引用俚俗词源非常多，如"混账""楷模""两口子""桥牌""傻瓜""市井"等，均似是而非，此不赘。修改后不如原先的，还有"瞌睡""马路""毛竹""爬格子""胁从"等条。

最后再说两个小问题。一是个别词条理性意义欠斟酌。比如，"何许"释为"什么地方的人，什么样的人"，其实"许"即处、地方，"何许"即何处，词典所释的实为"何许人"了；"喷嚏"释为"一种鼻腔对刺激的反映行为，亦称"错喉"，其实"错喉"指食物误入气管而咳嗽，与"喷嚏"是两回事；"望族"释为"有名望的官僚、地主家族"，显然参考的是《现代汉语词典》旧版本，政治性太强，不够准确，《现汉》1996 年修订本改释为"有名望、有地位的家族"，可从；"肴核"释为"果类食品"，漏释了"肴"字，应是鱼肉类和果类食品；"赘婿"释为"女婿"，应为"入婿的女婿"。二是有些词可以不收。作为现代汉语词名探源词典，过分冷僻的古语词和方言词似乎不必收录，如"佞兑""沛艾""群青""亭毒""宵衣""要荒""爪袖"等；"霍霍"是象声词，"863 计划"是专门词语，这些均可不收。

三 《新词语大词典》部分 "新词语" 质疑[①]

近二十年来，编纂出版新词语词典一直是语言学界、辞书学界以及出版界的一大热点。自1987年上海辞书出版社出版闵家骥等编纂的《汉语新词词典》到2003年上海辞书出版社出版亢世勇、刘海润主编的《新词语大词典》，短短十七年间，就有53部新词语词典相继问世。[②]这种空前繁荣的景象，一方面说明处于社会巨变时代的语言尤其是词汇变化之大、变化之快，另一方面也说明学界对新词语的积极关注和高度重视。

新词语词典的特色和价值在于收词 "新"。然而，现有不少新词语词典在对 "新" 的理解和把握上却见仁见智，莫衷一是。本文拟以《新词语大词典》为例，就新词语的界定、新词语的参照系以及该词典的具体条目等问题进行讨论。

（一）

亢世勇、刘海润主编的《新词语大词典》是国家社科规划项目 "《现代汉语新词语信息（电子）词典》的开发与应用" 成果之一。该词典利用计算机语料库技术在超大规模机读现代汉语语料库的基础上编纂而成，技术手段先进；收录新词语近2万条，在目前国内同类词典中收词规模最大；释义准确，选例科学。 在众多新词语辞书中，"堪称为集大成者"，"是汉语新词语辞书的分水岭。 它不仅为新词语辞书的第一阶段划上了一个句号，而且为未来的新词语辞书开了一个好头"。[③]平心而论，该词典的确是一部严肃的、高质量的辞书，是同类词典佼佼者。

但是，我们在研读过程中发现，该词典也存在着可以商榷的地方，主要是把数以百计的旧词语当作新词语来收释了。 之所以造成这种情况，跟编纂者对新词语的理解以及对新词语参照系的把握有关。

《新词语大词典》将新词语界定为：1978年以来通过各种途径产生的、具有现代汉语常用词汇所没有的新形式、新意义或新用法的词。 鉴定新词的参照系，则是现代汉语常用词汇的词形、词义和用法。只要在这三个方面

---

① 原载《辞书研究》2007年第1期，题目为《汉语新词语的鉴别——〈新词语大词典〉部分 "新词语" 质疑》，与本科生叶淑丹合作。

② 亢世勇、刘海润：《新词语大词典》附录二 "新词语词典与研究论著要目"，上海辞书出版社2003年版。

③ 巢峰：《新词语大词典·序》，上海辞书出版社2003年版。

的任何一点上与现代汉语常用词汇不同，我们就认为它是新词。常用词汇的代表是《现代汉语词典》的主体词汇，即正文收录的词语。新词语包括三种形式：全新词语；旧词赋新义；旧词语复活。①

这里有几个问题值得探讨。一是该词典把新词语的时限确定为"1978年以来"的，这是可取的。改革开放以来社会变化最大，新词语产生最多。但既然新词语以1978年作为起点，就应该排除1978年以前出现的词语，因为它们已经是旧词语了，不符合该词典的收词时限。二是以现代汉语常用词汇也即以《现代汉语词典》作为鉴定新词语的参照系，而《现代汉语词典》只是一部中型词典，正如巢峰先生所说，"《现代汉语词典》未收的词语甚多，不能认为它未收的词语就是新词语"②，因而鉴定新词语的参照系需要重新斟酌。三是"旧词语复活"的情况比较复杂，这类词语的争论也最多，以下介绍两种截然相反的观点。

亢世勇等先生引用于根元等先生的观点：对于"复活"的"死词"，"我们主张收，以利交际，但是说明情况，以示区别"。③然后说："我们认为，这些'复活'的'死词'如果不是以引用为主要的出现形式，而是作为现代汉语词汇普遍使用，就应该收，原因是：（1）新词语词典和《现代汉语词典》合起来应该能够反映现代汉语词汇的基本面貌，这些复活的'死词'既是现代汉语的词汇，新词语词典就应该有所反映。（2）词典的功能之一是提供查检服务，如果现代汉语的词汇在现代汉语词典中查不到，要让用户到古汉语词典中查现代汉语的词，有些不可思议。"④

徐祖友先生认为："新词词典当然要收新词，收了'旧词'、'老词'就名不副实。""有的新词词典竟收录了已有几百年甚至上千年历史而意义又无大变化的词语，而且这些词语已见诸大型历时性汉语词典，这实在有背新词词典的名称。"徐祖友先生还举例说，有一部新词词典的"飞"字头下，收了34条复词，但其中"飞扬""飞红""飞报""飞步""飞奔""飞檐""飞金""飞起""飞逝""飞越""飞渡""飞絮""飞针走线""飞沙走石"等15条都是古汉语词语。新词词典应把类似这样的"旧词""老词"拒之"典"外。⑤巢峰先生在《新词语大词典·序》中对已出新词语辞典收词随意的现象提出了批评，他转引了徐祖友先生上述例子，说："从中一眼就可看出，这些词由来已

---

① 亢世勇、刘海润：《新词语大词典·前言》，上海辞书出版社2003年版。
② 巢峰：《新词语大词典·序》，上海辞书出版社2003年版。
③ 于根元、王铁琨、孙述学：《新词新语规范基本原则》，《语言文字应用》2003年第1期。
④ 亢世勇、刘海润：《新词语词典编纂的创新》，《辞书研究》2006年第1期。
⑤ 徐祖友：《初创既成，更待提高》，《辞书研究》1995年第1期。

久,收入古汉语词典尚可,收入新词语词典,不伦不类,是一个明知故犯的错误。"李建国先生认为:"那种认为新词新语词典仅仅'为读者查检新词释疑解难'的观点显然有失偏颇,由这种观点衍生出的迁就读者、特别是年轻读者,而将'当代书面语上使用而一般语文词典没有收录的旧词语'也作为新词新语加以收录的做法就值得怀疑。因为这些过去的词典失收而新近在书面语中使用的旧词语,毕竟是旧词语,对它们的处理是旧词典修订的任务,而不属新词新语词典关注的对象。如果仅凭读者的'全新感觉'来收词,那么古语词可以说绝大多数是当代年轻人感觉新奇、需要解释的。这样打破收词时限性编纂新词新语词典,势必叫人无法辨其新旧,也有悖于编纂新词新语词典的宗旨。"①

笔者同意徐祖友、巢峰、李建国等先生的看法。首先,新词语词典贵在"新",既然确定了收词的时限,就必须严格遵守,不能自乱其例。而划定收词的时限,"可以看出词汇的共时面貌,这样的新词新语词典名副其实,既有实用价值,也有科学研究价值"。②其次,现代汉语里所使用的词汇极为丰富,一部《现代汉语词典》和一部新词语词典合起来是根本无法囊括的。如果凡是出现在现代汉语里而又不见《现代汉语词典》收录的词语新词语词典都要反映,那就很难设想这种"新词语词典"将是一副什么样子。再次,光靠《现代汉语词典》和新词语词典来承担查考当代书面语中疑难词语的任务,既是不可能的,也是不必要的。中国是个辞书大国,我们已经拥有数量众多、种类齐全、功能各异的汉语词典,这些词典的存在价值,就是满足不同层次读者的查检需求。举个例子,汉语成语数量浩繁,绝大部分来自古汉语,其中相当一部分仍然活跃在现代汉语里,而《现代汉语词典》收录的成语数量却十分有限。碰到疑难成语怎么办? 我们有数以百计的成语词典可供查考(当然还可以查其他大型语文词典),也不会因为在现代汉语词典中查不到它们而感到不可思议。

以上我们阐述了新词语词典必须恪守收词时限,不能将旧词语当作新词语的观点。 那么,在新词语词典编纂实践中怎样判断某个词语是新词语还是旧词语呢? 光凭编者个人语感,显然不行;光凭《现代汉语词典》,如上所论,也不行;我们认为,鉴定新词语的参照系除了《现代汉语词典》以外,还应该充分利用《汉语大词典》。众所周知,《汉语大词典》是迄今为止规模最大、最有权威性的历史性语文词典,它根据"古今兼收,

---

① 李建国:《新词新语研究与辞书编纂》,《辞书研究》1996年第3期。
② 李建国:《新词新语研究与辞书编纂》,《辞书研究》1996年第3期。

源流并重"的编纂方针,共收词目约三十七万条,收词数量堪称现有汉语词典之最。凭借《汉语大词典》,不难发现,有许多被认为是新词语的,其实已有上百年甚至上千年的历史;有许多被认为是"复活"的"死词",其实根本不曾"死"过。《汉语大词典》共十二卷,是陆续出版的,1986 年出版第一卷,至 1993 年出齐。如果说 1993 年以前编纂出版的新词语词典以《现代汉语词典》作为鉴定新词语参照系还情有可原的话,此后编纂出版的新词语词典再以《现代汉语词典》作为唯一的参照系就显得过于拘泥和保守了。作为后出的,非常重视语料的,非常重视编纂手段编纂理念创新的《新词语大词典》恰恰在选择参照系方面留下了遗憾,导致一大批旧词语"混入"该词典。

(二)

基于以上认识,我们对《新词语大词典》全部词目作了重新考察。具体做法是,拿《新词语大词典》与《汉语大词典》对读,从词形、意义、用法等方面进行比较,检查《新词语大词典》中哪些条目是 1978 年以前就有的。结果发现,其中不具备"新词语"资格的多达 450 余条。限于篇幅,这里用对比的方式按照音序举出《新词语大词典》A、B 两个字母中部分有疑问的"新词语"25 例(全部词目见本文第三部分),庶几窥一斑而见全豹。

几点说明:1.《新词语大词典》每个词语一般选两个例句,《汉语大词典》一般也有多个例句,为节省篇幅,本文一律只引第一。同一词条两部词典的释义和引例用"‖"隔开。2.《汉语大词典》凡是 1978 年以前的现当代例句,或在作品后加注写作(发表、出版)年份,或在作者后加注生卒年份,以反映该词语出现或使用比较确切的时间。3.《新词语大词典》所收条目有多个义项的,本文只讨论不属于"新词语"的那一个或那几个义项。4. 每个条目都分别注明两部词典的页码,以便覆核。如"新 2"表示出自《新词语大词典》第 2 页,"汉三 337"表示出自《汉语大词典》第三卷第 337 页。

[哀哭]〈动〉悲痛地哭。◇成亲那天,我和秋云妹妹抱头痛哭。是哀哭我们的命运,更是哀哭山里人至今还麻木、愚昧的灵魂!(南方周末.1990.7.20)(新 2)‖悲伤地哭泣;痛哭。《列子·汤问》:"韩娥因曼声哀哭,一里老幼悲愁,垂泪相对。"(汉三 337)

[爱宠]①〈动〉宠爱(含有因爱而放任的意思)。◇梨园老爷子多爱宠孩子,第三种圈子尽情打开,由着孩子们吃,抛撒些也无所谓。(人民日报.1995.5.15)(新 4)‖宠爱,喜爱。《汉书·杜钦传》:"好憎之心生,则爱

宠偏于一人。"（汉七636）

[爱河]〈名〉本为佛教用语。现多喻指爱情。◇于是她和但尼斯阮相识并渐堕爱河。（南方周末.1990.1.12）（新4）‖情欲。佛教谓其害如河之可以溺人，故称。……亦比喻爱情。巴金《灭亡》（1927）第四章："他又沉到爱河里面了。"（汉七634）

[爱物]〈名〉心爱的东西。◇特别是我干的这份外向型职业，三天两头家里关门大吉，那小爱物就得找人家借住了。（南方周末.1991.10.11）（新6）‖②心爱的东西。唐张祜《将至衡阳道中作》诗："长年无爱物，深话少情人。"（汉七633）

[昂奋]〈形〉（情绪、精神）昂扬振奋。◇你情不自禁会走进他们为读者营造的氛围之中，你会因之欢悦，因之昂奋，因之凄哀……（人民日报.1986.2.1）（新11）‖昂扬振奋。沙汀《烦恼》（1947）："他忸怩地一笑，神情有点沮丧；但他忽又变得很昂奋了。"（汉五638）

[靶子]〈名〉原指射击或射箭用的目标，现多用来比喻攻击的对象。◇甚至连毛主席的指示也被他们当作"靶子"来批。（人民教育.1978.10）（新18）‖①练习射击或射箭的目标。……比喻攻击的对象。沙汀《煎饼》（1964）："两次会上，却也十分光火，特别因为他直觉到少数人明明是拿他当靶子攻击党。"（汉十二189）

[霸气]②〈形〉显得霸道。◇在号称"南昌女人街"的南昌市展览路，一些俗气、霸气、洋气的商家招牌近日纷纷被摘除。（人民日报.1996.7.26）（新19）‖④强横霸道的气焰。……赵树理（1906—1970）《邪不压正》："二姨问：'刘锡元如今还是那么霸气？'聚财说：'不是那么霸气，就能硬逼住咱闺女许给人家？'"（汉十一732）（例中"霸气"当为形容词）

[摆渡]〈动〉居中传递。◇曾繁钦角球发起来后，郝海东、尚青两次摆渡后，隋新铭拔腿便射，将比分扳成1:1平。（人民日报.1995.1.13）（新25）‖③传递。周立波《纪念》（1942）："我们用小柳的一只鞋子，装着他遗留给我们做纪念的这句话，慢慢的，郑重的从一个房间摆渡到另一个房间。"（汉六960）

[班长]〈名〉指领导班子的主要负责人。◇在农村党支部领导班子中，党支部书记是支委会一班人的"班长"，是群众的领头雁和主心骨……（人民日报.1995.1.12）（新28）‖③军队编制单位班的领导人。……引申为一定组织成员的领导人。毛泽东《党委会的工作方法》（1949）："党委要完成自己的领导任务，就必须依靠党委这'一班人'，充分发挥他们的作用。书记要当好'班长'。"（汉四560）

[颁赠]〈动〉颁发赠予。◇善良的人们大概不再会相信李登辉的"康乃尔之旅"仅仅是"受到母校的邀请,返校接受颁赠'杰出院友奖',并在欧林讲座作演讲"。(人民日报.1995.9.1)(新28)‖ 犹颁赐。沙汀《在其香居茶馆里》(1940):"而在三年以前,他的大门上已经有了一道县长颁赠的匾额:尽瘁桑梓。"(汉十二270)

[帮扶]〈动〉帮助扶持。◇在对全区113个中、小乡镇企业开展科技帮扶工作中,共实现合同额3000万元,年增产值1.15亿元,年出口创汇125万美元。(经济参考报.1991.10.24)(新33)‖ 帮助扶持。《古今小说·新桥市韩五卖春情》:"灰桥市上新造一所房屋,令子吴山,再拨主管帮扶,也好开一个铺。"(汉三763)

[绑缚]〈动〉捆绑。◇当他说起这棵树就是当年吕锋被人绑缚的大榆树时,立即跳了下来。(钟山.1984.5)(新33)‖ 捆绑。元关汉卿《王闺香夜月四春园》第三折:"将这厮绑缚定,往开封府见大人去来。"(汉九802)

[傍靠]〈动〉依靠;紧靠。◇有名的金鞭岩的岩峰,拔地而起,蔚为壮观。它呈菱形,西南两边垂直,傍靠一峰岩形如巨鹰,翘首展翅。(南方周末.1984.10.20)(新34)‖ 倚靠;紧靠。碧野《没有花的春天·序曲》(1946):"在久远的年代以前,这南边滨临南海,北边傍靠九连山脉的周围千里广阔的地面上,曾经有过一次大灾祸。"(汉一1610)

[保护伞]〈名〉本指"核保护伞"。比喻能起到庇护作用的人或事物。◇亏损企业的"保护伞"应当拿掉。(人民日报.1979.1.22)(新39)‖ 比喻保护某些人或某一势力范围,使其利益不受损害或不受干涉的力量。《中华人民共和国对外关系文件集·外交部副部长章汉夫在扩大的日内瓦会议第七次限制性会议上的发言》(1954):"这种军事同盟的保护伞只能对和平事业带来坏处,而决不能带来任何好处。"(汉一1397)

[暴跌]〈动〉(物价、股价等)短时期内猛然下降。◇此间报纸把这次法郎暴跌称作"爆炸性震动"的事件。(人民日报.1985.2.16)(新46)‖ 指物价急剧下降。薛暮桥《稳定物价和我们的货币制度》(1965):"在国际市场上,常常出现由于若干国家抢购黄金以致金价暴涨、币值暴跌的现象。"(汉五827)

[暴富]〈动〉在短时间内一下子获得巨额财富。◇×××暴富后,不仅在生活上大肆挥霍,而且为非作歹。(解放日报.1985.11.20)(新46)‖ 突然发财。宋杨万里《答提刑何正言书》:"伏蒙远寄真酥八斤……松实、赤鳔各十斤,公以为千里之鸿毛,我但觉穷儿之暴富。"(汉五828)

[爆响]①〈动〉爆炸并发出巨响。◇1964年秋,罗布泊核实验场各路

大军云集,帐篷连营千里,代号596的我国第一颗原子弹就要爆响了。(光明日报.1988.11.8)(新49)‖突然而猛烈地发出声响。曹禺《北京人》(1941)第一幕:"文清与瑞贞赶紧跑去关上通大客厅的门扇,鞭炮声略远,但仍不断地爆响,半天才歇。"(汉七311)

[卑俗]〈形〉卑劣庸俗。◇这种纯洁的友情,你怎么能想得那么卑俗。(收获.1980.3)(新50)‖低劣庸俗。金王若虚《文辨》:"王元之拟伯益《上忧启》、子房《招四皓》等书,既无佳意,而语尤卑俗。"(汉一872)

[崩泻]①〈动〉堤岸崩塌,水流奔泻。◇眨眼之间,流泥涌水崩泻而出,施工人员闪开了,他和一位技术员被泥水齐腰埋住。(人民日报.1995.7.1)(新54。又"崩"释为"堤岸崩塌",不确)‖犹倾泻。峻青《黎明的河边》(1955)四:"冲在堤上的浪涛被堤岸挡住了……掀到半天空,然后又像瀑布似的崩泻下来。"(汉三841)

[迸落]〈动〉急速落下。◇这时,人们拼命向前拥挤,竞相投掷硬币,势如急雨。迸落到箱外的硬币,值勤的警官则认真投入箱内。(人民日报.1985.1.27)(新54)‖犹散落。晋潘岳《射雉赋》:"倒禽纷以迸落,机声振而未已。"(汉十804。又,从两本词典全部例句看,"急速落下"与"散落"没有本质的区别)

[逼害]〈动〉迫害。◇我受不了你爸爸的毒打及逼害,决定回娘家了。(人民日报.2000.10.7)(新55)‖犹迫害。秦牧《艺海拾贝·河汉错综》(1962):"秦香莲被陈世美抛弃和逼害之后,死里逃生,向包公投诉。"(汉十1026)

[逼令]〈动〉强迫命令。◇林彪知道后大发脾气,说瑞卿"搞背后活动",超越了职权,逼令瑞卿"在什么范围活动的就在什么范围消除影响"。(人民日报.1978.9.1)(新55)‖强迫命令。晋葛洪《抱朴子·至理》:"吕后德之,而逼令强食之,故令其道不成。"(汉十1023)

[笔会]①〈名〉指由诗人、散文家、小说家等组成的有影响的国际作家组织。一些国家也相应设立了本国笔会。◇1980年成立的中国笔会中心目前拥有会员160名,吸收外籍会员这还是第一次。(文汇报.1983.7.13)‖PenClub的汉语译名。国际性著作家团体,1921年在伦敦成立。该会的中国分会,1929年在上海成立,由蔡元培任理事长。鲁迅(1881—1936)《南腔北调集·看萧和"看萧的人们"记》:"两点光景,笔会(PenClub)有欢迎。"(汉八1165)

[闭锁]〈形〉关闭、封锁,与外界隔绝。◇新的生活向她招手,她义无反顾地从落后的道德观念中,从闭锁愚昧的生活空间中,从身心备受摧残的

桎梏中挣脱出来。(人民日报.1995.6.11)(新59)‖②封闭关锁。郭沫若《行路难》(1924)中篇第三章:"有闲有产的坐食的人们,你们那腐烂了的良心,麻木了的美感,闭锁了的智性,岂能了解得这'流氓'二字的美妙吗?"(汉十二28)

[弊害]〈名〉弊病;害处。◇这些弊害表明西方文化行将衰落。(人民日报1996.4.27)(新59)‖弊病。清黄遵宪《杂感》诗:"周公作礼乐,谓矫世弊害。"(汉二1319)

(三)

下面,我们将《汉语大词典》1978年前已有用例和出处而又见于《新词语大词典》的词语列出来,供编者、读者参考和进一步研究。

1. 哀哭 2. 爱宠 3. 爱河 4. 爱物 5. 昂奋 6. 靶子 7. 霸气 8. 摆渡 9. 班长 10. 颁赠 11. 帮扶 12. 绑缚 13. 傍靠 14. 保护伞 15. 暴跌 16. 暴富 17. 爆响 18. 卑俗 19. 崩泻 20. 迸落 21. 逼害 22. 逼令 23. 笔会 24. 闭锁 25. 弊害 26. 边茶 27. 边卡 28. 编集 29. 编外 30. 编印 31. 贬毁 32. 辨察 33. 辩诘 34. 憋屈 35. 病车 36. 播洒 37. 播散 38. 播扬 39. 布设 40. 擦损 41. 财神爷 42. 财资 43. 裁退 44. 裁制 45. 采获 46. 菜品 47. 参审 48. 参选 49. 参证 50. 餐室 51. 残烈 52. 灿亮 53. 苍古 54. 惭疚 55. 苍润 56. 嘈音 57. 嘈乱 58. 策谋 59. 掺合 60. 缠结 61. 尝受 62. 怅憾 63. 超踰 64. 车流 65. 撑扶 66. 盛载 67. 痴望 68. 迟笨 69. 冲涤 70. 冲荡 71. 崇仰 72. 出血 73. 怆凉 74. 醇酽 75. 慈蔼 76. 辞锋 77. 磁力 78. 聪俊 79. 存储 80. 呆愣 81. 呆木 82. 单恋 83. 导游 84. 盗伐 85. 盗掘 86. 盗听 87. 调研 88. 盯视 89. 逗耍 90. 顿悟 91. 夺魁 92. 惰力 93. 发包 94. 发掘 95. 法治 96. 繁浩 97. 繁生 98. 饭局 99. 贩售 100. 贩毒 101. 放言 102. 奋飞 103. 奋争 104. 风神 105. 扶正 106. 缚绑 107. 改容 108. 改制 109. 高朗 110. 鸽子笼 111. 恭谦 112. 购买力 113. 购备 114. 股息 115. 怪责 116. 广众 117. 规整 118. 国技 119. 憨顽 120. 行约 121. 皓洁 122. 合资 123. 宏深 124. 宏远 125. 哄闹 126. 花工 127. 花艳 128. 化缘 129. 画格 130. 欢愉 131. 回跌 132. 会务 133. 贿买 134. 纪实 135. 寄寓 136. 假冒 137. 监检 138. 监理 139. 剪修 140. 僵滞 141. 娇俏 142. 解渴 143. 界别 144. 京官 145. 精纯 146. 精警 147. 精熟 148. 劲势 149. 劲挺 150. 劲健 151. 敬羡 152. 揪扯 153. 巨子 154. 聚财 155. 捐资 156. 军威 157. 均摊 158. 开拆 159. 开掘 160. 开盘 161. 勘验 162. 看涨 163. 客房 164. 恪遵 165. 恳直 166. 扣子 167. 苦趣 168. 旷

亮 169. 亏欠 170. 冷背 171. 力士 172. 力作 173. 立卷 174. 连体 175. 联手 176. 联缀 177. 恋念 178. 料理 179. 猎捕 180. 林权 181. 灵醒 182. 领率 183. 流向 184. 留居 185. 律动 186. 轮回 187. 马仔 188. 迈越 189. 脉搏 190. 蛮勇 191. 美味 192. 美育 193. 迷倦 194. 迷向 195. 面试 196. 面议 197. 渺远 198. 民营 199. 名片 200. 摹袭 201. 匿藏 202. 凝听 203. 扭送 204. 浓缩 205. 浓浊 206. 女将 207. 偶戏 208. 拍卖 209. 攀高 210. 攀爬 211. 盘儿 212. 盘络 213. 坯子 214. 陪同 215. 培护 216. 赔情 217. 偏才 218. 偏宠 219. 漂游 220. 飘闪 221. 飘曳 222. 评模 223. 迫真 224. 朴雅 225. 奇秀 226. 祈请 227. 棋师 228. 起步 229. 起用 230. 掐尖 231. 签证 232. 潜能 233. 翘待 234. 翘盼 235. 翘望 236. 亲子 237. 沁润 238. 轻装 239. 清俭 240. 清健 241. 求售 242. 球籍 243. 热力 244. 人渣 245. 认捐 246. 荣称 247. 柔丽 248. 柔美 249. 柔润 250. 揉合 251. 濡润 252. 入股 253. 入籍 254. 少男 255. 涉外 256. 神驰 257. 审办 258. 审校 259. 审结 260. 审验 261. 失收 262. 失序 263. 诗作 264. 时风 265. 时花 266. 时蔬 267. 食客 268. 势态 269. 受动 270. 受聘 271. 殊荣 272. 疏解 273. 疏旷 274. 输血 275. 暑夏 276. 束腰 277. 双轨制 278. 顺境 279. 私货 280. 思归 281. 厮拼 282. 松解 283. 送检 284. 速滑 285. 琐杂 286. 汰除 287. 探看 288. 逃漏 289. 特邀 290. 梯次 291. 梯队 292. 提点 293. 恬雅 294. 甜心 295. 跳槽 296. 停板 297. 停市 298. 停薪 299. 同性恋 300. 统通 301. 偷漏 302. 头筹 303. 投资 304. 透射 305. 透现 306. 突现 307. 吐实 308. 推定 309. 推搪 310. 腿套 311. 退任 312. 退脏 313. 外水 314. 旺健 315. 旺销 316. 违拂 317. 违制 318. 伪冒 319. 伪证 320. 尾巴 321. 慰留 322. 文阀 323. 西化 324. 吸纳 325. 纤秀 326. 鲜甜 327. 险毒 328. 现职 329. 献艺 330. 乡友 331. 祥和 332. 消减 333. 消纳 334. 销除 335. 小众 336. 啸叫 337. 谐趣 338. 谐调 339. 心海 340. 心念 341. 心智 342. 新潮 343. 新风 344. 新任 345. 薪津 346. 兴廉 347. 行抢 348. 醒觉 349. 雄放 350. 雄峻 351. 雄阔 352. 雄美 353. 雄秀 354. 休会 355. 修润 356. 秀拔 357. 秀逸 358. 喧响 359. 悬垂 360. 旋舞 361. 选刊 362. 选聘 363. 炫丽 364. 训责 365. 讯息 366. 雅隽 367. 雅誉 368. 严处 369. 研攻 370. 厌腻 371. 验视 372. 咬噬 373. 业主 374. 医护 375. 移葬 376. 移植 377. 疑谜 378. 议政 379. 译述 380. 翼护 381. 因应 382. 溢满 383. 银球 384. 银团 385. 隐逝 386. 莹洁 387. 应时 388. 优遇 389. 邮路 390. 游观 391. 语感 392. 浴巾 393. 预分 394. 誉称 395. 怨怪 396. 跃动 397. 越职 398. 载运 399. 攒积 400. 赞羡 401. 赞助 402. 增损 403. 诈取 404. 张扬 405. 障

壁 406. 招聘 407. 招选 408. 招用 409. 朝旭 410. 遮护 411. 遮隐 412. 遮
障 413. 折转 414. 针药 415. 侦视 416. 珍物 417. 支助 418. 执教 419. 植
种 420. 指授 421. 制帽 422. 治乱 423. 质素 424. 质询 425. 掷弃 426. 窒
闷 427. 滞碍 428. 滞货 429. 滞呆 430. 稚龄 431. 稚童 432. 忠耿 433. 重
处 434. 珠峰 435. 主因 436. 贮蓄 437. 驻留 438. 铸炼 439. 转诊 440. 装
缀 441. 追缉 442. 追截 443. 追授 444. 追索 445. 追询 446. 捉获 447. 灼
烤 448. 灼亮 449. 滋扰 450. 自我 451. 纵放 452. 纵论 453. 足额 454. 阻
障 455. 做局

四 近代汉语同步引申例说①

　　词义引申是词义运动的基本形式。经过古今学者不懈努力，词义引申
研究取得了可喜成绩，人们对词义引申方式、类型、规律的认识越来越清楚
了。稍嫌不足的是，以往的研究偏重于单个词词义的发展变化，而对词与词
之间的意义关系缺乏足够的关注。事实上，语言中词义的变化不是孤立的，
意义相关的词在词义引申过程中，往往是相互渗透、相互影响的，从而使词
义引申呈现出系列性的特点。尤其是同义词，它们在某个义项上具有同义
关系，经过引申，在另外的义项上有可能又形成相同的语义关系。这种同义
词朝着同一方向发展演变的现象，称为同步引申。同步引申这一语言现象，
清代学者王念孙在《广雅疏证》中已屡屡论及了，只是不曾正式提出这一名
称而已；今人孙雍长、许嘉璐、蒋绍愚、江蓝生、伍铁平等先生则对此进行了
全面深入的阐述。②同步引申说发展了传统词义引申理论，有助于我们在更
高的层次上、更广的范围内来认识和把握词义引申这种语言现象，挖掘一些
鲜为人知的词义，解释一些生僻义项的理据。同步引申上古汉语繁有其例，
近代汉语亦不少见。本文选取近代汉语中八组词例进行分析，以期加深对
同步引申这一语言现象的认识和理解。

　　1. 宽 / 缓

　　"宽""缓"是同义词，《玉篇·宀部》："宽，缓也。""宽"由宽缓、宽容引申
而有宽恕、饶恕义。此义上古汉语即有之，如《荀子·正论》："杀人者不死而

---

　　① 原载《语文建设通讯》（香港）1998 年 12 月第 58 期，有增补。
　　② 详参孙雍长：《古汉语的词义渗透》，《中国语文》1985 年第 3 期；许嘉璐：《论同步引申》，
《中国语文》1987 年第 1 期；蒋绍愚：《论词的"相因生义"》，载《蒋绍愚自选集》，河南教育出
版社 1994 年版；江蓝生：《相关语词的类同引申》，载《近代汉语探源》，商务印书馆 2000 年版；
伍铁平：《词义的感染》，《语文研究》1984 年第 3 期。

伤人者不刑,是谓惠暴而宽贼也。"近代汉语沿用,如《太平广记》卷一百二十《萧续》引《还冤记》:"后数年得疾,王日夜常见张、吴二人。王但曰:'宽我宽我!'少时而薨。""缓"由"宽"相因生义,近代汉语里也产生了一个饶恕义。如《太平广记》卷一百十九《王陵》引《还冤记》:"其年,宣帝有病,白日见逵来,并陵为祟。因呼陵字曰:'彦云缓我!'宣王身亦有打处,少时遂卒。"又同卷《金玄》引《还冤记》:"晋明帝杀力士金玄,谓持刀者曰:'我头多筋,斫之必令即断,吾将报汝。'刀者不能留意,遂斫数疮,然后绝。后见玄绛冠朱服,赤弓彤矢,射持刀者。呼云:'金玄缓我!'少时而死。"又卷一百二十六《万国俊》(出处原缺):"(万国俊)诛斩流人,杀害无数。后从台出,至天津桥南,有鬼满路,遮截马足,不得前进。口云:'叩头缓我!'……舆至宅,夜半而卒。"

2. 迹 / 踪

"迹""踪"本义相同,都指脚印、足迹。引申之,"迹"可指痕迹,特指书画墨迹。痕迹义常见,指书画墨迹,如唐封演《封氏闻见记·图画》:"吏部尚书王方庆宅院有(郑)虔山水之迹,为时所重。"《太平广记》卷二百十三《圣画》引《宣室志》:"寺僧欲先阅其迹。少年曰:'某弟兄七人,未尝画于长安中,宁有迹乎?'"由于同步引申,"踪"也可指痕迹,特指书画墨迹。"踪"指痕迹,如唐韩愈《祭河南张员外文》:"南上湘水,屈氏所沈。二妃行迷,泪踪染林。"《太平广记》卷三百十《三史王生》引《纂异记》:"令搦发者捆之,一捆惘然而苏。东方明矣,以镜视腮,有若指踪,数日方灭。""踪"指书画墨迹,如《太平广记》卷二百十一《王维》引《唐画断》:"其画山水松石,踪似其生,而风标特出。"又卷二百十三《杨炎》引《唐画断》:"卢因从容,乃言欲一踪。以子孙宝之,意尚难之。(杨炎)遂月余图一障,松石云物,移动造化,世莫睹之。其迹妙上上品。"(本例"踪""迹"互用)又卷二百十四《楚安》引《野人闲话》:"有好事者;往往收得其笔踪,或谓之墨宝也。"又同卷《杂编》引《卢氏杂说》:"西壁有韦旻郎中散马七匹,东壁有张旭草真踪数行。"

3. 顿 / 餐

作为量词,这两个词都可以表示饮食的次数。而"顿"又可表示打、骂等行为的次数。"餐"受"顿"词义影响,也获得了上述用法。如《包龙图判百家公案》第五十五回公案:"鲍成大怒,擘面打去,万安鼻上受了一拳,打得鲜血迸落,大骂一餐。"又第六十一回公案:"不想是夜房里明烛到晓,一连三夕,李贼动作不得,饥困已甚,待夜奔出,被江之群仆捉之乱打一餐。""餐"这种用法现代方言仍有沿用。如湖南长沙有"骂一餐"的说法,广东阳江有"打了一餐"的说法(参见《汉语方言大词典》7229 页);柳州方言"餐"作量词,表动量,相当于北京话的"顿""场",如"打一餐""骂一餐""哭一

餐""闹一餐"等（参见《现代汉语方言大词典》5693 页）；香港粤语"餐"字
可用于吃饭、斥责、打骂等行为的次数（参见郑定欧《香港粤语词典》217
页）。又，《三宝太监西洋记》第二回："老祖拽起步来，直入大雄宝殿，熟看
一飧。"华夏出版社 1995 年版 19 页注："飧（sūn，音孙）——晚饭。"音义均误。
同回上文："老祖熟视了一回，无量生欢喜。"两相比较，可知"一飧"义同"一
回"，"飧"同"餐"（"飧"为"餐"的讹俗字），亦表动作行为的次数。

4. 些 / 须

这两个词都有少许、稍许义，两字还常连用，构成"些须""须些"，表示
少许、一点儿。"些"在近代汉语（包括现代汉语）里常用作量词，表示不定
的数量。"须"经过同步引申，也具有相同词义。《隔帘花影》第十九回："了
空着眼上下看泰定，像有须认得；泰定也看这小和尚有须熟。"下文："那人
道：'我们奉将爷的令，亲上船把这须搭载男女们都赶下来的，怎么不真？'"
又第二十一回："鲍丹桂自和母亲在屋里做须针指，替人缝衣做鞋，得须钱来
度日。"又第二十二回："阮守备时常送须小菜果子过去，殷勤他。"下文："我
这药若不效，家里这须老婆们肯依么？"该书例繁不备举。

5. 看 / 瞧

"看"与"瞧"同义。魏晋六朝以后，"看"由"瞻视"义虚化，逐渐产生
了一个助词用法，即用在动词或动词结构的后面，表示试一试。例如：《二刻
拍案惊奇》卷十七："运使道：'你还到他衙中问问看。'"《西游记》第七十四
回："行者道：'你猜猜看。'"由于同步引申，"瞧"在近代汉语里也可用作尝
试态助词。例如：《清风闸》第六回："你想想瞧，为父丢下你来可惨是不惨
的？"又第七回："小继，您想想瞧，两件都不便宜。老实些依我吧。"又第
十四回："你再要说长问短，看我太平拳头，你试试瞧！"又第十六回："奶
奶，你想想瞧，我麻雀子头上有多大的脑子哩！"《冷眼观》第二十九回：
"倘若要遇着一个些微顾脸面的人，你看怎么能受？你倒替他想想瞧。"今
扬州方言犹有这种说法（参见王世华等《扬州方言词典》174 页）。又，表示
短暂或尝试意义的动词重叠式的词尾，除了"看""瞧"以外，浙江吴语还有
"相""觑""望"等，如宁海、三门、黄岩说"吃吃相""问问相"，温州说"想想
觑""听听觑"，永康、武义说"讲讲望""写写望"（参见傅国通等《浙江吴语
分区》18、21 页）。"相""觑""望"本来都与"看"同义或近义，因为类推作
用，也都具有了表示试一试的用法。

6. 抵 / 推

古汉语里，"抵"有"推"义。《广雅·释诂三》："抵，推也。"《大戴礼
记·夏小正》："抵，犹推也。""推""抵"还可连言，如永乐大典戏文《宦门子

弟错立身》第四出:"侵早已挂了招子,你却百般推抵。"(义为拒绝、否认)《飞龙全传》第五十七回:"尔等纵兵强买货物,只把此钱(指新钱)推抵,将我们血本担搁,何以为生?"(义为抵偿)近代汉语里,"抵"引申而有抵押义,清梁绍壬《两般秋雨盦随笔·赊抵折》:"以物质物曰抵。"由于词义相互渗透和影响,"推"在明清白话小说里亦有抵押义,如《型世言》第三十二回:"任天挺只得将田地推抵,孑然一身,与一个妻惠氏苦苦过日。"下文:"他是少了官债,要拿(鼎)去推的,出不起大钱,只可到十五六两之数。相公假的当了真的卖,他少的当了多的推,两便益些,不知肯么?"下文:"孙监生道:'先时推一百八十两赌钱,我要一百八十两。'詹博古道:'赌钱也没讨足数的。'水心月道:'兄呀,他当日看鼎分上,便把你多推些。如今论银子,他自要一百八十两。'"《醒世奇言》第八回:"(上心)一日到夜只是赌,不消半个年头把分与他的田产尽行推了赌账,连那丫鬟使女也都赌账推完了。江氏只叫得苦。上心无钱赌了,没处生发,思量把江氏去抵押钱钞。"下文:"况你兄弟又不在面前,知道他是怎样把田产推与人家的?本县今日只好重治这些人的赌来消你那口气罢了。"

7. 寻 / 觅 / 找

"寻",搜求,寻找。引申之,有赚、挣(钱)的意思。明李诩《戒庵老人漫笔·今古方言大略》:"觅利之言曰寻钱。"近代汉语里其例甚多,如《老乞大》:"我年时跟着汉儿火伴到高唐,收买些绵绢,将到王京卖了,也寻了些利钱。"《朴通事》:"将银子来,滥贱的卖与你,你的手里难寻钱。"《水浒全传》第十回:"如今我抬举你,去替那老军来守天王堂,你在那里寻几贯盘缠。"《三宝太监西洋记》第九十五回:"故此弃了诗书,开张小店,每日寻得几文钱,将就供养老母足矣!"《清风闸》第一回:"俗说:外有寻钱手,家有聚钱斗。"又第十回:"寻钱不费力,费力不寻钱。"《儒林外史》第二回:"李老爹这几年在新任老爷手里着实跑起来了,怕不一年要寻千把银子。"《醒世奇言》第九回:"一年也寻得好些银子,却仍在慷慨上挥霍了去。"《杀子报》第九回:"如今没有徒弟,总是请求客师,这些些进益,被那别人寻去。"今扬州、丹阳、崇明、盐城、上海等方言还有这种说法(参见《汉语方言大词典》2279 页、《现代汉语方言大词典》4594 页),如胡祖德《沪谚》:"会寻不如省用。"又《沪谚外编》:"阿爷出门寻万金,养我大大小小一家门。"与"寻"引申轨迹相同,"觅""找"也有赚、挣(钱)的意思。如宋耐得翁《都城纪胜·闲人》:"又有赶趁唱喏者,探听妓馆人客,及游湖赏玩所在,专以献香送劝为由,觅钱赡家。"元无名氏《焚儿救母》第一折:"觅几文邓通钱,将我娘侍养。"《老乞大》:"我买时,不是买自穿的,一发买将去要觅些利钱。"《朴通事》："觅得高丽钱，大快三十年。"明沈璟《义侠记》第七出："奔走苦波查，觅钞去安家。"《初刻拍案惊奇》卷二十二："我这里埠头上来往船只多，尽有缺少执艄的。我荐你去几时，好歹觅几贯钱来，饿你不死了。"《钱塘湖隐济颠禅师语录》："净洗手打口鼓，也觅得钱。"《醒世奇言》第七回："家中几亩荒田，那里用度得来，靠成大训两个蒙童，顺儿针黹上再觅些少钱来将就过活。"《十二笑》第一笑："装肖星携着妈妈、命儿，重向烟花队中，赚觅衣饭。""找"的例子如：《跻春台·元集·卖泥丸》："况我去了，无人找钱，我妈又怎么过活咧？"又《亨集·川北栈》："我那里有担水桶，去担水卖，一天也可找钱二百，快去找来开我。"又《贞集·错姻缘》："可怜我打草鞋，眼未乱看，足未下机，找不到钱，饨饨哈稀。"《冷眼观》第十八回："（驿卒）一下台阶，嘴里便唧唧哝哝的自言自语道：'我跑了半天，只找到一百个钱，还不够过一餐鸦片烟瘾呢。'""找"通行于西南官话，今四川成都、云南腾冲、贵州贵阳等方言尚沿用（参见《汉语方言大词典》2525 页、《现代汉语方言大词典》1612 页），如曾宪国《嘉陵江边一条街》第三章八："以往，晚上十点多钟还有一些来吃火锅、喝夜酒的人，高竹刚要把这笔钱找了才关门。"2000 年 5 月 5 日《南方周末》："不去（做皮鞋）又到哪里去找钱？"

8. 呵 / 哈 / 呼 / 吹

这组词都有两个既有关联又不相同的意思：喝和吸。先看当喝讲的例子。《金瓶梅词话》第三十三回："金莲分付：'叫你姐夫，寻了衣裳，来这里呵瓯子酒去。'"《醒世姻缘传》第十九回："次日早辰，小鸦儿吃了几个冷饼，呵了两碗热水，依旧挑了担子出去。"宋赵彦卫《云麓漫钞》卷一："世味审知嚼素蜡，人情全似哈清茶。"《跻春台·亨集·白玉扇》："那知茶又烫口，边吹边哈，把茶哈完。"《金瓶梅词话》第三十七回："婆子道：'老身才吃的饭来，呼些茶罢。'"《豆棚闲话》第八则："方完，孔明即伸手悄悄的摸那酒瓶，私自呼了一口。"《东度记》第五回："只因地方邻里，家有甚酒食事情，他便知道，来吹来吃，来揽来管，以此起了他二人这个名色。他二人不耕不种，没处吹吃，骗惯钱钞，何从长有。"以上我们分别举了一些实例，来说明"呵""哈""呼""吹"诸词都有喝、饮义。另外，这组词又均有吸义（多用于吸鸦片烟），例如：《青楼梦》第六回："把妆台上的兰丝烟儿装一管我呵呵，你肯不肯？"（现代汉语亦有用例，如李劼人《大波》第三部第一章："〔吴凤梧〕接过主人递来的水烟袋，一口气呵得烟哨嗯噜嗯噜直响。"）《跻春台·利集·审烟枪》："天喜先已暗将烟器放在楼底下，取出摆设烧好去哈，怎哈不动，连栽两次，还是一样，始知枪不通气。"下文："放火上拷得泡子鼓，栽枪上放在口内呼。哈不动又往灯上做。"《海上繁华梦》后集第二十五回："他别的并不在行,那洋烟却飕飕飕的很是会呼。"《九尾狐》第五回:"(谦良)拿着水烟筒呼了几筒,又与杨四闲谈了好一回,然后作别辞去。"《品花宝鉴》第四十二回:"亮轩原不会吹烟,不过借此消遣。"《九尾龟》第七回:"(厚卿)已有了烟瘾,躺下去吹烟。"汉语方言里,吃、喝、吸等概念往往可以用同一个词来表示,如"吃",吴语就有吃饭、吃茶、吃酒、吃香烟等说法;"食",粤语、闽语等方言就有食饭、食茶、食酒、食烟等说法。"呵""哈""呼""吹"等词兼有喝、吸二义,与之同理。

以上我们对八组同义词进行了比较考察,它们的引申轨迹都表现出平行发展的现象。其中"缓""踪""餐""须""瞧""推""寻""觅""找"诸词上文讨论的特殊词义和用法都未见《汉语大字典》《汉语大词典》等大型辞书收录;"呵""哈""呼""吹"等词之喝、吸二义,现有辞书或均失载,或只列喝义,或只列吸义,未见收列齐全者。从这个意义上看,本文也可补苴大型语文辞书的某些疏漏。

五 互文见义与古诗文解读[①]

"互文见义"又叫"互文""互见""互言""互词""参互"等,是古汉语里一种重要的修辞方式,它的主要特点是"参互成文,合而见义",上下文义具有彼此隐含、彼此渗透、相互呼应、相互补充的关系。这种修辞表达方式所自甚早,先秦文献中就繁有其例,汉魏以降更是数见不鲜。首先注意到这种语言现象的当是汉代,如《左传·隐公元年》:"公入而赋:'大隧之中,其乐也融融。'姜出而赋:'大隧之外,其乐也洩洩。'"东汉服虔注:"入言公,出言姜,明俱出入,互相见。"从理论上阐述这种现象的则是唐代,唐贾公彦《仪礼疏》:"凡言互文者,是两物各举一边而省文,故曰互文。"通俗地说,互文是指这样一种语言现象:本来应该合在一起用的两个词语,为了行文简洁或限制字数,在上下文特别是对偶句中各举一端,而省去另一半,在解释时又必须互相补充、互相发明。今人对互文的研究更为深入,把它细分为"分省互补式""相反见义式"等类型。[②]下面,我们先对这两类互文作简要说明,

---

① 原载《汉字文化》2004 年第 1 期,今有改动。

② 参见胡卓学:《中学古诗文课文中互文的理解和翻译》,《中学语文》1992 年第 2 期。胡先生把"互文"分成三类,除了这两类以外,还有一类是"同义对举式"。"同义对举式"即同义词变文避复,如张相《诗词曲语辞汇释》卷二"苦"条:"苦,甚辞,极也。……韩愈《驽骀》诗:'力小苦易制,价微良易酬。'苦与良互文,皆甚辞。"这类互文与一般所说的参互见义的互文不同,不在本文讨论之列。

然后谈谈了解互文见义对于正确解读古书的作用。

1. 分省互补式

这类互文最为常见,特点是前后两部分各举一边,在意义上相互补充。例如:

（1）国危则无乐君,国安则无忧民。（《荀子·王霸》）

（2）战城南,死郭北,野死不葬乌可食。（汉乐府《战城南》）

（3）牛困人饥日已高,市南门外泥中歇。（唐白居易《卖炭翁》）

（4）浔阳江头夜送客,枫叶荻花秋瑟瑟。主人下马客在船,举酒欲饮无管弦。（唐白居易《琵琶行》）

以上句子如果按照字面来解释,即使做到了字字落实,其实仍是不完备的。如例（1）,国危固然没有乐君,何尝又有乐民?国安固然没有忧民,何尝又有忧君?其实"君""民"是互文,《荀子》的原意是说国危则无乐君、乐民,国安则无忧民、忧君。例（2）"战"与"死"互文,"城南"与"郭北"互文,言城南郭北都有战争,也都有战死的人。例（3）"牛困人饥"应是牛与人都又困又饥的意思。例（4）是说主人与客人都下了马都到了船上,因为下文说主、客还在船上举酒对饮。

2. 相反见义式

这类互文不能从上下文中找出现成的互文词直接拼合互补,而是前后两部分相对的两个词语弦外有音,应当各自补出意义相反或相对的词语,方才文义相足。例如:

（5）君子约言,小人先言。（《礼记·坊记》）

（6）申舟曰:"郑昭宋聋。"（《左传·宣公十四年》）

（7）东人之子,职劳不来;西人之子,粲粲衣服。（《诗经·小雅·大东》）

例（5）郑玄注:"'约'与'先'互言尔。君子'约'则小人'多'矣,小人'先'则君子'后'矣。"例（6）孔颖达疏:"'郑昭'言其'目明',则宋不明也;'宋聋'言其耳闭,则郑不闭也。耳目各举一事而对以相反。"例（7）孔颖达疏:"东人言主劳苦,则知西人为逸豫;西人言其衣服鲜明,则东人衣服敝恶,互相见也。""职",主,专任;"来",通"勑",慰问。这四句诗等于说东人之子专任劳苦之事,得不到慰问,衣服破旧;西人之子却生活安逸,衣服华丽。

互文见义具有行文简洁内涵丰富、语言精练意义完备的优点。它是一种修辞技巧,一种表现手法,同时也是一种训诂方法。懂得互文见义的道理,才能正确而完整地理解古诗文的含义,提高阅读和欣赏的能力。否则,就会造成误解、曲解,甚至闹出笑话来。例如:

（8）迢迢牵牛星，皎皎河汉女。（《古诗十九首》）

王力先生主编的《古代汉语》注："迢迢，遥远的样子。皎皎，明亮的样子。"人教版初中《语文》第六册注："迢迢，遥远的样子。皎皎，光明洁净的样子。"从表面上看，释义很准确，但仔细一想，还有问题：牵牛星遥远，织女星同样遥远；织女星明亮，牵牛星同样明亮。周振甫先生《诗词例话》认为，这两句是互文，"即迢迢皎皎牵牛星，皎皎迢迢河汉女。"这才是完整准确的理解。

（9）正直之道可以得利，则臣尽力以事主；正直之道不可以得安，则臣行私以干上。（《韩非子·奸劫弑臣》）

清人王先慎曰："利当作安。下云'不可以得安'，正反对'得安'而言，即其证。"王氏看出了点"问题"，但若云"安当作利"似乎亦通。蒋礼鸿先生《怀任斋文集》则说："'安''利'二字互文见义。正直而可以得利，则安在其中矣。正直而不可以得安，安且不可得，尚何利之望？上用利，下用安，文省而意足如此，王氏乃欲改之乎？"蒋氏可谓得其真谛。

（10）大城铁不如，小城万丈余。（杜甫《潼关吏》）

清人仇兆鳌注："上句言其坚，下句言其高。"此注等于没注。钱钟书先生《管锥编增订》引清人施鸿保《读杜诗说》："此互言也。大城未尝不高，小城何尝不坚。分解非是。"以"互文相足"释之，方得确诂。

例（8）至例（10）均属"分省互补式"的互文见义，这类互文因为可以找出现成的互文词补足文义，还不是最难识别。"相反见义式"的互文见义则比较隐晦，如果不细心体会，就很难辨识出来。例如：

（11）朱门酒肉臭，路有冻死骨。（杜甫《自京赴奉先县咏怀五百字》）

前些年，许多人写文章对杜甫的这一名句提出了新解，认为"臭"应释作"香"，理由是：朱门的酒、肉都是上等的精品，一般不会腐烂发臭；而"臭"字在古代就有作"香"解的例证。其实，这里诗人是用对比的手法揭露社会的黑暗和不平，"酒肉臭"是说酒肉多得吃不完，以致腐烂发臭了，"臭"完全没有必要释作"香"。[①]如果要推敲一下这一名句，互文手法倒值得一提。照常规，"朱门酒肉臭"则对之以"路有饿死骨"；"路有冻死骨"则对之以"朱门绸缎烂"。然而，诗人不是机械地以吃对吃，以穿对穿，而是以吃对穿，使人从"朱门酒肉臭"推知"路有饿死骨"，从"路有冻死骨"推知"朱门绸缎烂"，从而收到了言此及彼、以少胜多的效果。[②]

---

① 参见汪少华：《古诗文词义训释十四讲》，上海书店出版社2008年版，第23～25页。

② 参见樊维纲：《杜诗"朱门酒肉臭"句释义辨说》，《杭州师范学院学报》1994年第5期。

（12）强本而节用，则天不能贫；养备而动时，则天不能病……本荒而用侈，则天不能使之富；养略而动罕，则天不能使之全。（《荀子·天论》）

其中"动时"的"时"古今有多种解释：一为"（动）以时"，一为"适合时宜"，一为"繁多"。其实"时"指合于时宜，而"养备而动时"与"养略而动罕"两句是相反见义式的互文，前者说"动时"，则意味着后者"动不时"；后者说"动罕"，则意味着前者"动多"。这几句话合起来就是：养备而动时且动多，则天不能病；养略而动罕且动不时，则天不能使之全。详见本书《释"养备而动时"》。

互文见义是古代常见的一种修辞方式，由于它在结构上缺乏显性标志，我们在读古书时要细心玩味，努力找出省去的词语或隐含的意思，切不可泥于字面机械地解释。

六　倒词协韵与古诗文解读①

先请看明代冯梦龙民歌俚曲集《挂枝儿》《夹竹桃》中的几个例子：

（1）二更天，盼不见人薄幸。夜儿深，人儿静，我且掩上门。待他来弹指时，我这里忙答应。怕的是寒衾枕，和衣在床上蹭。还愁失听了门儿也，常把梅香来唤醒。（《挂枝儿·五更天》）

（2）纱窗上乱写的都是人薄幸，一半真，一半草，写得分明。猫儿错认做鹊儿影，爪去纱窗字，咬得碎纷纷。薄幸的人儿也，猫儿也恨得你紧。（《挂枝儿·猫》）

（3）俏冤家，我与你恩情深厚。我纵与别人好，怎肯把你来丢？你为何恋新人忘了奴旧？我好劝你你又不听我，我苦争你又怕结冤仇。不如狠一狠心肠也，啐，各自去丢开了手！（《挂枝儿·发狠》）

（4）来迟去慢姐心烦，等待郎来就撚介个酸。低头谢罪，望娘恕宽。只为乡亲拉去，游山路长。姐道郎呀，你后生家掉子花扑扑个正经弗去干，到跟子个杖藜携酒看芝山。（《夹竹桃·杖藜携酒》）

例（1）与例（2）中的"人薄幸"，顺字读，费解；倒过来作"薄幸人"，则文义通达。例3中的"奴旧"，讲不通；倒为"旧奴"，则意思显豁，"忘旧奴"即忘了旧人，与"恋新人"相对为文。例（4）"恕宽"一般都说"宽恕"。为什么颠倒？为了押韵。例（1）"幸"与"门""应""蹭""醒"押韵（民歌中押韵较宽），例（2）"幸"与"明""影""纷""紧"押韵，例（3）"旧"与

"厚""丢""仇""手"押韵,例(4)"宽"与"烦""酸""山"押韵。

这种改变词序以求押韵的做法,自古即有。清人俞樾《古书疑义举例》卷一"倒文协韵例"、近人杨树达《汉文文言修辞学》第十七章"颠倒"等都已发明其例。今援引两例:

(5)《文选·贾谊〈鵩鸟赋〉》:"怵迫之徒兮,或趋西东;大人不曲兮,意变齐同。"俞樾说:"不言'东西'而言'西东',东与同为韵也。"

(6)《诗经·豳风·东山》:"我东曰归,我心西悲。制彼裳衣,勿士行枚。"杨树达说:"'衣裳'倒云'裳衣',以与上文归、悲下文枚为韵。"

古书多韵语,倒词协韵的情况很多。不达倒词协韵之例,就会犯以下毛病:或主观臆断,妄改古书;或拘泥字面,强为之解。这些毛病古人有之,今人亦在所难免。古人的例子如:

(7)无南无北,奭然四解,沦于不测;无东无西,始于玄冥,反于大通。(《庄子·秋水》)

清人王念孙在《读书杂志》里指出:"'无东无西'当作'无西无东',北、测为韵,东、通为韵。""无东无西"《庄子》原文本作"无西无东",后人不明倒文协韵之例,误改了古书。今人的例子如:

(8)社长排门告示:但有的差使无推故,这差使不寻俗。一壁厢纳草除根,一边又要差夫,索应付。又言是车驾,都说是銮舆,今日还乡故……(元睢景臣《[般涉调]哨遍·高祖还乡》)

人教社1991年版高中《语文》第六册解释"乡故"的"故"说:"故,事情。""故"字固有事、事情义,但施于此恐未惬。其实,"乡故"即"故乡",是为了协韵而颠倒词序。[①]文中"故"字上与"故""俗""夫""付"相押,下与"芦""户"等相押,若换成"故乡",则失韵了。《史记·高祖本纪》:"大风起兮云飞扬,威加海内兮归故乡。"足可佐证。此前一版高中《语文》注为:"乡故,即故乡,为押韵而调换词序。"不误;此拘泥于字面,反而倒退了。又如:

(9)城阙辅三秦,风烟望五津。与君离别意,同是宦游人。海内存知己,天涯若比邻。无为在歧路,儿女共沾巾。(唐王勃《杜少府之任蜀州》)

人教社1987年版初中《语文》第三册解释"城阙辅三秦"说:"城阙,帝王居住的城,这里指长安。辅,辅佐,保卫。三秦,指关中(陕西省潼关以西)地区。"注解虽不误,但把上面解释串起来,这句诗就成了"长安辅佐(保卫)关中地区"。显然,这种理解是不对的,作者的原意是说"三秦辅城

---

① "故乡"倒文作"乡故",宋金元明用例很多。有的是为了协韵而倒的,有的是作为成词使用的。

阙"。之所以颠倒语序,有平仄的原因,有对仗的原因,也有押韵的原因。这首五言律诗属仄起平收式,首句入韵,"秦"与"津""人""邻""巾"押韵。如果换成"三秦辅城阙",则不符合格律要求了。

"倒词协韵"既跟训诂有关,又跟语法、修辞有关。了解这一文例,有助于提高我们古诗文的理解和鉴赏能力。

七　平仄音律与古诗解读①

宋人叶绍翁《游小园不值》诗有两种版本,文字有一定差异。请看:

> 应怜(嫌)屐齿印苍苔,小(十)扣柴扉久(九)不开。
> 满园春色(春色满园)关不住,一枝红杏出墙来。

此据史锡尧先生所录。史先生曾撰有一篇短文,专门辨析第二句"小扣柴扉久不开"与"十扣柴扉九不开"的优劣,认为无论从全诗诗意看还是从诗题看,"十扣柴扉九不开"远不及"小扣柴扉久不开"。②史先生的观点笔者完全赞同。限于论题,史先生没有讨论第三句的异文,但很明显,他是把"满园春色"作为优长写法的,因为他把"春色满园"加了括号,文章中三次引用该句,都写作"满园春色关不住"。对此,我们以为还可一议。

从文义看,"满园春色关不住"与"春色满园关不住"很难定其上下。但这是一首七言绝句,要讲究平仄。这首绝句属"平起平收"式,其平仄格式为(平用"—"表示,仄用"丨"表示,下同):

——丨丨丨——,丨丨——丨丨—。

丨丨———丨丨,——丨丨丨——。

根据近体诗"一三五不论,二四六分明"的规则,第三句的第二字必须是仄声字,第四字必须是平声字,这样才能与上联对句"丨丨——"相粘、与本联对句"——丨丨"相对。因此,从格律要求看,这首诗的第三句只能是"春色满园关不住"。笔者查考过不少选本,一般都作"春色满园关不住",这是正确的。

平仄是构成近体诗格律的最重要因素。毛泽东在给陈毅一封谈诗的信

---

① 原载《汉字文化》2006 年第 1 期,略有改动。

② 史锡尧:《"十"扣?"小"扣?——谈叶绍翁〈游小园不值〉诗句》,《修辞学习》1997 年第 3 期。

中说："不讲平仄,即非律诗。"平仄有规律地交错运用,能使诗歌具有节奏感和音乐美。了解近体诗平仄规律,一方面有助于我们提高鉴赏水平,更好地品味格律诗的音韵美;另一方面,也有助于我们准确地解读古诗,包括校定文字、训释词义、辨析字形,等等。下面试举数例说明之。

(1)《太平广记》卷三百五十《许生》引《纂异录》:

> 树色山光向晚晴,旧曾游处事分明。
> 鼠穿月榭荆榛合,草掩花园畦垄平。
> 迹陷黄沙仍未瘗,罪标青简竟何名。
> 伤心谷口东流水,犹喷当时寒玉声。

王汝涛先生主编的《太平广记选》(齐鲁书社1987年修订本)注:"园,疑当作圃字。"王书怀疑"园"字,大概是过分相信《说文》"园,所以树果也"和"圃,种菜曰圃"的解释了。其实,后世"园""圃"同义通用,"园"可植果木,亦可种菜蔬;"圃"可种菜蔬,亦可植果木。所以单从意义看,诗中作"花园"还是作"花圃",均无不可。但是,如果从平仄音律角度考察,孰是孰非就很容易定夺了。这是一首七言律诗,颔联的平仄格律是:

——｜｜——｜,｜｜——｜｜—。

"园"为平声,于律相合;"圃"为仄声,于律不谐:王书所疑非是。[1]
(2)唐杜甫《春夜喜雨》:

> 好雨知时节,当春乃发生。
> 随风潜入夜,润物细无声。
> 野径云俱黑,江船火独明。
> 晓看红湿处,花重锦官城。

尾联"晓看红湿处,花重锦官城"中的"重"有人读zhòng,也有人读chóng,到底应该读什么?从格律看,尾联平仄格式是:

———｜｜,｜｜｜——。

其中"晓""花"二字"出格",属"一三五不论";"看"古有平、去两音,这里读平声;"湿"今读阴平,古代是入声字,属仄声。"重"处在第二字位置,根据"二四六分明"要求,必须读仄声,读zhòng。当然,从词义看,"重"读

---

① 此例采自范崇高:《〈太平广记选〉校语辨正》,《古籍整理研究学刊》1994年第2期。

作去声，也更符合诗人原意：一夜春雨以后，锦官城里的花朵被雨水滋润沾濡，沉甸甸，红艳艳，生机勃勃，惹人喜爱。

（3）宋志南《绝句》：

> 古木阴中系短篷，杖藜扶我过桥东。
> 沾衣欲湿杏花雨，吹面不寒杨柳风。

人教社1988年版初中《语文》第二册注："杖藜（lí）：扶着拐杖。杖，扶着。藜，一年生草本植物，茎坚硬，可做拐杖，称藜杖。""杖藜"在古书中诚然多为动宾结构，多作"扶着拐杖"讲，但于此诗则未安。因为"扶着拐杖扶我过桥东"文义矛盾，令人费解。这里的"杖藜"实为名词，是藜杖、拐杖的意思。那么，诗人为什么不用词义显豁的"藜杖"，却用易生歧解的"杖藜"呢？只能从平仄角度去解释。这首七言绝句首联的平仄是：

| | — — | | —，— — | | | — —。

对句第二字须用平声字，作"杖藜"，合律（第一字平仄可以不拘）；作"藜杖"，则与"古木"平仄失对。浙江教育出版社1991年版初中《语文》第二册注此诗云："杖藜（lí）：即藜杖。用藜茎做的拐杖。"可谓后出转精。

（4）宋陆游《予年十六始识叶晦叔于西湖上后二十七年访其遗文略无在者乃赋此诗》：

> 故人零落久山丘，谁记京华第一流？
> 曹霸挥毫空万马，庖丁投刅解千牛。
> 相逢梦境何劳记，追想清言未免愁。
> 雷电取将遗稿尽，他年虚有茂陵求。

《汉语大词典》"刅"字条云："刅，chuāng ②两刃刀。"只举一条书证，即上例"曹霸挥毫空万马，庖丁投刅解千牛。""刃"是指事字，左边一点表示刀刃；右边再加一点写作"刅"，当"两刃刀"讲，形义非常契合。但是，文献中"刅"当"两刃刀"讲的实际用例不多，《大词典》所举之例也值得怀疑。首先"庖丁投刅解千牛"用的是庖丁解牛的典故，考《庄子·养生主》说庖丁解牛事，言"刃"不言"刅"，如："彼节者有间，而刀刃者无厚，以无厚入有间，恢恢乎其于游刃必有余地矣。"其次，"刃"俗书可作"刅"。出于书写习惯或字形的整体协调，俗书每有增加笔画的通例。《太平广记》卷八《刘安》引《神仙传》："一人能入火不灼，入水不濡，刅射不中。"又卷二十二《罗公远》引《神仙感遇传》等："夫得神仙之道者……兵刅之属,那能为害也。"《李卓吾批评忠义水浒传》第二十五回："雪刅相侵,刚刀乱搅。"(据《古本小说集成》本,下同)《五色石》第二卷："一夥十来个人,都身穿短衣,手执利刅,抢将进来。"以上"刅"都是"刃"之俗字。再从诗律看,问题就更清楚了。《大词典》所引两句诗的平仄格式为:

〡〡－－－〡〡,－－〡〡〡－－。

依照格律,"刅"只能是仄声字,若读作chuāng,平仄失调;读作rèn,则音律密合。[①]

近体诗一般以两个音节为一个节拍,在每个节拍中,后一个音节是节奏点,要比前一个音节重要得多。第二、四、六各字都是节奏点,吟诵时要读得重,拉得长,所以对平仄要求很严,不能"出格";而第一、三、五各字不是节奏点,对平仄的要求相对比较宽松,因而有"一三五不论,二四六分明"的说法。上面举到的例子,都跟第二、第四字有关,也就跟诗歌语言的节奏美有关,是不能马虎的。

协调平仄是汉语语音修辞学的重要内容,利用平仄规律可以正确解读格律诗,平仄问题值得我们重视。

八 "省句"与古文解读[②]

先从《儒林外史》的一个句子说起。《儒林外史》第一回有句云:

可惜我这里没有一个画工,把这荷花画他几枝,也觉有趣。

这句话,有人认为有语病,并提出了几种修改意见。

香港中文大学郑子瑜教授认为,这句话是"有疾病"的文字,"因为既然句首用了'可惜……没有'这一类否定语,那句末的'也觉有趣'四字是不相称的,应该删去;如果保留'也觉有趣'四字,那句首的否定语气,便应改为设想的语气:'假使我这里有个画工……'。"郑先生还指摘历来的中小学课本竟选这种文字上有毛病的文章作为"模范教材"而编者竟并没有替它改正;又批评夏丏尊、叶圣陶合著的《文章作法》引用到这段文字时"也

---

① 详参笔者《大字典论稿》,浙江教育出版社1998年版,第67页。
② 原载《古汉语研究》2003年第1期,题目为《谈谈"省句"——兼释〈儒林外史〉中的一个句子》。今有增补。

没有替它改正或指出它的缺点"。

沈卢旭先生在姑且假定郑先生认为这句话是"有疾病"的文字这个观点不错的基础上，对郑先生提出的两种改法进行了探讨。沈先生从修辞的角度，认为"也觉有趣"四字"断不可删去"；"可惜我这里没有一个画工"也不能改为"假使我这里有一个画工"。进而提出了第三种改法："这个句子若添上'要不然'三个字，就不但能改通，而且能保持'原汁原味'。"按照沈先生的意见，这句话就改成这样："可惜我这里没有一个画工，要不然把这荷花画他几枝，也觉有趣。"（郑说及沈说均见于沈卢旭《改病句宜兼顾修辞——与郑子瑜教授商榷》，《咬文嚼字》1995 年第 8 辑）

粗粗一看，两位先生的意见都不无道理，经过他们的修改，这个句子确实更通顺了，更合语法了。但玩味再四，觉得郑说既不确，沈说亦未安。我的观点是："病句"本无病，不改自通顺。郑、沈两先生所提出的三种修改法，虽然各不相同，且都有一定道理，但说到底，都是从现代汉语语法规范的角度来考虑问题的，忽略了古人行文有"省句"之例。

"省句例"是我国近现代著名语言文字学家杨树达先生最先提出来的。杨氏在《古书疑义举例续补》卷二"省句例"中说：

"古人文中，常有省略一句者。其所以省略之故，有由于说者语急不及尽言，而记事者据其本真以达之者；有由于执笔者因避繁而省去者。"

共举五例（其中第四例笔者以为实非"省句例"，此不赘）。下面引其三例：

（1）《管子·立政九败解》："人君唯毋听寝兵，则群臣宾客莫敢言兵。"杨氏说：此本当云："人君唯毋听寝兵，听寝兵，则群臣宾客莫敢言兵。"《管子》原文以语急而省去一句。

（2）《史记·外戚世家》："两人所出微，不可不为择师傅宾客，又复效吕氏大事也。"杨氏说：文本当云："不可不为择师傅宾客；不为择师傅宾客，又复效吕氏大事也。"避复，省去一句。

（3）《史记·太史公自序》："故有国者不可以不知《春秋》，前有谗而弗见，后有贼而不知；为人臣者不可以不知《春秋》，守经事而不知其宜，遭变事而不知其权。"杨氏说：两"不可以不知《春秋》"句下，各当有"不知《春秋》"一语，以避复，故省去之。

杨氏在他的另一部著作《汉文文言修辞学》第十八章"省略·省句·语急省"中，亦有相同的论述。"省句例"的发现和提出，是古汉语研究中很有意义的一件事情。它弥补了前人讨论省略只论"省字""省词"而不及"省句"的缺陷，对人们准确理解古书中文意不连贯的句子有重要参考作用。

另外,杨氏所举例子还告诉我们,"省句"其实是省略一个分句,它常常发生在这样的语境里:首句表示禁止、劝阻、否定等语气,中间承上文省略一个表示假设语气的分句,末句则表示在假设条件下要产生的结果。"省句"这种表达方式不仅上古汉语有之,中古汉语、近代汉语也不乏其例。下面是笔者平时读书时随手摘录的例子:

(1)《左传·宣公十二年》:"无及于郑而剿民,焉用之!"全句意为:无及于郑而剿民,及于郑而剿民,焉用之!

(2)汉董仲舒《春秋繁露·灭国上》:"非独公侯大人如此,生天地之间,根本微者,不可遭大风疾雨,立铄消耗。"后半部分意为:不可遭大风疾雨,遭大风疾雨,立铄消耗。

(3)《太平广记》卷四百一十《绮缟树实》引《神异经》:"(绮缟树实)食之,令人身泽。不可过三升,令人冥醉,半日乃醒。"后半部分意为:不可过三升,过三升,令人冥醉,半日乃醒。

(4)元无名氏《独角牛》第一折:"他若和人厮打呵,休着我知道,我不道的饶了他。"后半部分意为:休着(被)我知道,着我知道,我不道的(不至于)饶了他。

(5)《金瓶梅词话》第七十五回:"我到明日打听出来,你就休要进我这屋里来,我就把你下截咬下来。"后半部分意为:你就休要进我这屋里来,进我这屋里来,我就把你下截(阴部)咬下来。

(6)同上第八十九回:"小僧不知小奶奶前来,理合远接,接待迟了,勿蒙见罪。"前半部分意为:小僧不知小奶奶前来,知小奶奶前来,理合远接。

(7)明醒世居士《八段锦》第二段:"你们好好入捣,不要入脱了肛门,不干我事。"后半部分意为:不要入脱了肛门,入脱了肛门,不干我事。

(8)清曹去晶《姑妄言》第十二回:"他再三嘱咐,不可轻传匪人,罪过不小。"后半部分意为:不可轻传匪人,轻传匪人,罪过不小。

(9)同上第十五回:"今有稍赠君辈,持归各理生计,毋为此龌龊事,上辱祖宗,下羞子孙也。"后半部分意为:毋为此龌龊事,为此龌龊事,上辱祖宗,下羞子孙也。

(10)清无名氏《好逑传》第二回:"此系朝廷钦赐禁地,官民人等,俱不得至此窥探,取罪不小。"后半部分意为:官民人等俱不得至此窥探,至此窥探,取罪不小。

(11)清黄世仲《廿载繁华梦》第二十二回:"明儿二十日是大人的生日,这里薄备一盏儿,好与大人祝寿,一来请同院的姊妹一醉,究竟大人愿意不愿意? 妾这里才敢备办来。"后半部分意为:究竟大人愿意不愿意? 愿意,妾这里才敢备办来。又，本例"省句"前表询问语气，与他例稍异。

其至现代汉语里也有类似的句式，例如：

（1）大热天可惜这里没有冷饮，（有冷饮，）喝上一罐，也觉凉快。

（2）不要折花，（折花，）要罚款的！

遗憾的是，杨氏的"省句例"没有引起应有的重视。后来的语法修辞论著及有关教科书凡是讲到省略，往往只讲句子成分的省略，如省略主语、宾语、动词谓语以及介词等，句子的省略则很少被提及，以致人们对"省句"这一文例颇感陌生且时有误解，上文提到的把《儒林外史》这一句子看作病句并加以修改的做法正好说明了这一点。

通过上面分析，已经不难看出，《儒林外史》这一句子正是运用了"省句"表达方式，它和杨氏所举的例子以及笔者增补的例子本质上属于同一句型。把这个句子省去的部分补全了就是这样：

可惜我这里没有一个画工，有一个画工，把这荷花画他几枝，也觉有趣。

所谓"补"，并不是说非得在原文中增加"有一个画工"五个字不可，而是指在理解的时候，应该把这层隐含的意思添补上去。

总之，"省句"跟省略句子成分一样，是正常的语法修辞现象。这种表达方式给解读古书带来了一定困难，但我们不能因此就简单地断定它是病句并随意加以修改。

九　俗字札记四则

（一）"巌"为"严（嚴）"之俗字

"巌"，《汉语大字典》不收，《中华字海》收之，释曰："巌，音未详。姓。唐代有此姓。"（953页）未给出书证和出处。可见"巌"是个疑难字。

"巌"当是"严（嚴）"之俗字。此字习见于明清白话小说。例如：

（1）明清隐道士《皇明通俗演义七曜平妖全传》第五十九回："有地方司守之责者，犹当巌紧缉获防守，以防不测。"（516页。本文所引明清小说均据《古本小说集成》本，每例注明原书页码。为了便于打印，在不影响问题讨论的前提下，引例中的冷僻字均改为通行字。下同）

（2）清无名氏《霞笺记》第八回："众婢子知道夫人的巌恶，答应一声，即刻将丽容赶到厨下去了。"（117页）

（3）清爱月主人《戏中戏》第二回："只是一件，闻得他的父母虽然教他学戏，又防闲得极巌。"（26页）

（4）清爱月主人《比目鱼》第十三回："院子遂持书而往，早兴夜宿，已到戾陵地方。"（83 页）又第十六回："再说楚玉在戾陵时，与石公不时相聚。"（136 页）

（5）清烟霞主人《幻中游》第一回："蕙郎虽幼，我戾加查考，他也断不至于放荡。"（6 页）又第十回："只见堂规威戾，人役森列。"（85 页）又第十二回："（石生）遂打扫一座净屋，糊得戾丝合缝。"（107 页）

（6）清娥川主人《炎凉岸》第六回："刘瑾见天子见识如此明透，说话如此精戾，吓得战战兢兢，汗流浃背。"（177 页）又第八回："至于羽从鼓乐之精戾，灯彩旗盖之华盛，自然极其出色。"（245 页）

（7）清乌有先生《绣鞋记警贵新书》第五回："凤姐被父兄责骂不堪，日夕酷禁房中，极为戾密，不许别人来往，水泄不通。"（59 页）又第十八回："此间乃法律森戾所在，不能滞久迟延。"（205 页）下文："但畏惧父兄威戾，焉能为之力挽。"（208 页）

（8）清嗤嗤道人《五凤吟》第二回："邹公取来展开一看，见端戾活泼，就如大士现身。"（13 页））又第十一回："一日有个相识在戾世藩门下，就托他脚力，用了许多银子，备上若干礼物，进去拜戾世藩为门生。"（127 页）

（9）清无名氏《警富新书》第八回："吾侪孟浪，冒渎威戾，幸勿见怪。"（49 页）又第二十八回："寺前一个巡厂，厂外大书'盘诘奸细，戾拿走私'八字。"（163 页）又第三十一回："近闻赣州稽查戾紧，何官人以孤客而保他过厂，必然功弃中途。"（176 页）又第四十回："查出稍有私纵，戾行参革。"（238 页）

（10）清无名氏《万年清奇才新传》第七回："如若走漏风声，重犯逃脱，即行从戾究办不贷。"（171 页）

（11）清松排山人《铁冠图》第三十回："皇上发下刑部，把贼囚史金刚等戾审口供。"（206 页）

（12）清石玉昆《忠烈侠义传》第一回："亏得老员外持家有法，规范威戾。"（48 页）

以上诸例"戾"同"严（嚴）"，无烦疏释。古汉语里，"严（嚴）"的俗体很多，《碑别字新编》就列有 19 个。[①]此外，还可写作"厳"，此字《中华字海》已收，谓"同'严'。见《宋元以来俗字谱》"；草书楷化简作"戾"，亦见《中华字海》（"厳""戾"二字《古本小说集成》习见，而《汉语大字典》均失收，当补）；由"戾"进一步简化，于是就成了现在的简化字"严"。

---

① 秦公：《碑别字新编》，文物出版社 1985 年版，第 442 页。

又可写作"炭"，此字不见于古今字书。例如：

（13）明余象斗《北方真武祖师玄天上帝出身志传·国王蓬莱山修行》："天尊曰：'学道之法炭谨，天地无私，安可免得。务要再生修炼，方能入道。'"（42页）

（14）清潇湘迷津渡者《都是幻·梅魂幻》第四回："酒令炭如军令。若再强辨，我们鼓噪辕门。"（69页）

又可写作"嚴"，此字《汉语大字典》《中华字海》均不载，《书法字典》引有文天祥的字例，[①]今举几个《古本小说集成》的例子：

（15）清爱月主人《比目鱼》第十一回："渔童下船问了地名，回覆莫翁道：'这是嚴陵地方，去七里溪只有十里之遥。'"（60页）

（16）清无名氏《于公案奇闻》卷一第九至十回："贾贼以病托付：'嚴治假冒口称是我亲生之子，重责口监，俟下官病好再审真情。'"（18页）

找到了"嚴"字，我们终于可以弄清楚了，俗体"炭"正是由"嚴"草书楷化简写而成。"嚴"之简作"炭"，与"嚴"之简作"炭"、"嚴"之简作"炭"，正可比勘。

"严（嚴）"可写作"炭""炭"，类推之，"俨（儼）"可以写作"候""候"，例如：

（17）明西大午辰走人《南海观世音菩萨出身修行传·仙人手自调药》："此手分明是我第三个女孩儿的手，我记得他左手虎口有一点黑痣，今却候然。"（103页）

（18）清无名氏《画图缘》第十三回："只见那女子：宛从天降，神色惊人；候若仙临，奇容骇目。"（450页）

（19）清娥川主人《炎凉岸》第八回："将个八品县尉，候然宪府威光。"（245页）

（20）清无名氏《警富新书》第十六回："美兰年可二旬，生得如花似玉……候如仙女降凡。"（93页）

（21）明无名氏《孔圣宗师出身全传·备论历代帝王》："景仰东鲁孔圣人，灵通各物候如神。"（48页）

（22）明钟惺《有夏志传》卷三："吾子不鄙，而候然就教，台之幸也。"（467页）

（23）清潇湘迷津渡者《都是幻·梅魂幻》第五回："此时月色微明，忙去船头看之，面貌候然是宫主。"（83页）

---

① 《书法字典》（据历朝名帖石刻影印），上海书店1985年版，第87页。

在清代时期韩人金春泽的《九云梦》里，"严（嚴）"还可简写作"叩"（《说文·叩》："嚴，教命急也。从叩，厂声。""嚴"为形声字，上形下声，省去声符，即成"叩"字)，类推之，"俨（儼）"可以写作"伽"。例如：

（24）《九云梦》卷一："自别叩父，只依慈母。"下文："家叩今在何山，而体履亦何如？"下文："杨生泣诉曰：'或因先生，可得一拜于家叩乎？'"（均33页）又卷二："夫人坐于中堂，威仪端叩。"（67页）又卷三："上大悦曰：'此文典重叩截，恩威并施，大得诰谕之体，狂寇必自戢矣！'"（119页）又卷四："君命至叩，弟子已与杨家绝矣。"（193页）又卷五："前日之累抗叩教，有所拘于人伦而不获已也。"（242页）又卷六："自古附马未有如承相之放荡者，此由于纪纲之不叩也。"（306页）

（25）《九云梦》卷一："众弟子伽然正坐。"（12页）

以上"候""俟""伽"三字《汉语大字典》《中华字海》均不载；"叩"字字书有其字而无此义，并当补之。

（二）"养"为"养（養）"之俗字

"养"亦不见于《汉语大字典》，《中华字海·补遗》收之，释曰："养，音义待考。字出《ISO—IECDIS 10646通用编码字符集》。"（1759页）

"养"当是"养（養）"之俗字。《古本小说集成》中触目皆是。例如：

（1）明安遇时《包龙图判百家公案》第八回公案："（梅生）终日侍奉二亲，曲尽孝养之乐。"（56页）又第十一回公案："乌衣国里风光好，养子成时便带回。"（74页）又第八十九回公案："给赏婆子官银一十两，以作养老之资。"（474页）

（2）明无名氏《五鼠闹东京传》卷一："养得脚好，方可回来。"（41页）又卷二："施俊将圣上赏赐银一车分一半与郑先生养老。"（84页）

（3）明西大午辰走人《南海观世音菩萨出身修行传·妙善化身治病》："我今虽能成道，父母养育之恩，亦当补报。"（85页）又《仙人手自调药》："养志守身亲义重，捐躯竭力孝行高。"（107页）

（4）明无名氏《孔圣宗师出身全传·周齐君臣服圣》："龙合而成体，散而成章，乘是云气，而养乎阴阳。"（15页）

（5）明朱星祚《二十四尊得道罗汉传·杯渡罗汉》："（尊者）窥见其家神座上供养一尊金佚（佛）。"（129页）

（6）明归正宁静子《详刑公案·奸情类·吴代巡断外女争锋》："（汪泽）家资贫穷，挑担营生，抚养妻子。"（111页）又《妒杀类·许兵巡断妒杀亲夫》："（赵仁）招赘张仲为东床，以养其老。"（303页）

（7）明余象斗《廉明奇判公案传·人命类·曹察院蜘蛛食卷》："萧声曰：'你养得一桂，独养不得我？'"（41页）

（8）明朱鼎臣《唐三藏西游释厄传·小姐嘱儿寻殷相》："母子双双拜谢长老养育之恩。"（220页）

（9）明邓志谟《咒枣记》第四回："少年儿，少年儿，鲁参不能养鲁皙，颜路反为颜回悲。"（36页）

（10）明长安道人国清《警世阴阳梦·阳梦》第九回："又调养十数日，人都白胖了。"（147页）

（11）《京本通俗小说·菩萨蛮》："齐国有个孟尝君，养三千客。"（39页）

（12）清嗤嗤道人《警寤钟》第四回："（必成）反赠了杨氏三十金，送他为养老之资。"（56页）

（13）清嗤嗤道人《五凤吟》第二回："邹公道：'庵中养静固好，薪水之事，未免分心。'"（15页）又第八回："（枣核钉）养好咬伤之处，以免妻子打骂。"（91页）

（14）清龙邱白云道人《玉楼春》第六回："我平日戏他，他却不肯；今私自养汉，偷生一对淫种在此。"（76页）

（15）清吴兴白云道人《赛花铃》第十二回："（红生）上覆方老安人，教他好生调养。"（261页）

（16）清烟霞散人《幻中真》第九回："若蒙圣恩得赐骸骨以归故里，躬耕南亩，归养双亲，死且不朽。"（231页）

（17）清烟霞主人《幻中游》第十回："因他母亲年迈，告终养老回家。"（88页）又第十七回："他两个小叔见念氏回来，愁无养膳，意味作难。"（159页）

（18）清烟霞主人《跻云楼》第十三回："我有渡世良缘一册，览此可洗脱尘氛，保养性灵。"（150页）

（19）清时韩人金春泽《九云梦》卷五："上以御笔大书曰：'奉太后圣旨，以养女郑氏封为英阳公主。'"（222页）下文："鸣剑之志虽展于今日，列鼎之养不及于亲闱。"（233页）

（20）清乌有先生《绣鞋记警贵新书》第十二回："但当小心调养，且待伤痕平复，再作区处。"（136页）又第十八回："陈氏拜了静远为师，从此收心养性，杜门不出。"（202页）

（21）清无名氏《警富新书》第二回："儿子养福、女子桂蝉，皆髫龄也。"（11页）又第三十一回："家中养得一女，名唤神仙，年方十五。"（176页）

（22）清无名氏《枕上晨钟》第一回："年己虽小，却是生得风姿秀丽……竟不像这等人养的。"（24页）

（23）清无名氏《阴阳斗异说传奇》第三回："你不思养静修真，成其正果。"（21页）又第十回："他的公子不用说是娇生贵养，自然貌美。"（98页）

（24）清守朴翁《醒梦骈言》第三回："孙寅家礼（里）旧时养个鹦哥，孙寅天天清早起来教他些唐诗。"（123页）又第四回："次日按爷打道先行，随打发轿马接父母到衙门里奉养。"（179页）又第七回："母亲也是他独一个养膳。"（301页）

（25）清洪琮《前明正德白牡丹传》第十回："刘宇瑞对母言明李锦云养病之事。"（124页）

（26）清石玉昆《忠烈侠义传》第八回："你若好好的保养身子，我便立个方儿。"（352页）下文："若无字据，将来你如何养赡呢？"（359页）

"養"俗书又作"养"，此字《汉语大字典》《汉语大词典》都已收，《古本小说集成》亦习见，不赘举。"養"由草书楷化而写作"养"；同样的道理，"癢"亦由草书楷化而写作"痒"。类推之，"痒（癢）"可以写作"痒""痒"。例如：

（27）明朱鼎臣《唐三藏西游释厄传·三藏过朱紫狮驼二国》："怪女当痒痛不过，含羞上岸，走转洞中。"（544页）

（28）清烟水散人《珍珠舶》卷四第一回："（杜小姐）哦咏数遍，不觉技痒难禁。"（262页）又卷五第一回："东方生听罢，不胜技痒。"（345页）

（29）清嗤嗤道人《警寤钟》第九回："那晓得儿痛痒，母耽心，推干就湿备劳辛。"（121页）

（30）清无名氏《飞花咏》第四回："小姐一时技痒，或画两幅山水。"（116页）

又，《简化字源》"痒〔癢〕"条云：清代的《岭南逸史》却另有一种简体作"痒"。[①]

（31）清嗤嗤道人《警寤钟》第三回："秀童因久不做文，一时技痒，果然也作一篇。"（33页）

（32）清天花藏主人《济颠大师醉菩提全传》第一回："见我静修没痛痒，你要动中豁虎跳。"（8页）

"痒""痒"两字均不见古今字书收录，当代大型字典当补收。

（三）"奂梦"当作"鱼梦"

张诚信先生《郭沫若书赠辛冠洁七律一首》（《汉字文化》2006年第1

---

① 李乐毅：《简化字源》，华语教学出版社1996年版，第270页。

期)一文,介绍了郭老1959年在丹麦手书七律一首赠辛冠洁教授的情况,并将这幅行书中堂加以影印,还附了释读文字。其颈联的释读文字是这样的:"丰年奂梦天同乐,公社人歌日不斜。"

今谓"丰年奂梦"文字有误。理由是:其一,"奂梦"义不可通。根据格律诗对仗要求,"奂梦"对"人歌","奂"应是名物词。其二,细辨郭老手迹,"奂"当是"奐"之行书写法,而"奐"则是"鱼"的俗体(汉字底部"灬"古今俗书或可写作"大",如"煎"又作"奠"、"点"又作"奌"等)。刘复、李家瑞《宋元以来俗字谱》:"鱼",《古今杂剧》《太平乐府》作"奐"。元张可久《柳营曲•山中》:"杏花村沽酒客,桃源洞打奐人。"是其证。其三,"鱼梦"于古有征。《诗经•小雅•无羊》:"牧人乃梦,众维鱼矣……大人占之:众维鱼矣,实维丰年。"毛传:"阴阳和,则鱼众多矣。"郑笺:"鱼者,庶人之所以养也。今人众相与捕鱼,则是岁熟相供养之祥也。"宋欧阳修《毛诗本义》:"鱼之为物,生子最多。故梦鱼者占为丰年,岁无水旱,则野草茂而畜牧肥,此牧人之乐也。"由此可见,"梦鱼"或"鱼梦"是丰年的吉兆。后人也多有用此典的,如元方回《送赵仁则官满西归三首》诗之三:"西成稼穑占鱼梦,南纪干戈息马尘。"明冯裕《牧牛》诗:"共喜维鱼梦,年年屡报丰。"郭老"丰年鱼梦天同乐"用的正是《小雅•无羊》的典故。

(四)大型字典应补收"祂"字[1]

翻阅《标杆人生》(〔美〕华理克著,PD翻译组译,上海三联书店2006年版)一书,发现书中用了许多"祂"字。例如:

(1)耶稣站在十字路口。祂要完成祂的目的,为神带来荣耀。(41页)

(2)圣经说:"因着祂的爱,神已定意借着耶稣基督,使我们成为祂的儿女——这是祂的喜乐和意旨。"(48页)

(3)神看见你享受祂的创造,祂就会喜悦。祂赐你一双眼睛可以欣赏美物,一双耳朵可以听声音,一个鼻子来享受各种气味。(58页)

(4)圣经说:"是祂救了我们,并拣选我们作祂的圣工,不是因为我们配得,而是出于祂的计划。"(200页)

(5)我们因此将一切交回神的手中,唯独祂能拯救我们,因为祂甚至能叫死人复活。而祂真的帮助我们,拯救我们脱离了一次可怕的经历,免于一死;是的,我们期望祂能一次又一次地帮助和拯救我们。(218页)

(6)圣经说:"基督改变我们,使我们由祂的敌人变成祂的朋友,并交给

---

[1] 本文写作过程中,杨静波同学提供了部分资料,谨表谢忱。

我们一个责任,就是要使其他人同样成为祂的朋友。"(252页)

《标杆人生》里,"祂"字用例极繁,不备举。

内蒙古人民出版社2001年9月出版的《席慕蓉文集》也有用例:

伊格尔,如果生命不在水的流动中,祂还会在哪里? (463页)

点击网络查"祂"字,竟然"约有1,990,000项符合'祂'的查询结果"。下面试举"恩典在线·疑难解答"之四十七《神既是全能的,为何祂不能造不会犯罪的人?》(作者程蒙恩)为例:

> 神是全能者,祂又是公义的,祂作事全不违背祂自己。试想若祂所造的人只是像机械人那样,完全受祂的控制,这样,人对祂的敬拜就毫无意义,祂也得不着荣耀。所以,祂乃是照着祂自己的形象和样式造出完全有自由意志的人。然后,人借着认识祂而甘心乐意的来敬拜事奉祂,如此,神才能得着荣耀。正如现今那些因信耶稣基督得蒙拯救的人,因着甘心乐意的拣选祂而使祂得着荣耀,使撒旦蒙羞。

对于大陆一般读者来讲,"祂"无疑是个冷僻字。国内出版的大小字典、词典里,只有《中华字海》收了"祂"字,解释说:"祂,音义待考。字出北大方正《汉字内码字典》。"通行字典、词典不给"祂"字一字之席或用"音义待考"来处理,显然不能满足读者释疑解惑的需求,也与字典、词典反映语言文字使用实际的功能相违背。

台湾圣经公会董事周联华先生在《圣经中的"祂"和"他"》一文中说:"在教会中使用的诗歌本里面,歌词中往往将指向上帝或耶稣的第三人称,用'祂'来表示,与指向一般人的'他'作为区别。坊间的文章在提及上帝或神明时,也是如此。"又说:"'祂'字在香港和台湾,特别是教会人士和基督教机构,用得普遍,但在大陆并非如此,'祂'字没有那么普遍。辞典中也没有'祂'字的出现,表示目前'祂'并不是一个正式的字。"周联华先生介绍了"祂"的指称对象、使用范围和流通区域,无疑是正确的;但随着日益加快、不断拓展的文化交流,"祂"字已经不知不觉地传到大陆,进入我们的视野,上揭书籍和网络用例即是明证。在这样的情况下,字典、词典及时地收录"祂"字,才是与时并进的态度,积极科学的做法。

事实上,网络字典中已经收录了"祂"字。如"在线新华字典":"祂,tā,称上帝、耶稣或神的第三人称代词。""汉典网"解释相同。但是网络字典、词典毕竟不能代替纸质字典、词典。因此,我们建议,在《新华字典》《现代汉语词典》《汉语大字典》《汉语大词典》等权威工具书修订的时候,能够补收"祂"字,既客观地反映语言事实,又方便读者查考。

下　编

　　本编以训诂学功用为纲，从四个方面展开讨论。第一章"训诂与语文教学"以人教社教材为例，讨论中学《语文》课本古文注解问题。中学《语文》古文注解失当甚至错误的现象不是个别的，许多词语大型辞书已有准确的解释，相关论著已有精当的考订，但往往得不到应有重视和及时吸收。本章讨论的教材有的还在使用，有的虽然不用了，但其中许多名篇仍出现在各地各种教材中，因而这项研究仍有一定参考价值。第二章"训诂与古籍整理"包括词语校释及标点正误等，校勘、标点正是古籍整理的主要内容。历史性的语文辞书向来被看作是训诂专著，训诂与辞书编纂的关系至为密切。第三章"训诂与辞书编纂"以《汉语大词典》《汉语大字典》为例，对其进行匡谬正误、拾遗补缺，是训诂应用于辞书编纂实践的探索。方言来自古汉语，方言里保存了许多古词古义，利用训诂知识可以解决方言本字、来源及训释等问题。第四章"训诂与方言研究"以清代《越谚》和现代吴语为例，对此进行了探讨。

第五章　训诂与语文教学

一　人教版中学语文课本古文注释发疑（上）①

本文对全日制普通高级中学教科书（试验修订本·必修）《语文》（人民教育出版社2000～2002年版）文言文注释提出质疑。

［畜］五亩之宅，树之以桑，五十者可以衣帛矣。鸡豚狗彘之畜，无失其时，七十者可以食肉矣。百亩之田，勿夺其时，数口之家，可以无饥矣。（《寡人之于国也》）

第一册74页注："鸡豚狗彘之畜（xù）：鸡、狗、猪的畜养。畜，畜养。"

第五册《齐桓晋文之事》也有"鸡豚狗彘之畜，无失其时"的说法，"畜"字无注（157页）。两篇课文均出自《孟子·梁惠王上》。其中上一例"畜"字，王力主编《古代汉语》（校订重排本）注为"畜（xù），养，指养育"，下一例"畜"字，郭锡良等编《古代汉语》（修订本）注为"畜：畜养"。这是目前通行的看法。然据文例，"五亩之宅""百亩之田"均为偏正结构，"宅""田"均为名词，"鸡豚狗彘之畜"也当是偏正结构，"畜"也当是名词。此"畜"音chù，义为人所饲养的禽兽。古代鸡也属于"畜"。《礼记·曲礼下》："问庶人之富，数畜以对。"唐孔颖达疏："数畜以对者，谓鸡豚之属。"《左传·昭公二十五年》："为六畜……以奉五味。"晋杜预注："马、牛、羊、鸡、犬、豕。""鸡豚狗彘之畜"这一偏正结构中的定语属同一性的定语，即定语与中心语所表示的事物有同一关系，只是别名和总名的区别。《墨子·公输》："公输盘为楚造云梯之械。"《列子·汤问》："以君之力，曾不能损魁父之丘。"是其例。此"畜"解作名词，学者中不乏其人。杨伯峻《孟子译注》（中华书局1960年版）把"鸡豚狗彘之畜"翻译为"鸡狗与猪这类家畜"（22页），并把"畜"字明确注解为"名词，畜牲，牲口"（416页）。杨宝忠《古代汉语词语考证》（河北大学出版社1997年版）更有"释'畜'"专条，详论此"畜"即"六畜"

---

① 本文主要以下列文章为基础整理修订而成：《高中古诗文注释辩证二题》，《语文学习》2002年第11期（与毛刚飞合作）；《〈智取生辰纲〉中的四则注释》，《语文建设》2003年第2期；《古代戏曲词语辨释》，《语文学习》2003年第5期；《新版高中语文课本（单册）文言文词语辨释》，《宁波大学学报》（教育科学版）2004年第6期；《高中〈文言读本〉注解商兑》，《宁波教育学院学报》2010年第2期；《〈伤仲永〉"贤于材人远矣"辨释》，《语文建设》2010年第10期（与王兆钱合作）。

之"畜"(119页),并可参阅。

[抗]谪戍之众,非抗于九国之师也。(《过秦论》)

第一册86页注:"抗:高,强。"

"抗"训高,多为高尚、高亢义,而无高出、强义。此"抗"当是匹敌、抗衡义。字又作"亢""伉"。例如:

(1)《墨子·非攻中》:"计其土地之博,人徒之众,欲以抗诸侯。"

(2)《后汉书·班彪传》:"荣镜宇宙,尊无与抗。"唐李贤注:"抗,犹敌也。"

(3)《南史·谢瞻传》:"瞻文章之美,与从叔琨、族弟灵运相抗。"

(4)汉扬雄《赵充国颂》:"料敌制胜,威谋靡亢。"

(5)《后汉书·仲长统传》:"角知者皆穷,角力者皆负,形不堪复伉,势不足复校。"

以上"抗""亢""伉"古字通用,并为匹敌、对等、抗衡之意。《过秦论》之"抗"亦当如是解释,方能文义通顺。

[为]劳苦而功高如此,未有封侯之赏,而听细说,欲诛有功之人,此亡秦之续耳。窃为大王不取也!(《鸿门宴》)

第一册90页注:"窃为大王不取也:私意认为大王不采取(这种做法为好)。"

"窃为大王不取也"一句,旧版语文课本已有两种解法:1."私意以为(这是)大王不(应)采取(的做法)。为,以为。"2."私意为了大王,不采取(这做法)。"三个版本其实是两种说法,一是"为"释作动词"认为、以为",一是"为"释作介词"为了"。今谓二说皆非,此"为"是介词替的意思。"窃为大王不取也"是臣子劝谏君王时一种委婉的表达方式,不正面说大王这种做法不对,而是换个角度,以劝谏者(臣)的身份说,我替大王(考虑),不采取这种做法,不赞成这么做(不取:不赞成;不采取)。这种句式古书习见,笔者仅从《战国策》《史记》《汉书》三书就检得近二十例。兹举数条如下:

(1)《战国策·秦策五》:"骄、忿非伯主之业也,臣窃为大王虑之而不取也。"

(2)《史记·春申君列传》:"今王妒楚之不毁也,而忘毁楚之强韩、魏也,臣为王虑而不取也。"

(3)《战国策·赵策三》:"今君易万乘之强赵,而慕思不可得之小梁,臣窃为君不取也。"

(4)又《韩策一》:"今王攻韩,是绝上交而固私府也,窃为王弗取也。"

(5)又《燕策一》:"今君之齐,非赵之利也。臣窃为君不取也。"

(6)《史记·袁盎晁错列传》:"陛下谦让,臣主失礼,窃为陛下不取也。"

（7）《汉书·晁错传》："内杜忠臣之口，外为诸侯报仇，臣窃为陛下不取也。"

例（1）、例（2）值得注意，例（1）"臣窃为大王虑之而不取也"，例（2）"臣为王虑而不取也"，"为大王（王）"后有"虑之（虑）"字，"为"表替义更加显豁。

上述"为"字当介词替讲，还可以从其他类似句式中得到印证。请看以下例子：《庄子·说剑》："今大王有天子之位，而好庶人之剑，臣窃为大王薄之。"《战国策·东周策》："弊邑固窃为大王患之……臣窃为大王私忧之。"又《西周策》："夫本末更盛，虚实有时，窃为君危之。"又《秦策三》："臣窃为王恐，恐万世之后有国者，非王子孙也。"又《齐策一》："今乃西面事秦，窃为大王羞之。"《史记·张仪列传》："夫守易危之功而逆强秦之心，臣窃为大王危之。"《汉书·贾谊列传》："陛下又不自忧，窃为陛下惜之。"又《严助传》："今闻有司举兵将以诛越，臣安窃为陛下重之。"以上诸例"为"均训替，句法与《鸿门宴》例相同，可作旁证。本例郭锡良等编《古代汉语》注为"我替大王考虑，觉得不应该这么做"，是；汪维辉先生《评新版中学语文课本文言文的注释》（《古汉语研究》1990 年第 2 期）一文也论及之，今更广其例，助成其说。

［高危］念高危，则思谦冲而自牧。（《谏太宗十思疏》）

第二册 72 页注："念高危，则思谦冲而自牧：想到（自己的君位）高而险，就要不忘谦虚，加强自身的道德修养。冲，虚。牧，养。"

全日制普通高级中学语文实验课本（必修）《文言读本》（人民教育出版社 2000 年版）下册 58 页注解相同。注解有望文生训之嫌。"高危"乃同义复词，"危"不是险，义同"高"。《说文》："危，在高而惧也。"引申之，"危"有高、惧、危险等义。"危"当高讲，古诗文用例繁富，兹举数例：

（1）《庄子·盗跖》："使子路去其危冠，解其长剑。"陆德明释文："危冠，李云：'危，高也。'"

（2）北周庾信《终南山义谷铭》："桂月危悬，风泉虚韵。"

（3）唐李白《夜宿山寺》诗："危楼高百尺，手可摘星辰。"

（4）唐杜甫《旅夜书怀》诗："细草微风岸，危樯独夜舟。"

再从课文看，"念高危……"以下是一组排比句："惧满溢，则思江海下百川；乐盘游，则思三驱以为度；忧懈怠，则思慎始而敬终；虑壅蔽，则思虚心以纳下；惧谗邪，则思正身以黜恶。"其中"满溢""盘游""懈怠""壅蔽""谗邪"等均为同义连文，可证"高危"亦当如此。

把"高危"释作"高而险"是因袭旧注，人教社 1988 年版高中《语文》

第六册244页注:"高危:高而且危。"对此,李志忠先生《中学古文注释商榷》(《新疆师范大学学报》1988年第1期)一文就已经予以订正;后来出版的《汉语大词典》"高危"条义项二云:"指尊高的帝位。唐魏征《谏太宗十思书》:'处高危则思谦降,临满盈则思挹损。'清魏源《默觚下·治篇九》:'夫惟人君不以高危自处,而以谦卑育物为心,人人得而亲近之,亦人人得而取给之。'"(首例文字与课本有异)释义也很准确。总之,"念高危"即想到尊高的帝位或想到自己君位的尊高,不能按字面理解。

[妇姑]妇姑荷箪食,童稚携壶浆。相随饷田去,丁壮在南冈。(《观刈麦》)

第三册23页注:"妇姑荷箪食:妇女们挑着盛有饭食的竹篮。妇,已婚的女子。姑,未婚的女子。"

释义有望文生训之嫌。古代"妇"可指已婚的女子,"姑"单独指未婚的女子似未见。其实"妇姑"是婆媳的意思(姑,婆婆;妇,儿媳)。《汉语大词典》"妇姑"条释曰:"妇姑,婆媳。汉贾谊《新书·时变》:'妇姑不相说,则反唇而眤。'《后汉书·董卓传》:'〔董卓〕又议太后足蹙迫永乐太后,至令忧死,逆妇姑之礼,无孝顺之节。'""妇姑"本来指婆媳,白居易诗中也可理解为泛指妇女,但"姑"决不可以解作姑娘、少女。

[谓言]谓言无罪过,供养卒大恩。(《孔雀东南飞》)

第三册35页注:"谓言:总以为。"

本篇"谓言"共两见,另一例是"谓言无誓(愆)违",课本注:"总以为你不会有什么过失。"(37页)郭锡良等编《古代汉语》注:"谓言:自以为。"以上解释均未达一间。如果追问一下,原文"谓""言"各是什么意思,注文"总""自"对应原文哪个字,一般人恐怕不好回答。教材当注明:"谓,以为。言,以为。这里'谓言'是同义连文,仍作以为讲。""谓""言"都有说义,"言为心声",又都引申为以为义。"谓"当以为、认为讲,先秦即有,无烦举证。"言"字东汉以后也可作以为讲,如《先秦汉魏晋南北朝诗·晋诗·杂歌谣辞·凤凰歌》:"凤凰生一雏,天下莫不喜。本言是马驹,今定成龙子。"《乐府诗集·吴声歌曲·华山畿》:"夜相思,风吹窗帘动,言是所欢来。""谓言"连用,古书习见,例如:

(1)梁释慧皎《高僧传·齐释僧祜》:"谓言地狱不烧智人,镬汤不煮般若,此皆操之失柄,还以自伤。"

(2)唐释道世《法苑珠林》卷十《求婚部》引《佛本行经》:"我于先时谓言太子不解多种伎艺,令我心疑,不嫁女与;我今已知,愿受我女,用以为妃。"下文:"复有诸兽自相谓言:汝等且待,莫共相争,听彼牸虎自选取谁,即为匹偶。"

（3）唐张鹭《游仙窟》："（下官）言曰：'向见称扬，谓言虚假，谁知对面，恰是神仙！'十娘曰：'向见诗篇，谓言凡俗，今逢玉貌，更胜文章。'"

（4）唐聂夷中《行路难》诗："莫言行路难，夷狄如中国。谓言骨肉亲，中门如异域。"

（5）唐于濆《宫怨》诗："谓言入汉宫，富贵可长久。君王纵有情，不奈陈皇后。"

关于"谓言"一词，已有多位学者作过考证，参见蒋绍愚先生《〈祖堂集〉词语试释》"谓言"条（《中国语文》1985年第2期），徐仁甫先生《广释词》"谓言"条，江蓝生先生《魏晋南北朝小说词语汇释》"谓"条、"言"条，王锳先生《唐宋笔记语辞汇释》"谓言"条等。专家之论，凿凿有据；教材不取，洵为憾事。

[便]年始十八九，便言多令才。（同上）

第三册37页注："便（biàn）言多令才：口才很好，又多才能。便言，很会说话。便，敏捷。令，美好。"

"便言""便"各家注音、释义颇不一致，代表性的说法还有两种：1.《辞源》："便（pián）言，巧于言辞。"《汉语大词典》："便（pián）言，善于辞令，有口才。"（均举本例一例） 2.《汉语大字典》："便，（二）biàn通'辩'。善于言辞。"（末例举本例）严格地讲，"便言"不是一个词，而是一个词组。"便"，音biàn，义为善于、擅长。此义王云路、方一新先生《中古汉语语词例释》"便"字条详有考释，《汉语大词典》"便"字条音项biàn下收有"擅长；善于"义，《汉语大字典》音项biàn下收有"熟习；擅长"义，并可参。下面援引一些书证来说明。

（1）《淮南子·齐俗训》："胡人便于马，越人便于舟。"

（2）三国魏嵇康《与山巨源绝交书》："素不便书，又不喜作书。"

（3）《三国志·魏志·吕布传》："布便弓马，膂力过人，号为飞将。"

（4）《晋书·宣帝纪》："帝闻而笑曰：'吾便料生，不便料死故也。'"

（5）《梁书·范云传》："少机警，有识具，善属文，便尺牍。"

（6）《魏书·崔玄伯传》："（崔）道固美形容，善举止，便弓马，好武事。"

（7）《周书·裴汉传》："（裴）汉善尺牍，尤便簿领（指公文），理识明赡，决断如流。"

（8）宋洪迈《容斋随笔·续笔》卷十二："又有用书语两句而证以俗谚者，如……'吾力足以举百钧，而不足以举一羽'，谚曰：'便重不便轻'之类是也。"

可见，课本"便言"之"便"解作"敏捷"，殊为不当。

[奇]今日违情义，恐此事未奇。（同上）

第三册37页注:"恐此事未奇:恐怕这事这样做不合适。奇,似应为'宜'。非奇,不宜。"

"奇"字按常义解之,似乎讲不通,于是编者把它看作"宜"的讹字。其实"奇"字不误,无烦易字。"奇"古有美、好义,例子不胜枚举。例如:

(1)《楚辞·大招》:"靥辅奇牙,宜笑嫣只。"

(2)《古诗十九首·庭中有奇树》:"庭中有奇树,绿叶发华滋。"

(3)《后汉书·孔融传》:"夫人小而聪了,大未必奇。"

(4)晋陶渊明《感士不遇赋》:"伊古人之慷慨,病奇名之不立。"

(5)又《读史述九章·管鲍》:"奇情双亮,令名俱完。"

(6)宋苏轼《饮湖上初晴后雨》诗:"水光潋滟晴方好,山色空濛雨亦奇。"

例(1)清蒋骥注:"奇牙,美齿也。"例(2)朱东润主编《中国历代文学作品选》注:"奇树,犹嘉树,佳美的树木。"例(3)《世说新语·言语》引作"小时了了,大未必佳"。例(4)"奇名"犹美名,也即《离骚》"恐修名之不立"之"修名"。例(5)"奇""令"对举,例(6)"奇""好"对举,"奇"训美、好其义尤显。闻一多《乐府诗笺》:"奇事,犹佳事也。"可为定谳。

[骤]时不可兮骤得,聊逍遥兮容与。(《湘夫人》)

第三册45页注:"骤:轻易,一下子。"

"骤"历来有两解。汉王逸《楚辞章句》:"骤,数。"即屡、多次。清蒋骥《山带阁注楚辞》:"骤,疾也。"清王闿运《楚辞释》:"骤,遽也。"即疾速、一下子。屡次属频率,急疾属速度,汉民族观念,速度与频率义相因,因而汉语中同一个词往往既表速度快,又表频率高。除"骤"外,"屡"有"多次"义,又有"急速"义;"亟"有"疾速"义(音jí),又有"屡次;一再"义(音qì);"数"有"屡次"义,又有"快"义(均音shuò),详见《汉语大词典》。但一词多义只宜保存在辞书中,在具体的语境里,一个词只能是一个意思。此"骤"当解作屡、多次,义同《左传·宣公二年》"宣子骤谏"、《史记·齐太公世家》"田成子惮之,骤顾于朝"、南朝宋谢灵运《入彭蠡湖口》"洲岛骤回合,圻岸屡崩奔"的"骤"。上引两句是《湘夫人》的结句,《湘夫人》的姊妹篇《湘君》结句作"时不可兮再得,聊逍遥兮容与",再,两次,亦可泛指多次,足证"骤得"即为屡得、数得。本条郭在贻先生《训诂丛稿》有详考(20页、187页),朱东润主编《中国历代文学作品选》、郭锡良等编《古代汉语》、聂石樵《楚辞新注》等注解均不误。

[处]都门帐饮无绪,留恋处,兰舟催发。(《词七首·雨霖铃》)

第三册62页"处"字无注。[①]

"处"字当加注。"处"在古诗文里,既可以表示处所,又可以表示时间。此表示时间,义同"时"。这种用法用例很多,如:

(1)《敦煌变文集新书·佛说观弥勒菩萨上生兜率天经讲经文》:"男见女时如见妹,女逢男处似逢兄。"

(2)唐李白《秋浦歌》诗:"白发三千丈,缘愁似个长。不知明镜里,何处得秋霜。"

(3)唐杜牧《见吴秀才与池妓别因成绝句》诗:"红烛短时羌笛怨,清歌咽处蜀弦高。"

(4)唐黄巢《题菊花》诗:"飒飒秋风满院栽,蕊寒香冷蝶难来。他年我若为青帝,报与桃花一处开。"

(5)宋岳飞《满江红》词:"怒发冲冠,凭栏处,潇潇雨歇。"

古代诗词中"处"当"时"讲,既是避重复的需要,又是调平仄的需要。而"处"之所以有时义,其哲学基础是时空不可分割论。其他表处所的词如"次、所、许、里"等都既可表示处所,又可表时间,其理相同。

[逋慢]诏书切峻,责臣逋慢。(《陈情表》)

第三册112页注:"逋(bū)慢:有意回避,怠慢上命。逋,逃脱。慢,怠慢、轻慢。"

《说文·辵部》:"逋,亡也。""逋"本义逃亡,但这里却非"逃脱"的意思。考《汉语大词典》"逋"字条义项三:"懈怠;稽迟;拖延。《晋书·蔡谟传》:'于是公卿奏曰:"司徒谟顷以常疾,久逋王命。"'唐韩愈《许国公神道碑铭》:'常山幽都,孰陪孰扶,天施不留,其讨不逋。'""逋"字此义常见于复音词中,如"逋弛"(懈怠松弛)、"逋怠"(懈怠)、"逋惰"(拖延怠惰)、"逋慝"(怠惰邪恶)等等。"逋慢"系同义连文,义为稽迟、懈怠、轻慢。下面再举数例为证:

(1)《晋书·齐王攸传》:"夫先王驭世,明罚敕法,鞭扑作教,以正逋慢。"

(2)《魏书·太宗纪》:"刺史守宰,率多逋慢。"

(3)宋王安石《再辞同修起居注第五状》:"然不敢避逋慢之罪而苟止者,非特欲守前言之信,亦不敢上累朝廷。"

(4)明杨士奇等《历代名臣奏议·治势下》:"臣愿陛下遏逋慢之原,杜解弛之渐。"

[里]前日只是趁早凉走,如今怎地正热里要行?(《智取生辰纲》)

---

① "无注"其实也有"注","无注"表示编者认为这个词可按字面意思、常用意思来理解,没有其他特殊含义。但古文中颇多"字面普通而义别者",故当注未注的也在本文讨论之列。

第四册90页"里"字无注。

此"里"与其常义有别，表时间，相当于时。宋无名氏《张协状元》第十六出："妾身年少里，父母俱倾弃。"元张寿卿《红梨花》第三折："正看书里，……到那三更前后，起了一阵怪风。"《醒世恒言》第十四卷："女孩儿听得，自思道：'这里不走，更待何时！'"《警世通言》第十九卷："这里不走，更待何时！"（比较：元无名氏《朱砂担》第二折："此时不走，更待何时？"）《古今小说》第十五卷："行至山半路高险之处，指招亮看一去处，正看里，被康、张二圣用手打一推，撺将下峭壁岩崖里去。"（许政扬注："里，这里同哩。"把"里"看作语气词，恐不妥）下文："浑家道：'你前日在门前正做生活里，蓦然倒地，便死去。摸你心头时，有些温，扛你在床上两日。'"并其例。课文本例前有"趁早凉便行，日中热时便歇"，后有"趁早不走，日里热时走不得，却打我们"，或说"热里"，或说"热时"，更可证"热里"即"热时"。

[却理会] 次日，天色未明，众人起来，都要乘凉起身去。杨志跳起来喝道："那里去！且睡了，却理会！"（同上）

第四册90页注："却理会：慢慢再评理。却，且。"

"却理会"三个字注释有三处失当。释"理会"为"评理"、释"却"为"且"皆不确，"慢慢"二字也是凭空而加。先说"却"。近代汉语里，"却"有副词再义。例如：

（1）唐李白《白头吟》诗："覆水却收不满杯，相如还谢文君回。"

（2）《五代史平话·周史上》："您且在此闲耍几时，却讨个生活归您做。"

（3）《水浒全传》第六回："智深道：'俺且和你斗三百合，却说姓名。'"

例（1）李白另一首同题《白头吟》作"覆水再收岂满杯"，可证"却"即再。例（2）、例（3）"且……却……"搭配使用，是姑且（暂且）怎么样，再怎么样的意思，课本"且睡了，却理会"用法正同。又，同册教材《失街亭》："却说马谡、王平二人兵到街亭，看了地势。马谡笑曰：'丞相何故多心也？量此山僻之处，魏兵如何敢来！'王平曰：'虽然魏兵不敢来，可就此五路总口下寨；却令军士伐木为栅，以图久计。'"文中两"却"字也是再的意思。

"理会"有评理、讲理义，然于此未惬。此"理会"当是商议、处置的意思，"却理会"谓再另行打算或另想办法，相当于现代汉语的"再说"。例如：

（4）《京本通俗小说·西山一窟鬼》："我且归去了，却理会。"

（5）《警世通言》第七卷："且得他量轻发落，却又理会。"

（6）《智取生辰纲》："杨志喝着军汉道：'快走！赶过前面冈子去，却再理会。'"

例（4）张相《诗词曲语辞汇释》"却（七）"条云："却理会，犹云再作计较或再说。"例（5）、例（6）"却又""却再"同义连文，"却又理会""却再理会"义同"却理会"。

"却理会"这一意思，另有不少说法。如"再作区处"（《西游记》第十八回）、"再作道理"（《杜十娘怒沉百宝箱》）、"却作道理"（《水浒全传》第一百十三回）、"却再商量"（同上第十一回）、"却做理会"（同上第十回）等，都是"再作计较或再说"的意思。另外，《失街亭》另有一例"理会"："忽见高翔兵到，二人共说魏兵不知在何处，正没理会，又不见王平兵到。"课本无注。此"理会"是名词，义为主意、办法。

[影]杨志却待要回言，只见对面松林里影着一个人，在那里舒头探脑价望。（同上）

第四册92页注："影着：隐隐约约地出现。"

注解断词不当，又误解词义。"影着"非一词，当以"影"字出条作注。"影"，隐蔽，掩藏。"影"字此义近代汉语中经见，例如：

（1）《敦煌变文集·捉季布传文》："更深潜至堂陛下，花药园中影树身。"

（2）《金瓶梅词话》第三十一回："这琴童连忙把果子藏袖里，将那一壶酒，影着身子，一直提到李瓶儿房里。"

（3）同上第六十九回："那平安和画童都躲在角门外伺候，只玳安儿影在帘儿外边听说话儿。"

（4）《水浒全传》第六十五回："张顺戴上头巾，遮尘暖笠影身。"

课文这例"影"，胡竹安《水浒词典》释为"隐蔽"，《汉语大词典》释为"隐；躲藏"，均是，可从。

[坐地]那汉子口里唱着，走上冈子来，松林里头歇下担桶，坐地乘凉。（同上）

第四册92页"坐地"无注。

"坐地"不加注解，很容易使人望文生训。当加注："坐地，坐着。地，助词，相当于'着'。"以下各例"坐地"均义同"坐着"：

（1）《朱子语类》卷一百四："道理须是日中理会，夜里却去静处坐地思量，方始有得。"

（2）《水浒全传》第六十二回："等得汤滚，卢俊义方敢去房里坐地。"

（3）《古今小说》第一卷："（三巧儿）跑在后楼，靠着床沿上坐地，兀自心头突突的跳一个不住。"

（4）同上第二卷："那田氏还呆呆的坐地，问他时全然不省。"

（5）《二刻拍案惊奇》卷十："且说那些没头鬼光棍赵家五虎，在茶房里面坐地，眼巴巴望那孩子出来就去做事。"

[不道得] 这七个客人道:"……你左右将到村里去卖,一般还你钱,便卖些与我们,打甚么不紧? 看你不道得舍施了茶汤,便又救了我们热渴。"(同上)

第四册93页注:"不道得:岂不是。"

本例"不道得",《水浒词典》释为"岂非",《汉语大词典》释为"犹言岂不是",此为课本注释所本。许少峰《近代汉语大词典》释为"不但,既"。许氏之说系随文释义,固不可取;而解作"岂不是",既没有充分的训诂依据,又不合上下文意和语气,同样不同取。"不道得"又作"不道的""不道""不到得""不到的""不到"等,是宋元以来的俗语词,就笔者目力所及,没有发现一例是当"岂非、岂不是"讲的,也就是说,《水浒词典》《汉语大词典》等辞书所立义项缺乏根据,这一意思其实是不存在的。从文意看,上文是说:你反正是卖酒,我们一样是给钱,卖些给我们有什么要紧?下文"看你不道得舍施了茶汤",若解作"看你岂不是舍施了茶汤",则是肯定卖酒行为的确如同"舍施了茶汤"。但卖酒人重钱财,不让价,下文"我一了不说价,五贯足钱一桶,十贯一担""饶不得,做定的价钱"这些话便是明证。可见,"卖酒"非送酒,不能与"舍施茶汤"画等号;"不道得"也决非"岂不是",不然文义扞格难通。

笔者翻检了手头十几部有关近代汉语的工具书,各家对"不道得"(包括同词异写条目)解释不一,义项分合有异,张相《诗词曲语辞汇释》释为"不至于;不见得;不会得",我以为最为准确。下面的例子可以为证:

(1)《朱子语类》卷五:"便如此著实下工夫去,则一日须有一日之功,一月须有一月之功,决不到虚度光阴矣。"

(2)元无名氏《谢金吾》第三折:"到来日我一星星奏与君王,不到得轻轻的素放了你!"

(3)元无名氏《千里独行》第一折:"嫂嫂,当初依着关羽呵,今日不道的有失也。"

(4)《古今小说》第三十六卷:"师父你只放心,赵正也不到得胡乱吃输。"

(5)《水浒全传》第二十四回:"武松道:'家兄却不到得惹事,要嫂嫂忧心。'"

(6)同上第三十五回:"便是发露到官,也只该个徒流之罪,不到得害了性命。"

(7)同上第三十六回:"只说我梁山泊抢掳了去,不道得治罪于他。"

(8)同上第三十八回:"宋江道:'你便寻我过失,也不到得该死。'"

我认为,课本"不道得"正是不至于、不见得之意。"看你不道得舍施了茶汤,便又救了我们热渴",意思是说,你卖酒,我们给钱,就你来讲,不至于施舍茶汤般的白白给我们喝酒；就我们来讲，喝了酒，解了暑气又解了口渴。

[还言语] 那卖酒的汉子道："不卖了！不卖了！这酒里有蒙汗药在里头！" 众军陪着笑，说道："大哥，直得便还言语？"（同上）

第四册94页注："还（huán）言语：顶嘴。"

《现代汉语词典》"顶嘴" 条解释说："争辩（多指对尊长）：小孩子不要跟大人顶嘴。" 课文中的 "还言语" 恐怕不是这个意思。上文讲到，众军在又热又渴之际，见有一个汉子挑着担桶卖酒，想凑钱买酒吃，被杨志一顿打骂，并指责他们 "全不晓得路途上的勾当艰难，多少好汉，被蒙汗药麻翻了"。后来见卖枣子的客人买了一桶酒吃下后平安无事，又要买酒吃，杨志答应了，那卖酒的汉子则摆起了架子，说了上面这段话。所谓 "还言语"，是指拿言语回报，用言语报复。原先你说我酒里有蒙汗药，不要买我的酒；现在我就以我的酒里有蒙汗药为理由，不卖给你。用你说的话来回报你、"回敬" 你，这就是 "还言语"。

[到得] 有本事出几两银子与我，到得你跟了他去，我别讨个丫头过活却不好？（《杜十娘怒沉百宝箱》）

第四册103页注："到得：换得。"

"到得" 无 "换得" 义，注解凭空立义，不可取。此 "到得" 犹等到、到了。近代汉语繁有其例，如：

（1）宋张元干《石州慢》词："到得却相逢，恰经年离别。"

（2）《清平山堂话本·曹伯明错勘赃记》："忽一日，曹伯明到五更头接客。是冬月，到得五里地时，纷纷雪下。"

（3）《二刻拍案惊奇》卷二十二："到得迁在赁的房子内时，连贾、赵二人也不来了，惟有妻上官氏随起随倒。"

（4）《醒世恒言》第三十五卷："萧颖士日常亏（依赖）杜亮服事惯了，到得死后，十分不便，央人四处寻觅仆从。"

（5）《醒世奇言》第一回："那夜灯光下看不清楚，到得明日他又起得早了，未曾见面。"

《汉语大词典》收了 "到得"，义项一即为 "等到；到了"，并举有课本此例。教材编者未予参考采纳，甚憾。

[伫听] 独酌无聊，忽听得歌声嘹亮，凤吟鸾吹不足喻其美。起立船头，伫听半晌，方知声出邻舟。"（同上）

第四册108页注："伫：立。"

"伫" 训 "立"，则与 "起立船头" 之 "立" 义复。"伫" 本义久立，引申之，有积聚、凝聚义，故 "伫眷" 谓感情凝聚、关心深切，"伫结" 谓凝聚郁积，"伫

兴"谓畜积感情,"伫思"谓沉思、凝思,"伫听"谓凝神倾听(详参《汉语大词典》有关条目)。下面是"伫听"的例子:

(1)清蒲松龄《聊斋志异·婴宁》:"有巨石滑洁,因据坐小憩。俄闻墙内有女子,长呼'小荣',其声娇细。方伫听间,一女郎由东而西。"

(2)宋之的《草地颂歌》:"你渴望追逐翻飞的蝴蝶,伫听鸟儿的啁啾。"

又,《杜十娘怒沉百宝箱》这篇课文还有一些词语释义不够具体、确切,往往只说出大概意思,没能做到字字落实。例如:"我们行户人家,吃客穿客,前门送旧,后门迎新。"注:"行(háng)户人家:做娼妓这一行生意的人家。"大意不错,但未说清楚"行户",还有可能误导。"行户"即"行院""衖衕",义为妓院。下文:"(孙富)家资巨万,积祖扬州种盐。"注:"积祖扬州种盐:祖上历代在扬州做盐商。"可进一步说明:"积祖,累世,世代。种盐,做盐商。"下文:"他意欲侨居苏、杭,流连山水,使小弟先回,求亲友宛转于家君之前。俟家君回嗔作喜,然后图归。"注:"宛转:宛转地劝说,疏通。""宛转"实为通融、斡旋。下文:"你我流荡,将何底止?"注:"将何底止:将要落到什么地步。""底"字费解。《尔雅·释诂下》:"底,止也。""底止"同义连文,古书习见,义为终止。"将何底止"犹言将怎样终止。

这篇课文还有一些词语当注未注。例如:"若三日没有银时,老身也不管三七二十一,公子不公子,一顿孤拐,打那光棍出去。"其中"时"用法特殊,"时"非实词,乃语气助词,用在假设分句的末尾,表停顿,兼表假设语气。同篇课文用例甚多,如"若翻悔时,做猪做狗。""要从良时,怕没有十斛明珠,千金聘礼?""若十日没有,你也不好上门。便上门时,他会说你笑你。""若是要三百两时,莫说十日,就是十个月也难。""只是你要去时,即今就去。"(同册课文《林黛玉进贾府》:"若要好时,除非从此以后总不许见哭声。"用法相同)"说罢,命从人挈一描金文具至前,封锁甚固,正不知什么东西在里面。""十娘尽投之于大江中。岸上之人,观者如堵,齐声道:'可惜可惜!'正不知什么缘故。"两例"正"义同"却"(参胡竹安《水浒词典》540页。同册课文《智取生辰纲》:"七个客人道:'正不曾问得你多少价钱?'"用法相同)。"两下情好愈密,终日相守,如夫妇一般。""妾与郎君情好,已及二载。""情好"义为"交情、感情","好"也作交情讲,"情好"是同义复词(参江蓝生《魏晋南北朝小说词语汇释》166页)。"李甲在舟中,看了千金,转忆十娘,终日愧悔。""转",更加。

[兀的](卜儿哭科,云)孩儿放心,这个老身都记得。天哪,兀的不痛杀我也!(《窦娥冤》)

第四册168页注:"兀的:这。兀,指示代词的前缀,用在'的''那'等的前面。"

近代汉语里，"兀"可作代词（不限于指示代词）的前缀，如"兀那"犹言那，"兀谁"犹言谁。但"兀的"是个多义词，常见的有两种用法。

一、指示代词，这，这个。例如：

（1）金董解元《西厢记诸宫调》卷六："这的般愁，兀的般闷。"

（2）元关汉卿《调风月》第一折："觑了他兀的模样，这般身分。"

（3）元无名氏《千里独行》第一折："兀的真个是俺哥哥的衣甲头盔，可怎生落在他手里？"

例（1）、例（2）顾学颉、王学奇《元曲释词》释为"用作指示词，犹这"；例（3）陆澹安《戏曲词语汇释》释为"这"。

二、与"不"连用，表示反诘。"兀的不"犹言岂不、怎么不。例如：

（4）元吴昌龄《张天师》第二折："三十三天，离恨天最高；四百四病，相思病最苦。兀的不害杀小生也！"

（5）元无名氏《陈州粜米》第一折："哎哟，天哪！兀的不送了我也这条老命！"

（6）元关汉卿《窦娥冤》第二折："明日市曹中杀窦娥孩儿也，兀的不痛杀我也！"

例（4）、例（5）《戏曲词语汇释》释"兀的不"为"怎不"；例（6）《元曲释词》释"兀的不"为"怎不、岂不"等义。

课文《窦娥冤》选自该杂剧第三折，文中有两例"兀的"。除上引一例外，前文另有一例是："天哪，兀的不是我媳妇儿！"我们认为，这两例"兀的"意思有别。"兀的不是我媳妇儿"是窦娥婆婆碰见窦娥"披枷带锁赴法场餐刀"时所说的话，"兀的"具有指代性，课本注："兀的，'这'的意思，带有惊讶的语气。"（167页）很正确。而"兀的不痛杀我也"的"兀的"指代性很弱，重在表示反诘语气，词义与"怎么"相当，"兀的不"犹岂不、怎么不。同剧第二折："窦娥孩儿，这都是我送了你性命。兀的不痛杀我也！"用法相同。课本把两种意义的"兀的"混为一谈了，这是欠考虑的。

同册教材另有几例"兀的"，这里一并说一下。《智取生辰纲》："众军汉道：'这般天气热，兀的不晒杀人！'"课本注："兀的：怎么。"是。下文："杨志道：'俺说甚么？兀的不是歹人来了！'"课本无注，此"兀的"当解为"这"。《长亭送别》："从今后衫儿、袖儿，都揾做重重叠叠的泪。兀的不闷杀人也么哥？兀的不闷杀人也么哥？"课本无注，王力主编《古代汉语》（校订重排本）注："兀的，等于说这。"笔者认为，这两个"兀的"当是表示反问，义同怎么，"兀的不"犹言岂不、怎么不。

[时间] 虽然久后成佳配,奈时间怎不悲啼!（《长亭送别》）

第四册171页注:"奈时间:无奈眼前这个时候。"

注解说出了大概意思,但诠释词义不够到位。王力主编《古代汉语》注:"奈时间:这时节。《古本戏曲丛刊》初集张深之正北西厢秘本正作'这时节'。"虽有异文佐证,但异文并不一定表明两者是等义关系。张燕瑾、弥松颐《西厢记新注》云:"奈时间:怎奈时间太长的意思。"则纯然是主观臆说了。此例"时间"与"久后"对举,"时间"乃眼下、目前之意。"时间"此义,张相《诗词曲语辞汇释》已发之,《辞源》《元曲释词》《汉语大词典》等辞书均有收录。今引数例为证:

（1）金董解元《西厢记诸宫调》卷一:"时间尚在白衣,目下风云未遂。"

（2）金无名氏《刘知远诸宫调·君臣弟兄子母夫妇团圆》:"只为时间竞强弱,岂顾目下掩黄泉。"

（3）元高文秀《襄阳会》第三折:"奈时间将少兵微,你则去访觅英贤可便厮扶持。"

（4）元秦简夫《剪发待宾》第一折:"我恰才觑了陶秀才相貌,虽则时间受窘,久后必然发迹。"

上引《长亭送别》例,《乐府群珠》卷四关汉卿小令《普天乐·崔张十六事》作"久已后虽然成佳配,奈时间怎不悲啼","时间"与以上诸例同义,正是眼下、目前的意思。

[一递一声] 一个这壁,一个那壁,一递一声长吁气。（同上）

第四册172页注:"一递一声:一声接着一声,即你一声我一声。递,交替、更迭。"

注解前后矛盾。谓"一声接着一声",非;谓"你一声我一声",是。"一递一×"是元明汉语中的固定结构,"一递一"后接一个名词或量词,表示某种动作轮流交替地进行,也即表示你多少,我多少。例如:

（1）元无名氏《玩江亭》第二折:"俺师父有两个徒弟,一递一日打柴:他打柴,我学道;我打柴,他学道。"

（2）《金瓶梅词话》第三十七回:"然后西门庆与妇人一递一口儿吃酒。"

（3）《古今小说》第三十九卷:"（程彪、程虎）二个一递一句,说了半夜,吃得有八九分酒了。"

据此,注文"一声接着一声"可删。

[揣] 到京师服水土,趁程途节饮食,顺时自保揣身体。（同上）

第四册173页注:"顺时自保揣身体:顺应时令的变化,保重自己的身体。"

课本未释"揣"字。通行解释往往以"保揣"为一词,而说法又各不相同。《汉语大词典》"保揣"条云："（—chuǎi）谓自量体力而保重之。"则训"揣"为揣度义；张燕瑾、弥松颐《西厢记新注》："保揣：保护、爱惜。"李崇兴、黄树先、姚则遂《元语言词典》："保揣　bǎo chuāi 爱护；保重。"许宝华、宫田一郎主编《汉语方言大词典》："保揣〈动〉保护；爱惜。官话。"三家看法一致，而都未释"揣"字。以上四家所举书证相同，都只有一条，就是本例。另一种解释认为"揣"是助词，相当于"着"。《汉语方言大词典》"揣"字条义项十九云："〈助〉着。官话。元王实甫《西厢记》：'顺时自保揣身体。'又：'挣揣一个状元回来者。'"第三种解释训"揣"为弱，王力主编《古代汉语》注："揣，弱（依张相说）。"

诸说当中，笔者以为张相说最为的当。理由如次：1. 以"保揣"为一词，释为"自量体力而保重之"，有望文生训之嫌，"自量体力而保重之"当云"揣保"，不当云"保揣"；释为"保护、爱惜"等，则"揣"究系何义，为何有这种用法，无以索解。且均孤证难凭。2. 把"揣"当作助词，缺乏根据，不符合语言实际情况。《汉语方言大词典》所举两例，均出自课本《长亭送别》。第一例与该词典"保揣"条释义"保护；爱惜"相矛盾；第二例"挣揣"又作"挣闼""闼闼"，系同义并列结构，课本"挣揣"释为"努力争取"，是。3. 元明戏曲中，"揣"有弱义。张相《诗词曲语辞汇释》"囊揣"条云："囊揣，懦弱之义。意言无能力或不中用也。揣读平声。亦作软揣揣，亦作软揣，亦有只用一揣字者，亦有只用一囊字者。"从张氏所举例子看，"揣"当弱讲，多与"囊""软"连用，例如：

（1）元王实甫《西厢记》第五本第四折："俺姐姐更做道软弱囊揣，怎嫁那不值钱人样虾胸。"

（2）元狄君厚《介子推》第一折："大太子申生软弱，小太子重耳囊揣。"

（3）元马致远《黄粱梦》第二折："俺如今鬓发苍白，身体囊揣。"

（4）元李行道《灰阑记》第三折："沉点点铁锁铜枷，软揣揣婆娘妇女。"

（5）元白朴《墙头马上》第三折："他毒肠狠切，丈夫又软揣些些。"

上引"囊揣"犹懦弱、虚弱，"软揣揣""软揣"犹软弱。简省之，则单说"囊"或"揣"。张氏援引了《西厢记》"顺时自保揣身体"之例，并加以考辨说："揣身体，犹云弱身体也。按今通行之金圣叹本《西厢》，揣身体作千金体，殆以揣字之义难解而改之矣。"（金圣叹本《西厢记》以"揣"字难解，改"揣身体"为"千金体"，虽有妄改古书之病，但他以"揣身体"连读而不以"保揣"连读，亦有可取之处）此说有理有据，可成定论；其后《元曲释词》从之，释本例"揣"为"'囊揣'之省词，指身体虚弱，不健康"，许少峰《近代汉语大词典》释本例"揣"为"虚弱，羸"，均得其真。

[大小] 遍人间烦恼填胸臆, 量这些大小车儿如何载得起？（同上）

第四册173页注："量这些大小车儿：读时应在'大'字下作顿。意思是说, 量这样大的小车子。"

"大小"乃一词, 读时不应在"大"字下作顿, 否则就读破句了。近代汉语里, "大小"常常用作偏义复词, 有时偏指大, 有时偏指小, 视具体语境而定。例如：

（1）金董解元《西厢记诸宫调》卷四："张兄淫滥如猪狗, 若夫人知道, 多大小出丑！"

（2）元王实甫《西厢记》第五本第四折："若有此事, 天不盖, 地不载, 害老大小疔疮！"

（3）《醒世姻缘传》第三十三回："这们大小, 读了五六年书, 一个送礼的帖子还叫个老子求面下情的央及人写。"

（4）《水浒全传》第十六回："相公可怜, 抬举你做个提辖, 比得芥菜子大小的官职, 直得恁地逞能！"

以上例（1）至例（3）偏指大, 例（4）又见同册教材《智取生辰纲》一文, 偏指小。课本的例子, 张燕瑾、弥松颐《西厢记新注》："大小, 偏义复词, 小的意思。车本不小, 愁多便嫌其小。"甚确, 可从。

[控] 莫不是金钩双控, 吉丁当敲响帘栊？（《崔莺莺夜听琴》）

第四册174页注："金钩双控：金钩相碰。金钩, 挂帘的金属钩子。双控, 相碰、相击。"

《崔莺莺夜听琴》是课文《长亭送别》后所附的阅读材料, 节选自《西厢记》第二本第五折（课本注为"第四折", 误）。其中"控"字注解可商。控, 悬, 垂。"控"字此义不见于《汉语大词典》《汉语大字典》, 张季皋主编《明清小说辞典》, 李崇兴、黄树先、姚则遂《元语言词典》则有收释, 举有下面等例子：

（1）元无名氏《符金锭》第一折："二月江南莺乱啼, 绕花阴双燕飞, 则见那秋千闲控玉人归。"

（2）《西游记》第五十回："（猪八戒）走入门里, 只见是三间大厅, 帘栊高控, 静悄悄全无人迹。"

以下几例为笔者平时读书所得：

（3）《西厢记》第三本第三折："晚风寒峭透窗纱, 控金钩绣帘不挂。"

（4）元汤式《脱布衫带小梁州·四景为储公子赋》："鱼游锦重衾密拥, 驼绒毡软帘低控。"

（5）《昭阳趣史》卷一："艳妆初试控帘钩, 依前春恨锁重楼。"

（6）《绿野仙踪》第四十五回："床架上鲛绡帐幔, 斜控着一对玳瑁钩儿。"

"金钩双控"两句是说,挂帘的金属钩子双垂,风一吹,发出丁丁当当的声响。

[应]名岂文章著,官应老病休。(《杜甫律诗五首·旅夜书怀》)

第五册146页注:"官应(yīng)老病休:官倒是因为年老多病而罢退。……应,认为是、是。"

张相《诗词曲语辞汇释》卷三:"应,犹是也。"《汉语大词典》"应"字音项yīng下义项二:"认为是;是。"这大概是课本注解所本。笔者以为,此"应"字不必求之过深,以常义解之即完全可通。"应",应该,应当。郭锡良等编《古代汉语》注:"文章著:因文章而显著。老病休:因老因病而罢休。"这两句是说:我的名声哪里是因为文章而显著?官职倒应该是因为年老多病而辞去("休"当解作"辞去官职")。所谓"应该是""哪里是"的"是",是根据文意语气补出来的,并非原文中哪个字相当于"是"。

[省识]画图省识春风面,环珮空归月夜魂。(《杜甫律诗五首·咏怀古迹〔其三)》)

第五册147页注:"画图省(xǐng)识春风面:从画像上可以约略看到她的青春容貌。……省识,不识。"

课本把"省识"既解作"约略看到",又解作"不识",前后矛盾,令人无所适从。杜诗"省识"这一词语,各家说法颇不一致,黄肃秋选、虞行辑注的《杜甫诗选》说:"'省',约略的意思,有人认为是'岂省'两字的省文。"王力主编的《古代汉语》则认为:"省,察。省识,等于说辨认。"《辞海》的解释与《古代汉语》基本相同:"省识(xǐng—)察看;认识。"正举此一例(《汉语大词典》"省识"条释为"犹认识",但未举本例)。以上诸说均可商。考现有辞书,"省"无"约略"义,也无"不"义;若训"省"为"察",则"省识"为并列关系,与下句为偏正关系的"空归"在词性、结构上失对。这个"省"不是实词,清人金圣叹已经指出,他在《杜诗解》里说:"'省'作省事之省。若作实字解,何能与'空归'对耶?"金氏后一句话无疑是正确的,前一句则费解,因为"省事"在古代是多义词,一般为动宾结构,其中"省"仍是实词。

其实,杜诗"省识"前人已有确诂,"省识"即曾识。"省"有副词"曾"义,张相《诗词曲语辞汇释》卷五:"省,犹曾也。"张氏以唐诗为例,引证颇丰;其后蒋礼鸿《敦煌变文字义通释》推衍发挥之,引例更为繁富。今援引数例如下(《太平广记》例为笔者所补):

(1)唐贾岛《寄贺兰朋吉》诗:"会宿曾论道,登高省议文。"

(2)唐白居易《放言》诗:"北邙未省留闲地,东海何曾有定波。"

(3)唐李郢《张郎中宅戏赠》诗:"谢家青妓邃重关,谁省春风见玉颜?"

（4）宋欧阳修《依韵答杜相公宠示之作》诗："平生未省降诗敌,到处何尝诉酒巡！"

（5）《太平广记》卷二百八十六《中部民》引《独异志》："既而问曰：'君省相识耶？'（赵）云曰：'未尝此行,实昧平生。'"

（6）《太平广记》卷三百五十七《蕴都师》引《河东记》："素非省相识,何尝见夫人。"

张相和蒋礼鸿两位先生在抉发"省"之曾义的同时,还就杜诗"省识"作过专门考辨。张氏说："此省识字,解者多从省之本义而作略识解,然上句云省识,下句云空归,句法开合相应,故此省识字以作曾识解为对劲。且证之周邦彦《拜星月慢》词云：'画图中旧识春风面,谁知道自到瑶台畔。'周词脱胎杜诗,旧识正曾识义也。"（见《诗词曲语辞汇释》卷五 573 页）蒋氏说："杜诗以空归、省识为对,空、省并当为疏状字,若以省即是识,则偏枯而失明矣。云曾识者,盖谓画图则曾识面矣,而紫台一去,终没胡沙,环佩归魂,竟成冥漠,其谁得而复觌,惟有抚琵琶之怨曲,识遗恨于无穷已耳。李郢'谁省春风见玉颜',与杜诗字面正同,亦一证。"（见《怀任斋文集·杜诗释词》80 页）上述观点凿凿有据,自当信从,遗憾的是课本未能采纳。

［为］为是其智弗若与？曰：非然也。（《短文两篇·奕秋》）

第五册 164 页注："为是其智弗若与：（难道）认为这个人的智力不及那个人吗？为,通'谓',认为。是,这个人。"

本篇选自《孟子·告子上》,例中"为"字有三解。1. 通"谓",认为。清王引之《经传释词》卷二"为"条云："为,犹'谓'也。《告子》篇曰：'为是其智弗若与？''为'与'谓'同义,言谓是其智弗若也。"课本注解本此,南开大学《古代汉语读本》、于在春《文言散文的普通话翻译·续编》等注译并同。2.《汉语大字典》："为,连词。表示选择关系,相当于'抑'、'或'。"首举本例。3. 因为。杨伯峻《孟子译注》译本例："是因为他的聪明不如人家吗？自然不是的。"我们认为,三说当中,以第三说释作"因为"为优。古汉语里,"为"与"谓"常可通假,但这里读"为"为"谓",解作认为,前后文理不顺,语气不畅,"认为"的主语是谁,无法落实。"为"古代可作选择连词,当还是、或者讲,但据董志翘、蔡镜浩研究,"'为'作选择连词,起自魏晋"（见《中古虚词语法例释》529 页）,蒋礼鸿认为"可以假定认为后汉已用'为'作为选择连词"（见《敦煌变文字义通释》第四次增订本 481 页）,也就是说,"为"用作选择连词,不会早于东汉,可见《孟子》这个"为"不能看作选择连词。其实,这个"为"是介词,表示原因,因为的意思。把"为"解作因为,上下文脉贯通,语意畅达,毫无滞碍。另外,我们还可以在《孟子》一

书中找到旁证。同在第五册的《齐桓晋文之事》一文,有这么一段话:

"为肥甘不足于口与?轻暖不足于体与?……王之诸臣皆足以供之,而王岂为是哉?"

例中两个"为"均是因为,教参把首句译作"是因为好吃的东西不够吃吗?"很正确。"为肥甘不足于口与"与"为是其智弗若与"句式相同,可以"比例而知"。

附带说一下,"为是其智弗若与"之"是",当是判断词,与《孟子·告子上》"钩是人也,或为大人,或为小人"的"是"用法相同。这样,上引两句话可以翻译为:"因为是他的智力比不上吗?回答说:不是这样。"

[加胜]秦王竟酒,终不能加胜于赵。(《廉颇蔺相如列传》)

第六册99页注:"加胜于赵:胜过赵国,意思是占赵国的上风。加,动词。胜,这里作名词。"

全日制普通高级中学语文实验课本(必修)《文言读本》(人民教育出版社2000年第1版)上册96页注:"加胜于赵:胜过赵国。意思是占上风。加,动词。胜,作名词。""加胜于赵"谓胜过赵国,占赵国的上风,是;谓"加"是动词,"胜"是名词,"加胜"是动宾关系,则可商。其实,"加""胜"在这里都是动词,它们是同义连文,超过、胜过的意思。古汉语里,"加"有超过、胜过义,例如:

(1)《礼记·檀弓上》:"夫子曰:'(孟)献子加于人一等矣。'"郑玄注:"加,犹逾也。"

(2)《史记·绛侯周勃世家》:"(周勃)及从高祖定天下,在将相位,诸吕欲作乱,勃匡国家难,复之乎正。虽伊尹、周公,何以加哉!"

(3)《汉书·史丹传赞》:"(史)丹之辅道副主,掩恶扬美,傅会善意,虽宿儒达士,无以加焉。"

"胜"当胜过、超过讲,是常训,例如:

(4)《论语·雍也》:"质胜文则野,文胜质则史。"

"加""胜"还可对举,可连言:

(5)《全唐文》卷五百二十八顾况《信州刺史刘府君集序》:"行加人,言胜人,……物恶其上,自然不容。"

(6)唐道世《法苑珠林》卷二十七:"弘文学士张孝静者,是张瓒父,时号银钩,罕有加胜。"("罕有加胜",谓张孝静擅长抄写佛经,很少有超过他的。)

(7)宋郑獬《右谏议大夫充天章阁待制知沧州兼驻泊马步军部署田公行状》:"贼久蓄谋,一朝发之,其计利害胜负固已精矣,其势非有以加胜于我,则不止。"

（8）清谷应泰《明史纪事本末·修明历法》："（郭）守敬之法加胜于前矣，而谓其至今无差，亦不能也。"

要之，"终不能加胜于赵"，就是终究不能胜过、超过赵国，也就是终究不能凌驾、压倒赵国。

本条写成发表后，发现黄金贵师亦有说："《史记·廉颇蔺相如列传》：'秦王竟酒，终不能加胜于赵。'这里'加胜'连用，'加'即胜义。课本注：'加胜，致胜。加，致。'（志锋按：这是更早版本的注解）这就未得'加'字引申之旨而曲说了。"（参见俞良编《文言文疑难解答》，语文出版社1988年版，第124页）此说甚确。黄先生是在讨论《论语·先进》"加之以师旅"的"加"字时附及《廉颇蔺相如列传》"加胜"之"加"的。特此说明，兼谢师恩。

附　录：

以下六条前五条出自全日制普通高级中学语文实验课本（必修）《文言读本》（人民教育出版社2000年第1版），后一条出自义务教育课程标准实验教科书《语文》（人民教育出版社2001年第1版），一并附在这里。

［因循］凡事要做则做，若一味因循，大误终身。（《要做则做》）

《文言读本》上册45页注："因循：照旧不改。指迁就拖拉延误的旧习惯一味延续下去。"

"因循"是多义词，有沿袭、守旧等义，但于此明显不合。于是课本又作补充："指……"，说了很多，但没有说到点子上。此"因循"当训延宕、拖延。此义自宋代以降，古书经见，聊举数例如下：

（1）宋司马光《答胡寺丞书》："京师日困俗事，因循逾年，尚未报谢。"

（2）元郑庭玉《后庭花》第一折："你可也莫因循……等来朝到早晨，快离了此郡门。"

（3）明方汝浩《禅真后史》第十一回："我见多少宦门富室，为父母选择坟山，因循耽搁，反获了不孝之罪。"

（4）清苏庵主人《绣屏缘》第十二回："绛英道：'前日闻他陷在狱中，幸喜问了徒罪，还指望他回来图个后会，所以因循到此。'"

（5）清李绿园《歧路灯》第三十六回："往往人家被这因循不肯还债，其先说弃产不好看，后来想着弃产时，却又不够了。"

《现代汉语词典》（第6版）"因循"条云："①沿袭：～旧习。②迟延拖拉：～误事。"其中义项二与课本用法完全相同。

［是其］齐有处士曰钟离子，无恙耶？是其为人也，有粮者亦食，无粮者亦食；有衣者亦衣，无衣者亦衣。（《赵威后问齐使》）

《文言读本》上册54页注："其：指钟离子。"

"其"指钟离子，不误；但"是其"之"是"的意义和用法却未加说明，令人费解。"是其"乃代词连用，当合起来理解、作注。古汉语里，同义、近义代词可以叠用，常见的有"此其""彼其""是其""此渠""此夫"等形式。下面，以"此其""彼其"为例进行讨论。"此其""彼其"连用以后，所指代的侧重点不尽相同，大致有两种情况：

一是偏重于"此""彼"，"此其"可理解为"此"，"彼其"可理解为"彼"，"其"的意义较虚。后面一般是动词或介词结构。例如：

（1）《庄子·秋水》："天下之水，莫大于海……此其过江河之流，不可为量数。"

（2）汉晁错《论贵粟疏》："令民入粟受爵，至五大夫以上，乃复一人耳，此其与骑马之功相去远矣。"

（3）《庄子·逍遥游》："彼其于世，未数数然也。"

二是偏重于"其"，"此其""彼其"均可理解为"其"，"此""彼"的意义较虚。后面一般是名词或名词性词组。例如：

（4）《吕氏春秋·察今》："人问其故，曰：'此其父善游。'"（《意林》卷二作"其父善游"）

（5）《史记·项羽本纪》："今入关，财物无所取，妇女无所幸，此其志不在小。"

（6）《史记·屈原贾生列传》："及见贾生吊之，又怪屈原以彼其材游诸侯，何国不容？"

例（1）华东师大1996年版《大学语文》注："其，他，指大海。"不确。"此其"连用，义同"此"，指大海。例（3）王力主编的《古代汉语》（校订重排本）作："彼，其于世，未数数然也。"注："彼，指宋荣子。其于世，他对于人世。"将"彼其"割裂分训，大误。人教社2001年版高中《语文》第四册注："彼其，两个同义代词叠用。"近是而未切，当点明偏重于"彼"。下文"彼于致福者，未数数然也"，正单说"彼"，是为力证。例（5）人教社2000年版高中《语文》第一册《鸿门宴》88页无注，当加注。

"是""此"同义，"此其"也写作"是其"。课本"是其为人"凡三例，"是其"偏重于"其"，"其"相当于名词＋之。"是其为人也"即钟离子之为人也。关于"此其（是其）""彼其"，洪成玉《古汉语复音虚词和固定结构》一书有说，可参阅。

［且］且庸人尚羞之，况于将相乎？（《廉颇蔺相如列传》）

《文言读本》上册97页注："且庸人尚羞之：而且平庸的人尚对这种情

况感到羞耻。"

同册课本《文言常识》四"察语气"之"（三）通古今"在谈到虚词古今变化时说："有的沿用下来。例如'且庸人尚羞之'的'且'，今作'而且'、'况且'。"（上册174页）这种理解其实不准确。这个"且"是连词，表示假设和让步，相当于即使、就是。请看下面的例子：

（1）《战国策·赵策三》："且微君之命命之也，臣固且（将）有效于君。"

（2）宋杜安世《胡捣练》词："狂风横雨且相饶，又恐有彩云迎去。"

（3）唐韩愈《马说》："且欲与常马等不可得，安求其能千里也？"

例（3）人教社1988年版初中《语文》第六册297页注："且：副词，犹，尚且。"不确。《马说》这句话，可说成"且欲与常马等尚不可得""欲与常马等且不可得""欲与常马等尚不可得"，"尚（且）不可得"的"尚""且"都是尚且的意思，而句首的"且"与"且庸人尚羞之"的"且"用法完全相同，义为即使、纵然。又，人教社2002年版全日制普通高级中学教科书《语文》第六册100页注："且庸人尚羞之：就是平庸的人尚且对这种情况感到羞耻。且，就是，连词，表假设，兼让步。"是。

[相乘] 兵旱相乘，天下大屈。（《论积贮疏》）

《文言读本》上册110页注："相乘：指相继而来。乘，交互。"

"兵旱相乘"一语，今人解说纷纭。除上面一说外，代表性的观点还有：1. 人教社1988年版高中《语文》第四册注："兵灾、旱灾交互侵袭。乘，相因、趁。"2. 王力主编《古代汉语》（校订重排本）注："兵，指战争。相乘，相因。"3. 郭锡良等编《古代汉语》（1982年版）注："战争和旱灾交加。乘：加。"诸说当中，有的词性不符，有的前后矛盾，有的缺乏训诂依据，唯有后一说释"乘"为"加"较为的当。"乘"古有加义，"相乘"即相加。以下例子可以为证：

（1）《淮南子·泛论训》："强弱相乘，力征相攘。"高诱注："乘，加也。"

（2）《汉书·王莽传》："政令烦多，当奉行者，辄质问以从事，前后相乘，愦眊不渫。"颜师古注："乘，积也，登也。"

（3）又《魏相传》："西羌未平，师旅在外，兵革相乘，臣窃寒心，宜蚤图其备。"

（4）《晋书·段灼传》："曩者多难，奸雄屡起，搅乱众心，刀锯相乘，流死之孤，哀声未绝。"

（5）宋陆游《衰病有感》诗："衰与病相乘，山房冷欲冰。"

《汉语大词典》收有"相乘"条，释曰："相乘，相加；相继。"可参阅。

[颇] 顷何以自娱？颇复有所述造不？（《与吴质书》）

《文言读本》上册 194 页注:"颇复有所述造不:又很有些著述吧? 颇,很。复,又。不,通'否'。"

依注解,"颇复有所述造不"当译为"很又有些著述吧",但句子拗口,于是译文把"很又"倒为"又很"。这样做,通大致是通了,但改动了词序,殊不可取。究其原因,是没有弄清"颇"的意思和用法。

魏晋南北朝以降,"颇"有个特殊用法,可作疑问副词,常与"不""否""无""乎""耶"等配合,表示测度询问。江蓝生《魏晋南北朝小说词语汇释》(语文出版社 1988 年版),董志翘、蔡镜浩《中古虚词语法例释》(吉林教育出版社 1994 年版)均有论述,引例很多。今更补数例:

(1)《三国志·魏志·高柔传》:"(高)柔乃见子文,问所坐。言次,曰:'汝颇曾举人钱不?'"

(2)《陆云集·与兄平原书》:"不审兄颇曾见此书种种不?"

(3)《世说新语·伤逝》:"顾彦先平生好琴,及丧,家人常以琴置灵床上。张季鹰往哭之,……抚琴曰:'顾彦先颇复赏此不?'"

(4)唐道世《法苑珠林》卷十八:"王言:'其庾信者,是大罪人,见此受苦。汝见庾信颇曾识不?'"

(5)《太平广记》卷四十二《李虞》引《逸史》:"此可隐逸,颇能住否?"

(6)《太平广记》卷九十一《徐敬业》引《纪闻》:"老僧曰:'汝颇闻有徐敬业乎? 则吾身也。'"

这种用法的"颇",相当于"可",唐慧琳《一切经音义》卷十八:"颇,犹可也。"《集韵·过韵》:"颇,疑辞。"说的就是这个意思。《汉语大词典》"颇"字条收了这个义项,首条书证即为《与吴质书》例,遗憾的是编者没有注意到。

[贤　于] 其受之天也,贤于材人远矣。(《伤仲永》)

七年级《语文》下册注:"贤:胜过,超过。"又,课文后"研讨与练习三·注意加点词的意思"第三小题教参解释:"于,比。"

《伤仲永》末段是作者王安石就仲永现象的评论:"王子曰:'仲永之通悟,受之天也。其受之天也,贤于材人远矣。卒之为众人,则其受于人者不至也。彼其受之天也,如此其贤也,不受之人,且为众人;今夫不受之天,固众人,又不受之人,得为众人而已耶?'"其中"贤于材人远矣"一句,教材与教参的解释其实是有矛盾的。这是因为:

"贤"如果释为"胜过、超过",则是动词,动词后面这个"于"就不能释为"比",而是"引进动作行为直接涉及的对象……一般可不必译出"(中国社科院古代汉语研究室编《古代汉语虚词词典》772 页)。例如:

(1)《战国策·赵策四》:"老臣窃以为媪之爱燕后,贤于长安君。"

（2）《论语·阳货》："子曰：'小子何莫学夫诗？……多识于鸟兽草木之名。'"

（3）《左传·昭公二十年》："君若欲诛于祝、史，修德而后可。"

（4）唐韩愈《原毁》："己未有能，曰：'我能是，是亦足矣。'外以欺于人，内以欺于己。"（老版高中《语文》第六册注："欺于人，欺骗别人。"）

（5）唐释道世《法苑珠林》卷八《求婚部》引《菩萨本行经》："然后取于大慧作妃。"又卷九《角力部》引《佛本行经》："（提婆达）以左手执于象鼻。"又卷七十二《相摄部》引《俱舍论》："我昼生于五子，夜亦生五子。"（末例上句有"于"字，下句没有"于"字）

吕叔湘先生在《汉语语法分析问题》中说："古汉语里最常用的介词是于字，很多地方这个于字可用可不用。"（78 页）以上"于"字就属于可用可不用的，"动词＋于＋宾语"实际上是以动补结构的形式表达动宾结构的意义。

"于"如果释为"比"，前面的"贤"就不可能是动词，而是形容词，因为当"比"讲的"于"是"引进比较的对象。表示程度或状态的比较。'于'所在的介宾结构常用于形容词或副词之后"（中国社科院古代汉语研究室编《古代汉语虚词词典》775 页）。例如：

（6）《论语·子张》："子贡贤于仲尼。"

（7）《史记·平原君虞卿列传》："毛先生以三寸之舌，强于百万之师。"

（8）《战国策·赵策四》："太后曰：'丈夫亦爱怜其少子乎？'对曰：'甚于妇人。'"

通过以上分析可知，"于"的两种用法分别对应"贤"的两种词性，即"贤"当动词讲，"于"不必译出（如"老臣窃以为媪之爱燕后，贤于长安君"）；"贤"当形容词讲，"于"解释为"比"（如"子贡贤于仲尼"）。只要不错位，这两种解释在"贤于材人远矣"中都能讲通。

但是，词的多义性只是保存在词典当中，在特定的语境里，除了双关，一个词只能是一个意思。那么，"贤于材人远矣"中的"贤"和"于"到底应该怎样解释呢？如果说《伤仲永》全文只有一个"贤"字，真的很难判断；好在，下文还有一个"贤"字，为我们准确理解这句话提供了钥匙。试比较：

"其受之天也，贤于材人远矣。……彼其受之天也，如此其贤也。"

根据"从上下文推求词义"的训诂方法，很显然，文中两个"贤"字一脉相承，意思相同。《孟子·滕文公下》："仕如此其急也，君子之难仕何也？"《庄子·人间世》："自吾执斧斤以随夫子，未尝见材如此其美也。""如此其贤也"句式与"如此其急也""如此其美也"正相同，其中"贤"与"急""美"一样都是形容词。既然"如此其贤也"的"贤"是形容词，那么"贤于材人远矣"的"贤"也应该是形容词，释为动词"胜过、超过"是不准确的。

还需说明的是，"贤"作形容词，《汉语大字典》解释为"才能、德行均好"，《汉语大词典》解释为"有德行；多才能"，也即德才兼备谓之"贤"。但是课文中的"贤"则偏重于"有才能"，因为神童仲永只是才能超常，未见有什么"德行"。《说文》："贤，多才也。"《谷梁传·文公六年》："古者君之使臣也，使仁者佐贤者。"晋范宁注："贤者，多才也。"此即"贤"训"有才能"之证。要之，"贤于材人远矣"用现代汉语来翻译，就是"比有才能的人还要有才能得多"（"材人"指有才能的人）。

二　人教版中学语文课本古文注释发疑（下）①

本文对初、高级中学课本《语文》（人民教育出版社1987～1988年第2版）文言文注释提出质疑。

[按酒　下口]（酒保）一面铺下菜蔬果品按酒，又问道："官人，吃甚下饭？"鲁达道："问甚么！但有，只顾卖来，一发算钱还你！这厮，只顾来聒噪！"酒保下去，随即烫酒上来，但是下口肉食，只顾将来摆一桌子。（《鲁提辖拳打镇关西》）

初二册62页注："按酒：下酒。下口：可口，好吃。"

《教学参考书》把"一面铺下菜蔬果品按酒"翻译为"伙计一面摆上下酒的菜蔬果品"，把"但是下口肉食"翻译为"只要是可口的肉食"。课本及教参对这两个词语的理解不够准确。"按酒"和"下口"是近代汉语里新产生的词语，如果仅从字面推断和文意揣测，就不能得其确诂。试逐一说之。

"按酒"，又作"案酒"，最初是动词，"下酒"的意思。《说文·手部》："按，下也。"宋梅尧臣《文慧师赠新笋》诗："煮之按酒美如玉，甘脆入齿馋流津。"即其例。但宋元以降，却多用作名词，义为下酒物，下酒的菜肴。聊举数例如下：

（1）元宫天挺《范张鸡黍》第一折："哥哥！我要回你酒，待我去看些按酒来。"

（2）《水浒全传》第二十九回："看看晌午，（施恩）邀武松到家里，只具数杯酒相待，下饭按酒，不记其数。武松正要吃酒，见他只把按酒添来相劝，

① 本文主要以下列文章为基础整理修订而成：《新版中学语文课本古文注释发疑》，《宁波师院学报》1989年第1期，又见人大复印报刊资料《中学语文教学》1989年第5期；《新版中学课本古文注释发疑续补》，《宁波师院学报》1990年第1期，又见人大复印报刊资料《中学语文教学》1990年第5期；《"彻"字别解》，《语文学习与研究》1989年第6期；《"按酒"、"下口"辨释》，《学语文》1993年第2期。

心中不快意。"

（3）《金瓶梅词话》第三十四回："先放了四碟菜果,然后又放了四碟案酒。"

（4）《西游记》第二十回："今奉大王严命,在此巡逻,要拿几个凡夫去做案酒。"

（5）《警世通言》第六卷："当下酒保只当是个好客,折莫甚新鲜果品、可口肴馔、海鲜、案酒之类,铺排面前,般般都有……俞良独自一个,从晌午前直吃到日晡时后,面前按酒,吃得阑残。"

在元曲及明清白话小说里,"按酒"当名词下酒物、下酒的菜肴讲的例子,俯拾即是。从课文的用例来看,"一面铺下菜蔬果品按酒","按酒"与"菜蔬""果品"并列,都是名词,都是"铺下"的宾语。古人用来下酒的,常有果子、蔬菜、荤菜等,而当"下酒物"讲的"按酒",其狭义多指荤菜,所以常常与"果品""菜蔬"等并举。《水浒全传》一书就有许多用例:

（6）《水浒全传》第八回："董超坐在对席,酒保一面铺下酒盏,菜蔬、果品、按酒都搬来摆了一桌。"

（7）同上第二十四回："那妇人把前门上了栓,后门也关了,却搬些按酒、果品、菜蔬入武松房里来,摆在桌子上。"

（8）同上第二十五回："小二一面铺下菜蔬、果品、按酒之类,即便筛酒。"

（9）同上第七十二回："奶子、侍婢捧出珍异果子,济楚菜蔬,希奇按酒,甘美肴馔,尽用锭器,摆一春台。"

以上四例,都是"菜蔬""果品（子）""按酒"并举,与课文用例语境极为相似。两相比较,不难看出,课文中的"按酒"只能理解为名词,当"下酒物,下酒的菜肴"讲。另外,"一面铺下菜蔬果品按酒",当标点为"一面铺下菜蔬、果品、按酒"。

再说"下口"。"下口"释为形容词"可吃,好吃",于古无征。请看以下诸例:

（1）《水浒全传》第十五回："阮小二道:'有甚么下口?'小二哥道:'新宰得一头黄牛,花糕也似好肥肉。'"

（2）《警世通言》第十九卷："右手把著酒,左手把著心肝做下口。"

（3）同上第二十卷："周三入去时,酒保唱了喏,问了升数,安排菜蔬下口。"

（4）《三遂平妖传》第八回："先生道:'有心请人,却无下口……我方才将下口放在你水缸里,将去与我煮来!'酒保道:'张先生!你四个空手进来,不曾见甚么下口。'"

以上"下口",均指菜肴,下酒饭的食品（今宁波方言管下酒饭的菜肴为"过口",如俗语:"吃饭要过口,做事要对手。""下口""过口"取义相同)。
课文中"下口肉食"之"下口"亦当如此解释,"下口""肉食"是并列关系。

[患]周处年少时,凶强侠气,为乡里所患。(《周处》)

初二册250页注:"为乡里所患:被地方上的人认为是祸患。"

于在春《文言散文的普通话翻译·续编》译为"被地方上的人们认为
祸患",福建师范大学中文系《〈世说新语〉选》注"患"字为"畏惧、害怕",
译这句为"成为乡里所害怕的人",并误。"为乡里所患"是"为……所"式
被动句,"为"即被,而不是"被……认为"或"成为"的意思。"患"非"祸
患"或"害怕",而是动词,当厌恨、憎恶讲。"为乡里所患"与下文"始知为
人情所患,有自改意",《晋书·周处传》作"处少孤……好驰骋田猎,不修
细行,纵情肆欲,州曲患之。处自知为人所恶,乃慨然有改励之志"。其中
"患""恶"互用,此即课文"所患"义同"所恶"之明证。"患"古有厌恶义,
今举数条于此:《广雅·释诂三》:"患,恶也。"《玉篇·心部》:"患,疾也。"《国
语·晋语五》:"灵公虐,赵宣子骤谏,公患之。"韦昭注:"患,疾也。"《史记·淮
阴侯列传》:"(韩信)常数从其下乡南昌亭长寄食,数月,亭长妻患之。"《后
汉书·郭太传》:"(贾淑)虽世有冠冕,而性险害,邑里患之。"两"患"字亦
训厌恶,并其例。

[叹惋]此人一一为具言所闻,皆叹惋。(《桃花源记》)

初四册151页"叹惋"无注。

《汉语大词典》"叹惋"条:"嗟叹惋惜。清蒲松龄《聊斋志异·侠女》:'方
悽然欲询所之,女一闪如电,瞥尔间遂不复见。生叹惋木立,若丧魂魄。'《诗
刊》1978年第4期:'李贺用乐府歌行和清新的小诗大胆讽刺皇帝求仙……反
对藩镇压迫人民,叹惋宫女幽闭深宫等等,其精神是和新乐府运动相通的。'"
但是用来解释《桃花源记》的"叹惋",显然讲不通。桃花源里的人听渔人讲
了外面世界的情况,"嗟叹"有之,"惋惜"无从说起。其实,"惋"在魏晋南北
朝有个特殊的意思,可当惊讶、惊愕讲。《玉篇·心部》:"惋,惊叹也。"《搜神
记》卷十六"秦巨伯"条:"伯归家,欲治两孙。两孙惊惋。"《世说新语·赏誉》:
"后聊试问近事,对答甚有音辞,出济意外,济极惋愕。"并其证。"惋"字此义,
详参蔡镜浩先生《释"惋"》,《语文研究》1985年第3期;方一新先生《〈世说
新语〉词语札记》,《杭州大学学报》1988年增刊。

又,细审文意,《大词典》所举《聊斋志异》例也不是"嗟叹惋惜"的意
思,"惋"也是惊讶、惊愕义。

[孙母]室中更无人,惟有乳下孙。有孙母未去,出入无完裙。(《石壕吏》)

初四册158页注:"有孙母未去:(因为)有孙子在,(所以他的)母亲还

没有离去。"

注解把"孙母"分拆开来解释,又增文为训,误。"孙母"当是偏正词组,即"孙之母"。孙儿的母亲还没有离去,并非"因为有孙子在",而是因为"出入无完裙",这点杜诗说得很清楚,可见"孙母"不当分拆,此其一。"有孙母未去,出入无完裙"两句,一本作"孙母未便出,见吏无完裙",这个"孙母"只能理解为"孙之母",此其二。把"有孙"连读,看作一句,大概是认为古代诗歌一般以两个字为一个节奏,这句诗的节奏是"有孙 / 母未 / 去",那么它的意义单位也是如此了。殊不知,"古人行文,其文法之句读与音节之句读或有不相应者"(黄焯《毛诗郑笺平议》七),也即词语的意义单位与节奏单位可以不一致,如《古诗十九首·去者日以疏》:"出郭门直视,但见丘与坟。"其中"出郭门直视"的节奏是"出郭 / 门直 / 视",但意义单位却是"出 / 郭门 / 直视"。

[敢] 山无陵,江水为竭,冬雷震震,夏雨雪,乃敢与君绝!(《上邪》)

初四册269页注:"乃敢与君绝:才敢同你断绝恩情。"

课本以"敢"之常用义(胆敢、敢于)释本诗之"敢",可酌。从文学欣赏的角度看,诗中之"敢"释为"胆敢、敢于",似乎更能表现出主人公对爱情忠贞不渝的强烈感情,但细玩上下文意,全诗是说:我与你永远相亲相爱,除非发生了五种绝不可能发生的事情,我才可能与你断绝爱情。"敢"在句中是"能"的意思,若以其常义解之,则文气不顺。"敢""能"古书通用,《史记·项羽本纪》:"沛公不先破关中,公岂敢入乎?"《汉书·高帝纪》作"公巨能入乎";《战国策·齐策一》:"百人守险,千人不能过也。"《史记·苏秦列传》"能"作"敢";《韩诗外传》第十四章:"君欲赦之,上之惠也;臣不能失法,下之义也。"《吕氏春秋·高义》《新许·节士》"能"并作"敢",均其例("敢"训"能",见裴学海《古书虚字集释》卷五)。清代学者王先谦《汉铙歌释文笺正》解此诗曰:"五者皆必无之事,则我之不能绝君明矣。"正以"能"释"敢",可为此说之一旁证。

[三里之城] 三里之城,七里之郭,环而攻之而不胜。(《〈孟子〉二章·得道多助,失道寡助》)

初五册154页注:"三里之城:周围三里(那样小)的城。"

朱东润《中国历代文学作品选》、江苏人民出版社1979年版《中国古代文学作品选》等也都以为"三里之城"即周围长三里的城,皆误。"三里"是"方三里"的省略说法。"三里之城"不是指周长只有三里,而是指每边各有三里,周长即十二里。如果以三里为周长,那么每面的长度只有0.75里,这样的城未免太小了。杨伯峻《孟子译注》正以"每边长仅三里"释"三里之城"，可谓灼见。详见本书《释"方×里"》一文。

[保藏]升死，其印为予群从所得，至今保藏。(《活板》)

初五册164页"保藏"无注。《教参》164页译末句为"到现在还保存得十分完好"。

"保藏"或作"宝藏"，于在春《文言散文的普通话翻译》即作"宝藏"，并译末句为"直到现在还当宝贝收藏着"。然则作"保藏"者，视"保"为动词，作"宝藏"者，视"宝"为名词作状语，遂生异解。我认为，"保""宝"字异而义同("保""宝"古代同为帮母幽部字，例得通假，如《周易•系辞下》："圣人之大宝曰位。"《释文》："宝，孟作保。"《史记•周本纪》："(武王)命南宫括、史佚展九鼎保玉。"裴骃集解引徐广曰："保，一作宝。")，均训藏。《左传•襄公十一年》："毋保奸，毋留慝。"杜预注"保奸"曰："藏罪人。"《礼记•礼器》："家不宝龟，不藏圭。""宝""藏"对举同义。《说文•宀部》："宩，藏也。"(从段注本)"宩"即"保""宝"训藏之本字。要之，"保藏""宝藏"皆同义连文，以保存训"保"、宝贝训"宝"皆泥于字面意思，不可从。

[略]黄鲁直诗："归燕略无三月事，高蝉正用一枝鸣。"(《诗话二则•诗词改字》)

初五册167页注："归燕略无三月事：即将飞回南方的燕子已经不像三月间那样忙于筑巢育雏了。略，大体上。"

"略"训"大体上"，乃其常训，于此未切。"略"，全、皆。南北朝以降，"略"可当范围副词全、皆讲，应信举《古汉语语词札记》(《中国语文》1980年第4期)、王锳《诗词曲语辞例释》151～152页、郭在贻《训诂丛稿》255～256页都有详尽考释。今引其三例：

(1)《搜神记》卷四"胡母班"条："还家岁余，儿子死亡略尽。"下文又云："儿死亡至尽。"

(2)《梁书•何佟之传》："佟之少好三礼，师心独学，强力专精，手不辍卷，读礼论三百篇，略皆上口。"

(3)杜甫《三绝句》其三："殿前兵马虽骁雄，纵暴略与羌浑同。闻道杀人汉水上，妇女多在官军中。"

例(1)"略""至"异文；例(2)"略""皆"连文，《太平广记》卷三百二十五《司马文宣》引《冥报记》："问诸存亡生死所趣，略皆答对，具有灵验。"亦"略皆"同义连文；例(3)王锳先生说，"如解为'大略'，则与全诗痛斥官军横暴掳掠的语气不协"。至于"略"与否定词"无"连用，古书更为习见，都是"全无"的意思，如《世说新语•赏誉》："济先略无子侄之敬，既闻其言，不觉懔然，心形俱肃。"颜之推《冤魂志》"弘氏"条："其寺营构始讫，天火烧之，略无纤芥。"末例"略无纤芥"极言烧得精光，如"略无"训"大体上没有"，则文章情趣索然了。

[区区]多谢金吾子，私爱徒区区。（《羽林郎》）

初五册272页注："徒区区：不过是白费心机。区区，指心，这里引申为心机、心计。"

课本释"区区"大误，"私爱徒心机"不辞。"区区"这里是"款诚""忠爱"之义，"私爱徒区区"意思是说，（你的）爱是徒然诚挚、殷勤的。《广雅·释训》："区区，爱也。"《文选·李陵〈答苏武书〉》："孤负陵心区区之意。"汉繁钦《定情诗》："何以致区区，耳中双明珠。"三国魏嵇康《与山巨源绝交书》："虽有区区之心，亦已疏矣。"《孔雀东南飞》："感君区区怀，君既若见录，不久望君来。"乐府民歌《读曲歌》："非欢独慊慊，侬意亦驱驱。"（"驱"通"区"）以上"区区"，都是款诚、忠爱之义，"私爱徒区区"之"区区"与之同义。郭在贻《训诂丛稿》264页有"区区"条，可参阅。

又，"私爱"，依《汉语大词典》，是"偏爱"的意思；蒋礼鸿先生则认为："私"有爱义，《羽林郎》"'私爱'的'私'就是'爱'，更无别义"（《敦煌变文字义通释》295页）。兹录二说供参考。

[何当　却]何当共剪西窗烛，却话巴山夜雨时。（《夜雨寄北》）

初五册281页注："何当：什么时候才能。"

江苏人民出版社1979年版《中国古代文学作品选》亦云："何当，何时能够。"这样解释，容易误导学生把"当"看作是"能"的意思。其实"何当"就是"何时"。唐诗中"何当"表示"何时"，屡见不鲜。杜甫《秦州杂诗》："何当一茅屋，送老白云边。""当"一作"时"。又《月夜》："何时倚虚幌，双照泪痕干。""时"一作"当"。又《送高三十五书记》："黄尘翳沙漠，念子何当归。""当"一作"时"。"当""时"异文，可证"当"即"时"。"何当"训"何时"，张相《诗词曲语辞汇释》卷三"何当（一）"条、郭在贻《训诂丛稿》98页都有专门讨论，可参。

"却"字无注。"却话"的"却"按字面意思不好理解，当加注："却：再。"张相《诗词曲语辞汇释》卷一"却（五）"条："却，犹返也；回也。"下举本例。又"却（七）"条："却，犹再也。"笔者以为"却话巴山夜雨时"的"却"解作"再"文义更加顺畅。近代汉语"却"有再义，如唐李白《白头吟》诗"覆水却收不满杯"，李白另一首同题《白头吟》作"覆水再收岂满杯"，"却""再"异文同义。金段克己《鹧鸪天》词："百川尚有西流日，一老曾无却少时。"《水浒全传》第六回："智深道：'俺且和你斗三百合，却说姓名。'"并其证。

[悖乱]故治国无法则乱，守法而弗变则悖，悖乱不可以持国。（《察今》）

高一册 339 页注："悖：背谬，行不通。"

把"悖"注为"背谬、行不通"，大概是把"悖"的主语当作"法"了。其实，前面两句话应读作："故治国，无法则（国）乱，守法而弗变则（国）悖。""悖""乱"的主语都是"国"。然则"国悖"之"悖"若依课本解作"背谬，行不通"，则文不成义。这个"悖"当训乱，下文"悖乱不可以持国"之"悖乱"乃同义连文。《说文·言部》："誖，乱也。悖，誖或从心。""悖"是"誖"的重文，《说文》正训"乱"。《吕氏春秋·诬徒》："问事则前后相悖。"高诱注："悖，乱。"亦其例。"悖乱"连用，古书习见，《韩诗外传》卷一："不由礼则悖乱。"《史记·王翦传》："老臣罢病悖乱。"《家语·六本》："家无悖乱之患。"《荀子·性恶》："人无礼义则乱，不知礼义则悖。然则生而已，则悖乱在己。"以上诸例，《辞通》《联绵字典》并云："悖亦乱也。"凡此足证课本释"悖"字有误。

[挈挈]（韩）愈以是得狂名，居长安，炊不暇熟，又挈挈而东。（《答韦中立论师道书》）

高一册 359 页注："挈挈而东：孤独地离开长安东归。"

王力《古代汉语》第三册亦收录本文，其注云："挈挈，孤独的样子。""挈挈"释为孤独貌，其说可酌。从文意看，"挈挈而东"紧承上句"炊不暇熟"，"挈挈"当是急切貌，如释为孤独的样子，则与上句义不相属。从古训看，"挈"训"特"训"独"，虽分别见之于《方言》、《广雅》，但饱学如钱绎、王念孙，在他们的《方言笺疏》、《广雅疏证》中都没有为"挈"或"挈挈"找出一个当"独特"或"孤独"讲的书证，而"挈挈"训为急切貌，则于古有征。汉扬雄《太玄经·干》："箭键挈挈。"司马光集注："挈挈，急切貌。""挈挈而东"之"挈挈"，意义正与之相同。

[翼蔽]项伯亦拔剑起舞，常以身翼蔽沛公。（《鸿门宴》）

高二册 300 页注："翼蔽：掩护。翼，像鸟张翅膀。"

课文"思考和练习"及《教参》也都把"翼"看作名词用作状语。郭锡良等编《古代汉语》注："翼蔽：像鸟的翅膀张开那样掩护。翼：名词用作状语。"这是通行看法，其实不够准确。"翼"本义翅膀，引申之，古有遮盖、保护的意思，例如：《诗经·大雅·生民》："诞寘之寒冰，鸟覆翼之。"《左传·哀公十六年》："胜如卵，余翼而长之。"

"常以身翼蔽沛公"这句话，《汉书·樊哙传》作"项伯常屏蔽之"，"屏蔽"是同义连文，"翼蔽"亦当是同义连文；《论衡·吉验》作"每剑加高祖之上，项伯辄以身覆高祖之身"，"覆"即"翼蔽"，此无"翼"字，亦可反证"翼蔽"之"翼"与"像鸟张翅膀"无关。可见，注解说"翼蔽"即"掩护"，是；又说"翼"即"像鸟张翅膀"（也即名词用作状语），不确。"以身"才是"翼蔽"

的状语。

[单于募降者赦罪] 律曰："汉使张胜谋杀单于近臣,当死。单于募降者赦罪。"(《苏武》)

高二册312页注:"募降者赦罪:招募投降的人就免罪。"

据注解,"单于招募投降的人就免罪",句子诘诎难通。我认为,古今学者及各种版本以"单于募降者赦罪"七字连读,并非。这句话标点有误,当断为:"单于募降者,赦罪。""赦罪"前面承上文宾语省略了主语"降者",补齐了就是:"单于募降者,(降者)赦罪。"下句主语承上句宾语而省,这是古汉语语法通例。例如,《左传·成公二年》:"邴夏曰:'射其御者,(御者)君子也。'"下文:"射其左,(左)越于车下;射其右,(右)毙于车中。"《韩非子·喻老》:"居五日,桓侯体痛,使人索扁鹊,(扁鹊)已逃秦矣。"唐柳宗元《捕蛇者说》:"永州之野产异蛇,(异蛇)黑质而白章,触草木,(草木)尽死,以啮人,(人)无御之者。""单于募降者,赦罪",意思是说单于招募投降的人,(投降的人)就赦免他的罪过。

[何谓] 律谓武曰:"副有罪,当相坐。"武曰:"本无谋,又非亲属,何谓相坐?"(同上)

高二册312页注:"何谓相坐:说什么连坐(治罪)?"

"何谓"解释为"说什么",语气不顺。此"谓"非"说",当是"为"的通假字,"何谓"即"何为","为什么"的意思。王引之《经传释词》卷二"谓"字条云:"为、谓一声之转,故'为'可训为'谓','谓'亦可训'为'。"《史记·郦生陆贾列传》:"夫天下同苦秦久矣,故诸侯相率而攻秦,何谓助秦攻诸侯乎?"《汉书·王嘉传》:"丞相岂儿女子邪,何谓咀药而死?"《韩诗外传》卷十:"王召之,申鸣辞不往。其父曰:'王欲用汝,何谓辞之?'"《淮南子·人间训》:"国危而不安,患结而不解,何谓贵智?"以上"何谓"并与"何为"同义,是其证。

[固陋　病] 众人皆以奢靡为荣,吾心独以俭素为美。人皆嗤吾固陋,吾不以为病。(《训俭示康》)

高二册427页:"嗤吾固陋:嗤笑我固执不大方。不以为病:不以此为缺陷。"

以"固执"释"固",非。"固""陋"同义连文,"固"即"陋"。《说文·口部》:"固,四塞也。""四塞"则孤陋寡闻,知识浅薄,故引申为"鄙陋"的意思。《广雅·释言》:"固,陋也。"《论语·述而》:"奢则不孙,俭则固。"何晏集解引孔注:"固,陋也。"《孟子·告子下》:"固哉,高叟之为诗也!"赵岐注:"固,陋也。"皆"固""陋"二字同义之证。二字又常连用,《韩诗外传》卷三:"鄙人固陋,失对于天子。"卷九:"威仪固陋,辞气鄙俗,是以君子贱之也。"《史记·司马相如列传》:"鄙人固陋,不知忌讳。"《汉书·邹阳传》:"饰固陋之心,则何王之门不可曳长裾乎？"司马迁《报任安书》:"请略陈固陋。"《太平广记》卷四百八十四《李娃传》引《异闻集》:"女子固陋,曷足以荐君子之枕席？"凡此"固陋"皆二字同义,"固"决不能作"固执"(《汉语大词典》"固陋"释为"闭塞、浅陋",这是把"固"理解为"闭塞",恐非确诂)。"人皆嗤吾固陋",意即"别人都讥笑我鄙俗浅陋"。

"病"有缺点、毛病义,但施于此恐未安,此"病"当是耻、羞耻的意思。《西京杂记》卷二:"遂相与谋于成都卖酒,相如亲著犊鼻裈涤器,以耻王孙。王孙果以为病,乃厚给文君,文君遂为富人。"南朝梁萧统《〈陶渊明集〉序》:"不以躬耕为耻,不以无财为病。""吾不以为病"与"王孙果以为病""不以无财为病"句式相似,"病"均为耻、羞耻义。

[鄙吝]苟或不然,人争非之,以为鄙吝。(同上)

高二册429页注:"鄙:没见过世面。吝:舍不得花钱。"

课本说"鄙"字恐误。"鄙""吝"亦同义连文,"鄙"即"吝",皆吝啬、小气之意。"鄙"古有吝啬义,《玉篇·心部》:"悋,鄙也。"("悋"同"吝")"鄙"训吝啬,本字作"啚"。《说文·亩部》:"啚,啬也。"段注:"凡鄙吝字当作此,鄙行而啚废矣。"《集韵·旨韵》:"啚,《说文》:啬也。通作鄙。"今宁波话形容人小气、吝啬为"啚啚啚(鄙鄙鄙)",犹存"啚(鄙)"字古义。"鄙""吝"还常常连用,《正字通·邑部》:"鄙,啬于财,薄于礼者曰鄙吝。"《晋书·周札传》:"其鄙吝如此,故士卒莫为之用。"明冯梦龙《古今谭概·贫俭部·妇取百钱》:"厍狄伏连位大将军,甚鄙吝。妇尝病剧,私以百钱取药,伏连后觉,终身恨之。"《醒世恒言》第三十卷:"贝氏从来鄙吝,连这二十匹绢,还不舍得的,只为是老公救命之人,故此慨然肯出。"《广笑府·贪吝·鲝哮》:"一人极鄙吝,每饭,于空盘中写一'鲝'字,叫声'鲝'字,食饭一口。其弟语吃(音吉,言塞也),连叫'鲝鲝鲝'。其兄大怒曰:'你休得吃哮了,连累我使钱买药。'"(鲝音zhǎ,腌鱼)诸"鄙"字都不能解作"没见过世面",而义同"吝"。

[失所]家人习奢已久,不能顿俭,必致失所。(同上)

高二册430页注:"失所:饥寒失所依。"

注解增文释义,不确。"失所"即"流离失所"之"失所",谓失去安身的地方。《后汉书·光武帝纪下》:"吾德薄不明,寇贼为害,强弱相陵,元元失所。"晋司马彪《续汉书·张酺传》:"阴阳不和,万人失所。"《三国志·魏志·何夔传》:"自丧乱已来,民人失所。"义并同。

[数]子自度不得脱,则直前诟虏帅失信,数吕师孟叔侄为逆。(《〈指南录〉后序》)

高三册399页注:"数:列举罪状。"

"数"训"列举罪状",未达一间,不如训"斥责"更为贴切。"叔侄为逆"只一罪,不得言"列举罪状"。"数"古有斥责义。《广雅·释诂一》:"数,责也。"《左传·襄公十四年》:"范宣子数吴之不德也,以退吴人。"杨伯峻《春秋左传注》:"数,责也。"《列子·周穆王》:"后世其追数吾过乎?"《释文》:"数,责也。"《后汉书·公孙述传》:"君非吾贼臣乱子,仓卒时人皆欲为君事耳,何足数也。"李贤注:"数,责也。"《史记·张仪列传》:"(苏秦)因而数让之曰:'以子之材能,乃自令困辱至此。吾宁不能言而富贵子?子不足收也。'""数让"同义连文。"数"训斥责,在本文中也能找到旁证。上文云:"诟虏帅失信,数吕师孟叔侄为逆。"下文云:"诋大酋当死,骂逆贼当死。""数"与"诟"对文,"数"又与"骂"异文,可证"数""诟""诋""骂"皆同义。又《书鸡博者事》:"数之曰:'若为民不自谨,杖汝,法也。'"高三册"数"字无注,也当补注:"数,斥责。""数"之责备、斥责义,郭芹纳先生《〈史记〉词诂(二)》(《古汉语研究》1995年第4期,又见《训诂散论》29～31页)一文有详考,请参阅。

[遂 方]若遂不改,方思仆言。(《与陈伯之书》)

高四册332页注:"遂:卒,终。方思仆言:(至受惩罚时)方后悔未听我今日之言。"

此"遂"字,朱东润主编《中国历代文学作品选》注:"遂,仍旧的意思。"北京大学《魏晋南北朝文学史参考资料》注:"遂:因循。"三说当中,以"因循"为长。此"遂"不是副词,而是动词。"遂"古有因循义,如《荀子·王制》:"大事殆乎弛,小事殆乎遂。"杨倞注:"遂,因循也。"《吕氏春秋·侈乐》:"遂而不返,制乎嗜欲。"

"方思仆言"解作"方后悔未听我今日之言",这是把"方"当作"方才"了,但这样一来,"若遂不改,方思仆言"两句语意未完。《教参》译为:"(等)我们拿下北魏时)才想起我的这番话,(那就太晚了)。"语意是完整了,却有增字释义之嫌。究其所以,是没有弄清楚"方"字确切含义。这个"方"非"方才",当解为"将"。《诗经·秦风·小戎》:"方何为期,胡然我念之?"朱熹《诗集传》:"方,将也。"《文选·孙绰〈游天台山赋〉》:"方解缨络,永托兹岭。"李善注:"方犹将也。"北周庾信《哀江南赋》:"小人则将及水火,君子则方成猿鹤。""方""将"对文。《晋书·许孜传》:"臣以为孜之履操,世所希逮,宜标其令迹,甄其后嗣,以酬既往,以奖方来。""方""既"对文。《晏子春秋·内篇杂下》："晏婴，齐之习辞者也，今方来。"《三国志·魏志·荀彧传》："太祖军粮方尽，书与彧，议欲还许以引绍。"《资治通鉴·汉献帝建安十三年》："今治水军八十万众，方与将军会猎于吴。"诸"方"字并训"将"。这两句是说：如果你因循不改，（至受惩罚时）将会想起我今天这番话。

[彻] 自经丧乱少睡眠，长夜沾湿何由彻！（《唐诗三首·茅屋为秋风所破歌》）

高六册 134 页注："何由彻：如何捱到天亮。彻，彻晓、到天亮。"

清人仇兆鳌《杜诗详注》注此"彻"字说："彻，乃彻晓，即达旦意。"中国社会科学院文学研究所编《唐诗选》、萧涤非选注《杜甫诗选注》即据此作注，课本注解亦本其说。"彻"有到、达义，但单个"彻"字没有"彻晓""达旦"的意思。此"彻"当训"尽、终了"。"彻"常用义为通、达，引申之，唐宋以后可当"尽、毕、终了"讲。唐杜甫《江畔独步寻花七绝句》诗之一："江上被花恼不彻，无处告诉只癫狂。"仇兆鳌《杜诗详注》："彻，尽也。"唐郑嵎《津阳门》诗："马知舞彻下床榻，人惜曲终更羽衣。"南唐冯延巳《醉花间》词："夜深寒不彻，凝恨何时歇。"两例"彻"与"终"或"歇"对举。元马致远《双调夜行船·秋思》："争名利，何年是彻。"王力主编《古代汉语》第四册注："彻，等于说头、终结。"《警世通言》第四卷："放心宽，莫量窄，古今兴废言不彻。"又第十卷："须臾弹彻韶音，抱胡琴侍立。"均其例。"何由彻"，就是"怎么终了"。"彻"字此义，《辞源》（修订本）已经收录，王锳先生《诗词曲语辞例释》更有专论，可惜没有引起人们足够注意。

[废]（秦王）遂拔以击荆轲，断其左股。荆轲废，乃引其匕首提秦王，不中，中柱。（《荆轲刺秦王》）

高六册 166 页注："废：残废，伤残倒地。"

课本注"废"字游移其词，既释为"残废"，又释为"伤残倒地"，令人无所适从。这个"废"当解为跌倒、瘫倒，不是"残废"。《说文·广部》："废，屋顿也。""废"本义是房子倒塌，引申之，跌倒、坠落都可以叫"废"。《左传·定公三年》："（邾子）滋怒，自投于床，废于炉炭，烂，遂卒。"杜预注："废，隋（堕）也。"《史记·淮阴侯列传》："项王喑噁叱咤，千人皆废。"司马贞《索隐》："孟康曰：'废，伏也。'张晏曰：'废，偃也。'"《韩诗外传》卷一："比至朝，三废车中。"此"废"亦训跌倒。罗根泽编、戚法仁注《先秦散文选》（人民文学出版社 1958 年版）61 页注："废，仆。"此为的诂。"荆轲废"是说荆轲被秦王击断了左股，因而跌倒在地。

[昳] 汝之义绝高氏而归也，堂上阿奶仗汝扶持，家中文墨昳汝办治。（《祭妹文》）

高六册 187 页注：“眴（shùn）：以目示意。”

《汉语大字典》《汉语大词典》“眴”字条也只列“以目示意”一义。但把这个解释代入文中，那就成了“家中文墨以目示意汝办治”。“家中文墨”是没有生命的“物”，怎么会“以目示意”呢？显然讲不通。其实，此“眴”当是凭仗、依靠的意思。这可以从以下两方面得到说明。1. 从文例看，“堂上阿奶仗汝扶持”与“家中文墨眴汝办治”是对偶句，“眴”与“仗”相对为文，意义当相同。2. 从“眴”与“看”“望”等词的关系看，“眴”表“以目示意”，本质上也即“拿眼睛看”之意，与“看”“望”是同义词。而“看”“望”这类词都可引申为凭仗、依靠义。例如：唐杜甫《入衡州》诗：“兵革自久远，兴衰看帝王。”《金瓶梅词话》第三十七回：“自从他去了，弄的这屋里空落落的，件件的都看了我，弄得我鼻儿乌嘴儿黑。”《禅真后史》第十回：“倘有差池，教我老景看谁？”又第三回：“如今不幸他夫妻双双死了，教我向后望着谁哩？”又第四十四回：“结果了孩儿性命，教我老景靠谁？”以上各例“看”“望”均表凭靠义，《禅真后史》“看”“望”“靠”互用，更是明证。既然“看”“望”都可当凭靠讲，“眴”字有凭仗、依靠义也就不奇怪了。因此，注解可改为：“眴：shùn，以目示意。这里是凭仗、依靠的意思。”

第六章　训诂与古籍整理

一　《韩诗外传》词语校释①

《韩诗外传》,西汉韩婴撰。清代以来,校注是书者不乏其人,成就卓著。近人许维遹先生博采异文,悉心校理,汇集众说,参以己见,撰成《韩诗外传集释》(中华书局1980年版),是目前最好的校注本。笔者研读之际,得前人未曾校释或前人虽已校释而有不同看法者十余条,今提出来求证于方家。所举原文据《韩诗外传集释》本,所引诸说主要见于许氏《集释》。

1. 子路与巫马期曰。(卷二·第二十六章)

赵怀玉:"与"当作"语"。孙星衍:"与"当作"谓"。

按:"与"自可训"谓",无烦改字。《经传释词》卷一云:"与,犹'谓'也。"卷二云:"谓,犹'与'也……'与''谓'亦一声之转,故'与'可训'谓','谓'亦可训'与'。"《史记·高祖本纪》:"刘季乃书帛射城上,谓沛父老曰。"《汉书·高帝纪》"谓"作"与"。《大戴礼记·夏小正》:"獭祭鱼,其必与之献,何也?"下文云:"獭祭鱼,谓之献,何也?""与""谓"互用。《大戴礼记·曾子事父母》:"夫礼,大之由也,不与小之自也。"《汉书·游侠传序》:"虽其陷于刑辟,自与杀身成名若季路、仇牧,死而不悔也。"两例"与"亦训"谓"。"与"这种用法近代汉语仍沿用,张相《诗词曲语辞汇释》卷四"与"字条:"与,犹谓也,语也。"本章下文云:"由谓巫马期曰。"一作"与",一作"谓",乃俞樾所谓"上下文异字同义"者。

2. 上之人所遇,容色为先,声音次之,事行为后。故望而知宜为人君者容也,近而可信者色也,发而安中者言也,久而可观者行也。(卷二·第二十八章)

许维遹:钟本、黄本、杨本、程本无"安"字。

按:"安中"义不可通,"安"疑当作"可",二字草书形近致讹("安"草书作"**安**","可"作"**可**",形近)。"发而可中"与"近而可信""久而可观"文同一例。或本无"安"字者,"可"讹作"安",后人以其费解而删之。

又,"中"与"信""观"并举,义亦当相近。"中"当读为"得"。《周礼·地

---

① 原载浙江省语言学会编:《'94语言论丛》,杭州大学出版社1994年版,有改动。

官·师氏》:"掌国中失之事。"郑玄注:"故书中为得。"《吕氏春秋·行论》:"以中帝心。"高诱注:"中犹得。"《淮南子·齐俗训》:"天之员也,不得规;地之方也,不得矩。"《文子·自然》"得"作"中"。此皆"中""得"古书通用之证。《吕氏春秋·义赏》:"武王得之矣。"高诱注:"得犹知。"然则"发而安中者言也"犹言"发而可知者乃言也"。

3. 伊尹曰:"谷之出泽野物也,今生天子之庭,殆不吉也。"(卷三·第二章)

按:上"之"字当读为"者"。《经词衍释》卷九云:"之,犹'者'也。"又:"者,犹'之'也。"本书《卷二·第二十五章》:"此智者所以乐于水也。"《说苑·杂言》作"是知之所以乐水也"。《孟子·尽心上》:"尧舜,性之也。"《尽心下》作"尧舜,性者也"。《韩非子·说疑》:"故小之名卑地削,大之国亡身危。"《管子·五辅》作"是以小者兵挫而地削,大者身死而国亡"。以上皆"之""者"同义通用之证。"谷之出泽野物也"这句话,《说苑·君道》作"桑谷者,野草也",《说苑·敬慎》作"桑谷者,野物也"。两相参照,尤可证"之"即"者"。

4. 民不亲不爱,而求为己用,为己死,不可得也。(卷五·第四章)

许维遹:沈本、张本、毛本、刘本同,元本、钟本、黄本、杨本、程本"求"下"为"字作"于"。又云:"为"或作"于",非。《荀子·君道篇》作"为"。

按:作"于"未必非。"于""为"古代声近而义通,故《经传释词》卷一云:"于,犹'为'也。"卷三云:"为,犹'于'也。"《孟子·万章上》:"惟兹臣庶,汝其于予治。"《史记·齐太公世家》:"齐使管仲平戎于周。"两"于"字皆是为、替的意思。《经词衍释》卷一:"于,犹'为'也。《韩诗外传》:'民不亲不爱,而求于己用。'言求为己用也。"可见"于己用""为己死","于""为"字异而义同,变文以避复。后世亦有其例,如元孔文卿《东窗事犯》第一折:"我不合于家为国,无明夜,将烟尘扫荡。"元杨梓《霍光鬼谏》第三折:"于家谩勄劳,为国空生受。"两例皆"于""为"互用。

5. 夫车固马选而不能以致千里者,则非造父也。弓调矢直而不能射远中微者,则非羿也。(卷五·第五章)

按:诸家"选"字无说。这几句话语本《荀子·儒效》:"舆固马选矣,而不能以至远、一日而千里,则非造父也;弓调矢直矣,而不能以射远、中微者,则非羿也。"其中"选"非"挑选","马选"与"车(舆)固"对举,"车固马选"又与"弓调""矢直"相对为文,"选"即"精善"的意思。详见本书《释"选兵"》。

6. 辩者,别殊类,使不相害,序异端,使不相悖,输志通意,揭其所谓,使人预知焉,不务相迷也。(卷六·第六章)

许维遹:"揭"旧作"扬"。孙诒让:"扬其所谓",《史记·平原君列传》

裴骃《集解》引刘向《别录》作"明其所谓"。"扬其所谓""扬"疑当作"揭",与"明"义亦略同。

按:孙氏以"揭"易"扬",恐非。"揭""明"义隔,而"扬"古有明义。《字汇·手部》:"扬,显也;明也。"《淮南子·览冥训》:"然而不彰其功,不扬其声。"高诱注:"彰、扬皆明也。"本书《卷五·第二十章》:"能以礼扶身,则贵名自扬。"《荀子·致士》作"能以礼挟而贵名白"。"白""明"同义,则"扬"亦即明,并其例。

7. 君子为民父母如何?……授衣以最,授食以多。(卷六·第二十二章)

按:"授衣以最"费解。"最"当为"取"之误。"取"即古"聚"字,"聚"与"骤"古相通。《史记·乐毅列传》:"夫齐霸国之余业,而最胜之遗事也。"王念孙《读书杂志》:"最当为取,字之误也。取与骤同。"是其比。骤,疾速。"授衣以最,授食以多"两句言授衣疾速,不失其时;授食充足,不使受饥。

8. 今君之左右,出则卖君以要利,入则托君,不罪乎乱法,君又并覆而有之。(卷七·第九章)

刘师培:"并"疑"平"之讹。"覆"字当训反。《广雅·释言》:"覆,反也。"平覆而有之,犹言平反而赦之也。晏子此语,言人臣欲诛左右,则为君者反平其狱,以宥其罪。许维遹:刘校是也。惟"君"上疑脱"罪之则"三字。

按:刘氏说"并覆"可酌。"并覆"及"有"(通"宥")的宾语相同,都是指人,即上文所说的"君之左右"。而刘氏以"反平其狱,以宥其罪"解之,则"并覆""有"的宾语都指代物而所指又各不相同,其误甚明。"并"当读为"屏"。"并""屏"古字通,《山海经·大荒西经》:"有兽左右有首,名曰屏蓬。"郭璞注:"即并封也,语有轻重耳。"又《庄子·天运》:"至贵,国爵并焉。"郭象注:"并者,除弃之谓也。"《吕氏春秋·论威》:"并气专精,心无有虑。"此两例"并"皆读为"屏"。《说文·尸部》:"屏,蔽也。"《荀子·富国》:"故为之出死断亡以覆救之。"杨倞注:"覆,盖蔽也。"然则"并覆"同义连文,犹《汉书·樊哙传》"项伯常屏蔽之"之"屏蔽"、《论衡·吉验》"鸟以羽翼覆爱其身"之"覆爱"("爱"通"薆"),遮蔽、卫护的意思。《晏子春秋·内篇问上》:"内则蔽善恶于君上,外则卖权重于百姓,不诛之则乱,诛之则为人主所案据,腹而有之。""腹(通覆)而有之"与"并覆而有之"文意正同。要之,"并覆而有之"言人臣欲诛左右,人君则庇护之、宽宥之。

9. 狄人至,攻懿公于荧泽,杀之。尽食其肉,独舍其肝。弘演至,报使于肝。辞毕,呼天而号。哀止,曰:"若臣者,独死可耳。"于是遂自刳,出腹实,内懿公之肝,乃死……如弘演,可谓忠士矣。杀身以捷其君。(卷七·第十一章)

赵怀玉:《吕氏春秋·忠廉篇》"捷"作"徇"。

按："捷"字无义，当读为"扱"。"捷""扱"古字通，例如：《仪礼·士冠礼》："捷柶兴。"《释文》："捷，本作扱。"《大射》注："揗，捷也。"《释文》："捷，本作扱。"《礼记·内则》注："揗，犹扱也。"《释文》："扱，本作捷。""扱"，《说文》《广雅》并云："收也。"（《广韵·洽韵》楚洽切）"捷其君"即收纳其君，也就是上文所谓"遂自刭，出腹实，内懿公之肝"之意。

10. 回与执政，则由、赐焉施其能哉！（卷七·第二十五章）

按："与"，如，若，假设连词。《广雅·释言》："与，如也。"王念孙疏证："与、如、若亦一声之转。"《汉书·艺文志》："与不得已，鲁最为近之。"《读书杂志》："与者如也。言三家说《诗》，皆非其本义，如必求其本义，则鲁最为近之。""与"训"如"，详参《经传释词》卷一"与"字条。

11. 臣誉仲尼，譬犹两手捧土而附泰山，其无益亦明矣。使臣不誉仲尼，譬犹两手杷泰山，无损亦明矣。（卷八·第十四章）

许维遹：沈本、张本、毛本同，元本、钟本、黄本、杨本、刘本、程本"杷"作"把"。赵善诒：赵本"把"作"杷"，是也。《汉书·贡禹传》："捽草杷土"，注："手捪之也。"作"把"者形似之讹。

按：用手扒的意思，可以作"杷"，也可以作"把"，"把"字古代自有"杷"义，非形讹。《说文·手部》："捪，把也。"又《刀部》："刮，捪把也。"玄应《一切经音义》卷十二引《通俗文》："手把曰捪。"《后汉书·独行传·戴就》："以大针刺指爪中，使以把土，爪悉堕落。"均其例。赵氏泥于"把"字"握、持"之常诂，不明"把"字"刨、挖、扒"之古训，故误以"两手把泰山"之"把"为"杷"之形讹。

12. 田子方曰："少尽其力，而老弃其身，仁者不为也。"（卷八·第三十二章）

许维遹："弃"旧作"去"。赵善诒：《类聚》九十三、《治要》、《白帖》九十六、《御览》四百八十六、又八百九十三引"去"俱作"棄"，"弃"、"棄"古今字，"弃"、"去"形近致讹。《淮南子·人间篇》亦作"弃"。

按：作"弃"固易晓，作"去"亦不讹。"去""弃"同义，不必据他书改为"弃"。《汉书·匈奴传上》："得汉食物皆去之，以视不如重酪之便美也。"颜师古注："去，弃也。"《离骚》："不抚壮而弃秽兮。"王逸注："弃，去也。"《国语·周语上》："弃稷不务。"《史记·周本纪》作"去稷不务"。均可证"去""弃"于古同义通用。本书《卷八·第二十四章》："太公望少为人婿，老而见去。"文例与此类同，"见去"即"见弃"，尤可证"老去其身"本不误。

13. 晏子曰："君言过矣。自齐国五尺已上，力皆能胜晏与君，所以不敢乱者，畏礼也。故自天子无礼则无以守社稷，诸侯无礼则无以守其国。"（卷九·第八章）

许维通:"自"(按:指下一"自")字疑涉上文而衍。

按:"自"非衍文,"自"犹若、苟,假设连词。《经传释词》卷八、《经词衍释》卷八并云:"自犹苟也。"《左传·成公十六年》:"自非圣人,外宁必有内忧。""自非"即"苟非"。《尚书·盘庚中》:"故有爽德,自上其罚汝,汝罔能迪。"《大戴礼记·子张问入官》:"君子入官,自行此六路者,则身安誉至而政从矣。"两"自"字吴昌莹并训"苟"。本书《卷二·第二十章》:"自以为罪,则寡人亦有罪矣。"裴学海《古书虚字集释》卷八释曰:"自犹苟也。"然则本书"自"训"苟"亦非孤例。

14.(北郭先生)即谓妇人曰:"楚欲以我为相,今日相,即结驷列骑,食方丈于前,如何?"妇人曰:"夫子以织屦为食,食粥毚履,无怵惕之忧者何哉?与物无治也。"(卷九·第二十三章)

郝懿行:"毚"字疑误。

按:《说文·兔部》:"毚,狡兔也,兔之骏者。"于义无所取。字当作"攙"。《集韵·豔韵》:"攙,完补也。"然则"攙履"与上文"织屦"义近,与《孟子·滕文公上》之"捆屦"、《吕氏春秋·尊师》之"织菲屦"、《晏子春秋·内篇问下》之"考菲履"所指亦略同。"食粥"与"食方丈"相对,言生活清苦,"攙履"与"为相"相对,言职业低贱。

又,"与物无治"之"治",训"求"。"治"有求义(此义《汉语大字典》不载,《汉语大词典》收之)。《墨子·经上》:"治,求得也。"《周礼·地官·旅师》:"凡新氓之治皆听之。"郑玄注:"治,谓有所求乞也。"《三国志·魏志·王昶传》:"北海徐伟长,不治名高,不求苟得。""治""求"对举。嵇康《幽愤诗》:"与世无营,神气晏如。""营"亦求,"与物无治"与"与世无营"同义。

15.季遂立而养文王,文王果受命而王。(卷十·第五章)

周廷寀:"养"字疑。

按:"养"犹教育,文义明白无所疑。《礼记·文王世子》:"立太傅、少傅以养之,欲其知父子君臣之道也。"郑玄注:"养犹教也。言养者,积浸成长之。"《周礼·地官·保氏》:"保氏掌谏王恶,而养国子以道,乃教之六艺。"孙诒让正义:"《说文·食部》云:'养,供养也。'引申为教养。"本句言王季既立而教育文王,文王果然受天命而为王。

16.楚国不殆,而晋以宁,孙叔敖之力也。(卷十·第二十一章)

许维通:"殆"旧作"怠"。周廷寀:"怠"当为"殆"。赵善诒:"怠"乃"殆"之误。《御览》三百五十引作"楚国不殆,而晋国以宁,孙叔敖之力也",是也。

按:"怠""殆"古通,非字之误。《论语·为政》:"思而不学则殆。"《释文》："殆,本作怠。"《易·震》注："惊骇怠惰。"《释文》："怠,本作殆。"《尚书·大禹谟》："无怠无荒。"《后汉书·崔骃传》作"无殆无荒"。《方言》卷六："怠,坏也。"《广雅·释诂一》："殆,坏也。"王念孙疏证："怠与殆通。"并其明证。改"怠"为"殆",则失其真。

二 古文献疑难词语校释

本文对古文献尤其是近代汉语文献中若干疑难字词进行校释,第1至第7条属于文字讹误方面的,第8至第10条属于方言俗字方面的,最后一条属于标点方面的。

1. 渚帻 / 渚煙

南朝宋谢庄《山夜忧》："庭光尽,山羽归。松昏解,渚帻稀。"

《汉语大字典》(第二版)"帻"字条："帻,音义未详。"引此一例。《中华字海》亦谓"音义未详",举例相同。

以文义求之,并参考字形,"帻"当是"煙(烟)"之讹字。其一,《山夜忧》全诗多用对仗,"松昏解,渚煙稀"两句也是对偶的,"渚煙"(指笼罩在小洲上的烟雾)对"松昏",结构相对,文义贴切。其二,"渚煙"一词,古书用例非常多。例如:唐李华《寄赵七侍御》："渚煙见晨钓,山月闻夜春。"唐皇甫冉《归渡洛水》："渚煙空翠合,滩月碎光流。"唐刘禹锡《和东川王相公新涨驿池》："渚煙笼驿树,波日漾宾筵。"唐权德舆《田家即事》："待学尚平婚嫁毕,渚烟溪月共忘机。"唐司空图《浔阳渡》："两岸芦花正萧飒,渚烟深处白牛归。"宋周紫芝《水龙吟·天申节祝圣词》："黄金双阙横空,望中隐约三山眇。春皇欲降,渚烟收尽,青虹正绕。"元无名氏《冯玉兰》第二折："我只道渚烟生逐好风,却原来海潮回催暮雨。"明皇甫涍《晚兴》："怅望林峦返照微,渚烟江树净冬辉。"明顾达《柳塘春马九霄篆颜》："莺啼渚烟净,燕飞帘雨收。"其三,"帻""煙"两字形体接近,偏旁"巾""火"小篆很相似,右半部分两者也颇为相似。

2. 石碑丕 / 石碑儿

元乔吉《金钱记》第二折："藕丝儿将咱肠肚牵,石碑丕将咱肺腑镌。"(《元曲选》第一册23页)

《汉语大词典》"石碑丕"条："石碑丕,犹实丕丕。实实在在。"引此一例。

《大词典》解释有所本。《元曲释词》(三)"实丕丕"条："意谓实实在在;又作实呸呸、实坏坏、石碑丕。丕丕、呸呸、坏坏,俱从'丕'声,通用作状词，强调'实'的程度，有'很'的意思。碑、丕，亦一声之转。明·柯丹丘《荆钗记》二十四【玉抱肚】又作'实不丕'，义并同。盖不、丕古通用。"后出的《宋金元明清曲辞通释》"实丕丕"条还增加了"实杯杯""实拍拍"两个副条，并云"石碑丕"的"石"为"实"的假借字。笔者认为，"石碑丕"与"实丕丕"及其异形词不是一回事。不仅"石"与"实"不同，"碑丕"与"丕丕"之类的叠字也不一样。今谓"石碑丕"当是"石碑儿"之讹。本剧多用"儿"字，例句下文："笋条儿也似长安美少年，不能勾花朵儿似春风玉人面。""笋条儿""花朵儿"即其例（"石碑儿"的例子如《隋炀帝艳史》第二十四回："麻叔谋忙走到面前去看，原来是一个小石碑儿，上有两行石铭。"）。引例对仗工整，意谓藕丝牵咱肠肚，石碑镌咱肺腑（之言）。如果把"石碑丕"看作形容词，则"镌"字无着落。可见，"石碑丕"是虚假词条，词典不当立目。

3. 罗乖／啰里

人民文学出版社1989年版《西湖二集》第十九卷："两脚鏖糟拖破鞋，罗乖像甚细娘家？"（312页）

"罗乖"，浙江文艺出版社1985年版361页文字同，注解说："罗乖：吵闹、佻皮。"吴士勋、王东明主编《宋元明清百部小说语词大辞典》解释说："罗乖，调皮；淘气。"白维国主编《白话小说语言词典》解释说："罗乖，调皮；淘气。"许少峰《近代汉语大词典》解释说："罗乖，指罗圈腿。"均引此一例。《古本小说集成》本805页、华夏出版社1995年版214页则作"啰乖"。今谓"罗乖""啰乖"文字均有误，各家解释亦不确。例句下文云："这首诗是嘲人家鏖糟丫鬟之作，乃是常熟顾成章俚语，都用吴音凑合而成。"既然是吴语诗，当以吴语求之。"罗乖""啰乖"当作"啰里"或"罗里"。"啰里"是方言词，一般人不明其义；且"里"繁体作"裏"，而"裏"之俗书写作"裏"，"裏"字下半部分字迹漫漶，抄写、刻印及校点者便误认作"乖"字。"啰里"，吴语疑问代词，哪里。清乾隆十五年《昆山新阳合志·方言》："那里曰啰里。"明王錂《春芜记》第十五出："他两个只指望销金帐里风光好，啰里知被我这秃厮儿隔断子玉楼春。"《缀白裘·白兔记·麻地》："李大公亡后，大官人啰里肯祭献？"《缀白裘·金锁记·思饭》："叫我到啰里去借介？"《女开科传》第十一回："真是个书呆弄出嗲个把戏，如今连余秀才也勿知走到啰里去哉。"皆其证。"啰里像甚细娘家"即哪里像什么小姑娘。又写作"啰哩""啰俚""罗里""罗哩""落里""落俚""洛里""陆里""陆俚"等（参见《明清吴语词典》相关条目）。吴连生等编著《吴方言词典》收有"罗乖"条，解释说："罗乖，哪里；哪。柴萼《梵天庐丛录·咏不检束使女》：'两脚鏖糟踏破鞋，罗乖像甚细娘家。'"释义是，可惜讹字未能校正。又，沈怀兴教授惠告：吴语"啰"即

"那（哪）"之音转（那，《广韵》奴可切，与"婀娜"之"娜"同音），其说可从。

4. 起在／起去

人民文学出版社 1984 年版《古今小说》第三十六卷："众人道：'一道请四公出来吃茶。' 老子道：'公公害些病未起在，等老子入去传话。'"（564 页）

"起在"，《古本小说集成》本 1381 页文字同，其他各家整理本文字亦相同。许政扬校注："在：这里相当于着、得。"辞书唯有《宋元明清百部小说语词大辞典》收录之，解释说："起在，起来；起着。"引此一例。"起在"义不可通，以理校之，当作"起去"。"在""去"形近易讹，《清平山堂话本·风月瑞仙亭》："且说卓文君去绣房中，每每存想。"《警世通言》第六卷"去"作"在"，是其例。"起去"一词，近代汉语用例甚繁，义犹起来，也可特指起床。如《警世通言》第二十卷："天色雨下，怕有做不是的。起去看一看，放心。"《金瓶梅词话》第三十回："西门庆道：'拿衣我穿，等我起去。'"《梼杌闲评》第二回："醒来情愈不能自已，再去扯丈夫时，丑驴已起去久矣。"《快心编》初集第九回："那人道：'这该死的好恼人，搅得我睡不着，待我起去赶他。' 那妇人道：'暗漆漆的起去做什么，惊他走了便罢。'"《歧路灯》第十九回："我家相公，不知怎的张了风寒，大病起来。今日医生才走了，吃过两三剂药，通不能起去。"例中"起去"均指起床。末例"我家相公……大病起来……通（完全）不能起去"与"公公害些病未起在（去）"语境相似，尤可比勘。

5. 唫嗻／唪嗻

巴蜀书社 1995 年版《明代小说辑刊》第二辑第三册《北宋三遂平妖传》第二十五回："卜吉看着婆婆道：'小娘子是个唫嗻的人！' 婆婆道：'若不是我在这里，你的性命休了！'"（804 页）

"唫嗻"，《古本小说集成》本《新平妖传》738 页文字同。《白话小说语言词典》"唫嗻"条："yín zhē 犹'唪嗻'，有本事。"引此一例；《宋元明清百部小说语词大辞典》据豫章书社 1981 年版《平妖传》写作"吟嗻"，释为"厉害"。"唫"为多音多义字，其中一个音义同"吟"，《玉篇·口部》："唫，亦古吟字。"故"唫嗻"又作"吟嗻"。其实，"唫嗻""吟嗻"均误，字当作"唪嗻"。"唪嗻"一词近代汉语习见，明徐渭《南词叙录》："唪嗻，能而大也。"细分之，有厉害、能干、了不起等义。此词王学奇、王静竹伉俪《宋金元明清曲辞通释》列举了十一种写法，未见有写作"唫嗻"或"吟嗻"的。其讹误轨迹可能是这样："車"草书作"乎"，"乎"与"金"形近，故"唪"讹作"唫"；"唫"的一个音义与"吟"同，故又写作"吟"。

6. 晕饭／荤饭

春风文艺出版社 1987 年版《生绡剪》第十四回："不管几等秀才，见他时节,堪好横晕饭、竖晕饭,尽情轻薄。"(280页)又第十五回:"这个呆晕饭,缉喉谋命之仇,没处抓寻偿抵,今日自来送命了!"(302页)

"晕饭",《古本小说集成》本759页、813页文字同。遍检辞书,唯有石汝杰、宫田一郎主编《明清吴语词典》收有此词,解释说:"晕饭,〈名〉即'荤饭'。饭桶。"举此两例。该词典又收"荤饭"条,解释说:"〈名〉有酒肉的饭;饭桶。骂包揽讼事、好吃喝的秀才。参见'晕饭'。□ 王干见这边秀才多,连忙二钱一个轿包,用了二三十个,也寻出府前惯吃肉团子、荤饭、鳝面的秀才二三十个来。(《清夜钟》第3回)吾浙闾俗目秀才有二等:一以揽事过钱公门,饮肆污生涯者,号曰'荤饭',以其终日餍酒肉也。(《不下带编》第7卷)"其"菜羹"条云:"〈名〉称甘守清苦的秀才。□ 吾浙闾俗目秀才有二等:一以揽事过钱公门,饮肆污生涯者,号曰'荤饭',以其终日餍酒肉也;一以儒雅萧寒,甘守淡泊殚苦功者,号曰'菜羹',以其能咬菜根也。(《不下带编》第7卷)"《明清吴语词典》据文献材料将"晕饭""荤饭"分别立目,虽持之有故,但仔细推敲,总觉未安。今谓"晕饭"于义无所取,本当作"荤饭",形近而讹。理由如次:1.《不下带编》谓"吾浙闾俗目秀才有二等",其中"荤饭"与"菜羹"对举,"荤"如作"晕"则不伦。2.《生绡剪》第十四回"横晕饭、竖晕饭"骂的是"秀才",第十五回"呆晕饭",据上下文骂的是"终日在衙门缠帐"的金乘,也是个"秀才"。"秀才"有"荤饭""菜羹"之分,而无"晕饭"之说。3.他书均作"荤饭",除上揭《清夜钟》例以外,再举两例:《女开科传》第八回:"整整乱了三日,就有议造生祠的、请建名宦的、脱靴遗爱的、镌刻碑文的,倒把那些荤饭大老,倚仗着百姓的一片真心,乘机生事请功,便好从中兜敛公分。"《儒林外史》第四十五回:"只见桌傍板凳上坐着一个人……认得是县里吃荤饭的朋友唐三痰。"要之,"荤饭",原指有酒肉的饭,引申为饭桶、酒囊饭袋,多指包揽词讼、骗吃好喝的秀才。"吃荤饭",则指以包揽词讼、敲诈勒索、骗吃骗喝为生。

7. 柱料 / 柱科

人民文学出版社1980年版《西游记》第三十四回:"老魔一见,认得是行者,满面欢喜道:'是他!是他!把他长长的绳儿拴在柱料上耍子!'"(441页)

上例"柱料"系"柱科"之讹,见笔者《〈西游记〉"柱料"当为"柱科"》(《中国语文》2005年第6期)一文,又见《明清小说俗字俗语研究》(中国社会科学出版社2006年版)299～301页。该说的已经说清楚了,本来无须赘言。日前网上游览,偶然读到罗晓燕《也说〈西游记〉中的"柱料"》(《西昌学院学报》2006年第1期)一文,觉得有必要再说几句。该文说:

　　《中国语文》2005 年第 6 期载周志锋《〈西游记〉"柱科"当为"柱科"》一文,认为人民文学出版社 1980 年版《西游记》第三十四回"老魔一见,认得是行者,满面欢喜道:'是他!是他!把他长长的绳儿拴在柱科上耍子'"中的"'柱科'当为'柱科'"、"'科'与'科'形近致误"。并且说:"其实,《西游记》原文有误,四川文艺版、《明清小说辞典》、《西游记辞典》据误字为训,误上加误;《汉语大词典》、《汉语大字典》以误字为证,义例相左。"看来问题是比较严重的。从校勘学上看,作者使用了三种方法来支持上述观点。一是对校:上海古籍、中华书局和世德堂本等版本中均作"柱科";二是本校:《西游记》第二十三回有"柱科";三是他校:《隋史遗文》和现代江苏方言有"柱科(或柱棵、柱窠)"。言之凿凿,似不由人不信。但是我们认为未必如此,主要有两个方面的理由:一是现代汉语方言中有"柱科"的说法;二是"柱科"有其成词的理据。据笔者调查,在四川部分地区,主要是巴中、南江、广元等川北地区广泛使用这样的俗语:1. 提起柱科让磉磴(比喻作出最大的让步)。2.(你说的对?)柱科对磉磴(利用"对"的一词多义委婉批评别人的错误)。上两例中都是"柱科"和"磉磴"成对出现。"磉磴"是柱下石磴,从川北民房的结构来看,与"磉磴"相"对"的是房柱,所以这两句俗语中的"柱科"无疑指柱子。……(引自第一至第三段)

　　我很佩服作者的质疑精神。但作者赖以立论的川北方言中所谓当柱子讲的"柱科",实为"柱头"的音变。作者还说:"除川北外,四川不少地方把'柱子'说成'柱头'……结合川北的读音来看,还有一种可能,那就是'头'是'科'的音转",此话说反了。全国许多地方管房柱叫"柱头",如西南官话、吴语、湘语、赣语、客话等,其中"头"也有读作不送气的(参《汉语方言大词典》3839 页,《现代汉语方言大词典》2609 页)。这里不打算对罗文其他观点作一一辨正,只是再补充一条"柱科"当柱子讲的书证:《三宝太监西洋记》第五十一回:"怎见得宫殿齐整?玛瑙做柱科,绿甘做四壁,水晶做瓦,碌石做砖,活石做灰。虽是帷幕之类,都是百花烂锦,五色辉煌。"

　　又,宋代有"柱窠"一词,义为立柱子的底盘,柱础。如宋孟元老《东京梦华录》卷九:"艺人或男或女,皆红巾彩服。殿前自有石镌柱窠,百戏入场,旋立其戏竿。"今崇明方言仍沿用。柱子与柱下石两者义相因,方言中"柱子""柱头""柱珠""柱窠"分别都有这两个意思(参《汉语方言大词典》3839 页)。

8. 扱 / 揳

《金瓶梅词话》第七十三回："妇人口中只叫：'我的亲达达，把腰扱紧了。'"又第七十八回："两手扱着腰，只顾两相揉搓。"

张鸿魁《金瓶梅字典》"扱"字条："当作'扳'pān，形近讹。攀，抱。"引此两例。

"扱"是个多音多义词，《汉语大字典》收有三音七义，然施之以上两例均未惬，故张氏看作"扳"之讹字。其实"扱"字不误，"扱"是个方言字，也即"擖""揳"的俗字，义为搂、抱。韵书作"擖"，《广韵•月韵》："擖，担擖物也。其谒切。"文献多作"揳"，明李诩《戒庵老人漫笔•今古方言大略》："抱持人物曰揳（音杰，出《纪闻录》）。"明冯梦龙《山歌•笼灯》："一日子月黑夜暗，揳子我就奔。"眉注："揳，音桀。"又《睏弗着》："渠再一走走进子个大门，对子房里一跪，就来动手动脚揳住子我个横腰。"《一片情》第一回："争奈这老子一把揳紧，死不放松。"又第三回："见和尚穿房入户，把新人摸揳嬉戏，新人则两泪交流。"又第七回："胜儿把手来拒，已被温柔搂紧，一手揳着腰，一手便提着腿，早硬膫子已塞进去了。"又第九回："两人揳得紧紧的，只碍间壁有人，不敢大刀阔斧。"该书例繁不备举。"扱"从及声，及、擖、揳三字吴语近音或同音（宁波话同音），故可通用。今宁波方言还保留此义，如汤珍珠先生等编《宁波方言词典》"擖"条："②抱：七岁抱八岁，侬擖牢哎！"

9. 㨴 / 攫

《金瓶梅词话》第八十回："有八角而不用挠㨴，逢虮虱而骚痒难当。"

张鸿魁《金瓶梅字典》"㨴"字条音项二："当作'㩛'kuǎi，形近或方音近讹。《广韵》：'㩛，揩摩。'……挠痒。"引此一例。白维国《金瓶梅词典》"挠㨴"条："náo guó 抓挠；搔。"引此一例。

这个"㨴"字词义显豁，就是抓挠的意思，但它为什么有这个意思却颇费猜详。张氏从字形或方音角度认为是"㩛"（扢）的讹字，白氏则如字读。今谓此"㨴"音义同"攫"，与表打义的"㨴"是同形字。《金瓶梅词话》第五十一回："不想旁边蹲着一个白狮子猫儿，看见动旦，不知当作什么物件儿，扑向前，用爪儿来㨴。"此"㨴"即同"攫"，义为用爪抓取（"㨴"今本多作"挝"，当是不明"㨴"音义同"攫"而改）。唐玄应《一切经音义》卷十一："自㩙，（㩙）宜作攫。"《经律异相》卷五十引《大智论》："铁爪相㨴，血相涂墁。"《法苑珠林》卷七十六《恶口部•引证部》引《出曜经》："（饿鬼）手自抓㨴，举声嚘哭，驰走东西。"并可证。

10. 槽札 / 槽铡

人民文学出版社1980年版《西游记》第八十四回："我舍下院落宽阔，

槽札齐备,草料又有,凭你几百匹马都养得下。"(1071 页)

各种版本文字相同。查考辞书,只有曾上炎《西游记辞典》收有"槽札"条,引此一例,解释说:"槽札,四边高、中间低凹的喂牲口食料的木制器具。"喂牲畜盛饲料的长条形器具古今都称"槽",称作"槽札"则未闻。下文云:"行者道:'我的马在那里?'旁有伏侍的道:'马在后屋拴着吃草料哩。'行者道:'牵来。把槽抬来,紧挨着柜儿拴住。'"即单称"槽",可证。"槽札"当是两物,即槽与铡。明梅膺祚《字汇·金部》:"铡,铡草也。"此"铡"是动词,用铡刀切;元李直夫《虎头牌》第二折:"将铜铡来,切了你那驴头!"此"铡"是名词,铡刀。"铡"字明清多借"扎""札"为之。如《西游记》第四回:"本监中典簿管征备草料,力士官管刷洗马匹、扎草、饮水、煮料。"(黄肃秋注:"扎草——扎同铡。把草切成寸段喂马,叫做铡草。")又第四十六回:"砍下头来能说话,剁了臂膊打得人。扎去腿脚会走路,剖腹还平妙绝伦。"《梼杌闲评》第十九回:"进忠走近人家,见一老者在门前札草喂马。"以上各例"扎""札"都是"铡"的借字,只不过都作动词用,而"槽札齐备"的"札"则是名词。"槽铡"常常连用(铡多写作鍘,二者是异体字),如元无名氏《冻苏秦》第四折:"我奉苏元帅将令,问你要锅瓮槽鍘,驿亭中使用,不要误了。"《清史稿·姜希辙传》:"大兵所集,米豆、草束、槽鍘、釜镬,自所必需。"尤可为证。上例说,店家夸口养得下几百匹马,其理由一是院落宽阔,二是槽、铡齐备,三是草料又有。槽、铡是铡草喂马的必备器具,所以特意交代。

11. 也倒 / ……也,倒……

人民文学出版社 1980 年版《西游记》第三十一回:"天师笑道:'那个猴子还是这等村俗。替他收了怪神,也倒不谢天恩,却就唠唠而退。'"(402 页)

岳麓书社 1987 年版 235 页、上海古籍出版社 1999 年版 253 页标点同。曾上炎《西游记辞典》"也倒"条:"yě dào 倒;反倒。"引此一例。"也倒"不辞,原书标点有误,曾氏据以取词释义,自然误上加误。今谓"也"为句末语气词,当属上读。《西游记》尽管是白话小说,但其中也夹杂着一些文言成分,表现之一就是较多地使用句末语气词"也"。就本例所在的第三十一回而言,"也"字煞尾的句子有如下 14 例:"奶奶,不知甚人把二位公子抢去也!""哥哥,你真是从天而降也!""有人问你是甚人,你便说是黄袍妖精的儿子,被我两个拿将来也。""若在城上厮杀,……惊扰那朝廷与多官黎庶,俱不安也。""故没奈何,苟延残喘,诚为天地间一大罪人也!""那孩子是黄袍妖精的儿子,被老猪与沙弟拿将来也!""我儿被他掼杀了!已是不可活也!""上界有无边的胜景,你不受用,却私走一方,何也?""随差本部星宿,收他上界,贬在兜率宫立功去讫;老孙却救得令爱来也。""师父啊,你是个好和尚，怎么弄出这般个恶模样来也？""若是我们能救，也不敢许远的来奉请你也。""悟空！你从那里来也？""贤徒，亏了你也！亏了你也！"我们不厌其烦地把这回"也"字煞尾句全部罗列出来，是想说明：通行本子"替他收了怪神，也倒不谢天恩，却就嗻嗻而退"断句不当，应当标点为"替他收了怪神也，倒不谢天恩，却就嗻嗻而退"。

三 《客窗闲话》标点举误[①]

晚清文言志怪传奇小说《客窗闲话》正集八卷，续集八卷，浙江海盐吴炽昌撰。该书经过张万钧、傅玉梅两位先生校点注释，1992 年 5 月由中州古籍出版社出版行世，给人们阅读和研究带来了便利。但遗憾的是，该书印刷、标点方面的问题随处可见，数量成百成千。就标点而言，令人不解的是，错误在所难免，为什么错得那么多？错得那么低级？古籍整理是一项严肃的学术活动，这样的古籍整理"成果"，怎么对得起古人，怎么对得起读者？下面，针对该书标点方面的问题，择取其中一部分，分为若干类，加以辨正。

（一）不明词义而误例

1. 盗曰："小人家无恒产，而有父母妻子累，诸业皆不，遂恃其膂力，掠以养家耳。"（《书讼师》，71 页）

"遂"字当属上。遂，成，非副词"于是、就"义。

2. 张曰："不可，我本无罪，若使许三问抵，则我咎不轻，且终身不得居故乡，不如自首，便遂投宰而陈其始末。（《吴桥案》，75 页）

"不如自首便"当连读。便，有利，适宜。本书《谈鬼》："但五弟非人，不可托，不如附粮艘为便。"（83 页）句式相同，可证。又，"便"后当用句号，再加引号。原文引语不明所讫，引语与叙述语杂糅在一起，大误。

3. 蔡本博徒，自信为财神所赐赍。入博场，将以求大采也。（《谈鬼》，83 页）

"赍"即持、携带，当属下读。校点者错把"赍"字当成"赉"字，"赉"，赐，"赐赉"每连言，因而致误。

4.（将军）乐甚，以二千金与令以偿其费。及起，马令来道谢叩送，将军赞叹不绝而去。（《陬邑官亲》，139 页）

全文于县令从未提及其姓氏，为何突然凭空出现了一个"马令"？其实，

"马"字应属上。"起马"才是一词,义为"启程、动身",见《汉语大词典》。

5. 考官方全诵之曰:"文实高超,大人所取允当无已,请召此生,问明其故,易卷可也?"(《语怪》,152 页)

"当"下当标句号,"无已"即"不得已",自成一读。又,"曰"字前当添逗号,"也"字后当用句号。

6. 吾家世以负贩为业,汝欲读书,不得志,今吾老而汝壮,不能膳养乃翁,固无论矣。但汝何以终身无已。汝叔在京师,闻事业兴隆,曷往依之……(《唐词林》,161 页)

按,"身"下当标问号,"已"下当换逗号,"无已"亦谓"不得已",自成一读。

7. (黄姓者)果获黄金百六之数余。不胜枚举。(《陈君》,281 页)

"余"字当属下。上文列举周姓、张姓、黄姓"藉一物起家"、靠古董发财的三个事例,继而用"余不胜枚举"总括。此"余"非多余之"余",乃其余之"余"。

(二)不明语法而误例

1. 海昌有游方之医,王姓者,奔走江河间……(《某驾长》,49 页)

"有……者"乃古汉语固定句式,当作一句读,中间不应断开。他如:"时有山右富室,官侍卫者,……"(《白安人》,54 页)、"有京卿,恶其子之不肖而逐之者,……"(《骗子》,112 页))、"有贵公子挟重资游姑苏,以买妾者。……"(《骗子》,116 页。"者"下当用逗号)、"有浙江乌程县人,富子文及妻富沈氏,子富大者,……"(《拐带》,275 页。"氏"下当用顿号),皆句法相同,"有……者"中间逗号并当去掉。

2. 老夫且不忍,亲生者忍,诸直非人类矣。(《张慧仙寄外诗记》,52 页)

末句费解。"诸"字当属上读,后面施以问号。"诸","之乎"合音词。

3. (公子)忽掷笔叱仆曰:"曷去,诸彼慢我矣……"(《骗子》,114 页)

"诸彼"不词。"曷去诸"当连读,后用问号。"诸"用法同上。

4. 既而曰:"机事泄矣,盍去。"诸遂买舟行。(《骗子》,119 页)

"盍去诸"当连读。后标问号,再加引号。"诸"用法同上。

5. 主阃愕然曰:"何谓也。"曰:"我闻属下欲劫兵饷。"有诸主阃曰:"此小人之言,不足道也……"(《王理堂》,169)

中间部分当标为:"我闻属下欲劫兵饷,有诸?""诸"用法亦同上。诸作"之乎"讲,是常见用法,标点者不明其义,屡屡致误,令人惊讶!又,"何谓也"后面当施问号。

6.（马铁头）甫拨关欲入，额颅中伤甚重，如泰山压顶，然仰跌丈余，旋飞一人坐胸前……（《孙壮姑》，66 页）

如此标点，则"然"字费解。"然"字当属上，"如（若）……然"是古汉语惯用句式，表示比喻关系，相当于"像……似的""如同……一样"。本书即有数例，如"若世俗所画狮子然"（同篇下文）、"若珍羞然"（《冯皮匠》，11页）、"若登天然"（《科场》，126 页）。又，"余"下当用句号。

7. 邻士叩其故，三相公实告。以初次观光遇大题，敷衍难成，奈何？（《科场》，128 页）

"告"下不当断句。"实告以……"当连读，"以"与后面部分组成介宾结构作动词"告"的补语。同篇下文即有"三相公实告以腹内空虚之故"一句，可参。

8. 寡人二十余岁时，忽得眩疾发，则眩晕即死。过日而苏，前王命太史占之……（《小王子》，134 页）

"发"字当属下。"得"的宾语是"眩疾"，而不是"眩疾发。"又，"死"下当用逗号，"苏"下当施句号。

9.（驾长）抚首砍之。不入，窃谓伙曰："得无误，砍其枕乎？不然文弱少年，安有如是之结实头皮也。"（《金镖客》，210 页）

"误"下逗号当去。"得无……乎"是古汉语惯用句式，中间不当断开（下文即有"得无自伤乎"一例）。又，"不然"下当施逗号。

10. 是非病也。肯以若女为我女，且从我游百日后还阁下，以壮健者，非复娇弱之态矣。（《转女为男》，271 页）

"以壮健者"当属上，介宾结构作动词"还"的补语。又，"游"下、"后"下均应添逗号。

11. 或曰：修道则强，于百岁尚如童子，其信然耶。其传之非其真耶！（《百岁老人》，280 页）

两个"其……耶"是表示选择的问句，其中"其"是连词，相当于"还是"；"耶"是疑问语气词，相当于"呢"，"耶"后用问号。这种句式古书习见，如韩愈《祭十二郎文》："呜呼！其信然耶？其梦耶？其传之非真实耶？"

（三）不明文意而误例

1.（魏元虚）开函，别无片言。仅丧家之魂幡一具，上书魏元虚头衔，知大数将终，必女为预告，巫治后事。而殁殡之日，有女服缟素长号而来……（《魏元虚》，47 页）

"而殁殡之日"不可解。其实，"而殁"当属上读。又，"言"下当换逗号，

"衔"下当换句号。

2.（林宝光）延中表之子张歧指者。其左手有赘指，故名。其为人少年佻达，而有心计。俾总理家业……（《书安邑狱》，61 页）

如此标点，文意混乱。当标为：（林宝光）延中表之子张歧指者——其左手有赘指，故名。其为人少年佻达，而有心计——俾总理家业……

3.（吾子张某）以吏买铨得楚，县尉至楚赴任，不意昨得暴疾卒矣。（《华疯子》，110 页）

"县尉"当属上读。

4. 所重（当作封）千金，权借济急销。汝罪愆以佛法论之，或者来世有奉还之日，未可知也。（《骗子》，116 页）

标点多处讹误，文义无以索解。正确的读法是：所封千金，权借济急，销汝罪愆。以佛法论之，或者来世有奉还之日，未可知也。

5. 其未发解之前，一科偕友赴试。（《科场》，130 页）

"一科偕友赴试"不通。"一科"当属上读。

6. 登堂入室，室中陈设精雅，有老翁年近八旬，带四品冠，据案上坐，前列牙筹一筒，两旁设四小几，各具笔砚，其徒四人伺应。书单前后，坐椅环列。（《卜者梁翁》，132 页）

"书单"指在单子上书写，也即记录。"其徒四人伺应书单"当连读，下文"徒举笔照录"，可证。"前后"则应属下读。又，"雅"下、"坐"下并当用句号。

7. 昔年王父崩，寡人接位，国服甫满，尚未朝贡，请封故国，人犹以小王子称寡人耳。（《小王子》，134 页）

这种读法恐非作者原意。后半部分当标为：尚未朝贡请封，故国人犹以小王子称寡人耳。

8.（周煌）归告乃翁，翁出见客款接，殷勤入室，谓煌曰："如数与银，还否听之……"（《周封翁》，136 页）

"殷勤入室"云云，不可通。前半部分当读作：（周煌）归告乃翁，翁出见客，款接殷勤。入室，谓煌曰……

9. 先生休矣！此去舍舟登陆，必患消渴症，无药可救，寿不过一月耳。脉象已现，速归后事，尚及料理也。（《金山寺医僧》，230 页）

"速归后事"义不可通。"归"下当添逗号，"后事"属下读。

10. 此墙以竹为之……循墙有眢井，昨为狂飙所逼，墙竟逾井内，移井反在外。（《圆谎先生》，242 页）

末句费解。"移"字当属上，"墙竟逾井内移"谓篱笆墙被狂飙吹刮而越过瞽井向内移动。

11. 儿鬼也。母能见儿，他人无睹，有求敬者，请以儿言告之。儿于过去事，一见其人，即悉未来事，能知一年休咎已足，动人听闻，母无虑焉。（《鬼孝子》，245 页）

后半部分当标为：能知一年休咎，已足动人听闻。母无虑焉。又，"睹"下、"未来事"下皆当施句号。

12. 来者众皆稽颡而告曰："昨梦城隍神以姥已成神巫，凡小巫帝命管束尔等。若不往奉事，刻即降祸，故不敢不来耳……"（《鬼孝子》，245 页）

这段文字语意不畅。引语部分当读作："昨梦城隍神以'姥已成神巫，凡小巫帝命管束。尔等若不往奉事，刻即降祸。'故不敢不来耳……"又，"以"上疑脱一"告"字。

13. 猫虽通灵，奈窃取之物，不但污我品行，且恐失物之家，冤及婢仆性命，攸关奈何？（《义猫》，250 页）

"攸关奈何"不辞。后半部分当标为：且恐失物之家冤及婢仆，性命攸关，奈何？

14. 时朱翁考终，将葬舅，以葬期谋于先生，曰："姊夫明断阴阳……"（《丁养虚》，257 页）

据上下文，可知"葬"的是丁养虚的岳父"朱翁"，"以葬期谋于先生"的是丁养虚的妻舅。"舅"字当属下读。

15. 公子曰："既如是，尔姑讳之，俟翁来请，以千金赛，尔怂恿以成其事，当归尔金。"（《斗鹑》，264 页）

"请"字当属下。"请"的主语是"公子"，不是"翁"。

16. 此汝姑也，终身依倚，在是顺姑无违，稍有拂逆，致增其病，惟汝是问。（《转女为男》，271 页）

"在是"当属上读，后用句号。"终身依倚在是"谓终身依傍在这里。

17. 变女为男之法，见于医经史，以盛德而遇良医，理所应得，无足怪者。（《转女为男》，271 页）

"医经史"费解。"经"下当用句号，"史"字属下读。史，姓，此指第一则"转女为男"故事中的"史茗楣"。

（四）当断而未断例

1. 未几，张心果不息，又至甫扣门。伏发，群殴之。（《吴桥案》，75 页）
"至"下当施句号。"门"下当换逗号。

2. （赵三官）遂拔身佩小刀戳之。则洞觉墙软甚……（《谈鬼》，82 页）

"洞"下当用句号断开。洞,穿透。本书《谈鬼》"则老妇胸腹皆洞"(78页),用法相同。又,"之"下应用逗号。

3. 乃开大宴。毕馆徐于天使行宫……(《小王子》,134页)

"毕馆……"文义难晓。正确的标点是:乃开大宴,毕,馆徐于天使行宫……"馆",动词,止宿。

4. 然日久厮熟时亦渐热刘必欲尽去邢之上下衣……(《妖人邢大》,222页)

"熟"下、"热"下当各添一逗号。

5. 翁曰:"老夫亦诧辨之,实镔铁所为者。"(《圆谎先生》,242页)

"诧"下当加逗号。

6. 验实,讯供确凿,而司谳者不信驳提,致奸夫奸妇皆瘐毙。(《疑难杂案》,269页)

"信"下当用逗号断开。据上下文可知,"不信"谓司谳者以老妇年迈,不相信其有诱奸少男、勒毙子媳之事;"驳提"谓驳回提取犯人判决。

(五)不当断而断例

1. 帝曰:"吾荐邻省,作一幕宾,不逾此耶。"(《明武宗遗事》,5页)

"吾荐汝邻省作一幕宾"当作一句读。又,"耶"下当换问号。

2. 入茶肆,闻人言下江因兵差,截夺客船,横行索诈,稍不如愿,即毁客货,嗟怨不绝。(《明武宗遗事》,8页)

"差"下不当有逗号。

3. 我愿与结婚姻,肯为我婿,不但债可免,且亲翁养赡,与令郎读书之资,我为备具。(《神童》,39页)

"赡"下逗号当删。

4. 某生者,与同村之富室,某姓中表也,素为司会计。(《书讼师》,69页)

"室"下逗号当删。

5. 我对曰:" 小人野田愚民…… 何敢滥膺爵禄? 以误朝廷。"(《 刘大汉》,89页)

"何敢滥膺爵禄以误朝廷"当作一句读,"廷"下当用问号。又,"小人"前、"朝廷"后的双引号应改为单引号,因为这是引语中的引语。

6. 召曰:"否则,误矣。岂有烧火三相公得中举人耶? "(《科场》,130页)

"则"下应去逗号。"否则"非一词。

7. 乾隆间,纯皇帝八十万寿,开千叟宴…… 时千叟,寿数各已册报皇帝,欲得一百龄外士人,堪膺爵赏者,冠其班。(《百岁老人》,278页)

第二个"叟"下、"人"下皆不应断开。"欲得……者"与"求人可使报秦者"(《廉颇蔺相如列传》)结构相同。

(六)割裂词语、句子例

1. 嗟乎吴生,欲移风易俗而不得其用……(《序》,3页)

当读为:嗟乎! 吴生欲移风易俗而不得其用……

2. 次日,有内监赍黄封一函,白金百两,与林曰……(《明武宗遗事》,6页)

当标作:次日,有内监赍黄封一函、白金百两与林,曰……"与",给与,非介词之"与"。

3. 伫盼河桥,鹊影正当授采之期;缑岭鸾声,拟上催妆之什矣。(《双缢庙》,16页)

"桥"下当去逗号,"影"下当添逗号。"河桥鹊影"与"缑岭鸾声"相对为文。

4. 希贤深信不疑,即与山主议。价以百金得之。(《萧希贤》,21页)

"价"字当属上,"议价"乃一词,后应施逗号。

5. 魏不觉感深膝曲,跪拜甫兴,而女已杳矣。(《魏元虚》,46页)

当读为:魏不觉感深,膝曲跪拜。甫兴,而女已杳矣。

6. 其父母愧,且悔唯唯而已。(《沈竹楼》,68页)

"愧且悔"当连读,后用逗号。 又本书《阮封翁》:"翁忿,且愧曰……"(258页)"且愧"亦当属上读。

7. 嗣与伯叔言及,皆无给钱,事始询二子。(《谈鬼》,83页)

"事"字当属上。

8. 实非我子,若讯无为匪情,事重责递籍可也。(《骗子》,112页)

"事"字当属上。"情事"即事实、情况。

9. 众怜其志,而哀其遇,公为资助,集千金送之去而。 以责逐复方伯也。(《骗子》,112页)

"去"下当标逗号,"而"字属下读。

10. 局主与金铺主皆惶,急不得不追问封翁。(《骗子》,119页)

"急"字属上。"惶急"为一词,本书例夥。

11. 试问医者,充市畴为张长沙、刘河间耶? 星者盈街,畴为李虚中、袁天罡耶? (《骗子》,120页)

"医者充市"连读,后用逗号。此与下文"星者盈街"相对为文。"畴",谁。

12. 其门下从学之徒数百人,发科甲入词林者甚,众惟先生落笔高古,屡困场屋……(《科场》,126页)

"众"字属上。错得莫名其妙!

13. 是夜题来，《譬如为山》四句至，次日之下午，三相公仍大烹以延……（《科场》,128 页）

"句"下当标句号，"至"字连下读。

14. 朱见元作，格法高超，惟稍有未圆融处为之，易数字已尽善矣。（《科场》,130 页）

后半部分当读为：惟稍有未圆融处，为之易数字，已尽善矣。

15. 僧问行踪，知为儒者，益敬之。为易衣供奉。卒岁，至春暖时，僧谓公曰……（《某宫保》,155 页）

中间部分当标为：为易衣，供奉卒岁。至春暖时……

16. 非谬也，我昨同观，缘斧头吃入树枝，树本折连，枝叶浮而过此。（《圆谎先生》,242 页）

"树本折连"不辞。当读为：树本折，连枝叶浮而过此。

17. 母正默坐，时忽见狰狞鬼卒，押一人头脸。红肿，至母前跪拜请罪。（《鬼孝子》,245 页）

"时"字属上读，"人"下加逗号，"头脸红肿"连读。原标点近于笑话。

18. 客待父病痊而来，三官运银，同日至交清前欠，不能改议。（《蒋三官》,254 页）

"银"下去逗号，"至"下添逗号。

19. 虽圣人亦训诲不及，凡庶之家教，育受（当作奚）能周？至若有一败辕之犊，必牵率老夫至于绝地……（《象棋子》,263 页）

标点者割裂了"教育""周至"二词。中间部分当标为：凡庶之家，教育奚能周至？"周至"义同"周到"，本书《妖人邢大》"抚养周至"（221 页），用法相同。

20. 开日即来报信，中则，本利全交；不中，亦得回报。（《土神显应》,274 页）

"中"下加逗号，"则"下去逗号。

21. 殆今之司旷也，何言之世之聩聩者，流迩言不察，大道未闻……（《耳神》,283 页）

"流"字当属上，后用感叹号。"聩聩者流"结构犹《汉书·艺文志》"儒家者流"。

（七）引语失当例

甲、非引语而误为引语

1. 母笑曰："然则亲家耶，勿讶我昏耄搪突，急呼其子出拜丈母。"（《李

寡妇》,24 页)

"急呼其子出拜丈母"乃叙述语,"突"下当用句号,再添引号。

2. 大将军曰:"先生孝思,予易敢阻?择日盛饯。"大将军欲亲送出关,沈力辞,犹依依不舍,命公子代送。"(《公大将军延师》,33 页)

引语至"阻"字止,"择日"以下均为叙述语。

3. 女曰:"为子筹御冬计,已足迹遍三辅矣。出金置几上,皆细碎不成锭者。"(《魏元虚》,45 页)

"出金……"乃叙述语,不当阑入引语内。

4. 许曰:"殆矣,不过惧之而已,奈何置之死地,罪将在我,众哄然散。"(《吴桥案》,75 页)

引语至"我"字止。

5. 方伯细察之,非其人也。大怒叱曰:"何处匪徒,敢冒吾子,殊属胆大,饬役加以累绁,面交首府问罪。"(《骗子》,112 页)

引语至"胆大"止,"大"下用感叹号。又,"怒"下当添逗号。

6.(吴生)怨恨之极,怒其父祖曰:"何为诓骗子孙耶!欲毁木主。"(《科场》,127 页)

按,"欲毁木主"乃叙述语,不当在引号内。

7. 值报捷者飞舆而来,问之有召姓,三相公喜曰:"我兄中矣,共拥至父前。"(《科场》,129 页)

后半部分应读为:三相公喜曰:"我兄中矣!"共拥至父前。

8. 欲于中门悬匾额,王夫人阻止曰:"是不能越分,应俟两兄,命悬于门右。"(《同胞三鼎甲》,140 页)

"命悬于门右"是叙述语。

9.(大和尚)谓公曰:"既师兄书来,命侍者引入客舍,姑住此以候机缘。"(《某宫保》,155 页)

"命侍者引入客舍"一句乃叙述语,当放在引号外,"姑住此以候机缘"之后。此古本已误,而张、傅二位袭之未能校正。

10. 湛然知为匪人,叱曰:"我在此,鼠辈敢尔,皆张惶遁去。"(《许湛然》,166 页)

"尔"下用感叹号,再加引号。"皆张惶遁去"非湛然之言。

11. 众尤商曰:"汝未能从容进退,不可以见上宪,尚须练习。又逾月而国恤间,官皆白衣冠,避舍二十七日后,素服顶帽见客。"(《职谬》,176 页)

"又逾月"以下皆叙述语,不当在引号内。

12. 八子曰:"……今日与先生言明,夜将往取财帛,以了先生事,因复

潜出,伏巨室屋上,系库书某家,方夜宴,为人脱一重罪,纳贿千金。"(《义盗》,189 页)

引语至"事"字止。

13. 制军大悦曰:"非夫人之论,我几大误,即作书,以四百金,遣奴子追赠。"(《某制军夫人》,198 页)

"即作书"以下非制军语。"误"一下当用感叹号、引号。

14. 众曰:"不如其妻。群入生家,坚请良玉掌土司印以御寇。"(《秦良玉遗事》,202 页)

引语只"不如其妻"四字。

15. 铁口曰:"此大富造也……我在贵邑推命多矣。无出其右者。书单与之。"(《一技养生》,215 页)

"书单与之"乃叙述语。又,"矣"下当换逗号。

16. 于行箧中,搜得印薄曰:"此系官文,何得私自携取? 本应治罪,念汝尚属斯文,姑全颜面,命取火焚之。"(《巧令》,238 页)

"命取火焚之"乃叙述语。又,"薄"下当加逗号。

17. 乃移文县令曰:"……希即委员带捕,查起赃银,连窝主李老解质云云。"(《巧令》,239 页)

"云云"不当阑入引号内。

18. 忽闻大声叱曰:"此大观楼古人名句,俗吏何知,在此窃视,着黄巾力士驱逐。"(《正梦》,241 页)

引语当如此:"此大观楼古人名句,俗吏何知,在此窃视!"

19. 先生曰:"否否! 势不及必致败露,率家人共举其壶置厅间众目共睹之地……宰去,集家人从容锤碎,熔化灭迹。"(《丁养虚》,257 页)

引语至"露"字止。"率"以下误叙述语为引语。

乙、是引语而误为非引语

1. (大将军)曰:"良医也。"差弁往聘之,以除吾疾。(《时医》,40 页)

"差弁……"也是大将军语,此误引语为叙述语。

2. 继业见其仇,突前结其胸襟曰,鸣冤去。(《书安邑狱》,62 页)

当标为:继业见其仇,突前结其胸襟,曰:"鸣冤去!"

3. (王夫人)于归后索取夫窗课阅之曰:"郎君笔下迢迢元著,惜法脉未清,词华杂凑,师之过也。"妾为郎君一点窜间当入彀矣。(《同胞三鼎甲》,140 页)

"妾为……"一句亦是引语。又,"阅之"下当加逗号。

4. (中丞)旋传府县官至日,属有大憝,敢诱掠良妇,官不能破,朝廷何

虚縻爵禄为耶！（《奸僧狱》，188 页）

首句费解。"日"当是"曰"之讹，以下皆引语。当标为：（中承）旋传府县官至，曰："属有大憝……""属"，新近，"大憝"，大恶人。

5. 嫠闻声，披衣叩门笑曰："汝等如是猛战，邻舍闻之，不泄漏机关耶！"呼仆开门，我欲作壁上观也。（《严氏》，191 页）

"呼仆开门……"亦属引语，不当置引号外。

6. 王笑曰："……余金赠君，以表相识之情。"至正副天使，别有常仪，君请勿辞。（《某郎中》，206 页）

引语到"君请勿辞"为止。

7. 公大疑，访诸其徒，徒晒曰："彼所论，非真字画……"所云堂幅者，其家正妻，横披者妾，单条者女，楹联者婢也。我不敢在师前隐讳，然师亦不可为外人道也。（《许宗伯》，236 页）

"所云"以下亦为"徒"之言，当放入引号内。

8. 识者曰：此碑在陕西，碑洞适当门环，仅拓八纸，而文中凿井见泥，凿字已伤，故谚有之曰："凿字全，值一千。"今此拓在八纸之列，以四百金售去……识者曰：此中蕴红宝石，以万金售去……有黄姓者访之，（识者）曰：此目系黄宝石所为，名猫儿眼……黄闻之，即以贱值买其铁鹤……（《陈君》，281 页）

这段文字除"凿字全，值一千"有引号却不伦不类外，其余引号皆失标。当读为：识者曰："此碑在陕西，碑洞适当门环，仅拓八纸，而文中'凿井见泥'，'凿'字已伤，故谚有之曰：'凿字全，值一千。'今此拓在八纸之列。"以四百金售去……识者曰："此中蕴红宝石。"以万金售去……有黄姓者访之，（识者）曰："此目系黄宝石所为，名猫儿眼……"黄闻之，即以贱值买其铁鹤……

丙、不明引语所讫（往往只有上引号，没有下引号）

1. 酒家曰："甲与某少年争，遂唤少年至……（《书讼师》，71 页）

如此标点，令人不知引语所止，大误。当于"争"下施句号，再添引号。

2. 神曰："罪不可恕，为尔发阳官责之，乃举笔书判……（《俞生》，90 页）

引语至"责之"止。

3. 先觉曰："弟子不识字，何必受文字之障，愿归禅门，乃授以秘密法旨……（《先觉僧》，107 页）

"乃"以下为叙述语。

4. 二伙应曰："毋庸着慌，人参与银俱在此，行主登楼去扣入门……（《编子》，118 页）

当于"此"下施句号、引号。

5. 官曰："既不合父意,可与我妹观之,饬舆夫扛抬货物……（《编子》,119 页）

"饬"以下为叙述语。

6. （徐大班）举囊交客曰："暂累官人看守,我非不放心,奈寒甚,乞假我短褂一披,烟管一吸,客自思火狐短褂与烟管,不过三十余金……（《补骗子》,185 页）

引语至"吸"字止。

7. 次早,倩邻妇呼其伙来,告之曰："昨夜仆与嫠同逃,幸未窃物去,汝速遣人之主人归商其事。合报官否,上雇人唤张子回。询其事,严含糊答对。（《严氏》,191 页）

这段文字讹误较多,当读为:……告之曰："昨夜仆同嫠同逃,幸未窃物去,汝速遣人唤主人归,商其事合报官否。"伙雇人唤张子回,询其事,严含糊答对。据《笔记小说大观》本,"之主人归"之"之"应作"唤","上雇人"之"上"应作"伙"。

8. 玉辞曰："侯及妇人,古虽有之,非天朝体制,无已,请貤封夫主,乃召马生,以为靖北侯……（《秦良玉遗事》,203 页）

秦良玉之言至"主"字止。又,"制"下当易句号。

9. 以三七给之曰："以酒服,当不至大损,其人服之,下血升余……（《金镖客》,211 页》）

"其人"以下乃叙述语。

10. 张曰："厨有大柿二,亦足解渴,友寻之,果得……（《六壬神课》,218 页）

"渴"下当施句号、引号。

丁、其他

1. 鸾曰："此正吾辈名幕套法巧夺古人处,汝曹学浅难解,吾为注之。"敝居停,进士公也……众皆目逆而送之曰:"先生乐甚。"……此等秘妙法诀,夜台无用,以赠诸公,无负老夫一片婆心也。"（《鸾仙》,26 页》

这段文字引号用得很乱,以致令人弄不清文意。其实都是鸾的话,"吾为注之"后面引号当去,"先生乐甚"前后当易单引号。

2. 童曰:"某等受大将军命,日事师如事予,大将军盥沐,皆如是也……"（《公大将军延师》,32 页）

此引语中有引语。"日"乃"曰"之讹。当标为:"某等受大将军命,曰:'事师如事予.'大将军盥沐,皆如是也……"

3. 俞曰:"予读文侯之,不至,故作悲辛,一妇人自梁坠于怀中曰:"先生毋

自苦也,肯偕入仙境,则世务不足道矣。予问仙境何在……"(《谈鬼》,81 页)

此亦引语中有引语,"先生"前当换单引号,"不足道矣"后添单引号。

4. 其人饿病于枯庙中,将毙。忿谓其妻曰:"我不济矣! 我之不习一业,以至此者,皆张铁口误我也。"汝年少艾,不患无温饱日,我死后汝号于市,曰:"有能棺殓前夫者,嫁之,谅必有人承值……"(《一技养生》,215 页)

这段文字标点(尤其引号)讹误不止一处。正确的读法是:其人饿病于枯庙中,将毙,忿谓其妻曰:"我不济矣! 我之不习一业以至此者,皆张铁口误我也。汝年少艾,不患无温饱日。我死后,汝号于市,曰:'有能棺殓前夫者,嫁之。'谅必有人承值……"

四 《九尾龟》标点举误[①]

标点古书既要有扎实的古汉语功底,又要有丰富的文化史知识。而标点方言口语色彩比较浓的古籍,除此之外,还要懂点方言。不然,就会闹出笑话,贻害读者。《九尾龟》是清人张春帆撰写的一部吴语小说,书中人物对话多用苏州土白。该书经过荆楚书社标点整理,于1989年2月出版发行。由于标点者不是很精通吴方言,全书标点多有讹误。今择其要者,予以订正。

1. 秋谷道:"不要胡说! 我章秋谷可是惧内的么?"月兰鼻子里"嗤"的笑了一声,又把嘴一披道:"阿唷! 还要海外凭你如何解说,我也总不上当的了!"(第四回,31 页)

"外"下当断开,施感叹号。"海外"又作"海会""海威",吴语,此是神气的意思。"海外"一词,本书多见,如第一百回"勿要勒浪海外哉"(677 页)、第一百四回"大家才是一样格,呒啥海外"(704 页)、第一百三十八回"俚自家说起来,是海外得来"(884 页)。

2. 兰芬嗔道:"啥格要紧嗄,倪还要坐歇去,勒耐回报俚转过来,嘤嘤喤喤吵勿清爽!"(第五回,39 页)

"勒"字当连上读。"勒",助词,相当于"呢"。下文"方大少还是第一转叫勒"、第八回"叫俚明朝就来,倪还有闲话说勒"(61 页),"勒"字用法同。

3. 格个断命堂差,末厌烦得来,倪头脑子也痛格哉! (第五回,40 页)

"末"字属上。"末",助词,这里表示提顿语气。这种用法本书极多,上文即有一例:"耐今朝扰仔刘大少末,也应该复复俚个东。"

---

4. 倪总勿见得要抢仔俚格洋钱，格叫俚尽管放心。（第六回,48 页）

后一"格"字应连上读。"格",语气助词,用在陈述句的末尾,表示肯定的语气,相当于"的"。"格"字这一用法本书习见,本例上下文即有其例："俚倒直头做得出格""勿会吃脱仔俚格"。

5. 倪归搭吭拨啥格老虎,勒浪勿会吃脱仔俚格,叫俚自家只顾来拿末哉！（第六回,48 页）

"勒浪"应属上。"勒浪"一词在吴方言里用法颇多,此是用作句末助词,表示肯定语气。第一百二十九回："倪搭吭拨啥格老虎勒浪,勿见得吃脱仔耐格。"（835 页）句意相同,标点则不误。

6. 倪堂子里向格人末,才是勿好格。唔笃客人用脱仔洋钱,也勿犯着像煞耐刘大少勒倪面上,勿知用脱仔几化洋钱……（第七回,50 页）

"着"下当标句号。"勿犯着"犹不值得；"像煞"即好像、似乎,本书例繁不引。

7. 倪倒也有点脾气格俚,耐自家勿来末,倪直头抢定仔俚格哉！（第八回,61 页）

首句句末"俚"字费解,次句"耐"（你）作主语,亦与上下文意不合。其实首句"俚"字当属下。"俚耐"即俚,他。苏州话第三人称单数称"俚",又称"俚耐",字又作"俚徕""俚乃"等。本书则多用"俚",用"俚耐"亦为数不少,如第十七回："王老勿要拉俚,俚耐是要到陈文仙搭去格。"（130 页）例中"俚"与"俚耐"同义互用。

8. 戒指是勿错,倪探仔俚一只勒浪。也勿知拨倪放到仔陆里去哉,现在一时无寻处俚。一定要倪还来,倪只好赔还仔俚一只末哉！（第八回,61 页）

"现在一时无寻处俚"不通。"俚",他,当属下读。

9. （陆兰芬）便回头问秋谷道："唔笃阿是一淘来,格啥格勿声勿响,倒拿倪吓仔一跳！"（第九回,70 页）

第一个"格"字当属上读,且后面施问号。"格",助词,相当于"的"。"唔笃阿是一淘来格？"意即你们可是一起来的？

10. 倪搭人影子也勿见,还要瞎三话四说勒,倪搭用脱仔几化洋钱哉！（第十回,76 页）

"勒"下逗号当删。此"勒"非句末助词,而是介词,"在"的意思。后一句是说：还要胡说八道说在我这里用掉了许多钱！下文云："倪格排客人,勒倪身浪用格一千八百、三千搭仔二千洋钱,也勿算啥事体！""勒倪搭"与"勒倪身浪"文异义同。

11. 刘大少，倪一径待耐末也齲坏。过歇良心，耐勿应该放倪格谣言。（第十回，77 页）

"坏"下不应断开，不然，"过歇良心"无从索解。"过""歇"同义，连用时相当于时态助词"过"。本书用例颇多，如第一百三十回："耐倒自家想想，天理良心，倪阿曾敲过歇耐啥竹杠？"（841 页）

12. 难末拨倪格排欠账格店家借债格，户头听见仔大家勿好哉。一淘到倪搭来收账格，收账要债格要债才问倪要洋钱，章大少，耐去想哩。半节里倪陆里来啥格洋钱？（第十二回，89 页）

这段文字句子不通，文意混乱。其错误失当的地方凡七处，而关键是对"格"字意思不理解。文中"格"字，除"格排""啥格"两"格"字外，其余都相当于结构助词"的"。正确的读法应为：难末拨倪格排欠账格店家、借债格户头听见仔大家勿好哉。一淘到倪搭来收账格收账，要债格要债，才问倪要洋钱。章大少，耐去想哩，半节里倪陆里来啥格洋钱？

13. 老实说，上海滩浪要出来白相顾勿得舍铜钱，倪堂子里向加二，才是铜钱格世界。（第十五回，112 页）

"二"下不当有逗号。"加二"，副词，更加，越加。末句是说：我们妓院里更加全是钱的世界。"加二"本书凡十余见，兹举一例，第二十三回："不过倪要嫁起人来，比仔别个馆人，加二烦难。"（171 页）

14. 看看别家格倌人，面孔生得怕煞，生意倒好得野哚，碰和吃酒闹忙得来格。当中啥格道理，倪也解说勿得。（第十六回，120 页）

"闹忙得来格"之"格"当属下。"格"，代词，这。"格当中"即这当中。第七十五回："格当中啥格道理，连倪自家也解说勿出。"（522 页）句式相同，可比较。

15. 格个张玉书，实头勿要面皮，几转叫娘姨到倪搭来，要请贡大少过去。倪回报仔俚勿勒浪俚，就一直闯到倪房间里来。（第十七回，128 页）

"勿勒浪俚"之"俚"犹她，当属下，是下句主语。"勿勒浪"犹不在这里。

16. 耐亦勿是俚格家主婆阿，好管牢仔俚介，做出格付极形来，阿要踉跄！（第二十一回，154 页）

标点者把前一"阿"看作句末语气词，误。此"阿"当属下，是副词，用在问句中，加强语气，相当于"可""是否"。又，"介"下逗号当用问号。

17. 故歇倪想起来，勿到天津去末，也吃勿着格个大吓头。阿是总是吃仔格碗堂子饭格勿好。（第三十一回，229 页）

"是"下当断开，添加问号。"阿是"犹可对。第一百三十二回："（陆丽娟）笑道：'耐搭倪客气起来哉，阿是？'"（852 页）用法同。

18. 故歇倪格身体，赛过是个讨人说，拨别人家听仔，阿肯相信？（第37回，265页）

"说"字当连下读。"赛过是个讨人"即"好像是个讨人"。讨人"，旧指被妓院买进无自主权的妓女。第一百七十六回："赛金花院中，本来有两个讨人，一个叫金红，一个叫银翠。"（1094页）"讨人"义同。

19. 陆里晓得格两个娘姨掮仔带挡，格末叫讨气。诉（拆）仔到（利）钱勿算，另外还要搭倪讲啥个拆头做起客人来。 倪自家一点点作勿来主……（第三十七回，266页）

"头"下当施句号，"做起客人来"后当易逗号。"拆头"，指提成的钱。第一百四回："不过倪刚刚来格辰光，讲明白生意浪有拆头格。"（701页）可证。

20. 兰芬把一点朱唇凑着方子衡耳朵道："耐到底阿记得说哩？"（第四十回，287页）

"得"下当加问号，"哩"下当换感叹号。

21. 文仙道："俚叫王佩兰，就勒浪兆贵里，本底仔倪也勿认得俚，有转把台面浪碰着仔，难末认得起格，头俚搭倪讲讲说说，倒蛮要好。"（第四十二回，300页）

"难末"后文不成义。当标为：难末认得。起格头俚搭倪讲讲说说，倒蛮要好。"起格头"犹起头、起先头，开始、起初的意思。

22. 王佩兰便正色道："耐答应仔，是要去拿得来格哩，勿要故歇末答应，歇仔两日绰倪格烂污是倪勿来格哩。"（第四十四回，313页）

后一"是"下当用逗号断开。"是"，助词，用在表示假设的分句后面，引起下文，相当于"的话"。"……是倪勿来格哩"不等于"……倪是勿来格哩"。例句后半部分是说：过几天不遵守诺言的话，我不答应的。"是"这种用法，本书例子很多，但标点者昧于此义，时有讹误。例如，第一百二回："范彩霞道：'晏歇点要来格哩，绰仔倪格烂污，是倪勿来。'"（691页）第一百六十七回："耐要动气，是倪勿来格。"（1046页）第一百七十一回："耐勿骗倪呀，耐骗仔倪是倪勿来格。"（1068页）以上几例，"勿来"都是不答应、不肯罢休的意思，"是"字均当连上读。

23. （王佩兰）向秋谷嫣然一笑，说道："耐倒好格几日天勿到倪搭去，倪牵记得来。"（第四十五回，321页）

引语部分有两种断句法，或"耐倒好"点断，或"耐倒好格"点断，于语法都通，只是"格"或作代词，或作助词，词性不一。我们以为后一种为长，即"格"下施逗号。"格"，助词，的。第一百九十二回："（苏青青）道：'耐倒好格！倪搭耐咦呒拨他冤家……'"（1191页）可比较。

24. 倄笃大人一塌刮仔，几十万银子格家当也勿说啥格大家私。再说起功名来，一个候补知府，加二挨俚勿着倪搭格客人比仔倄笃大人。再要阔点想，讨倪转去格，多煞来浪……（第四十七回，333页）

这段文字标点讹误多达五处。"一塌刮仔"是副词，一共、总共的意思，后面不当断开；"家当"犹财产，后面当用逗号；"挨俚勿着"即轮不到他，后面当施句号；"比仔倄笃大人"乃介词结构，后面句号当删；"再要阔点想"不辞，"想"字当属下。

25. 再要做起客人来，老老实实点，勿要拨俚笃，吃啥格空心汤团……（第四十八回，340页）

"拨俚笃"犹给他们，介词结构，后面逗号应去掉。

26. 耐格生活，倪昨日仔夜里向已经吃着格哉，今朝再要办倪格生活。时倪吃勿消格嘘。（第五十七回，400页）

后一"活"下当去句号，"时"字连上读，后加逗号。"时"，语气助词，此用于假设复句前一分句末尾，表示提顿。

27. 倪格局帐洋钱末，请耐开销脱仔，勿要晏歇点，弄得大家难为情。（第六十二回，431页）

"晏歇点"犹等一会儿，当与后面部分连读。又第六十五回："格歇辰光，耐好去哉呀。勿要等歇点，路浪转去，受仔风寒，出起毛病来。"（456页）其中"等歇点"也是等一会儿的意思，后面也不当用逗号断开。

28. 文仙发急道："耐格人，啥格总是实梗归格辰光，倪搭耐说格闲话，耐阿记得。"（第七十一回，496页）

"实梗"，代词，这样。后面当用感叹号断开。"归格辰光"犹那个时候，后面逗号当删。"得"下当易问号。

29. 倪搭格客人，做得好好里来，浪拨耐格烂污婊子拉仔过去，再有面孔搭倪瞎吵。（第一百四回，704页）

"浪"字属上。"来浪"，句末助词，表示肯定语气。

30. 倪好好里搭俚讲闲话，俚倒勿问三七二十一、四七二十八，拔出手来就打格，是啥格道理，倪倒要问问俚笃。（第一百五回，708页）

"就打格"之"格"当属下读。此"格"字，代词，这。

31. 答应仔耐呒啥闲话说，勿然，是耐故歇搭倪跳得来好白相煞哉。（第一百二十九回，834页）

"勿然"当连下读。"勿然是"之"是"不是判断词，而是助词，用于假设句前一分句的末尾，相当于吴语的"末"、普通话的"的话"。"勿然是"这一句式本书例繁，此不赘举。第三十八回："只要耐拿格三千洋钱带挡还拨仔倪，格末随便那哼，随耐格便，勿然末倪也有两句话勒浪说说。"（272 页）第一百七十四回："耐有啥事体要倪搭耐帮帮忙，耐只顾搭倪说末哉，勿然倪也勿好意思受耐格物事。"（1083 页）以上两例中，"勿然末"与"勿然"这种意思本书他处多作"勿然是"，可证"是"即助词。

32.（梁绿珠）把金莲在地下一顿道："倪勿要耐搭倪坐来浪。"（第一百二十九回，836 页）

"倪勿要"独立成句，后应添逗号。此"勿要"与字面意思有别，指不答应，不允许，多为女子撒娇时所说。第四十回："方子衡道：'我就一人独吃，不用你们替代，何如？'兰芬也笑道：'倪勿要嘎。'就把方子衡手内的酒壶夺去。方子衡再三央告，陆兰芬只是不许。"（286 页）即其证。又，第一百三十回："陆韵仙见马山甫糊涂到这般田地，又不好明说出来，心上又好气，又好笑……大声说道：'倪勿要耐勿要勒浪假痴假呆，搭倪去借得来。'"（841 页）句中两个"勿要"义别，第一个"勿要"即不答应，后边亦当增添逗号。

33.（梁绿珠）口中说道："慢慢交耐放勒浪仔看。啥格倪要搭耐说句闲话，耐倒说倪问耐讨账，勿肯放耐格。两声闲话倒要搭耐弄弄明白笃。"（第一百二十九回，836 页）

上文有两处断句不当。（1）"慢慢交"自成一读，后面应添逗号。（2）"勿肯放耐格"之"格"当属下，"格"，代词，这。

34. 故歇用勿着啥格打恭作揖，只要耐爽爽快快搭倪说一声，到底那哼有末有。哧拨末也哧啥希奇。（第一百三十回，842 页）

"到底哪哼有末有"不通。应标为：到底那哼？有末有，哧拨末也哧啥希奇。

35. 倪要紧要借洋钿，一塌刮仔才是年底格开销，洛里等得到开年？等到仔开年，是倪也勿要借啥格洋钿哉。（第一百三十回，843 页）

"是倪"之"是"当属上。上面已多次提到，"是"在吴语里可作助词，用法与"的话"相似。又，第一百五十八回："要叫倪碰着仔格号酒鬼格外国人，是魂也吓脱格哉。"（1000 页）第一百六十三回："哧姆再勿肯照应倪点，是今生今世总归哧拨出头日脚格哉。"（1027 页）第一百六十五回："今朝哧姆勿答应，是倪一径距（跪）来里，勿起来格哉。"（1038 页）第一百七十三回："耐定规勿坐，是只得倪也陪仔耐勿坐格哉。"（1082 页）句式相同，"是"字皆当连上读。这种句式，本书标点也有不误的，如第四十三回："倪阿有格号福气，拨陈文仙晓得仔是，反得来好白相煞哉。"（309 页）第一百三十六回："换仔别人来是，倪就老实勿客气哉。"（875 页）

36. 倪堂子里向规矩，客人吃酒付仔现洋钿末赛过就是，定房间随便啥人，总归要让还俚格。（第一百三十三回，858 页）

"末"下应添逗号，"是"下逗号当挪至"间"下。

37.（耐）勿知看中仔格啥人，要想跳槽过去，实梗洛碰碰扳倪格差头格末。老实搭耐说仔，上海滩浪象耐实梗格客人蛮多来浪，呒啥希奇。（第一百三十三回，860页）

"头"下当用句号断开。"格末"，连词，那么，当连下读。"实梗洛……"句意为：所以动不动找我岔子。

38. 云兰连忙把秋谷拉了一把道："耐格人真真呒拨仔陶成哉，客人淘里末，并并房间罢哉，阿有啥格件事体，也好并啥格房间格，倪是勿来格，请耐去照应仔别人罢。"（第一百五十一回，963页）

"阿有啥"后当断开，施问号。"也好并啥格房间格"后也当用问号。这是两个并列关系的反问句。

39. 耐拿倪当仔别人一样，只认得铜钿，勿认得人格末，耐看豁仔边哉？（第一百五十二回，965页）

"格末"当属下。"格末"，连词，那么。"哉"后问号当换句号。第一百六十八回："耐总当仔倪做倌人……格末耐真正看错仔人哉。"（1053页）句式相同，可比较。

40. 二小姐，耐也要转转念头哉哩……实梗洛今年格房饭钿菜帐才要付清，耐是格外勿比别人再有四百块洋钿借头，耐今朝阿好先付几百洋钿……（第一百六十三回，1025页）

"清"下应改为句号。"人"下应添逗号。

41. 谢谢耐。耐总算照应倪格拿格笔房饭账菜钿算清爽仔。耐真正弄勿落末。倪大家慢慢里再想法子……要是耐一干仔勿拿出来，大家也才看仔耐格样子，才勿拿出来。格是倪僵哉哓。照式实梗样式，上海滩浪格本家，洛里还有人做卖脱仔自家格身体来赔，也勿够哓。（第一百六十三回，1026页）

文中有多处标点失当。（1）"谢谢耐"后当换逗号；（2）"照应倪格"后当用逗号断开；（3）"弄勿落末"后当易逗号；（4）"才勿拿出来"后当改逗号；"洛里还有人做"后当补问号。

42. 耐末贪图仔戏子称耐格心样式样，才依仔耐，耐要俚笃那哼俚笃就听耐那哼，阿晓得自家身体称仔心，铜钿勿称心哉呀。（第一百六十三回，1028页）

"称耐格心"后应添逗号。"样式祥"犹样样、每样事，应连下读。"耐要俚笃那哼"后应施逗号。

43. 金姐冷冷的道："难看耐那哼弄法格个客人，咦勿晓得俚住来浪

啥格地方，要追也呒追处碗，自家勿小心只好自家认仔悔气格哉。"（第一百六十五回，1036 页）

"那哼弄法"后当施问号。"呒追处碗"后当易句号。"自家勿小心"后当补逗号。"难"，现在，这会儿。

44. 金姐听了，便正色数说道："二小姐耐勿要看得铜钿实梗容易嘘，耐阿晓得倪为仔耐身浪格事体，搭耐借仔几化洋钿一千六百块洋钿笃呀，勿是啥格少嘘，……"（第一百六十五回，1037 页）

"二小姐"后当标逗号。"几化洋钿"后当补问号。"勿是啥格少嘘"后当易感叹号。

45. 要定规勿受呢咦，怕耐潘大人心浪要动气。（第一百六十七回，1050 页）

"咦"字应属下。"咦"，副词，又。吴语"又"音如"咦"，故本书对白中径用"咦"，字又写作"咿""咿""夷"等。下文："只有耐潘大人末气魄咦大，脾气咦好……"即其例。

46. 金姐又接着说道："……实梗洛格日子二小姐肯留耐呀，勿然是洛里有实梗容易格辰光，李宝珍李家里放仔三千洋钿。"（第一百六十七回，1050 页）

"容易"后当点断，标问号。"格辰光"连下读。又，"三千洋钿"后当用省略号，金姐本欲说下去，中途被沈二宝打断。

47. （沈二宝）叹一口气道："老实搭耐说仔罢，倪格做耐潘大人，勿是为啥铜钿，也勿是为啥势利格辰光，倪搭耐刚刚碰头心浪向就有仔耐实梗一个人，一径丢耐勿脱耐，吃仔一台酒，一径勿来，倪心浪末牵记煞，面孔浪末说勿出，倪碰着格客人，几几化化，一榻刮仔，才勿来浪，倪心浪独独看见仔耐，象煞心浪有一种说勿出格念头，总归耐说一句闲话跑一步路，倪看仔总归呒啥勿对劲……"（第一百六十八回，1052 页）

文中标点当增、当删、当改者凡十余处。正确的读法是：……也勿是为啥势利。格辰光倪搭耐刚刚碰头，心浪向就有仔耐实梗一个人，一径丢耐勿脱。耐吃仔一台酒，一径勿来，倪心浪末牵记煞，面孔浪末说勿出。倪碰着格客人几几化化，一榻刮仔才勿来浪倪心浪。独独看见仔耐，象煞心浪有一种说勿出格念头，总归耐说一句闲话、跑一步路，倪看仔总归呒啥勿对劲……

48. 耐总当仔倪做倌人格末总归只认得铜钿勿认得交情，格末耐真正看错仔人哉。（第一百六十八回，1053 页）

"倌人"后当断开，施逗号。第一个"格末"与第二个"格末"同义，那么。

49. 倪格事体一时说勿尽几化，故歇就来浪格搭小房间，里向坐歇，等倪慢慢里搭耐说。（第一百七十二回，1074 页）

"间"下逗号当删。"来浪格搭小房间里向"是介词结构,意为"在这小房间里面",不得割裂。

50. 赛金花看了秋谷一眼道:"面熟是面熟,煞想倒想勿出嘘。"(第一百七十二回,1074页)

"煞"字属上。"煞",助词,用在形容词后表示程度深。第六十二回:"耐替别人家赶事体,倒起劲煞。"(434页)用法相同。

51. 倪叫俚自家进来,俚倒说定规勿肯呀。倒搭倪说吼拨实梗规矩,格要耐叫俚进来末俚好进来,耐勿叫俚进来,俚勿好进来。格带仔格红缨帽仔,拖仔格花翎,海外得来勿得知啥格事体,倒说搭耐换仔格名字,叫耐啥格宗脱牵太太。(第一百七十三回,1081页)

"格要耐叫俚进来末俚好进来",其中"格"字当属上,下施句号。"格",助词,的。"要",如果。"末"后当添逗号。"俚好进来"后当易分号。"格带仔格红缨帽仔"之"格"亦当属前,用法同上。"海外得来"后当补句号。

以下几条,不属于方言方面,而是因不明文意而误断,也附于此。

52. 到了次日,秋谷将自己行李搬回家去,又叫了两个老年诚实的家人看守门户,私自吩咐,无论何人,不许放进,并不许放金月兰。主仆走出大门,两人诺诺领命。(第四回,29页)

如此标点,乖违原意。上文云:"月兰原带着一个娘姨",可知"主仆"是指金月兰主仆。后半部分当标为:私自吩咐:无论何人,不许放进;并不许放金月兰主仆走出大门。两人诺诺领命。

53. 见他同着那绝色倌人同坐在斜对一张桌上,真是和璧随珠,珊瑚玉树交枝,合璧掩映生辉。(第七回,52页)

后半部分当读为:真是和璧随珠,珊瑚玉树,交枝合璧,掩映生辉。

54. 秋谷笑道:"你既然言下悔悟,我怎肯袖手旁观。那银子虽然未见得拿得回来,这戒指在我身上取了,还你便了!"(第九回,69页)

末句当作,这戒指在我身上,取了还你便了! 意谓这戒指包在我身上,从陆兰芬那里设法取来还你就是了。

55. 一连这样的两天,我被他呕得气不过,就和素卿说了,叫他吃过双台,立刻就摆我的意思。原想要赶掉这个混账东西,不想他听得我叫双台,他就叫过双双台。(第一百三十七回,881页)

"摆"下当添句号。"思"下当易逗号。"西"下当换句号。

第七章　训诂与辞书编纂

一　《汉语大词典》札记①

《汉语大词典》(以下简称《大词典》)既是文字训诂研究的总结性成果,又是文字训诂研究的重要参考书。问世二十年来,《大词典》为我祛疑解惑、增知益智,堪称无声的老师。为使其更臻完善,笔者也做过一些拾遗补缺、发疑指瑕的工作,散见于相关论文和著作,包括本书各个章节。目前,首版《大词典》正在修订。今把平时翻检时发现的其他一些问题整理成一文,供编者和读者参考。

(一)释义辨正

齇丑　鼻长红皰,容颜丑陋。唐李冗《独异志》卷上:"贾弼之夜梦一人,面貌极齇丑。"(12/1424。又,单字"齇"后说亦作"齄")

"齇"亦作"齄",本指鼻子上的红皰。《大词典》按字面作释,但颇不顺畅。其事又见《太平广记》卷三百六十《贾弼之》引《西明杂录》:"(贾弼之)夜梦一人,面查丑甚,多须大鼻。"两相比较,《独异志》"齇"字,《太平广记》作"查",而《太平广记》后面还有"多须大鼻"一句,可见此"齇"仅形容面容,与酒糟鼻无关。那末"查"是什么意思呢?《汉语大字典》"查"字条 zhā 音项下引《太平广记》"面查丑甚"例,释为"用同'奓(zhà)'。张开;阔",亦非确诂。其实"齇""查"均通"魗(魗)",义为貌丑。《玉篇·鬼部》:"魗,丑魗,恶也。"《广韵·马韵》:"魗,丑魗。"《集韵·马韵》:"魗、魗,丑魗,恶也。或省。"《龙龛手鉴·鬼部》:"魗,丑魗,恐人也。""丑魗"是近代汉语里的一个方言俗语词,文献习见,又作"丑叉""丑差""丑姹""丑诧"等,见《大词典》"醜"字条下;现代方言仍然沿用,如冀鲁官话有"丑查",中原官话有"丑差"等,见《汉语方言大词典》966 页。"魗",《广韵·马韵》昌者切(chě);"齇",《集韵·麻韵》庄加切(zhā);"查",《广韵·麻韵》鉏加切(chá),《集韵·麻韵》庄加切(zhā)。"魗""齇""查"古音相近,故可通用。"魗"与"丑"同义,故"丑魗"连言;倒言之,则说"齇丑"或"查丑"。

---

① 本文写作过程中,研究生王凤娇同学为我检索了若干语料,谨表谢忱。

还需指出几点：1.《大词典》"酖（dān）瓃"条："谓人长得丑恶。宋赵叔向《肯綮录·俚俗字义》：'人丑曰酖瓃。'"又"瓃"条："①相貌丑恶。宋赵叔向《肯綮录·俚俗字义》：'人丑曰酖瓃。'参见'醜瓃'。""酖瓃"于义无所取，当是"丑瓃"之误。"丑"繁体作"醜"，与"酖"形近而讹，《大字典》引此正作"人丑曰丑瓃"。而"醜""丑"是异体字，"醜瓃"同"丑瓃"，亦其证。2."丑瓃"（包括异形词）本指人长得丑、难看，《大词典》"丑叉""丑诧"释义均是；而"丑差"释为"丑陋，低劣"，似有望文生义之嫌（详参《敦煌文献语言词典》52页"丑差"条）；"丑姹"释为"丑陋怪异"，"怪异"亦无据，径释"丑陋"即可。这个词除了作形容词外，还可作名词，义为"丑事"，如《古今小说》第四卷："常言道：男大须婚，女大须嫁；不婚不嫁，弄出丑吒。""丑吒"《大词典》不收，可补。

羞恶　（—wù）对自己或别人的坏处感到羞耻厌恶。《孟子·公孙丑上》："无羞恶之心，非人也。"朱熹集注："羞，耻己之不善也；恶，憎人之不善也。"明李贽《复焦弱侯书》："于此有耻，则羞恶之心自在。"……（9/167）

"羞恶"是同义复词，即羞耻，"恶"亦羞义，而不是厌恶。《孟子·公孙丑上》："由是观之，无恻隐之心，非人也；无羞恶之心，非人也；无辞让之心，非人也；无是非之心，非人也。"除"是非"外，"恻隐""羞恶""辞让"均属同义连文。杨伯峻《孟子译注》译为"如果没有羞耻之心，简直不是个人"，是；朱熹分"羞恶"为二义，不确。"恶"之羞耻义《大词典》不载，《大字典》收之，引《集韵·莫韵》"恶，耻也"、《史记·平原君虞卿列传》"此百世之怨而赵之所羞，而王弗知恶焉"及上举《孟子·公孙丑上》例，可参。

危脆　危险脆弱。《宋书·张邵传》："人生危脆，必当远虑。"唐卢照邻《释疾文》："何斯柱之危脆，一夫触之而云折。"《资治通鉴·梁武帝太清元年》："犹是久涉行陈，曾习军旅，岂同剽轻之师，不比危脆之众。"（2/523）

高文达主编《近代汉语词典》"危脆"条解释说："危殆脆弱。《五灯会元》卷一：'我身危脆，犹如聚沫，况复衰老，岂堪长久。'"以上释义均可商。"危脆"当是同义复词，义为脆弱。姚秦竺佛念译《出曜经》卷十九："观身如坏（坏）者，犹彼坏（坏）器危脆不牢，必当败坏。"①《经律异相》卷十二引《龙施女经》："我何惜此危脆之命。"《法苑珠林》卷十九引《付法藏经》："卿若是吾真善知识，宜应劝我以危脆头易坚固头，如何今日止吾礼拜？"又卷二十七《感应缘》："经不闻乎？世实危脆，无牢强者。"又卷三十四引《杂阿含经》："有诸恶物，但皆危脆，无有坚固。"又卷四十四《王业部》："无常不

---

① 本例引自朱庆之《王梵志诗"脆风坏"考》，《中国语文》2001年第6期。

坚固,如芭蕉水沫,亦如浮云散。天王尊胜位,危脆亦如是。"又卷八十二引《大庄严论》:"舍此危脆身,以取解脱命。"诸例"危脆"之"危"均非危险义,尤其是《法苑珠林》"危脆"与"坚固""牢强"对举,其义尤显。王梵志诗《危身不自在》:"危身不自在,犹如脆瓦坏(坯)。"①"危身"即脆弱的身体。《大词典》"危羸"条:"瘦弱貌。宋苏轼《艾子杂说》:'少倾一人出,乃商贾也,危羸若有疾者。'"释义是,可比勘。

跳篱骗马 谓偷窃和拐骗。《水浒传》第四六回:"杨雄却认得这人,姓时,名迁,祖贯是高唐州人氏。流落在此,则一地里做些飞檐走壁、跳篱骗马的勾当。"(10/471)

有两处可商。一是"骗马"不是拐骗,而是跃上马背。《集韵·线韵》:"骗,跃而乘马也。或书作骗。""骗"字这种用法在近代汉语乃至现代方言繁有其例,不赘举。二是没有交代本义。《水浒传》第一百十八回:"小行者自回,时迁却把飞檐走壁、跳篱骗马的本事出来,这些石壁,拈指爬过去了。""跳篱骗马"本指能跳越篱笆,腾跃上马。因此,释义可调整为:本指能跳越篱笆,腾跃上马,也指凭借这种本领行窃。

骗马 ②哄妇女。元王实甫《西厢记》第三本第三折:"又想去跳龙门,学骗马。"王季思校注:"俗注谓哄妇人为骗马,不知何据。"一说,指不务正业、大才小用之意。张燕瑾新注:"'学骗马',这里指不务正业、大才小用的意思。"(12/860)

《西厢记》"骗马"一词,除了上列两说,还有许多说法(参见《宋金元明清曲辞通释》817页、《宋元明市语汇释》45页),各家莫衷一是。红娘唱词原文是:"谁着你贪夜入人家,非奸做贼拿。你本是个折桂客,做了偷花汉。不想去跳龙门,学骗马。"(《大词典》"不"作"又",误)如上所说,"骗马"有"跃上马背"义,又可指凭借这种本领盗窃。此外,"骗"还有跨越、翻越义,如元马致远《任风子》第二折:"我骗土墙腾的跳过来,转茅檐厌的行过去。"元汪元亨《醉太平·警世》曲:"掷金钱趛的身躯超,骗粉墙掂的腿脡折。"《西厢记》第三本第二折:"(末云)小生读书人,怎跳得那花园过?(红唱)……怕墙高怎把龙门跳,嫌花密难将仙桂攀。""学骗马"本该说"学跳墙"或"学骗墙",但这几句是文学语言,前后照应非常严密,"折桂客"对"偷花汉","桂""花"植物相对,"偷花汉"又与"奸"呼应;"跳龙门"对"学骗马","龙""马"动物相对,"骗马"又与"贼"呼应。"学骗马"如果说成

---

① "犹如脆瓦坏(坯)"文字的校定,据曾良、叶爱国《王梵志诗"脆风坏"讨论二则》,《中国语文》2003年第6期。

"学跳墙"或"学骗墙","跳墙"太直白;"骗墙"非成词,且与贼无涉。要之,此"骗马"不是指"哄妇女"或"不务正业、大才小用",而是指"腾跃上马之类的盗贼行经",借以调侃张生跳墙。

尽尽 ②全部;充分。《坚瓠六集》卷三引明沈周《田家乐词》:"桃花尽尽开,菜花香又来。"《西湖佳话·白堤政迹》:"我在西湖之上,朝花夕月,冬雪夏风,尽尽的受用了三载。"③犹蜂拥。《金瓶梅词话》第七一回:"只听甲响,又刀力士、团子红军尽尽而出。"(7/1457)

此两义均可商。据我们考察,"尽尽"有以下两义:1. 全部;完全。首例"桃花尽尽开"之"尽尽"是全部、完全的意思,词义比较显豁;末例"尽尽而出"之"尽尽",《大词典》释为"犹蜂拥",《白话小说语言词典》释为"整齐有序貌",都属于随文释义,很难解释"尽尽"为何而有此义。例句完整的文字是:"镇将长随,纷纷而散,只听甲响;又刀力士,团子红军,尽尽而出,惟见戈明。"此"尽尽"其实也是"全部"义。他如《离合剑莲子瓶》第十回:"想你令尊在日,虽不叫巨万,尽尽可以过得。死去未过三年,怎么就说消条?"此"尽尽"(《古本小说集成》本154页作"伈伈")是完全的意思。2. 整整;足足。次例"尽尽的受用了三载"之"尽尽"若释为"全部;充分",不够妥帖,当训整整、足足。"尽尽"之整整、足足义,惟有《白话小说语言词典》收录,举《鼓掌绝尘》第七回一例。今更示数例:《鼓掌绝尘》第十四回:"你看他含着泪,对着滩,尽尽坐了一日,水米也不沾牙。"又第二十二回:"这画师独坐空房,对着笺,蘸着笔,尽尽想了一日。"又第四十回:"众僚属从黄昏等到次日天明,尽尽陪了一夜。"

煞癞 犹无赖。明何良俊《四友斋丛说·史九》:"海刚峰不怕死……但只是有些风颠,又寡深识,动辄要煞癞,殊无士大夫之风耳。"(7/212)

"无赖"一般作形容词或名词,但例中"煞癞"是动词,释义不够准确。"煞癞"实同"撒赖"或"撒癞"。《广韵·黠韵》"杀,《说文》:戮也。煞,俗。所八切。"《集韵·曷韵》:"鏾、撒,一曰放也。或作撒,通作杀。桑葛切。"煞、撒都是入声字,且分别与"杀"或同或通,故可通用。《宋金元明清曲辞通释》"来撒的"条:"犹'来煞的',厉害、能干的意思……撒,通'煞'。""撒"还可写作"撧",如古本小说集成本《警寤钟》第十五回:"自古道:撧手不为奸。"明朱葵心《新刻回春记》第六折:"你若笑其不然,他将令箭来厮见,更将那尚方剑煞赖胡缠。"《说呼全传》第三十五回:"你这妖道,黄毛未退,敢在此煞野!""煞赖"即"撒赖","煞野"即"撒野"。"撒赖"近代汉语习见,"撒癞"的用例如:明叶宪祖《碧莲绣符》第八折:"孩儿起来!还是小时这般撒癞!"

逼抑　逼迫压抑。明无名氏《广客谈》："民为逼抑者,遂自杀于清风堂阶下。"（10/1024）

"逼抑"系同义复词,义为逼迫。例句上文说"郑当为相时,家人侵夺小民庐舍以广其居",可见小民自杀缘于权贵逼迫,与压抑没有什么关系。近代汉语里,"抑"有逼、逼迫义,王锳先生《唐宋笔记语辞汇释》有专门考释,凡举六例。今更衍数例:唐元稹《莺莺传》："以郑之抑而见也,凝睇怨绝,若不胜其体者。"《法苑珠林》卷八十一《财施部》引《优婆塞经》："强抑求财,营修塔寺,依经不合,反招前罪。"《太平广记》卷一百二十四《樊光》引《报应录》："无理者纳赂于光,光即出之;有理者大被拷掠,抑令款伏。"其实《大词典》"抑"字下已收"强迫"义,"抑逼"释为"强迫",是。"逼抑"与"抑逼"异序而同义。

多嫌　深为嫌恶;嫌其多余。五代齐己《闲居》诗："每许题成晚,多嫌雪阻期。"《红楼梦》第三五回："我知道你的心里多嫌我们娘儿们,你是变着法儿叫我们离了你就心净了。"华纯等《大家好》第一场："我就是光会吃饭,晓不得做营生,你多嫌我嘞！"（3/1181）

首例出处误,不是出自齐己的《闲居》,而是出自他的《次韵酬郑谷郎中》,全诗为："林下高眠起,相招得句时。开门流水入,静话鹭鸶知。每许题成晚,多嫌雪阻期。西斋坐来久,风竹撼疏篱。"从内容看,首例跟其他两例结构、意义都不一样。首例"多嫌"与"每许"对举,多、每近义,嫌、许反义,"多嫌"是偏正词组;其他两例多、嫌同义,"多嫌"是同义复词。近代汉语里,"多"有"认为某人多余而嫌弃;讨厌"义,如《型世言》第三十四回："你多我吃来,我便不吃你的。"《醒世奇言》第七回："我这里正苦人少,你便在我处一百年,也不多你的。"（详参《大字典论稿》165页）"多嫌"连用,多见于清代作品,现代方言如北京官话、冀鲁官话、中原官话、晋语、吴语等还沿用（参《汉语方言大词典》2155页）。综上,本条首例可删去,释义也可修正为"认为某人多余而嫌弃;讨厌"。

僻然　倾侧貌。《清平山堂话本·杨温拦路虎传》："被强人捽住,用刀背剁铡,暗气一口,僻然倒地。"（1/1709）

《大词典》"辟然"条："犹突然,一下子。《清平山堂话本·杨温拦路虎传》："……李贵叫一声,辟然倒地。"以上两个词语出现在大致相同的语境里,解释却不一样。《大词典》还收有其他相关词语,如"匹然",释为"犹突然,猛然";"劈然",释为"犹立即";"撇然",释为"忽然";"瞥然",释为"忽然;迅速地"。很显然,以上实际上是一个词,只是写法不同而已。近代俗语常常借字表音,"僻""辟""匹""劈""撇""瞥"诸字古代都是入声字,今吴语读音完全相同,故被用来记录同一个词。《大词典》于"辟然"等条释义均是,独于"僻然"不求诸其声而求诸其形,失之。

地脚　②书页下边的空白处。清龚自珍《与吴虹生书》之十二:"外有地脚一纸,乞致绣山弟,此时断断不暇作书与绣山矣。"(2/1030)

作者"乞致绣山弟"的如果只是"书页下边的空白处",则甚无谓。此"地脚"当指地址。"地脚"此义《大词典》不载,《明清吴语词典》收了,举《续海上繁华梦》及《新党发财记》两例。《近代汉语大词典》"地脚"条义项三释为"即'地脚引'的省称",正举龚自珍例。"地脚引"许少峰先生释为"路线图",更为准确的解释应该是"地址"。今宁波话犹管地址为"地脚印","地脚印"与"地脚引"当是一个词。

鼻观　②鼻孔。指嗅觉。宋陆游《登北榭》诗:"香浮鼻观煎茶熟,喜动眉间炼句成。"清许秋垞《闻见异辞·返魂奇事》:"昏沉中似有奇香透入鼻观,遂苏,渐次复原。"陈炜谟《狼宪将军》:"粼粼的风,送来一阵阵院子里的花香,沁入我的鼻观,全身顿觉轻松多了。"(12/1421)

"鼻观",又作"鼻官""鼻管",义为鼻子、鼻孔,"指嗅觉"三字明显是蛇足。顺便说一下,《宋语言词典》"鼻观"条:"以鼻嗅味。李处全《水调歌头》词:'飞雪已传信,端叶未分枝……眼界未多见,鼻观已先知。'苏轼《西江月·真觉赏瑞香》词:'公子眼花乱发,老夫鼻观先通……'"两例"鼻观"也是指鼻子、鼻孔,而非动词"以鼻嗅味"。

(二)义项及词条增补

1. 义项增补

煎　《大词典》凡收"熬煮""一种烹饪方法。锅里放油,加热后,把食物放进去,使表面变成焦黄""熔炼"等七义。(7/212)

补:烧;煮。《大词典》"煎水作冰"条引《三国志·魏志·高堂隆传》:"以若所为,求若所致,犹缘木求鱼,煎水作冰,其不可得,明矣。""煎水"即烧水。他如:元关汉卿《蝴蝶梦》第三折:"叫化的剩饭重煎再煎,补衲的破袄儿番穿了正穿。"《闪电窗》第二回:"阎奶妈见芸香、书带都在面前,叫道:'你快取滚水来!'……又叫芸香:'你再去煎些滚水来!'"下文:"这件事像是真的,芸香出去煎滚水,明明的看见一个吊死鬼在花园里叹气。"以上各例"煎"都与其常义有别,是烧、煮的意思。"煎"这种用法仍保存在现代方言里,如煮饭,陕西商县叫"煎饭";烧水,福建永春叫"煎水";烧开水,汕头叫"煎开水",厦门叫"煎滚水"(参见《汉语方言大词典》6714页、《现代汉语方言大词典》4968页)。

动 《大词典》凡收"脱离静止状态""行动;采取行动""劳作;操作""发,发作"等十六义。(2/799)

补:特指破晓。元刘因《早发高黑口号》:"东方未动天发黑,迷途客子回征鞍。"《水浒全传》第十四回:"两个又吃了数杯酒,只见窗子外射入天光来,雷横道:'东方动了,小人告退,好去县中画卯。'"《初刻拍案惊奇》卷三十一:"行了一夜,来到青州府东门时,东方才动,城门也还未开。"《二刻拍案惊奇》卷二十四:"此日是正月初一日元旦,东方将动,路上未有行人。"《三教偶拈·释》:"济公听得朝天门钟响,急爬起来,推窗一看,东方已动。"也说"发动",义同,如《初刻拍案惊奇》卷十一:"渐渐东方已发动了,随即又请船家吃了早饭,作别而去。"

鳔 《大词典》凡收"鱼鳔""鳔胶"等五义。(12/1257)

补:勾,缠。《醒世姻缘传》第五十八回:"你搂着脖子,鳔的腿紧紧的,再也吊不出来。"又第九十一回:"日头照着窗户,还搂着脖子鳔着腿的睡觉!"又第三十八回:"若不是狄周死鳔白缠,他还要换空子待跑。"字又作"摽",《山东方言词典》"摽"条义项四:"用胳膊紧紧地勾住:母女俩摽着胳膊走。"

捺 《大词典》凡收"用手向下按""抑制;强迫""搁置;扣压"等五义。(6/642)

补:特指将滩涂、浅水湖等改造为田。宋释大观《物初剩语》卷二十五《史大资》:"近寻得先卫王《开涂田发愿文》碑文,乃亲书者,摹而再刊。不揆鄙作《增捺涂田记》,并刊其下。"又卷二十《大慈捺涂田发愿文》:"勉一时作捺之劳,广万古常住之业。"宋释居简《北磵集》卷八《双峰捺田疏》:"涨涂可捺,绵力奚为。"雍正《浙江通志》卷五十六"东钱湖"条:"元大德间,有以湖为浅淀请以捺田若干亩作官租者。"日本《重刊贞和类聚祖苑联芳集》卷一有宋释绍昙《捺田》偈。[①] "捺田""捺涂田"等基本上出现在宋元时期的四明文献中,"捺"字用法别致,颇疑为"纳"之借字。

玄牝 《大词典》凡收"道家指孳生万物的本源,比喻道""指人的鼻和口"二义。(2/306)

补:指女性外生殖器。《女仙外史》第七十回:"半生敛我玄牝,一旦见他雨云。"又第九十四回:"一个未曾剖破玄牝的丑女,纵遇着潘安之貌,不动春心。"又第九十八回:"(曼师)就当小腹下踢了一脚,正中玄牝之户。"

玄门 《大词典》凡收"指道教""指佛教""指高深的境界"等五义。(2/310)

---

① 本条材料由张如安教授提供,谨表谢忱。

补：指道士，道教徒。《升仙传》第十八回："（苗庆）在路上制了一副道家行头，扮作玄门，饿了化斋，晚了投宿。"《于公案奇闻》卷三第三十一、三十二回（两回连写）回目："方从益霸占良田，恶玄门见财起意。"下文："且说一个道士通真，胡行不干好事，虽是玄门，尚以耍钱吃酒。"又卷四第三、四回回目："恶玄门中计遭擒，对铜钹猪熊见证。"下文："众玄门不用心惊，本院捉拿此贼，有个缘故。"又第二十九、三十回："贤人闪目偷睛往上观看抚院大人，与前日算命的玄门一模一样。"

组绣　《大词典》收"华丽的丝绣服饰"一义。（9/779）

补：编织刺绣。《四巧说·忠义报》："至次日，生哥又到冶娘家来。冶娘等颜权出去了，就说道：'姐姐如此聪明，必然精于女工。为何不见你拈针刺绣，织锦运机？请做来与小弟一看。'生哥道：'我因幼孤，母亲娇养，不曾学得组绣之事。'冶娘笑道：'题诗舞剑都学，我知你女工必妙，若遇着个女郎，定然把组绣之事做出来。今在小弟面前，故不肯做出。'生哥道：'丹青与组绣相类，莫非吾弟倒善于组绣么？'冶娘道：'我非女子，那知组绣？'"这段文字"组绣"凡五见，"组"有编织义，照应"织锦运机"，"绣"照应"拈针刺绣"。

坊子　《大词典》收"指窑子，妓院"一义。（2/1064）

补：旅店。《粉妆楼》第五十二回："罗灿遂一直送周美容到了扬州地界，下了坊子。"下文："卢虎大喜，遂即唤乘小轿，两个家人同罗灿来到坊子里面，请周美容上了轿。"又第六十一回："家人领命，离船上岸，寻了一个大大的宿店，搬上行李物件，下了坊子。"《绿牡丹》第十二回："骆宏勋下在苦水铺上坊子内，才待饮酒，只见外边走进个老儿来。"《补红楼梦》第二十二回："一日，到了平安州，离家只有三百多里，时已昏黑，便投在坊子里住了。"《善恶图全传》第三回："王二，你坊子下的四个教习，可曾动身？"《希夷梦》第三十二回："当晚投宿，次早出坊子视河。"《聊斋俚曲集·增补幸云曲》第五回："（万岁）便说：'夫人，你家有闲房，借宿一晚何如？'那妇人道：'俺不是开坊子的人家，我是幼儿寡妇，自己吃的没有，怎留下你？'""坊子"旅店义今仍保存在山东平度、郯城、临沂等方言里（参见《汉语方言大词典》2401页、《山东方言词典》316页）。

儘（尽）着　《大词典》收"任由，任凭""一味儿；老是"二义。（1/1720）

补：①凭着。《鼓掌绝尘》第三十三回："张秀自那日赶出县门，脱了这场大祸，尽着身边还有百两银子，竟去买了几件精致衣服，也不管李妈儿事情怎生结果。"下文："张秀听说个官妓，尽着身边还有几十两银子，拴不住心猿意马，跳起身，拽了陈通，就要去看。"《三宝太监西洋记》第三十四回："那两员番将尽着他的本领，凭着他的气力，咬海干本等是只虎，加了这两员番将，如虎生翼。"《警世阴阳梦》第三十四回："崔呈秀又叹道：'生前尽着力量，无所不为，今日受此苦楚，我想好痴。'"《幻中真》第八回："老圣母道：'……只恐邪正难敌，故此甚是忧心。'强大梁与小圣姑道：'尽着我们的神通，谅不妨事。'"②力求达到最大限度；可着。《北宋三遂平妖传》第三十二回："那有请的三三五五来搬，也有驮得一石的，也有驮得两石的，尽着气力搬运。"《初刻拍案惊奇》卷二十九："幼谦痴心自想：'若夺得魁名，或者亲事还可挽回得转也未可料。'尽着平生才学，做了文、赋。"《二刻拍案惊奇》卷二："小子原非贪财帛而来，所以住此许久，专慕女棋师之颜色耳。嬷嬷为我多多致意，若肯容我半晌之欢，小子甘心诈输，一文不取；若不见许，便当尽着本事对局，不敢容情。"以上两个意思关联度比较大，有时不好区分。

地理 《大词典》凡收"土地、山川等的环境形势""风水"等五义。（2/1028）

补：即地理师，风水先生。《杜骗新书•奸情骗•地理寄妇脱好种》："有鲁地理，看山颇精。"下文："鲁地理即以此地献。……（两公子）将银三十两谢地理。"下文："有乡官知县，生四男，皆为秀才，聪明伟俊。一日乡官卒，地理为择一葬地，风水甚佳。"下文："六年后，地理来取谢，三长公子都中去为官，独四公子在家，款待地理。"下文："八岁父死，地理为择葬。曰：'此地极佳，当出神童才子。此子虽不才，但三年后可登高第。'过三年后，地理复来。"

堪舆 《大词典》凡收"指称天地""即风水"二义。（2/1144）

补：即堪舆家，风水先生。《型世言》第十九回："就如我杭一大家，延堪舆看风水，只待点穴，忽两堪舆自在那厢商议，道：'穴在某处，他明日礼厚，点与他；不厚，与他右手那块地。'"《鼓掌绝尘》第九回回目："老堪舆惊报状元郎，众乡绅喜建叔清院。"又第十回："此老堪舆眼力绝到，为子孙之至计也欤！"《绣鞋记警贵新书》第十七回："黄成通灵枢到了山前，土公预先开便了冢，堪舆定了吉向，等待时辰一到，即行下葬。"清慵讷居士《咫闻录•罗诚》："所延堪舆，亦咸以为浮沙何有风水可寻，于是日在山访寻，总未得地。"

又称"舆士"，《禅真后史》第十一回："被那舆士指东说西，牵张搭李，迟延岁月。及至家事凋零，人物沦丧，求一塔儿荒地以葬父母，不可得矣。"《大词典》"舆士"只收"奉舆之士卒"一义，可补义项。又，《禅真后史》第十一回："瞿天民道：'伯翔兄亦知风水么？'葛雏道：'堪舆虽不甚精，大概颇知一二。'"《大词典》"堪舆"条义项二"即风水"下无书证，此可补其例。

供膳 《大词典》凡收"供给膳食""宫廷中掌管御膳者"二义。（1/1324）

补：犹"供赡"，供给，供养。《型世言》第十回："只为我攻书，又为我病，费了好些，强你守也没得供膳你。"《八洞天》卷六："晏敖便去请他到来，又不肯自出馆谷，独任供膳，却去遍拉邻家小儿来附学，要他们代出束修，轮流供给。"《醒世恒言》第三十七卷："不论孤寡老弱，但是要养育的，就给衣食供膳他；要讲读的，就请师傅教训他；要殡殓的，就备棺椁埋葬他。"《三刻拍案惊奇》第十四回："故此公子先时还请先生，后来供膳不起，也便在外附读。"白话作品里，"膳"可借作"赡"，所以"供赡"可作"供膳"，"养赡"可作"养膳"。

赵趄　《大词典》凡收"想前进又不敢前进。形容疑惧不决，犹豫观望""直溜；盘桓""见'趑趄'"三义。(9/1131)

补：支吾；吞吞吐吐。《三刻拍案惊奇》第十一回："到晚，森甫对其妻赵趄的道：'适才路上遇着一个妇人，只为丈夫欠了宦家银八两无还，将他准折，妇人不欲，竟至要投水，甚是可怜。'"又第二十回："一日，乘着两杯酒照了脸，道：'娘舅，我有一事求着你，不知你肯为我张主么？'柳长茂道：'甥舅之间，有甚事不为你张主？'蒋日休赵趄了半日，说一句出来道……"又第二十六回："此时这光棍故意慢走，被桂香一把拖住……扯到家中。妇人问道：'你们哪家？几时与我二爷起身？如今二爷在哪边？'这人赵趄不说。"《醉醒石》第十一回："魏推官看了，又笑道：'伽蓝想仍不灵。'只见这老僧口中赵趄，道：'灵是灵的。'"《说文·走部》："趑，趑趄，行不进也。""趑趄"本是"且行且却、徘徊不前"的意思。由状走路转而状说话，则有"支吾、吞吞吐吐"的意思。

分书　《大词典》凡收"汉字书体名""子孙分家析产的凭据"二义。(2/579)

补：犹离书，休书。《俗话倾谈·横纹柴》："大成本来知得珊瑚贤孝，无奈老母不合意，遂写分书一纸，吩咐珊瑚曰：'我闻娶妻所以事母，今致老母时时激恼，要妻何用！我将分书与你，你可别寻好处，另嫁他人。'"下文："珊瑚闻言，心神俱丧，将分书扯碎掷于火盘，归房暗哭一夜。"

泥水　《大词典》凡收"带泥土的水""指建造房屋"二义。(5/1104)

补：瓦匠，泥水匠。明孙钟龄《东郭记》第四十出："小子泥水是也。齐人老爷旧宅，造作厢院，墙壁都是学生砌括。"下文："今日完工，与木匠、泥水一同犒赏。"下文："活作怪。这样花子会做官，我每木匠、泥水、裁缝、厨子做吏部天官也做不住哩。"《别本二刻拍案惊奇》卷二十七："只见泥水定磉，早已是间半开间。"《雪岩外传》第二回："你去替他造园子，你又不是泥水木匠，你有什么好处呢？"今吴语、赣语、客话、闽语犹管泥瓦匠为"泥水"。

监牢　《大词典》收"监狱"一义。(7/1447)

补：牢头，狱卒。明范受益《寻亲记》第十二出："〔旦〕监牢念取，权把门开放，可容奴见夫主行。"下文："〔拜介〕望乞监牢相担待，把绳索放解。"
下文："〔生旦拜介合〕谢监牢悯哉，谢监牢悯哉。骨肉一朝通泰，感恩难载。"

麦酒 《大词典》收"用麦酿的酒"一义。（12/1017）

补：特指啤酒。《文明小史》第五十一回："三四碟豆芽菜叶，五六瓶麦酒，招了几个歌妓，跳舞了半点钟，却花到百十块洋钱。"又第五十三回："饶鸿生正喝了几玻璃杯麦酒，有些醉醺醺。"黄河清编著、姚德怀审定《近现代辞源》"麦酒"条引1877年丁廉《三洲游记》"宫中已设有盛筵，麦酒、芭蕉、牛乳、鸡羊等肉，充列满席"等三例。《大词典》"啤酒"条云："又称麦酒。"然于"麦酒"条只收"用麦酿的酒"一义，前后失去照应。

著 《大词典》音项zhù下分三条，凡收十一义。（9/429）

补：通"箸（筯）"，筷子。《太平广记》卷二百十五《曹元理》引《西京杂记》："广汉曰：'吾有二囷米，忘其硕数，子为吾计之。'元理以食著十余转曰：'东囷七百四十九石二斗七合，西囷六百九十七石八斗。'"又卷二百六十二《张咸光》引《玉堂闲话》："（张咸光）常怀匕著，每游贵门，即遭虐戏。方殽则夺其匕著，则袖中出而用之。""食著"同"食箸""食筯"，筷子，例（1）《西京杂记》卷四即作"食筯"。"匕著"同"匕箸"，羹匙和筷子，古书多写作"匕箸"或"匕筯"。

按 《大词典》义项十三："通'案'。几案"。（6/589）

补：通"案"。文书，判状。《太平广记》卷三百八十四《李及》引《广异记》："（李）及经停曹司十日许，见牛车百余具，因问吏：'此是何适？'答曰：'禄山反，杀百姓不可胜数，今日车般（搬）死按耳。'……又见数百人，皆理死按甚急。"又同卷《郜澄》引《广异记》："胡儿持按入，大夫依判，遂出，复至王所。"

2. 词条增补

便酒 日常吃的酒或酒食。《儒林外史》第十六回："我到家几日，事忙，还不曾来看得阿叔，就请坐下吃杯便酒罢。"《飞花咏》第一回："不一时内中送出茶来，端居即吩咐小厮收拾便酒。"

便物 简便的食物。《欢喜冤家》第十三回："（巧儿）一把扯了他到自己房中，唤女使整些便物，留玉香吃酒。"《换夫妻》第四回："（二娘）一把扯碧桃到自己房中，整些便物，留他吃酒。"

小宜 小便。《杜骗新书·妇人骗·三妇骑走三匹马》："行不十里，末婶叫马夫扶下马小宜。马夫紧抱以下，有讨趣之意。末婶曰：'你讨我便宜。'"下文："按此巧脱处，全在后妇小宜，与马夫私谈，以惑其心，以缠其时。""小宜"当小便讲，或同"小遗"，或因为"便""宜"同义，故"小便"称作"小宜"。

儿骡　公骡。《野叟曝言》第十回：" 正在危急之时，只听见一匹儿骡吼吼的嘶着怪声，直奔上来。" 下文：" 那强盗骑的马匹听着儿骡吼声，屎尿都吓了出来。" 又第十一回：" 那儿骡本性咬马，再遇着无用的，有个不怕的么？"" 儿" 有公、雄义，《大词典》举到" 儿猫"，收列" 儿马"。

呱子　小孩。《生绡剪》第一回：" 先是拖几个呱子们吃起，一个时辰，尽行消缴。" 又第二回：" 老脱唤他到堂上来，抱了一个三四岁呱子，要放在小厮身上坐坐。呱子将脚缩起，不肯坐。" 下文：" 我竟是没相干的人了，生呱子都不通知我一声。" 又第六回：" 那呱子忙跑去说了，乡人即来问数。"" 孩"，本义小儿笑，引申为小孩；" 呱"，小儿哭声，也可引申为小孩：殊途而同归。

春谱　春画，淫秽的图画。《鼓掌绝尘》第二十四回：" 牧童听见，也管不得兴还未过，连忙爬起身来，扯上裤子，拾了那一本春谱，低着头，竟往外面一走。" 下文："（牧童）正要强辩几句，不想袖里那本春谱撒将出来。老夫人便唤琼娥拿上来，看是甚么书。这琼娥拾在手，翻来一看，见是一本春谱，又不好替他藏匿得过，只得送与老夫人。" 也称" 春意"（《大词典》" 春意" 条不列此义），同上：" 我前日下南庄来，曾废了几个钱，买得一本春意。" 又称" 春意谱"，同上：" 果是一本小小印现成的春意谱儿，上面都是些撒村的故事。"

洒子　吊桶。《老乞大》：" 既这般时，你收拾洒子、井绳出来。井边头洒子、井绳都有。我又嘱咐你些话，那洒子不沉水，你不会摆时，洒子上拴着一块砖头着。" 下文：" 这水小，再打上一洒子着。将洒子来，我试学打。这洒子是不沉水，怎生得倒？我教与你。将洒子提出来，离水面摆动倒，撞入水去，便吃水也。"《朴通事》：" 锣锅、柳箱、洒子……都收拾下着。"《近代汉语大词典》释此" 洒子" 为" 喷壶"，大概认为" 洒" 有用水壶喷洒义。但从上下文语境看，" 洒子" 当是" 吊桶"。

怒棋　犹惊堂木。《杀子报》第十八回：" 荆公将怒棋一拍，高声骂道：' 你这贱妇人、恶秃驴，尚有抵赖么？'" 下文：" 荆公又将怒棋拍了几拍，竟怒气冲天，案台俱动。"

花古　一种比较考究的用来写柬帖、契约等的纸片。《杀子报》第三回："（施兰卿）只得向世成道：' 当遵台命。' 值即买了一个花古柬，亲笔写了一张借据，捧过来交与世成收好。"《清风闸》第十二回：" 奶奶说了一席话，叫五爷：' 你代买两个花古来。' 老太取了三文，五爷说：' 奶奶，贴子长了价了，要五文才卖。' 老太就与他五文。五爷取了钱，他到贴子店要了两个花古，把五文钱就打了四两喝喝。" 下文：" 皮五爷他写了两张花古租批。"

鬐枪　鱼脊鳍。《三宝太监西洋记》第九十四回：" 其鱼约有十丈之长，碧澄澄的颜色，黑委委的鬐枪。”下文：“（国师）道犹未了，把禅杖一指，早已有个汉子，碧澄澄的颜色，黑委委的鬐枪，头上一双角，项下一路鳞，合着手打个问讯。”又第九十六回：“（鳅王）背上有一路鬐枪骨，颜色血点鲜红。”今宁波话犹管鱼鳍为“鳍枪”（参朱彰年等编《宁波方言词典》493页）。

夜地　夜里；晚上。《太平广记》卷二百四十八《吃人》引《启颜录》：“隋朝有人敏慧，然而口吃，杨素每闲闷，即召与剧谈。尝岁暮无事对坐，因戏之云：‘有大坑深一丈，方圆亦一丈，遣公入其中，何法得出？’……其人又低头良久，问曰：‘白白白白日？夜夜夜夜地？’素云：‘何须云白日夜地，若为得出？’乃云：‘若不是夜地，眼眼不瞎，为甚物入入里许？’素大笑。”这段文字“夜地”三见，“夜地”与“白日”相对，是夜里、晚上的意思。此词今还保留在湖南宁远土话里，如：三十晡夜地的砧板——没的得空。

戌肉、戌物　指狗肉。《徐霞客游记·楚游日记》：“返过南门，见肆有戌肉即狗肉，乃沽而餐焉。”明李乐《见闻杂记》卷三：“昔湖人有患食戌肉停滞者，诸医悉用消导之剂，愈消导，元气愈薄，停滞愈不通。垂绝，延周用仁治之，用人参大补之剂，诸医惊愕。不逾时，停滞大通矣。验之，皆大块戌肉。盖食时仓忙，不暇咀嚼所致也。”《风流悟》第六回：“敬山一看，乃是惯卖犬肉的狗王二，何敬山道：‘王二挑的是戌物么？’”下文：“你道那人是谁？原来就是惯卖戌物的狗王二。他是个破落户，卖完了戌肉，时常在村里闲荡，做些不三不四的事。”十二生肖中狗居戌位，故称狗肉为“戌肉”，也称为“戌物”。《大词典》已收“戌腿”“丑肉”“丑宝”“卯羹”等，“戌肉”“戌物”也应收录。又有“戌生命”一词，指狗，如明徐畛《杀狗记》第三十五出：“（旦）告恩官抬明镜，杀的是戌生命。（外）戌生命，却是狗了。”

（三）例证指瑕

1. 义例不合

漫　⑳骗；瞒。《荀子·儒效》：“行不免于汙漫，而冀人之以己以修也。”杨倞注：“漫，欺诳也。”……（6/84）

《大字典》“漫”条第18义“骗，瞒”下首条例证同此。再看《大词典》“汙漫”条：“①污秽，卑污。《荀子·儒效》：‘行不免于汙漫，而冀人之以己为修也；甚愚（下脱陋字）沟瞀，而冀人之以己为知也：是众人也。’……”“漫”有欺诳义，也有污义，但在“行不免于汙漫”这句话中，只能是一个意思。那么，这个“漫”到底应该怎样解释呢？王念孙《读书杂志·荀子二》“汙漫”条云：“‘行不免于污漫’，念孙案：漫亦汙也。《方言》：‘浼，洿也。东齐海岱之间或曰浼。’洿与汙同，浼与漫同。《吕氏春秋·离俗篇》：‘不漫于利。’高注曰：'漫，汙也。'杨读漫为谩欺之谩，分汙漫为二义，失之。凡《荀子》书言汙漫者，并同。"此说信而有征。据此，《荀子·儒效》例不宜用作"漫"之"骗；瞒"义的例证。

何遽　亦作"何渠"、"何讵"。如何，怎么。《墨子·公孟》："子墨子曰：'虽子不得福，吾言何遽不善？而鬼神何遽不明？'"……（1/1234）

《大词典》"遽"条："⑧遂；就。《墨子·公孟》：'虽子不得福，吾言何遽不善，而鬼神何遽不明？'……"把"何遽"释为"如何，怎么"，也即把它看作同义复词，这是根据清代学者王念孙、王引之的说法（见《读书杂志·汉书九》"何遽不若汉"条、《读书杂志·荀子六》"岂钜知"条、《经传释词》"讵"字条）；把"遽"释为"遂；就"，则是采用清代学者刘淇的观点（见《助字辨略》"遽"字条）。对同一句话中的某个词语有不同的理解，这是不奇怪的。问题是，在同一部词典里，对同一个例证中的同一个词语作出两种解释，就会使人疑惑不解，无所适从。附带说一下，王氏父子的说法一直影响很大，但近来否定王说而从刘说的，不乏其人（参钟业枢《"何遽"辩》，《古汉语研究》1994年第3期；肖旭《读〈"何遽"辩〉》，《古汉语研究》1996年第1期）。笔者也认为刘说为优。

嚛　②通"馋"。贪；贪吃。……元石德玉《紫云庭》第一折："嘴尖嚛颖子，瓜抉撮天令。"（3/556）

首先是引例文字有讹，凡误四字。中华书局1959年版《元曲选外编·紫云庭》第一折："嘴尖嚛脖子，爪快撮天灵。娘呵，委实道搊钱的天上鹘，不如你个搴雁的海东青。"是。此"嚛"不通"馋"，而是鸟啄物的意思。今吴语仍有此词，只是用法不限于"鸟啄物"，凡动物用嘴咬、叼或捕取都叫"嚛"，如《汉语方言大词典》"嚛一口"条："狗、猫等咬人。吴语。浙江定海。民国年间《定海县志》：'俗谓犬猫等咬人曰嚛一口。'"朱编《宁波方言词典》"嚛"字条："①动物用嘴捕取食物：钓了半日，鱼时格弗来嚛｜鸭嚛来一梗泥鳅。""嚛"字此义与《说文·口部》"小啐也。一曰喙也"、《广韵·琰韵》"小食"、《集韵·鉴韵》"尝食"之训应该有关，而专指鸟啄物的"嚛"又与"𪘀"声近义通（"嚛"，《广韵·衔韵》锄衔切；"𪘀"，《广韵·咸韵》释为"鸟𪘀物也"，士咸切）。

2. 例证滞后或未及流

毛物　③指禽鸟。（举唐元稹《虫豸诗》序一例。6/1000）

此义已见《史记》。《史记·滑稽列传》："鹄，毛物，多相类者。吾欲买而代之，是不信而欺吾王也。"

当路　②路上；路中间。（首举唐元稹《痁卧闻幕中征乐呈三十韵》例。7/1399）

此义已见南北朝。南朝刘敬叔《异苑》卷四："安国李道豫，元嘉中其家狗卧于当路。豫蹴之，狗曰：'汝即死，何以蹋我！'未几豫死。"北魏杨衒之《洛阳伽蓝记·城北》："室西三里，天帝释化为师子，当路蹲坐。"

卖花　犹卖笑。（举清纪昀《阅微草堂笔记》一例。10/225）

此义宋代已见。《太平广记》卷一百三十《鄂州小将》（出处原缺）："后数年，（鄂州小将）奉使至广陵，舍于逆旅。见一妇人卖花，酷类其所杀婢。既近，乃真是婢，见己亦再拜。因问：'为人耶鬼耶？'答云：'人也。往者为贼所击，幸而不死。既苏，得贾人船，寓载东下。今在此，与娘子卖花给食而已。'"下文说，娘子与婢女住"小曲"中，"小曲"是妓女居住的地方。

烂贱　极贱，谓价格极低。（举沈从文《丈夫》例。7/321）

明清例多。《二刻拍案惊奇》卷二十二："一向家中牢曹什物，没处藏叠，半把价钱，烂贱送掉。"《欢喜冤家》第九回："忽闻京里点选秀女……人家听了这话，处处把女儿烂贱送了。"《十二楼·三与楼》第一回："与其到儿孙手里烂贱的送与别人，不若自寻售主，还不十分亏折。"《意中缘》第一回："全亏他那双识货的眼睛，认得些古董字画，烂贱的买，烂贵的卖，不上几年，做起二三千金家事。"又作"滥贱"，如《朴通事》："将银子来，滥贱的卖与你，你的手里难寻钱。"《连城璧》戌集："谁想人都嫌货不好，一箱也不要，只得折了许多本钱，滥贱的撺去。"又作"澜贱"，如《醒世恒言》第三十七卷："我当初要银钱用，都澜贱的典卖与人了。""烂""滥""澜"同义通用，表示程度高。《大词典》不收"滥贱"，可补；"澜贱"释为"（价格）低廉"，漏释"澜"字，可商。

做客　③客气。（举丁玲《母亲》例。1/1529）

《老乞大》："你休做客，慢慢吃的饱着。"下文："我是行路的客人，又肯做甚么客！"《济公全传》第一百九十七回："圣僧吃荤吃素？既来到我家里，不要做客。我这里荤素都可以现成。"《续金瓶梅》第二十三回："银瓶知道此味，也不做客。"今宁波方言仍沿用，如"莫做客，随便吃""到侬屋里来，我呒做客个"。又作"作客"，如《绿野仙踪》第七十二回："于冰也不作客，随意食用。"《济颠大师醉菩提全传》第八回："济颠也不作客，竟大啖大嚼，一连吃了十五六碗酒。"《新上海》第四十五回："子章，你我老朋友，我也不作客，最好先弄点子酒来润润喉，喝了酒再吃饭好么？"《大词典》"作客"条漏略此义，可补。

亮　亮儿，灯火。（举沙汀《替身》例。2/367）

明清有例。《咒枣记》第九回："小娘子提亮来此，欲何为耶？"《官场现形记》第四十六回："方见姨太太点了个亮，掀开门帘，在门口站着，亦不敢进去。"又，《大词典》"灯亮儿"释为"即油灯"，举秦兆阳《王永淮》例。"灯亮"一词明代已见,如《咒枣记》第九回:"(李琼琼)乃提过个灯亮,走在萨真人睡处而来。"下文:"琼琼见真人这般言语,心才休了,说道:'先生,你是个好人,恕贱妾戏谑之罪。'才提着灯亮出去。"

　　日加　犹日益。(举鲁迅《彷徨·孤独者》例。5/541)

　　明代已见。《禅真后史》第十一回:"郁氏怄了那一场闲气,便觉奄奄病倒,面庞日加憔瘦。"又第二十九回:"利厥宣自收录巴恍龙为牙将已来,见他和颜悦色,事事投机,日加亲信。"

　　把　⑩亦谓托起小孩两腿,让他大小便。(举邹韬奋《职业妇女的苦痛》例。6/421)

　　清代有例。《雨花香·定死期》:"葛老偶一日在署内把小公子出大恭,旁边突出一狗来吃粪。"清范寅《越谚》卷上:"四九三十六,夜眠如露宿;五九四十五,床头把唔唔。"自注:"婴儿夜屎,母必出帐把其两股,口曰'唔唔'。此时严寒,床头把之。""唔唔",儿童用语,即粪便。

　　又:　⑪指结拜成异姓兄弟等关系。(举老舍《茶馆》等例。同上)

　　清代有例。《品花宝鉴》第十六回:"这魏老大是我的把弟。"《廿载繁华梦》第六回:"十二位官绅,一同作了拜把兄弟。"《负曝闲谈》第八回:"老把兄,我难道是不识窍的人么?"

　　瞒怨　埋怨。(举老舍《老张的哲学》等例。7/1249)

　　清代有例。清蒲松龄《聊斋俚曲集·增补幸云曲》第十三回:"我命苦对谁言,有烦恼积心间,我好将谁胡瞒怨?"清王廷绍《霓裳续谱·杂曲·一更里盼郎》:"(正)我说梦景,你可休瞒怨。(小)瞒怨谁,我把谁瞒怨?"又《女大思春》:"香闺寂静闷昏昏,瞒怨爹妈老双亲。"该书例多不遍引。

　　讨愧　犹抱愧。(举1926年1月9日《实事白话报》例。11/34)

　　清代例多。《醒世姻缘传》第七十九回:"我看拉不上,努筋拔力的替他做了衣裳,不自家讨愧,还说长道短的哩!"《红楼梦》第三十回:"宝钗再要说话,见宝玉十分讨愧,形景改变,也就不好再说,只得一笑收住。"《绿野仙踪》第八十八回:"今有负委任,反叨厚贶,讨愧之至。"《歧路灯》第四回:"谭孝移道:'这是叫我讨愧。'""讨愧"是个方言词,义为抱愧、感到羞愧,前人多有误解的,如上引《醒世姻缘传》例,《宋元明清百部小说语词大辞典》释为"道歉",不确;《古本小说集成》本《施案奇闻》第三十八回:"恶人主仆面上讨愧不走,天保拳打脚踢,无奈只得随驴紧走。"原文"讨"又被涂改为"羞"(174页),当是不明"讨愧"意思而擅改,上海古籍出版社1993年版《施公案》即沿袭作"羞愧"(59页)。

　　和事老　亦作"和事佬"。指调解纷争的人。亦特指无原则地进行调

解的人。(前者举鲁迅《且介亭杂文二集·再论"文人相轻"》例,后者举周立波《桐花没有开》例。3/268)

明清有例。《鼓掌绝尘》第三十七回:"就待我去见三府公,讲一讲明,与你们做个和事老罢。"《西湖二集》第十一卷:"廷之自知无礼,奉承无所不至,又毕竟亏了腰下之物小心伏事做和事老,方才干休。"《冷眼观》第二十二回:"不如我插上去,替他们做一个和事老罢!省得来笑话说得过了分,倒未免不好笑了。"《新上海》第四十九回:"后来有个和事老走来相劝。"《醒世奇言》第五回:"平衣受不得他的打骂,时时到平同镇去,请平白出来做和事佬。"

夜日　前一日。《吕氏春秋·慎小》:"吴起治西河,欲谕其信于民,夜日置表于南门之外。"许维遹集释引吴闿生曰:"夜日谓前一日,犹次日为旦日也。此盖古语,它书少见。"(2/357)

清代小说仍有例,如《比目鱼》第五回:"万贯道:'不惟常常的想你,就是夜日也还想你。到了今日,却一毫也不想了。'"《幻中游》第一回:"书吏道:'今有部文提你赴京检验,文是夜日晚上到的,今早发房。'"《汉语方言大词典》:"夜日　①昨天。中原官话。陕西澄城。清道光年间《澄城县志》:'昨日曰夜日。'"(3558页)

3. 例证缺失

销钉　即销子。参见"销子"。(无例证。11/1295)

明代有例。《一片情》第十回:"当中若似有销钉,似漆如胶粘定。"明冯梦龙《山歌·伞(之三)》:"拔出子销钉放下子个手,浑身骨解水淋淋。"

年中　②谓一年之内。(举自编例。1/648)

清代小说有例,如《廿载繁华梦》第一回:"想贤甥到这里来,年中所得不少,却不辱没了你。"又第十三回:"但不知老弟年中经营,可有多少进项?"该书例多不遍引。

老鹰　鸢的俗称。……(无例证。8/631)

明清有例。《后水浒传》第十九回:"这老鹰展翅摩空,你若能射落,俺有紫金虎头凤冠赏你。"下文:"原来飞禽中最难射的是老鹰,因它眼色最尖,身在半空。"《说唐》第八回:"忽听呀呀之声,有两只饿老鹰,在前村抓了人家一只鸡。"

后脑海　方言。脑袋的后部。(无例证。3/968)

清代例多。《济公全传》第七十回:"(华云龙)脸向里说话,由后面来了一瓦,正打在后脑海上,把脑袋也打破了。"《彭公案》第八十二回:"忽然从西房上飞下一枝镖来,正中在那姚谎山的后脑海之上。"《永庆升平后传》

第七十四回："忽见贼人'哎哟'一声,躺于地上,后脑海中了一支袖箭,当时身死。"今北京、天津及东北有此语。

4. 例证断句或文字有误

敦³ ②通"憝"。怨恨,怨怒。……王先谦集解引王念孙曰:"……卢引《方言》:'谆,憎所疾也。宋鲁凡相恶谓之谆憎。'谆与敦亦声之转。"(5/492)

《方言》卷七:"谆憎,所疾也。宋鲁凡相恶谓之谆憎,若秦晋言可恶矣。""谆憎"为一词,《方言》本身说得很清楚,故"谆"下逗号当移至"憎"后面。

讨 ③整治;治理。《左传·宣公十二年》:"楚自克庸以来,其君无日不讨国人而训之。于民生之不易,祸至之无日,戒惧之不可以怠。"(11/29)

此因不达"于"字之义而误断。这一"于"当训"以"。此说清人刘淇《助字辨略》首创之,今人杨树达先生发挥之,参杨氏《古书疑义举例续补》卷二、《汉文文言修辞学》第四章、《词诠》卷九及《读左传》。杨树达《助字辨略·跋》云:"如《左传·宣十二年》'训之于民生之不易',此书训于为以,最为精核。"据此,上例宜作一句读,即:"楚自克庸以来,其君无日不讨国人而训之于民生之不易、祸至之无日、戒惧之不可以怠。"又,《大词典》"于"字条第10义引本例,标点则不误。

掊¹ póu ①以手、爪或工具扒物或掘土。……孙诒让间诂引俞樾曰:"掊者,《说文·手部》云'杷也',今盐官入水取盐为掊。"(6/703)

《说文·手部》:"掊,把也。今盐官入水取盐为掊。"(王筠句读:"把读如杷,非把握字也。")可见"今盐官入水取盐为掊"亦是许慎语,而非俞樾语。

无常 ②佛教语。……宋叶梦得《避暑录话》卷下:"则今释氏所谓'人身难得'无常迅速,二言也。"(7/131)

原文是:"(李翱《复性书》)末篇论鸟兽虫鱼之类,谓受形一气,一为物,一为人,得之甚难,生乎世又非深长之年,使人知年非深长而身为难得,则今释氏所谓'人身难得、无常迅速'之二言也。""二言"指"人身难得"与"无常迅速"。除标点有误外,还脱"之"字。

先不先 方言。犹言首先。《金瓶梅词话》第二六回:"先不先,只这个就不雅。"(2/237)

《金瓶梅词话》第二十六回:"老婆见了他,站起来是,不站起来是?先不先只这个就不雅相。传出去休说六邻亲戚笑话,只家中大小把你也不着在意里。"例证"先"后当去掉逗号,"不雅"当作"不雅相"。"不雅相"近代汉语习见,如元无名氏《冻苏秦》第三折:"你见我这正厅上安着二十四把交椅,可都是公卿每坐处,你是个白衣人,坐着外人观看不雅相。"《金瓶梅词话》第四十一回:"到明日会亲,酒席间他戴着小帽,与俺这官户怎生相处? 甚不雅相。""不雅相"即不雅观、不好看。

便¹ biàn ⑫屎尿。……亦谓排泄屎尿。……明冯梦龙《古今谭概·谬误》:"刘食其半,佯称便,旋入门,而其弟代之出。"(1/1360)

江苏古籍出版社1993年版《冯梦龙全集·古今谭概》92页标点相同,均误。"旋"字当属上。"旋"有小便义,《左传·定公三年》:"夷射姑旋焉。"晋杜预注:"旋,小便。""便旋"系同义复词,义为小便、撒尿。《大词典》收有"便旋"条,释为"小便,撒尿",引唐、宋、元三例。又,此例不宜放在这里,可移作复音词"便旋"条的例证。

炮仗 亦作"炮燺"、"炮张"。即爆竹。……《金瓶梅词话》第二四回:"〔小铁棍儿〕拉着经济问:'姑夫要炮燺放?'"(7/53)

此因未细审例句语气、误解"问"字意思而致标点失当。此"问"非询问,乃介词向义,《金瓶梅词话》第十二回:"常时节无以为敬,问西门庆借了一钱成色银子。"即其例。下面抄录人民文学出版社1985年排印本《金瓶梅词话》285页中有关几句话及标点,供参考:"只见家人儿子小铁棍儿,笑嘻嘻在根前舞旋旋的,且拉着经济,问姑夫要炮燺放。这经济恐怕打搅了事,巴不得与了他两个元宵炮燺,支他外边耍去了。"

嫦 星名。《女仙外史》第一回:"至若高凉之洗,夫人为嫦星。"(4/390)

"洗"后逗号当删。《女仙外史》第一回:"至若高凉之洗夫人为嫦星,辽之萧太后是婺宿,唐之则天皇帝是大罗天女,亦皆传记所载,夫岂诞妄者哉!"《隋书·列女传·谯国夫人》:"谯国夫人者,高凉洗氏之女也。世为南越首领。"并可证中间不当有逗号。

礼信 ③犹礼仪、礼节。……《文明小史》第二回:"见面之后,矿师一只手挥掉帽子;柳知府是懂外国礼信的,连忙伸出一只右手,同他拉手。"(7/961)

例句"挥掉帽子"的"挥"当作"探",核原文,正作"探"。"探",方言,摘,脱。此义《大词典》不载,近代汉语用例颇多,例如:明冯梦龙《山歌·破騌帽歌》:"探下来看介一看,真当弗像,只得去贴旧换新。"《野叟曝言》第五十四回:"挤得万岁老爷知道,怪咱非刑拷打,探着帽儿磕几个头,什么大不了的事情。"《负曝闲谈》第二回:"别转头来,又见他探帽子,脱衣裳,一面叫道:'快给我排十滩烟。'"《文明小史》就有多例,如第十七回:"姚老夫子本是一个近视眼,见人朝他作揖,连忙探去眼镜,还礼不迭。"又第二十七回：“抚宪想出一个主意，请他升冠宽衣，他果然探了帽子，脱了衣服。”“探”这种用法除了吴语，中原官话、晋语等也有保存（详参《汉语方言大词典》5388 页、《大字典论稿》193 页）。

（四）其他问题

1. 词目断词不当或文字有误

所易　轻视。清姚鼐《范蠡论》：“〔庄生〕忿己以力为人而反为人所易，故虽当其厚友之托不顾，而必以术杀其子。”（7/352）

“所易”不辞。“为人所易”乃是古汉语“为……所……”式被动句式，“所易”不是一个词。“易”之轻视义已见“易²”条。

平洋地　平地。清无名氏《江南情歌·要分离》：“要分离，大海变作平洋地；要分离，铁树开花落满地，分离两字切莫提起！”（2/933）

当以“平洋”出条。“平洋”同“平阳”，义为平坦。《警世通言》第四十卷：“水伯大惧，须臾间将水收了，依旧是平洋陆地。”《五鼠闹东京》卷一：“寻到前面平洋之所，掘地为墙，架木为梁，不消十刻，化成一所好店。”《跨天虹》第四卷第一则：“是个静僻去处，中有平洋大地，四望皆山，景致甚雅。”此外，“平洋”“平阳”又可指平坦宽阔之地（当是“平洋地”“平阳地”省说），如《天豹图》第九回：“正所谓虎落平洋被犬欺。”《鼓掌绝尘》第三十一回：“这是龙潜浅水遭虾戏，虎落平阳被犬欺。”试比较：《西游记》第二十八回：“正是：龙游浅水遭虾戏，虎落平原被犬欺。”《说岳全传》第四十回：“正是：龙游浅水遭虾戏，虎落平川被犬欺。”“平洋”“平阳”与“平原”“平川”义近。《大词典》“平洋”“平阳”两条不收名词义，可补。

清清早　方言。大清早。《初刻拍案惊奇》卷十三：“赵聪走出来道：‘清清早起，有甚话说?’”（5/1317）

当以“清清早起”出条。“早起”，早上，早晨。这个方言词文献用例很多，今全国许多方言仍沿用（参《汉语方言大词典》1954 页）。大清早的意思，近代汉语有多种说法，如“清早起”，《平妖传》第二十二回：“这婆子清早起那里去，我且躲在一边看他。”“大清早起”，《红楼梦》第三十五回：“大清早起，在这个潮地上站了半日，也该回去歇歇了。”“清清早晨”，《醋葫芦》第八回：“都氏道：‘清清早晨，一个后园门豁达大开，不是往后门去的？’”“清晨早起”，《咒枣记》第一回：“每日清晨早起，只是烧一炷香，念几声佛。”上海古籍出版社 1982 年版《拍案惊奇》王古鲁注：“清清早起：吴语，同北方语‘一老早’。”是。

肘手镰足　缚手镣脚。《初刻拍案惊奇》卷二十：“又有那下一等人，一

时错误,问成罪案,囚在囹圄,受尽鞭箠,还要肘手鍊足。"(6/1171)

上引文字,不知据何种版本,《古本小说集成》本及上海古籍出版社1983年版章培恒整理本均"鍊"作"镣","错"作"过","囚"作"困"。今谓作"肘手镣足",是。又,《大词典》"肘"单字义凡列"上下臂相接处可以弯曲的部位""用肘触人示意;拉住肘部""古印度长度单位"三项,以此来解释"肘手镣足"的"肘",讲不通。"肘"当补充一个义项:"用同'杻(chǒu)',手铐。亦指戴上手铐。"名词用法如:《古今小说》第三十八卷:"(大尹)交打二十下,取具长枷枷了,上了铁镣手肘。"《二刻拍案惊奇》卷三十八:"(李三)上了镣肘,戴了木枷,跪在庭下。"《豆棚闲话》第十二则:"翠儿监禁在狱,不出三日,枷锁镣肘俱在,翠儿不知去向。"动词用法如:《隋史遗文》第四十三回:"叔宝母亲,镣肘在小车上哭泣。"《跻春台·贞集·审禾苗》:"何良易铁绳锁项,撩(镣)足肘手,栓在厕边。"字又作"杻""扭""钮"等。据此,《大词典》"肘手"释作"缚手",也可修正为"铐手"或"戴上手铐"。

2. 误解俗字或异体字

坅 zhēn《广韵》职深切。①指圩岸内成片的水田。明归有光《乞休申文》:"乡老亦叹曰:'今年倒一坅矣!'乡民谓田连顷者谓之坅,犹苏州之谓圩。乡老岁以均徭为奸利,今无所获,故云'倒一坅',若田之为水所败而荒也。"②地名用字。《汉书·地理志上》"平寿"颜师古注引汉应劭曰:"古坅寻,禹后,今坅城是也。"(2/1065)

"坅"当分两个音项。地名用字读zhēn,《广韵·侵韵》:"坅,坅鄩,古国名。职深切。""圩岸内成片的水田"义当读dǒu,"坅"系"斗"的俗写。据刘美娟《浙江地名疑难字研究》,浙北湖州、长兴、安吉、德清等地有大量用"坅"作地名的,并引同治《湖州府志》卷四十三引《水利备考》:"凡田之在污下及当水之冲者,必有圩岸围之,如斗之状,其名曰坅。"又引《长兴县地名志》:"坅(dǒu)音抖。江南平原水网地区的一种特殊地形。周围是河,四面用土堤围成的田地名坅。地堤称坅埂,与外河相通的闸门谓坅门。"(93～95页)归有光是江苏昆山人,曾任长兴知县。既然"坅"相当于"圩"(低洼地区防水的堤称圩,以圩所围的田也叫圩),这个"坅"当与浙江地名用字"坅"音义相同。又,《大字典》"坅"字条:"②涵洞。清顾炎武《天下郡国利病书·北直四·山川》:'堤之左右,分疏田间水道,仿江南旱涝之法,而穿坅于堤之下,以泻堤所阻之处。'""坅"也注"zhēn"音,也不确,当读dǒu。顾炎武也是昆山人,文中"坅"当与归有光文中"坅"读音相同。又,据上引《长兴县地名志》"与外河相通的闸门谓坅门",则"穿坅于堤之下"之"坅"《大字典》释为"涵洞",其实当是闸或闸门。"圠"的"涵洞"义显得突兀,系随文释义,联系方言材料,可知其与闸或闸门有关。①

遻¹ 同"迕"。遇;遇到。《列子·黄帝》:"死生惊惧,不入乎其胸,是故遻物而不慴。"张湛注引向秀曰:"遇而不恐也。"殷敬顺释文:"遻音忤,遇也。一本作遻,心不欲见而见曰遻,于义颇迁。"……(10/1227)

《列子》这句话源自《庄子》,《庄子·达生》:"死生惊惧,不入乎其胸中,是故遻物而不慴。"陆德明释文:"遻,音悟。郭音愕。"可见"遻"自古有两解,一是音忤、悟(均五故切),同"迕";一是音愕,同"遌"。尽管"迕""遌"都是遇到的意思,但从字形分析,"遻"只能是"遌"的异体字,而不可能是"迕"的异体字。《说文》"咢"小篆形体从吅,屰声,"遌""剽""鄂"小篆均作咢旁。《集韵·铎韵》:"遌,隶作遻。"并其证。《大词典》"遻"字条"①相遇,遇见。《列子·黄帝》:'死生惊惧不入乎其胸,是故遻物而不慴。'"此以"一本作遻"的异文为依据,亦可证"遻"同"遌"。附带说一下,《玉篇·辵部》:"迕,吴故切。遇也。遻,同上。"恐误。"迕"与"遻"是同义词,但不是异体字。

二 《汉语大字典》札记②

《汉语大字典》(以下简称《大字典》)第二版已于2010年4月面世。作为《大字典》的爱好者、使用者和研究者,本人非常关注它的修订工作。那么,面对第二版,我们有什么感受呢?欣喜、遗憾、期望,兼而有之。

(一)欣喜:新版成就显著

据介绍,《大字典》第二版具有八大特色:1. 收字宏富:收字从原5.4万余增加到6万余;2. 字形规范:改原旧字形为新字形,字形规范统一;3. 注音精准:对原注音进行逐一审订,音读更加准确;4. 内容完善:增补音项和例句,解决了大量音义未详字缺音缺义的问题,内容更加完善;5. 释义详备:纠正了各类错误,充分吸收语言文字学最新成果,释义青出于蓝而胜于蓝;6. 查检方便:将原补遗字编入正文,字头检索一次到位,重新编制《笔画检

---

① 《大词典》"圠"义项一当读 dǒu,参见笔者《地名用字研究大有可为——〈浙江地名疑难字研究〉简评》,《丽水学院学报》2013年第6期;《大字典》"圠"义项二当读 dǒu,参见张文冠《近代汉语同形字研究》,浙江大学博士学位论文,2014年。

② 原载《宁波大学学报》2011年第3期,题目为《评第二版〈汉语大字典〉》;又见人大复印报刊资料《语言文字学》2011年第9期。今有改动。

字表》，增加了《音序检字表》，并编制全书字头计算机检索软件，实现多途径多方式检索；7. 排版精善：改原铅排为电脑激光照排，字迹更加清晰、美观；8. 装帧美观：国内著名装帧艺术家整体设计，封面典雅美观，内文考究精美。上述八大特色也可以看作第二版的八大优点，对此，我们由衷感到欣喜。下面通过一些具体实例来考察修订工作的成绩。

1. 纠正误释

廮　首版："廮，'婆'的讹字。《中国歌谣资料·越谚》：'爹有弗如孃有，孃有弗如老廮有；老廮有，还要开开口，弗如自有。'"

"老廮"《越谚》一书例多，如卷上："一笔参天，老廮饿杀灶前。"下文："讨老廮图子，放债图利。"又卷中："老廮，（音）麻。妇之通称。"下文："姨廮，（音）马。妻之姊妹。""廮"与"婆"字形不相近，"廮"的用例又有这么多，显然不可能是讹字；而且"廮"字范氏注音为"麻"或"马"，与"婆"读音也不一样。第二版："廮，同'嬷'。张涌泉《汉语俗字丛考》：'嬷，本指母亲，引申之亦用为老年妇女之通称。吴越方言称妻子为"老嬷"，"嬷"（廮）即取义于老年妇女之意。'"新版吸收了张涌泉先生研究成果，纠正了误释。

2. 考释僻字

嗠　首版："嗠，音义未详。元汤式《〔般涉调〕哨遍·新建构栏教坊求赞》：'妆旦色舞态袅三眠杨柳，末泥色歌嗠撒一串珍珠。'"

"嗠"字罕觏，《大字典》收之以存古，但音义阙如总觉遗憾。第二版改为"嗠，'喉'的讹字"，则字义、文义均大明。明汤显祖《紫箫记》第四出："你可抖擞歌喉，安排舞态。"此为"歌喉"与"舞态"对举；唐白居易《寄明州于驸马使君》："何郎小妓歌喉好，严老呼为一串珠。"此为"歌喉"与"一串珠"连言。以上并可佐证。

3. 完善释义

瘇　首版："瘇，同'尰'。足肿。《集韵·肿韵》：'尰，《说文》："胫气足肿。"或作瘇。'《汉书·贾谊传》：'天下之势方病大瘇，一胫之大几如要，一指之大几如股，平居不可屈信。'颜师古注引如淳曰：'肿足曰瘇。'"

本条训释虽有《集韵》和颜注作支撑，其实很有问题。首先，"天下之势方病大瘇"之"瘇"并不是"足肿"的意思，"足肿"义没有贴切例证；其次，以下例句中的"瘇"都不能用"足肿"来解释：前蜀杜光庭《录异记·感应》："（朱播）忽眼痛且瘇，昼夜烦楚。"《有夏志传》第五则："众人闻这腥气，目眩的目瘇，头眩的头瘇，更有口皮瘇的，鼻孔瘇的，耳朵面颊瘇的。"《西游记》第五十五回："昨日咒我是脑门痈，今日却也弄做个瘇嘴瘟了。"第二版改为："瘇，同'尰'。足肿。……又泛指浮肿，肿胀。"其中"足肿"义举《灵枢经》《博物志》两例，"浮肿，肿胀"义举《录异记》《聊斋志异》两例，这样就意思完整、义例密合了。

4. 调整义项

噤　首版："噤，④寒而闭口。《广韵·寝韵》：'噤，寒而口闭。'《南史·王诞传附王偃》：'常倮偃缚诸庭树，时天夜雪，噤冻久之。'《宋史·苏轼传》：'会大雪苦寒，士坐庭中，噤未能言。'清王濬卿《冷眼观》第十八回：'鸟喧知院静，蝉噤觉秋深。'茅盾《虹》七：'一阵风来吹得他打冷噤。'"

"噤"有"寒而闭口"义，但所举《南史》和《虹》例却非此义，而是"因受寒而身体颤抖"的意思（字又作"懍"，《正字通·忄部》："懍，寒战貌。"）。这一意思古书习见，如《法显传·度小雪山》："北山阴中，遇寒风暴起，人皆噤战。"《禅真逸史》第二十二回："妈妈见他两手紧抱肩膊，寒沥沥的噤颤，心下不忍。"现代汉语仍有"寒噤"一词。第二版将义项四一分为二："④寒而闭口。……⑤因受寒而身体颤抖。"这样一来，眉目就清楚了。

5. 修改注音

舡　首版："舡，(一)xiāng《广韵》许江切。船。《玉篇·舟部》：'舡，船也。'《商君书·弱民》：'背法而治此，任重道远而无马牛，济大川而无舡楫也。'……三国魏阮瑀《为曹公作书与孙权》：'往年在谯，新造舟舡，取足自载，以自九江。'(二)chuán《集韵》食川切。①同'船'。《集韵·僊韵》：'船，俗作舡。'《儒林外史》第四十六回：'那日叫了一只小舡，在水西门起行。'"

按照以上解释，同一个"舡"，同一个意思，似乎宋代以前应读作xiāng，宋代以后应读作chuán，这显然不合情理。其实"舡"就是"船"的俗字，与《广韵·江韵》训"舡，觪舡，船皃"、读许江切的"舡"不是一回事儿。第二版改为"舡，chuán同'船'"，并把上述例证合在一起，就非常准确了。

6. 增删例证

终　首版："终，同'终'。《玉篇·歹部》：'终，殁也。今作终。'"无例证。第二版增补了两条例证："《经律异相》卷三十二引《四分律》：'复经七日，其一仙人又复命终。'《法苑珠林》卷五《受苦部》引《涅盘（当作槃）经》：'命终之时，还堕三恶道中。'"释文更为丰满，更有说服力。

娃　首版："娃，④小孩。如：胖娃；小娃。唐元稹《梦游春七十韵》：'娇娃睡犹怒。'金元好问《芳华怨》：'娃儿十八娇可怜。'《西游记》第九十四回：'佳，佳，佳，玉女仙娃。'"所举三条例证中"娃"均非"小孩"义，而是指美女或少女、姑娘。"娇娃""仙娃"都指美貌女子，第二例"娃儿"年纪既已"十八"，自然不是小孩、儿童了。第二版删去了这三条例证，反而增加了字典的科学性。

以上我们通过举例、对比的方法,从六个方面介绍了第二版修订工作的成绩,旨在"以一斑而窥全豹"。好在首版、第二版《大字典》俱在,只要稍作比较,明眼人是不难看出第二版的用心之处和高明之处的。

(二)遗憾:修订不够彻底

尽管修订工作作出了很大努力,但是第二版仍然存在着"这样那样的不足或疏失"。下面分"老遗留问题""新产生问题"和"未能全面吸收相关研究成果"三方面加以讨论。

1. 老遗留问题

(1)关于收字

貮 《大字典》未收。同"贰"。敦煌写本斯514号《沙州敦煌县悬泉乡宜禾里大历四年手实》:"妹桃花年貮拾叁岁。"伯3354号《天宝六载敦煌县龙勒乡都乡里户籍》:"合应受田貮顷陆拾貮亩。"(见华珍《也说"貮"字》,《中国语文》2002年第2期)《古本小说集成》本《野叟曝言》第三十九回:"夭寿不貮,修身以俟之。"又第一百零三回:"各官员闻之……从逆者必携貮恐惧。"又第一百二十五回:"天下文武各官,只除了佐貮、离职、把总、千户,其余都做得来。"(见周志锋《"貮"字小议》,《中国语文》2001年第3期)《中华大藏经》本《法苑珠林》卷二十七《感应缘·宋韩徽念观音》:"(庾佩玉)以幼宗猜貮,杀之,戮及妻孥。"(见张龙飞《〈法苑珠林〉俗字研究》,宁波大学硕士学位论文,2014年)此外,"貮分"硬币和"貮角""貮圆"老版纸币上面的"贰"也都写作"貮"。特别是因为人民币的关系,"貮"成了流行极广、人人皆知的一个俗字,《大字典》应当补收。

膱 《大字典》未收。同"膱"。《中华大藏经》本《法苑珠林》卷二十三《奖导篇·述意部》:"而复见有尺布不兒(完),丈帛残弊,垢秽尘墨,臭膱朽烂,炎暑不识绤绤,冰雪不知缯纩。"又卷四十二《食法部》:"鬵有三孔,风吹膱汁,散入百脉,与先血和合,凝变为肉。"又卷八十八《八戒部·戒相部》:"又不许白素木盌非时饮水,恐受膱破斋。"《古本小说集成》本《野叟曝言》第三十四回:"气食团裹,腥膱黏聚,晚饭又接连下去,饥饱失节,致有此病。"又第六十五回:"你看他浑身没一点疤斑,皮肤比着俺们还细膱。"

筑 《大字典·手部》:"筑,zhú《集韵》张六切,入屋知。以手筑物。《集韵·屋韵》:'筑,以手築物。'一说'摰'的讹字。《正字通·手部》:'筑,摰字之讹。旧註手筑物,非。'"(4/2055) 筑《大字典·竹部》:"筑,zhù《集韵》张六切,入屋知。用手筑捣。《集韵·屋韵》:'筑,以手築物。'"(5/3199)

"筑""筑"两字只一点之差,一在《手部》读zhú,一在《竹部》读zhù,而两字的出处及原始释义、原始读音都是一样的,即同出《集韵·屋韵》,同训"以手築物",同为张六切。今谓两字实即一字,正字作"箏",今音读zhù,为训捣之"築"的分化字。"箏"则是"箏"的讹字或讹俗字,《正字通》谓"箏"是"挈"(同"挈")字之讹,不确,因为"箏"从筑声,"挈"从巩声,两者音义均不同。"筑"及"筑"旁往往讹作"筑",上海古籍出版社1985年影印述古堂影宋钞本《集韵·屋韵》:"箏,以手築物。张六切。"又:"築,《说文》:捣也。张六切。"(捣同搗、捣。644页)不仅"箏"字少了一点,"築"字也少了一点。要之,为了存古存真,《大字典》可以收"箏"字,但注音、释义得修正,尤其是"一说'挈'的讹字"当删去;"箏""箏"应放在同一部,不当分置。另外,《大字典》已经收了"筑""箏",也应当补收"築"字。以上几点,《字海》处理得比较好(1244页、1247页),可以参考。

(2)关于义项

废 ⑲替。《字汇·广部》:"废,替也。"(2/970)

"废"字凡列26义,其中第19义据《字汇》释作"替",而无例证。收录这一义项可能是为了"存古",但"替"是多义词,没有用例,究系何义,还是无从索解。其实,《大字典》无须专门设列这一义项。"替"(最早写作"暜")古有"废"义,两字有好几个意思相同。比如,都有"废弃;废除"义,《说文·竝部》:"暜,废也。"(从段注本)《尔雅·释言》:"暜,废也。"都有灭义,《尔雅·释言》:"暜,灭也。"《玉篇·广部》:"废,灭也。"都有止义,《尔雅·释诂下》:"暜,止也。"《玉篇·广部》:"废,止也。"可以这么说,凡是"废""替"古代相同的意思,"废"字条都已经反映出来了,所以不必再列"废,替也"这个谁也说不清楚的义项。

嬴 ⑧裹;以囊盛装。《庄子·庚桑楚》:"南荣趎嬴粮,七日七夜至老子之所。"成玄英疏:"嬴,裹也。"《淮南子·修务》:"于是乃嬴粮跣足,跋涉谷行。"高诱注:"嬴,裹也。一曰囊。"⑨负担。《荀子·议兵》:"嬴三日之粮,日中而趋百里。"杨倞注:"嬴,负担也。"《后汉书·儒林传论》:"精庐暂建,嬴粮动有千百。"宋王安石《再用前韵寄蔡天启》:"陆嬴淮汴粮,水儌湖海艓。"(4/2279)

以上义项设置不当。《大字典》立义虽有古注依据,但所有例子都是"嬴粮"或"嬴……粮",不应分为两义。《方言》卷七:"攍,儋(担)也。"《广雅·释言》:"攍,负也。""嬴"同"攍",本是肩挑背负的意思,引申为携带。"嬴粮"也即担负粮食或携带粮食。古注训"裹"训"囊",不过是携带粮食的具体方式,本无二致。

祇 《大字典》凡收三音七义,音项一qí下列三义:"地神""大""此,

兹";音项二chí下列二义:"病""安";音项三zhī下列二义:"正,恰""通
'祇'.敬"。(5/2557)

收了许多冷僻音义,却找不到一个常见音义:zhǐ,只,仅仅。如《史
记·项羽本纪》:"且为天下者不顾家,虽杀之无益,祇益祸耳。"《三国志·魏
志·钟会传》:"若作恶,祇自灭族耳。"《旧唐书·裴度传》:"此贼祇敢于巢穴
中无礼,动即不得。"《大字典》"只"条有"副词。同'祇(祇)'.仅"的训释,
与"祇"条失去照应;《新华字典》《现代汉语词典》"只(zhǐ)"条正体字后面
所附列的异体字或繁体字其中之一即为"祇",却在《大字典》"祇"条里找不
到相应的用法:这不能不说是件憾事!

揎 《大字典》凡收三义:"捋起袖子露出手臂""用手推""填塞"。(4/2037)

至少可补三义:①打。《敦煌变文集·燕子赋》:"男儿丈夫,事有错误,
脊被揎破,更何怕惧。"(此例《大字典》用作义项二"用手推"的例证,不妥。
脊不是被"推"破,而是被"打"破。《唐五代语言词典》释此"揎"为"捋,
往上卷",亦不确。)清孔尚任《桃花扇》第三出:"难当鸡肋拳揎、拳揎,无端
臂折腰搋、腰搋。"清蒲松龄《聊斋俚曲集·富贵神仙》第二回:"也无法也无
天,不请学师大板揎,从此我辈遭涂炭。"②踢。《冷眼观》第四回:"当下不
顾礼法,一脚揎开房门。"③掀。《二刻拍案惊奇》卷十四:"其夫进了门,揎
起帐子,喊道:'干得好事! 要杀! 要杀! '"下文:"心下惶惑不定,恨不得
走过去揎开帘子一看,再无机会。"以上三义现代方言仍沿用(参《汉语方
言大词典》6038 页、《现代汉语方言大词典》4175 页)。

(3)关于释义

劜 jí 极度疲劳。《字汇·几部》:"劜,郭璞曰:'劜,疲极也。'司马彪曰:
'劜,倦也。'许慎曰:'劜,劳也。'"……(1/306) 觓 (二)jí(又读jué)②
极度疲劳。也作'御'。《史记·司马相如列传》:"……微觓受诎,殚睹众物
之变态。"裴骃集解:"徐广曰:'觓,音剧。'骃按:郭璞曰:'觓,疲极也。'"……
(7/4159) 僵 (二)lèi 极疲倦。《字汇·人部》:"僵,极困也。"(1/279)
疲 ③极。《广雅·释诂一》:"疲,极也。"(5/2856)

以上"劜""觓"释为"极度疲劳","僵"释为"极疲倦","疲"释为
"极",均可商。郭璞注、《字汇》《广雅》等释义文字中的"极"其实不是甚
辞,而是疲劳的意思。《广雅·释诂一》:"困、疲、羸、券(倦)、御、懱(懘),
极也。""极"当疲倦讲,是汉魏六朝乃至唐宋时期的通语,用例极多。如
《史记·淮阴侯列传》:"百姓罢极怨望,容容无所倚。"《汉书·王褒传》:"庸
人之御驽马……匈(胸)喘肤汗,人极马倦。"《经律异相》卷二十五:"(夫
人)脚底伤破,不能复前,疲极在后。时婆罗门回顾骂言:'汝今作婢,当如

婢法，不可作汝本时之态。'夫人长跪白言：'不敢懈慢，但小疲极，住止息耳。'"又卷三十二："（王）曰：'我甚疲极。汝坐，我欲枕汝膝卧。'"要之，"㦗"与"㔽"字异义同，又作"㦬""勀""㑩"等，后三字《大字典》分别释为"疲倦""疲劳""疲劳；倦怠"，均是，前两字释义不应与之自相矛盾；"僵"又作"偏""儽"，今通作"累"，义为疲劳；至于把"疲"释作"极"，则是不明《广雅》"极"即疲极义，《大字典》"疲"义项一已有"劳累；困乏"义，再立"极"义实为蛇足。

齏　①用酱拌细切的菜或肉，亦泛指酱菜。……唐韩愈《崔十六少府摄伊阳以诗及书见投因酬三十韵》："冬惟茹寒齏，秋始识瓜瓣。"宋朱敦儒《朝中措》："自种畦中白菜，醃成瓮里黄齏。"（8/5102）

例中"寒齏""黄齏"的"齏"（以下作"齏"），既不是"用酱拌细切的菜或肉"，也不是"泛指酱菜"（《现代汉语词典》："酱菜，用酱或酱油腌制的菜蔬。"），而是指腌菜、咸菜。"齏"是个形声字，从韭，齐声，字形意义是用酱腌渍的细切的韭菜；文献意义本指用酱醋拌和的切碎的腌菜，或指捣碎的姜蒜等，引申之，近代汉语里有两个常用意思：一是腌菜；一是细、碎（如"齏粉"）。当腌菜讲，唐宋以降习见，字又作"齑""虀"等。有"齏""盐"并举的，如唐韩愈《送穷文》："太学四年，朝齑暮盐。"元王实甫《西厢记》第五本第三折："虀盐日月不嫌贫。""虀盐""虀盐"同"齏盐"，即腌菜和盐，也泛指素食、粗食。有称为"黄齏"的，如金董解元《西厢记诸宫调》卷三："我见春了几升陈米，煮下半瓮黄虀。"元王实甫《西厢记》第二本第二折："浮沙羹、宽片粉，添些杂糁；酸黄虀、烂豆腐，休调哜。"明陈汝元《金莲记》第二十七出："风雨萧条，衡门暂留，黄虀白饭度春秋。"清名教中人《好逑传》第二回："你若顺从了，明日锦衣玉食，受用不尽，岂不胜似你的淡饭黄齏？"咸菜色黄，所以又叫"黄齏"；味酸，所以又叫"酸黄齏"。"黄齏白饭""淡饭黄齏"都指穷人吃的粗劣食物。王利器先生辑录《历代笑话集》引明郭子章《谐语》："范文正公少时，作《虀赋》，其警策句云：'陶家瓮内，淹成碧绿青黄；措大口中，嚼出宫商角徵。'盖亲尝忍穷，故得虀之妙处。"范仲淹的《虀赋》与朱敦儒的《朝中措》可以比较互证，"虀""黄齏"都是由菜在陶瓮内腌制而成的，是腌菜。今宁波方言犹称用新鲜雪里蕻在缸、瓮里腌制而成的咸菜为"咸齏"或"咸齏菜"。据此，《大字典》"齏"字释义可修改为："用酱拌细切的菜或肉，亦指腌菜。"又，《汉语大词典》"齏"及相关条目也存在着同样的疏失，如"齏"字条义项一解释说："用醋、酱拌和，切成碎末的菜或肉。……宋朱敦儒《朝中措》词：'自种畦中白菜，醃成瓮里黄齏。'""酸黄虀"条解释说："切成细末的酸咸菜。"其实"黄齏"即腌菜，"酸黄虀"就是酸腌菜，"切成碎（细）末的"云云，也是蛇足。

（4）关于例证

挨　同"拗"。《正字通·手部》："挨，音义通拗。"（4/2037）

无例证。可补：清范寅《越谚》卷上："挨菜蕻。指乞醯与邻者。"又："挨五弗挨六。买卖钱数，五毫不算，六则给也。"又卷中："万莲嗒头。同上'嗒头'，惟上管挨断接焊，吹声呼喽喽。"（"嗒头"即喇叭）

嘏　（一）xiá ①咽，吞咽。《集韵·麻韵》："嘏，咽也。"（2/714）

此义无例证。"咽"有咽喉、吞食等义，光从《集韵》"嘏，咽也"之训不好判断"咽"是什么意思，编者则是把它看作动词了。汉扬雄《太玄·数》："九体：一为手足，二为臂胫，三为股肱，四为要，五为腹，六为肩，七为嘏啼，八为面，九为颡。"《集韵·模韵》："啼，喉咽也。《太玄》：为嘏啼。"结合用例可知，《集韵》"嘏，咽也"的"咽"是名词，"嘏"也是名词，"嘏啼"指咽喉。

还　⑥还债；交纳（赋税）。……元王实甫《西厢记》第四本第四折："店小二哥，还你房钱。"《儒林外史》第三十二回："张俊民还了面钱，一齐出来。"（7/4146）

"房钱""面钱"不同于一般的"债"，更不同于"赋税"，可见义例不够密合。"还"在近代汉语里有个特殊意思，就是付、交付，用例甚夥。如唐张鷟《朝野佥载》卷三："又问车脚几钱，又曰：'御史例不还脚钱。'"元孙仲章《勘头巾》第二折："你替我打个草苫儿，我还你草钱。"元无名氏《争报恩》第三折："老叔，还我稀粥钱去。"《水浒全传》第十七回："这个胖和尚，不时来我店中吃酒。吃得大醉，不肯还钱。"《古今小说》第二十四卷："思温还了酒钱下楼，急去本道馆，寻韩思厚。"《欢喜冤家》第二十三回："王年还了船钱，叫上一乘轿子。"《咒枣记》第八回："取物不问主，过渡不还钱。"今梅县客家话、新加坡华语等犹管付钱叫"还钱"。为了讲通所有用例，这一义项可概括为"偿还；交付"。

拌　（一）pān ①舍弃；不顾惜。……唐温庭筠《春日偶作》："夜闻猛雨拌花尽，寒恋重衾觉梦多。"《警世通言·吕大郎还金完骨肉》："欲要争嚷，心下想道：'今日生辰好日，况且东西去了，也讨不转来，干拌去涎沫。'"清高绍陈《永清庚申纪略》："余挺而走险，拌死得至双营。"（4/1965）

"拌"有舍弃、不顾惜义，但所举三例中只有末例是这个意思，其他两例都对不上号。"舍弃、不顾惜"的施事者往往是人，而首例的施事者是"猛雨"，故义例不尽吻合。《大词典》"拌"条引此诗而释为"摧残"，更为贴切。我们重点想讨论的是次例"干拌去涎沫"的"拌"。此"拌"是个方言词，义为费口舌、反复讲、分辩，音也不读pān，而读bàn。《警世通言》第十五卷："那时外边都晓得库里失了银子，尽来探问，到拌得口干舌碎。"（本例"拌"《汉语大词典》释为"拌嘴，争吵"，《近代汉语大词典》释为"拌嘴之省"，均不够准确）《醒世恒言》第六卷："店左店右住宿的客商闻得，当做一件异事，都走出来讯问，到拌得口苦舌干。"两例"拌"用法相同。"拌"由舌头搅动引申为说话，特指费口舌、反复讲、分辩（此义《汉语方言大词典》3281页、《明清吴语词典》27页均已收录）。"干拌去涎沫"意谓白白地费口舌费去口水。今宁波话形容讲得口干舌燥说"烂唾水（口水）拌燥"，与《警世通言》"拌去涎沫"颇为相似，可以比勘。

（5）关于注音

霅 gé《广韵》古核切，入麦见。职部。①雨沾湿皮革而隆起。《说文·雨部》："霅，雨濡革也。"段玉裁注："雨濡革则虚起，今俗语若朴。"清梁同书《直语补证》："俗以物著湿雹凸隆起谓之霅。"②雨。《玉篇·雨部》："霅，雨也。"（7/4335）

"霅"有两音，义项一当读匹各切，今音pò。大徐本《说文·雨部》："霅，雨濡革也。从雨从革。读若膊。匹各切。"（"膊"有匹各切一音，见《广韵·铎韵》）上引《直语补证》下面还有一句是："《说文》注：皮革得雨，霅然起也。普恶反。"《集韵·铎韵》："霅，《说文》：雨濡革也。匹各切。"上揭"读若膊""匹各切""俗语若朴""普恶反"等均表明，义项一音pò。朱编《宁波方言词典》："发霅［faʔ⁵ pʻoʔ⁵］涨大：～泥螺｜死尸～。《说文·雨部》：'霅，雨濡革也。'匹各切。"（82页）亦其证。关于义项二，《玉篇·雨部》："霅，柯覈、匹各二切。雨也。"《广韵·麦韵》："霅，雨也。古核切。"《集韵·麦韵》："霅，雨也。各核切。"义项二只见于字书韵书，据《玉篇》有"柯覈、匹各二切"，从存古的角度，可标注古核切gé音，但是义项一古今一脉相承，绝对不能读作gé。

骷 chū《集韵》当没切，入没端。①〔骨骷〕成疙瘩状的坚质物。《太平广记》卷二百四十八引隋侯白《启颜录·山东人》："道边树有骨骷者，车拨伤。"……②同"鹠"。古人认为一种鸣声能预兆吉凶的鸟。……（8/4699）

《汉语大词典》"骷"字条："［chū《集韵》当没切，入汶，端。］见'骨骷'。"（"汶"当作"没"）两者"骷"字都读半边字，不确。蒋冀骋先生《近代汉语词汇研究》一书在探讨"骨堆"何以有坟墓义时说："盖'骨堆'与'果蓏'同源，皆取义于圆而上隆。圆滚之虫曰果蓏，兵器上圆者曰骨朵，腹大而圆者曰胍肶，食品之圆者曰馉饳，木之瘤节曰骨骷，皮肤小肿曰疙瘩，花之蓓蕾曰骨朵儿，土之隆起而圆者曰骨堆，皆一声之衍。"（199页）可见，"骨骷"与"骨朵""胍肶""馉饳"及"榾柮"等同源，读音亦当相近或相同。《集韵·没韵》：

"鹬，鸟名。鸣豫知吉凶。或书作鹬。当没切。"又："柮，榾柮，短木。当没切。""鹬""柮"同音，而"柮"字《大字典》《大词典》都注为duò，"鹬"也应该注为duò。

2. 新产生问题

蟇 má 同"蟆"。"蛤蟇"，也作"哈蟇"。清范寅《越谚上·三寸姑娘》："三寸姑娘，芥菜地哩乘风凉。田鸡哈蟇来唵去，郎君哭得好凄凉。"（5/3107）

"蟇"是第二版新增字。遗憾的是，本条存在着注音、释义、校勘等多种问题。"蟇"从霸声，"蟆"从莫声，二字怎么会音义相同呢？"也作'哈蟇'"的依据又是什么？核原文，"哈蟇"实作"蛤蟇"，《大字典》"唵"字条已引本例，正作"蛤蟇"。《越谚》还有两例，如卷上："蛤蟇黹床脚——竭力撑。"又卷中："蛤蟇，（音）葛霸。……即《本草》之蟾蜍。"吴语管蛤蟆叫"蛤蟇"，音葛霸（gé bà），字又作"蛤蚆""蛤巴""蛤霸"等（参《汉语方言大词典》6098～6099页）。

鉾 （一）róng《龙龛手鉴》与隆反。同"镕"。梁僧旻宝唱等集《经律异相》卷四十九："十八小王者：一迦延典泥犁……十七身典蛆虫，十八观身典鉾铜。"按：宫本作"镕"。（8/4524。引者按："梁僧旻宝唱等集"原标作"<u>梁僧旻宝唱</u>等集"，误，应作"<u>梁僧旻</u>、<u>宝唱</u>等集"）

首版"鉾"字条音项一释曰："yóng《龙龛手鉴·金部》：'鉾，与隆反。'"释义和例证为第二版新增，注音也有改动。例中"鉾"与"镕"固然同义，但一从羊声，一从容声，两者怎么会是异体字呢？"鉾"其实是"烊"的俗体字，《集韵·阳韵》："烊，烁金也。或作烊。""鉾铜"即熔化了的铜液，字又作"烊铜""洋铜"等，蒋礼鸿《敦煌变文字义通释》，王云路、方一新《中古汉语语词例释》，李维琦《佛经释词》等均有论释。上海古籍出版社1988年版《经律异相》作"十八观身典洋铜"，亦可旁证。

肶 pì 肚肶。《玉篇·肉部》："肶，肚肶。"（4/2196）

首版"肶"字条："①肉多。《玉篇·肉部》：'肶，肉多。'②牝肶。《广韵·质韵》：'肶，牝肶。'"两相比较，第二版改了一个义项，删了一个义项。今谓前者是，后者非。考《大字典》引书所依据的中国书店1983年影印本《宋本玉篇·肉部》："肶，普栗切。肚肶也。"（"也"字第二版脱）而无"肉多"之说，可见，义项一改得好。但《广韵·质韵》明明有"肶，牝肶。譬吉切"之训，为什么删去了呢？可能是因为其字其义过于生僻。其实，"肶"音匹，吴语，义为女阴（《广韵》释文牝、肶同义，牝古有阴户义），是蒋介石骂人话"娘希匹"的"匹"的本字。宁波方言骂人或发泄某种情绪时好用口头禅"娘希匹"，字或作"娘细劈"(《冷眼观》第十七回)、"妈戏辟"(《新上海》第十三回)等("希""细""戏"同义，交媾)。可见，义项二删不得。

囊　(三)ráng　通"瓤"。《西游记》第一回："火荔枝，核小囊红。"《红楼梦》第三回："纵然生得好皮囊，腹内原来草莽。"(2/762)

首版"囊"字条音项一："⑤象袋子的东西。如：嗉囊，胆囊。《西游记》第五十四回：'火荔枝，核小囊红。'《红楼梦》第三回：'纵然生得好皮囊，腹内原来草莽。'"笔者《大字典论稿》125 页认为《西游记》第五十四回(实为第一回)"核小囊红"之"囊"当通"瓤"，第二版据以增加了音项三及其通借用法。但是又把《红楼梦》"皮囊"之"囊"也看作通"瓤"，则是原先不误现在反而误了。"皮囊"本指皮制的囊，后喻指人的躯壳，如元无名氏《蓝采和》第二折："你敢化些淡齑汤，且把你那皮囊撑。"《红楼梦》第五十六回："空有皮囊，真性不知往那里去了。"其中"囊"都与"瓤"无涉。

笐　①竹名。《玉篇·竹部》："笐，竹。"《篇海类编·花木类·竹部》："笐，竹名。"《根本说一切有部毗奈耶》卷二十七："谓甘蔗竹笐等，此等皆由节上而生，故名节种。"(5/3195)

首版有书证而无例证，第二版增补了一个例证，本是好事情，但因未能细审文意，造成义例不合。例中"笐"同"苇"，俗书"艹""竹"两旁每相混，如"答"俗作"荅"，"等"俗作"荨"。"甘蔗竹笐"指的是三种植物，而不是两种。《经律异相》卷四十九引《依品》："复因罪恶，手生铁爪，锋利犹刀，各生怨结，更相掴截，如刈竹笐。"其中"竹笐"，卷后音义引作"竹苇"，是其证。《大词典》"笐席"释为"芦席"，亦其证。《大字典》"笐"义项二："同'苇'。芦苇。"引《集韵》而无例证，"竹笐"可移此作例证。

搛　③抱持人物。明李翊《俗呼小录》："抱持人物曰搛。"明冯梦龙《山歌·困弗着》："渠再走走进子个大门，对着房子里一跪，就来动手动脚搛住我的横腰。"(4/2049)

首版亦有书证而无例证，第二版增补了冯梦龙《山歌》例，但引例文字错讹太多，成了新问题。正确应为："渠再一走走进子个大门，对子房子里一跪，就来动手动脚搛住子我个横腰。"例中三个"子"，前后两个相当于"了"，第二个相当于"着"；两个"个"，前者相当于"这"，后者相当于"的"。编者看不懂吴语，以为句子不通，就大胆改写了。又，"困弗着"的"困"，依原文当作"睏"。

控　⑧使容器口朝下，让里边的液体慢慢流出。也作"空"。如：把瓶底的油控一控，还可以炒一次菜。《七侠五义》："众水手接过，便要控水。"

首版只有自造例，《大字典论稿》311 页为之补例证：《朴通事》："你把那镴壶瓶汕的干净着，控一控，且旋将酒来吃一盏。"《七侠五义》第五十七回："众水手接过，便要控水。"……第二版据以增补了《七侠五义》一例，但脱了"第五十七回"。又，从时代性看，《朴通事》例更早。

3. 未能全面吸收相关研究成果

第二版《后记》说："就首版《汉语大字典》的不足和进一步完善，专家、学者提出了很好的意见，修订工作中尽可能予以了采纳吸收。修订中重点参考了以下先生专著中的研究成果：周志峰（"峰"应作"锋"）《大字典论稿》，张涌泉《汉语俗字丛考》，王粤汉《〈汉语大字典〉考正》，毛远明《语文辞书补正》，杨正业《〈汉语大字典〉难字考》，郑贤章《〈龙龛手镜〉研究》，杨宝忠《疑难字考释与研究》，邓福禄、韩小荆《字典考正》等……"不计论文，光是相关专著就列了八部。学者提出的批评和建议未必都是正确的，但对于那些言之成理、持之有故的意见则应当采纳吸收。发现问题不容易，知道了硬伤而不加修正，无疑是最大的遗憾。据笔者初步调查，第二版未能吸收已有研究成果的情况不是个别的。下面聊举拙著《大字典论稿》中已经论及而《大字典》未予采纳的几个实例：

弜 dàn 《字汇补》都叹切。人名用字。《字汇补•弓部》："弜，人名。柳子厚《赵矜墓志》：'矜曾祖曰弜安。'"按：《柳河东集•故襄阳丞赵君墓志》作"弘安"。（2/1057）

《大字典论稿》75页：《大字典》已经揭示了"弜安"的异文作"弘安"，但终因过分迷信古代字书而致裁择失当。其实，《字汇补》注音有误，释义也不全面。"弜"实即"弘"之别构。俗书"厶""口"相通，故"弘"字右边或作"口"；而"口"俗书可作"几"（如"否""寻"之"口"或作"几"，《弘明集》等例多不赘举），故"弘"字又作"弜"。《碑别字新编》："弘"，辽《马直温妻张氏墓志》作"弜"。《法苑珠林》卷三十三："古人施一犹有弜报，况今檀越能多行者。"又卷三十八："受福弜大，无有穷尽。"……

槏 hān 节约。《农政全书•农事•占候》："晴过寒谚云：立冬晴过寒，弗要槏柴积。"石声汉校注："槏，疑与今日粤语方言中写作'悭'读作hān的字相当，意为节约。"（3/1395）

《大字典论稿》159页："槏"字音、义均误。《农政全书》所引谚语不是粤语，而是吴语，"槏"和"柴积"都是吴方言词。"槏"音gǎn，义为盖。字又作"匫"，明李诩《戒庵老人漫笔•今古方言大略》："盖谓之匫。"又作"顈"，《集韵•感韵》："顈，盖也。"通作"匫"。"柴积"即柴堆，元俞琰《席上腐谈》卷上："吴人指积薪曰柴积。""立冬晴过寒"意谓如果立冬那天是晴天，那么整个冬季将是晴而少雨。宁波谚语"立冬晴，一冬晴；立冬落，一冬落"，说的也是这个意思。冬季无雨,所以柴堆上不必用草苫等遮盖物覆盖以防雨淋。《吴方言词典》把上例"榓"释为"盖;掩盖",非常准确;《字海》释为"节约",显然是误从《大字典》了。

　　扚　同"抍"。明吾邱瑞《运甓记》第十三出:"闷来时,捉子管短笛扚来黄牛背上响介响介。"(4/1951。又,末二字当作"一响")

　　《大字典论稿》159页:"扚"与"抍"同是由"手""斗"两部分构成,故编者把它们看作异体关系。但"抍"字《大字典》释为"扶。后作'将'",用来解释上例扞格难通,因为"将"这一意思"捉"字已经表达了。例句出自一个牧童的独白,该段独白全用吴语。"扚"正是一个吴方言词,音义同"趩"。吴语管爬为"趩",音斗。明冯梦龙《山歌·烧香娘娘》:"那间破珠掑撒,好像个盘门路里趩乌龟算命个星臭婆娘。"自注:"趩音斗"。字或径作"斗",如王翼之《吴歌乙集·跳虱有做开典当》:"自家斗得慢,倒要怪我小兄弟。"注:"'斗'即爬行。"爬跟手有关,故字又写作"扚"。另外,"来"吴语有到义。例句意思是说:闷的时候,拿一管短笛爬到黄牛背上吹一吹。

　　搏　bì 批打。《字汇·手部》:"搏,批也。又毗音切,音避,义同。"《水浒全传》第二十六回:"(武松)提起刀来,望那妇人脸上便搏两搏。"(4/2060。又,"毗音切"不可能切出"避"音,核《字汇》原文,"音"当作"意")

　　《大字典论稿》126页:《汉语大词典》"搏"字条释义、举例与此同,均误。例句"搏"本字作"鑒"。《集韵·霁韵》:"鑒,治刀使利。蒲计切。"本义是把刀在布、皮、石头等上面反复摩擦使锋利的意思。今吴语、山东聊城话、皖南绩溪话等均有此说法(参胡竹安《水浒词典》23页)。《水浒全传》之"搏"则为其引申用法,是用刀擦、刮的意思。《大字典》"搏"字条除"批打"义外,当另列此义……今更补一例:《荡寇志》第七十六回:"他且把剑上血就死人身上搏干净了,插在鞘里。"

　　屡　①多次,数次。……《说文新附·尸部》:"屡,数也。"……③亟。《尔雅·释言》:"屡,亟也。"④急速。《尔雅·释诂下》:"屡,疾也。"……(2/1050)

　　《大字典论稿》20页:第3义当与第1义合并。汉民族观念,频率高与速度快义相因,故"屡"有多次义,又有急速义。同理,"亟"亦既有屡次义(音qì),又有急速义(音jí)。"屡"字既然列了"多次"义、"急速"义,再列"亟"这一义项,就成蛇足了;且"亟"不是现代汉语词,不当用于释义。所引书证《尔雅·释言》"屡,亟也",王引之《经义述闻·尔雅中》"娄、暗,亟也"条认为"亟与数同义,娄(引者按:古屡字)为亟数之亟",然则"屡""亟"都是屡次、多次的意思。"屡,亟也"这条材料可以作为第1义的书证,而不能看作另一个义项。

懒憼　音义未详。清西清《黑龙江外记》:"梦一懒憼老妪乞栖身地。"(4/2504)

《大字典论稿》50页:"憼"实即"憼"的讹俗字,"懒"也即"嬾"的讹变字。俗书"巾"旁每每写作"忄"旁,"幢""幡""幌""帔""幄"等字所从之"巾"又可写作"忄"旁(并见《龙龛手鉴·心部》),是其比。《集韵·骇韵》:"憼,嬾憼,衣破。""嬾憼"均为《集韵·骇韵》字,系叠韵联绵词,今音读lǎi shǎi,义为衣服破敝。……今更补充之:"嬾憼"又作"襰褷",《汉语方言大词典》7428页:"襰褷,形容衣服破烂。吴语。上海宝山。清乾隆十五年《宝山县志》:'～,上音唻,下音洒。俗呼衣服破碎也,犹言褴褛。'"

舽　音义未详。明吾丘瑞《运甓记·诸贤渡江》:"早晨头擦辣辣个浓霜说弗得个冷,夜头来湿搭搭个舽艎拿来当席眠。"(6/3261)

《大字典论稿》53页:"舽艎"乃"平基"二字的增旁俗字。"平基"为吴方言词,明清白话作品习见,例如:《醒世恒言》第三十四卷:"众人只得依他,解去麻绳,叫起看船的,扛上船,藏在艄里,将平基盖好。"明冯梦龙《山歌·不孕》:"好像石灰船上平基板,常堂堂白过子两三年。"《锦香亭》第十四回:"管家钻进舱里,假意掀开平基搜鱼。"今语尚沿用……其义则是木船船头船尾上活动的舱面板……今更补充之:字又作"舽艎",《珍珠舶》卷三第一回:"只听得舽艎一响,那船就动了几动,恰像有人跳下来的。"又作"平几",《现代汉语方言大词典》:"平几,上海,苏州。盖在船舱上的可活动的木板。"

以上讨论的三方面问题仅仅是举例性的,在第二版中找出诸如此类的问题并不是一件难事。

(三)期望:今后不断完善

作为"共和国的《康熙字典》"、国家文化建设重点项目,《大字典》理应代表汉语字典的最高水平,人们对它有更高的期望和要求也是完全可以理解的。但从上面粗略的分析可以看出,第二版修订工作不尽如人意。那么,怎样才能提高《大字典》的修订质量,使之更臻完善呢?笔者认为,需要从以下几方面入手:

第一,政府重视。编纂《大字典》是一项浩大工程,修订《大字典》同样是一项浩大工程,需要大量财力、人力、物力的支撑。政府不重视,不投入,一切免谈;政府重视不够,投入不够,修订工作也只能小打小闹,不能取得大的突破。政府要一如既往地把修订工作当作最高级别的文化建设项目来抓,与国家重大科技攻关项目等量齐观,投入足够的财力、人力、物力,以保证修订工作顺利进行。

第二,专家把关。首版《大字典》编纂设有工作委员会、学术顾问、编辑委员会;第二版修订设有工作委员会、专家审订委员会,还有一批编审人员等,他们为《大字典》的编纂和修订作出了巨大贡献。但是,他们当中相当一部分人员都是兼职的,不可能全身心为《大字典》服务。而且,按照中国现行的体制,专家必须自己拿课题、出专著、写论文才能安身立命,我们也无权要求他们全身心为《大字典》服务。但是另一方面,《大字典》修订如果没有几位、几十位全职专家把关,要取得理想的成绩显然也是不可能的。这就需要政府提供优惠政策,吸引著名专家在一定时间内全心全意地从事《大字典》修订工作。

第三,学者参与。修订工作光靠有限的编审人员是不行的,还需要学者们广泛参与。其实,学者们参与热情是非常高的。凡是搞语言文字学的,尤其是搞古汉语文字、词汇、训诂的,他们的相关研究往往把《大字典》(包括《汉语大词典》)当作参照物,在各自的研究中,自觉或者不自觉地为《大字典》做了大量匡谬指瑕、拾遗补阙的工作。他们的研究成果是修订《大字典》的重要参考资料,也是一般编辑非常需要而自身又难以发掘的宝贵材料。

第四,专人负责。据《第二版修订说明》,《大字典》出版后,"作为汉语大字典编辑委员会常设机构的汉语大字典编纂处即专门安排人员收集读者来信,组织人员对硬伤性、体例性错误进行修改"。"专门安排人员"是很好的做法,但光是"收集读者来信"则显然是不够的。订正《大字典》疏漏和错误是一项专业性很强的工作,一般读者虽然也能发现一些问题,但主要得靠专家、学者。而专家、学者的批评建议很少是通过来信来电反映的,而是体现在他们的论著中。这些论著量大、面广,书名、论文题目也不一定与《大字典》有关,这就需要专门人员广泛搜集、精心整理、长期积累,以备修订之用。任何一部辞书都是它那个时代语言文字学和辞书学研究成果的总结。在编纂或修订《大字典》的时候,我们不可能要求编者去重新考证某个字的音、形、义,他的职责只是正确辨析、充分吸收现有的研究成果。从这个意义上说,专人负责搜集现有相关研究成果是提高《大字典》修订质量的关键所在。

有人说,辞书编纂是一门遗憾的艺术。的确,任何字典不可能做到十全十美。但是我们相信,只要我们用心来做,《大字典》是完全可以做到进一步完善的。

第八章　训诂与方言研究

一　《越谚》方言词语考释①

《越谚》是晚清绍兴学者范寅撰写的一部记录和考证越地民谚口语的著作，也是一部研究古代吴方言的重要参考书。该书自问世以来，以其宝贵的文献资料价值，屡为学者所称引。《越谚》看似"平白如话"，但要真正读懂并非易事。其一，尽管《越谚》记录的是当时越地通行、妇孺皆知的方言，但时隔一百二三十年，有些已经废弃不用，难以索解；其二，《越谚》正文一般分辞条和注释两部分，有的注释比较简略，有的注释未必可靠，有的甚至没有注释；其三，范寅好用冷僻字、俗体字和自造字，而且前后用字往往自相矛盾，一般人难以识读。2006 年 4 月人民出版社出版了侯友兰教授等撰写的《〈越谚〉点注》一书，解决了许多语言文字问题，为读者阅读、利用《越谚》提供了方便。但点注本注解不够详尽，有些注解不够准确，有些词语当注而未注。本文以点注本为基础，择取《越谚》若干疑难方言词语进行考释，兼与《〈越谚〉点注》商榷。

本文引文主要依据《〈越谚〉点注》本。点注本文字有误，则据光绪八年谷应山房刻本校正。引用时，与论述无关的内容从略，原文注音加"（音）"标示，引例注明点注本页码。为了把点注本的注释与范寅的自注相区别，所引点注本注释一律称为"今注"。讨论的条目按书中出现的先后次序排列。

[嗳记]《越谚》卷上"格致之谚第四"："嗳记拳头，打勿杀人。"今注："嗳记：挨一下。'嗳'，应为'授'；'记'，量词。"（33 页）

"挨一下拳头"未必"打不死人"，如此解释文义不畅；且用于动作次数的量词《越谚》作"计"、作"击"而不作"记"。谚语是说什么样的一种拳头打不死人。"嗳记"是一个吴语词，一般写作"受记"，也作"授记""授句"等。"受记"一词含义比较复杂，核心意思是警告。宋洪迈《夷坚志》支景卷十《婆惜响卜》："驻足未定，闻河畔妇人叫呼曰：'婆惜你得你得！'盖

---

① 本文根据《〈越谚〉方俗字词选释》（《中国语文》2011 年第 5 期）、《〈越谚〉方俗字词考释》（《语言研究》2011 年第 3 期）两篇文章整理修订而成。

吴人愠怒欲行打骂之词，俗谓之受记，非吉兆也。”（转引自曾良《明清通俗小说语汇研究》245 页）正德《姑苏志》卷十三：“受记，欲责人而姑警谕，以伺其悛之词。”《嘉定县续志·方言》：“受记，俗言责人而警之也。记亦读如句。本释氏语。”胡祖德《沪谚外编·偷鸡》：“失鸡人家恶声骂，授句要到房里抄。”此“授句”义为警告、威吓。明冯梦龙《山歌·捉奸》：“巡盐个衙门单怕得渠管盐事，授记个梅香赔小心。”（自注：“‘授记’如限打之类。”）此“授记”义为受警告、受威吓（刘瑞明先生《冯梦龙民歌集三种注解》351 页谓“疑是‘授计’之误，即出主意、叮咛。”误）。要之，“啰记拳头，打勿杀人”意为用来警告人、威吓人的拳头打不死人。“受记”等详参《汉语方言大词典》3486 页、《明清吴语词典》557 页、《吴方言词典》291 页及 429 页。

[溩]《越谚》卷上“格致之谚第四”：“一个鲫鱼十七八个溩。”今注：“一个鲫鱼十七八个溩：比喻心神不定。‘溩’，急流。”（35 页）

“溩”字《汉语大字典》收有“水急流声”“水流很急貌”等义，分别读 xī、yì 等音，古代都读入声。此即今注所本，但施于句中都扞格难通。刻本作“濦”，是。“濦”本为水名，音yīn，这里用作方言借形字，从水，穩省声，音“稳”，义为鱼类搅动水造成的浑水涡、鱼类搅浑水造成的“迷魂阵”。今宁波话里尚有“打浑”一词，朱彰年等编著《宁波方言词典》：“打浑，鱼、泥鳅等在水中搅动使水浑浊：泥鳅打浑｜河鲫鱼打了一个浑，逃走了。”（51 页）“打浑”是动词，而“浑”是名词，宁波话正可读清音“稳[$uəŋ^{445}$]”。越语“濦”与甬语“打浑”的“浑”当是同一个词。又学生俞娜娟告知，她老家绍兴县现在仍有“打濦”这个词。“一个鲫鱼十七八个濦”字面意思是指鲫鱼行踪不定、善于变化。引申之，比喻人心神不定、注意力不集中等。

[传]《越谚》卷上“格致之谚第四”：“要人传句好，一世苦到老。”今注：“传：夸赞。”（36 页）又卷中“风俗”：“传我千年百岁，骂我跌倒就死。‘传’去声。妇孺嚏时常谈。”今注：“传：夸赞。”（272 页）

注解近是而未切。“传”非一般的“夸赞”，而是指念叨、在背后念叨别人好处。卷下“单辞只义”：“传，去声。越妪面谀，辄曰‘某传尔’，或曰‘我背后传尔’。如‘经传’之‘传’，语最古雅而耐人寻味。”（318 页）说的就是这个意思。民俗，打喷嚏时往往认为是有人在念叨自己，《诗经·邶风·终风》即有“愿言则嚏”之句。越语“妇孺嚏时常谈”——“传我千年百岁，骂我跌倒就死”可与宁波谚语“一打喷嚏，有人来传”相比较，两“传”字同义。《汉语方言大词典》：“传，⑥背后说某人好话或念叨某人。吴语。浙江金华岩下：佢下便（经常）传尔的。”（2025 页）字又作“诜”，朱编《宁波方言词典》：“诜，念叨：侬调走后阿拉老长来诜侬……《鄞县通志》：‘甬称……

对人记念不忘时时提及其名曰诶。'"(179 页)

[觖]《越谚》卷上"数目之谚第十":"挑一担鴛,觖一头会。"点注本无注,标点为:"挑一担,鴛觖一头会。"(86 页)

此谚上下诸条皆前后四字为句,本条自不应作三、五读。更何况,如此断句,文不成义。当作"挑一担鴛,觖一头会"。"鴛"即勿会(见卷下"两字并音"),"觖"字费解。卷下"单辞只义""觖"字条释曰:"觖,(音)'掘'。牛以角触人。"(300 页)考《广韵·薛韵》:"觖,角触。纪劣切。""觖"(见母字)与"掘"(群母字)音不合,吴语读"掘"而当"牛以角触人"讲的本字应作"鱖",《说文·角部》:"鱖,角有所触发也。"《广韵·月韵》:"鱖,以角发物。其月切。"但是,即便用"觖"的"掘"音、"牛以角触人"义来解释"觖一头会"的"觖",还是讲不通。杨葳、杨乃浚《绍兴方言》"谚语篇·事理"收了这条谚语,文字写作:"挑一担絮,撅一头会。(只会蛮干)"(459 页)以"撅"易"觖",是。"撅"是多音字,此当读《广韵》居月切的音。"撅一头会"的"撅",查考有关吴方言词典没有合适的解释,笔者请教了绍兴籍学生汪阳杰同学及绍兴籍同事张宏洪先生,得知:"撅"音决,指用棍棒等把东西挑起来掮在肩上。《汉语方言大词典》:"撅,③背起;担起。胶辽官话。山东长岛:撅草|他撅粪篓子就走了。④用针、叉子等往外、往上挑。胶辽官话。辽宁大连。山东长岛:撅粪。"(7026 页)胶辽官话"撅"字这两个意思合起来正好相当于绍兴话里的"撅",而义项三"背起;担起"与"撅一头会"的"撅"意思更是非常接近。谚语字面意思为:不会挑一担,而会"撅"担子一头的东西。虽然"一头"的分量比"一担"少了一半,其实"撅"一头的东西比挑一担更加费力,因而此谚有讥人只会蛮干、不知变通的意思。①

[犟]《越谚》卷上"孩语孺歌之谚第十七":"滥眼堕贫犟,看见东西件色要。此耍货被攫,谑罟合言。"点注本无注。(108 页)

《汉语大字典》:"犟,zào《越谚》音燥。方言。副词。表示程度高,相当于'极'、'剧'。清范寅《越谚》卷上:'滥眼堕贫犟,看见东西件色要。'"之所以这样解释,一是可能因为卷下"重文叠韵"有"犟剧剧,(音)'燥'。极不驯也"之说(288 页);二是可能编者把这句谚语理解为:滥眼堕落贫困到极点,因而看见东西件色要。也即把"犟"理解为通"稍","稍"有副词极、甚义(见张相《诗词曲语辞汇释》卷二)。殊不知,"堕贫"是名词,指明

---

① 笔者《〈越谚〉方俗字词选释》(《中国语文》2011 年第 5 期)第一条即讨论"觖",认为:"觖"用同"掇",是双手拿、端、搬的意思。"掇"本从"手",范寅易为从"角"者,犹"扛"俗可作"舡","掴"俗可作"觮"。后来发现此说不确,今特订正。这例误释教训很深刻:对于自己不熟悉的方言词语,切忌先入为主、主观臆测,而应该多调查、多请教。

清以来生活在江浙一带的特殊贱民。这类贱民通称"堕民",贬称"堕贫"。《越谚》全书均称"堕贫",用例颇多;卷中"人类"有"堕贫"条,解释颇详;卷下"附论"还收有《论堕贫》一文。据此,"挚"释作副词"极""剧"显然讲不通了。友生阮咏梅说:"挚"当作"嫛",字之误。从音形义考察,此说可从。《玉篇·女部》:"嫛,姊也。"《广韵·肴韵》:"嫛,齐人呼姊。所交切。"此谚"滥眼"同"烂眼","件色"犹"样样",句意是说烂眼睛的堕民姐,看见东西样样要。宁波话里有句类似的谚语:"眼睛大只小(一只大一只小),看张东西样样要。"可以比勘。又,用训姊之"嫛"来解释"挚",虽然文从字顺,但此谚出自"孩语孺歌之谚"的"孩语",童谚而用这样怪僻而古老的字眼,仍然令人费解。颇疑"挚(嫛)"口语中就是"嫂",两字方音相近;而嗜好古僻字的范氏用了一个训姊的"挚(嫛)"。

[芃]《越谚》卷上"孩语孺歌之谚第十七"《舅舅》:"舅舅舅舅,湖哩流流,岸上敠敠,草芃脚下跑跑。"今注:"草芃脚下跑跑:佝偻着身体蹲在草丛中。因衣服放在岸上晾晒,此时身上赤裸,故有此言。'芃',形容草茂盛。"(110页)又卷中"地部":"笛,(音)'答'。数土堆草芃,曰'一笛'、'两笛'。"今注:"芃:草茂盛貌。"(126页)又卷中"器用":"稻叉,丢稻橐、叠稻芃用。"今注:"芃:草茂盛貌。"(187页)

考《说文·艸部》:"芃,艸(草)盛也。"《广韵·东韵》:"芃,芃芃,草盛皃。""芃"固然有"草盛貌"义,但在"草芃""稻芃"中,"芃"是名词,注解显然有误。为了更好说明问题,我们把《越谚》相关材料放在一起进行考察。《越谚》除了"草芃""稻芃"外,还有"豆築""刺蕻""菱蕻"等说法。卷中"花草":"豆築,(音)'蓬'去声。豆之秆、叶茂密曰築。"(245页)卷上"借喻之谚第五":"路埏刺蕻,逢人辄触。"(46页)又"讔谜之谚第八":"鹅卵石丢东刺蕻哩——无兜无绊。"(74页)卷中"饮食":"菱蕻鱼,中(音)'蓬'去声。鮻(当作鮍,下同)鱼夏躲菱蕻下,撤食甚鲜。"(207页)下文:"钓来白鲦,亦夏热钓自菱蕻者,可烘鱼腊。"(209页)"芃",《广韵》薄红切,与"蓬"同音;"築"字不见字书,是新造字,范氏自注读"'蓬'去声";"蕻",老版《汉语大字典》:"蕻,hòng ②草木初生。《集韵·送韵》:'蕻,吴俗谓艸木萌曰蕻。'清范寅《越谚》卷中:'鮍鱼,夏躲菱蕻下,彻食甚蠡。'"《大字典》所引《集韵》训释与《越谚》例子音义不合。"草木初生"是动词,"菱蕻"的"蕻"是名词,且范氏自注也读"'蓬'去声"。今谓"芃""築""蕻"三个冷僻字都可写作"蓬"。吴语凡丛聚或堆积之物叫做"蓬",字或作"篷"。"草芃"指整齐地堆在露天的大稻草垛,朱编《宁波方言词典》:"草蓬,叠在露天的大稻草垛:俗语:后生三斗三升火,草蓬脚下弗可坐。"(242页。俗语极言年轻人精力旺、热量高,如果坐在草蓬脚下恐怕会引燃草蓬)"稻芃"指收割后叠在场地的大稻垛,字又作"稻篷",清茹敦和《越言释》卷下:"越人刈获既了,积而叠之于场,谓之稻篷。"又作"稻棚",《越谚》卷上"事类之谚第九":"年年高,节节高,稻棚叠起半天高。"(80页)又卷中"花草":"叠稻棚,'叠棚'越音'突蓬'。稻割束稅,堆高待打。"(247页)"豆築"指枝叶繁茂、交错重叠的豆丛。"刺蒇"指荆棘丛,《中国歌谣资料二集上·云南民歌·小妹头上管人多》:"高山砍柴刺篷多,小妹头上管人多。""菱蒇"指茂密重叠的莲叶,《汉语方言大词典》:"菱蓬,由浮在水面的菱的茎与叶组成的伞形蓬盖。吴语。浙江绍兴。张士瑛《范爱农的死》:'可是一游近,用手一摸,糟了,软软的,原来,那不是岸,却是大菱蓬。'"(5278页)

[闉]《越谚》卷中"人类":"闉背贼,上(音)'厴'。夜盗先伏门壁后者。"今注:"闉:同'钻',钻入,溜进。"(156页)

《汉语大字典》:"闉,zuān《广阳杂记》音钻平声。同'钻'。进入;穿过。《字汇补·身部》:'闉,隐入也。今官牒多用此字。'清雍正年修《陕西通志·方言》:'闉,钻同。身入门中也。'清道光年修《辰溪县志·方言》:'隐身曰闉。' 清刘献廷《广阳杂记》卷二:'衡山水月林主僧静音馈余闉林茶一包……闉,则安切,音钻平声,衡人俗字也。此茶出石罅中。'清范寅《越谚》卷中:'闉背贼,夜盗先伏门壁后者。'唐枢《蜀籁》卷四:'耗子闉牛角,越闉越紧。'"《汉语大词典》:"闉,zuān 进入;穿过。清范寅《越谚·人类》:'闉背贼,夜盗先伏门壁后者。'"据《汉语大字典》可知,"闉"在清代曾被用作"钻"之俗字,通行于陕西、湖南(辰溪、衡山都属湖南)、四川等地。但是,吴语"闉背贼"的"闉"是否也是"钻"的俗字呢?答案是否定的。先看其音:范寅明确说"闉"音"厴"(《汉语大字典》《汉语大词典》都忽略了这一点),"厴",《广韵·叶韵》於叶切,是入声字,今绍兴话读[ieʔ],自然与"钻"不同音。再看其义:吴语读[ieʔ]这个词有"躲藏;紧贴着物体藏匿身体"的意思,《越谚》就收了这个词,不过字写作"偟"。卷下"单辞只义":"偟,(音)'邑'。伺人不见,轻步立其背后。见《庄子·天地篇》。"(297页。又,《庄子》"偟"字其实无此义)吴子慧《吴越文化视野中的绍兴方言研究》认为这个词没有合适的字形,释曰:"ieʔ⁴:吸身躲好。"(115页)明冯梦龙《山歌》写作"闅",如《山歌·骚》:"真当骚,真当骚,大门阁落里日多闅介两三遭。"(自注:"'闅'音谒。")又《老鼠》:"结识私情像老鼠一般般,未到黄昏各处去钻。倚墙闅壁,转过画栏,穿窗入户,到奴枕旁。"(《汉语大字典》根据《集韵》"闅, 阗也"之训,把以上两例"闅"释作"填",误)今宁波话里亦有此词,字写作"闉",如"闉壁贼""闉勒门后背",正读[ieʔ⁵]

(参朱编《宁波方言词典》320 页)。要之,吴语"闁""倡""闄"是同一个词,音读入声,义为"躲藏;紧贴着物体藏匿身体"。就字形而言,"倡"和"闄"都是借用的,"闁"则是用方俗会意字。可见,"闁"一字两用,既是"钻"的俗字,吴语里又别有音义。《汉语大字典》《汉语大词典》混为一谈,失之。

吴语"闁"求其词源即为"掩"。"掩"在先秦就有"藏匿"义,明清多当"躲藏;紧贴着物体藏匿身体"讲,如明李诩《戒庵老人漫笔·今古方言大略》:"躲谓之掩。"《初刻拍案惊奇》卷六:"巫娘子连忙躲了进来,掩在门边。""闁背贼"还可写作"掩背贼",如《禅真逸史》第三十二回:"适才开墙门买糖,若是走进一个掩背贼来,惹祸不小!""掩"吴语或读作入声,犹从"奄"得声的"腌""罨""殗""餣"等字《广韵·业韵》均可读入声於业切,吴语与"靥""邑""谒"同音。笔者《明清小说俗字俗语研究》197 页"掩、演、闄"条有详考,可参阅。

[腏]《越谚》卷中"器用":"镬剩,镬焦豆腐,腏住剩起。"今注:"腏:本为挑取骨间肉。这里指挑取粘在锅底的烧焦物。"(184 页)又卷中"臭味":"水饅饅,(音)'斥'。乏黏腏味。"今注:"腏,肥。"(252 页)

"镬剩"即锅铲,字或作"镬枪""镬戗"等;"水饅饅"是形容粥、汤等加水过多而无黏糊味。这两个词语范寅的注释文字中,都有一个"腏"字。《说文·肉部》:"腏,挑取骨间肉也。"首条今注即本此;次条释为"肥",恐系据上下文推得。今谓两"腏"字同义,都是粘的意思,绍兴话音同"搭"(《广韵·末韵》"腏"读丁括切)。卷上"讔谜之谚第八":"湿手搦干面粰——粘腏不得脱手。"(74 页)粘、腏连文,其义更显。"腏"是个方言记音字,音义同"䵬"。《越谚》卷中"花草":"糷饭,饭伤热湿䵬住者。"(246 页)卷下"单辞只义":"䵬,(音)'搭'。水湿羽毛、纸帛,不能分开也。"(301 页)两相比较,可见"腏住"即"䵬住","黏腏"即"黏䵬"。今吴语、西南官话、江淮官话等管粘、紧贴叫"䵬",字又作"掇""得""搭"等(绍兴话、宁波话等同音),详参《汉语方言大词典》7515 页"䵬"字条、5392 页"掇"字条、5586 页"得"字条、5986 页"搭"字条。明冯梦龙《山歌》写作"䏧"(为从取、得省声之讹变),如《山歌·睏得来》:"衬里布衫那了能着肉,早蚕蛾䏧紧子弗分开。"(自注:"'䏧'音得。")又《烟条》:"姐儿生来蔑条长介像烟条,情哥郎当面就䏧牢。"溯其源,颇疑本字作"黐"。《玉篇·黍部》:"黐,黏饭也。"《广雅·释诂四》:"黐,黏也。"《广韵·陌韵》:"黐,黏皃。陟格切。""黐"本知母,今读端母,古无舌上音,犹从"商"得声的"滴""嫡""镝"等读端母。

[桯]《越谚》卷中"器用":"床桯,(音)'厅'。"今注:"桯:古代放置床前的小桌。"(185 页)

“床桯”《越谚》只有注音，没有释义。点注本对“桯”字的解释则是采用了《方言》“榻前几”、《说文》“床前几”的训释。然而“桯”当“榻前几”“床前几”讲，是古方言，遍考辞书，没有发现实际用例；《越谚》“床桯”也不可能是床前小桌的意思。此“桯”当是“横木”义。《说文·木部》：“桱，桯也。”徐锴系传：“桯，即横木也。”《广韵·青韵》他丁切。“床桯”指床沿横木，既可坐人，又可用来搁置床屉子。除了吴语之外，西南官话、江淮官话、湘语、赣语均有此词，字或作“床厅”“床挺”等（参《汉语方言大词典》2832页，《现代汉语方言大词典》2475页、2476页）。明代小说有写作“床厅”或“床杚”的，如《三宝太监西洋记》第十六回：“睡在店房之中，床厅儿都也淹了。”《禅真逸史》第二十二回：“（裘南峰）抬起头来，蹬地一声撞着床杚，额角上磕了一个大块。”又，宁波话床前坐人横木叫“床桯”，门框叫“门桯”，棕床四周木框架叫“棕绷桯”（参朱编《宁波方言词典》171页、23页、392页），并可佐证。

［躵］《越谚》卷中“饮食”：“京糰，糯粉馅糖，外躵芝麻，油炠膖大，故曰‘京’。”今注：“躵：环转不停。此为用黄粉包裹起来。”（200页）

卷下“单辞只义”：“躵，（音）‘累’。圜转不停也。”（295页）吴语及西南官话等转动、滚动叫“躵”。“躵”是范寅自造字，又可写作“擂”“勩”“礌”“擂”“累”等。“外躵芝麻”的“躵”，是其引申用法，释作“用黄粉包裹起来”不确，因为例中“躵”的对象明明是“芝麻”，与“黄粉”无涉。此“躵”当是“滚动地沾上”义。本条下文：“金枣，粉质芋心，炠膖躵糖，亦喜馃。”“豆豉，瀹白豆躵面粉，令黦而黴即成矣。”（均201页）“珑摝豆，白豆外躵黄粉，微甜。喜馃用。”“葱管糖，形如葱管，麦糖躵芝麻。堕贫做卖。”（均205页）以上“躵”都是“滚动地沾上”的意思。今宁波方言还有这种用法，如“金团躵松花”“油煠团躵芝麻”。

［鷌鸟］《越谚》卷中“禽兽”：“鷌鸟，黄雀。‘鷌’，（音）‘马’，越音‘麻’。小鸟也。”点注本无注。（220页）

“鷌鸟”今作“麻鸟”（鸟音“刁”上声，《广韵·篠韵》都了切），即麻雀。《汉语方言大词典》：“麻鸟，①麻雀。㈠吴语。上海、上海松江。浙江丽水、孝丰、嘉兴、平湖。江苏吴江盛泽……㈡赣语。安徽东至。㈢闽语。福建福鼎。广东潮阳。”（5701页）又作“麻吊”。《汉语方言大词典》：“麻吊，麻雀。吴语。浙江绍兴、嵊县崇仁、诸暨王家井、湖州双林。”（5702页）《越谚》卷上“警世之谚第二”：“只要年成熟，鷌鸟吃得几颗谷。”今注：“鷌鸟：麻雀。”（23页）又卷上“格致之谚第四”：“鷌鸟豆腐绍兴人。”今注：“鷌鸟豆腐绍兴人：意思是说，绍兴人像麻雀、豆腐一样遍布全国各地。旧时绍兴出师爷，遍布全国各地府衙，故有此谚。"（32 页）以上材料说明，"鷭鸟"即"麻鸟"，也就是麻雀，其义甚明。"麻雀"与"黄雀"迥异。范寅释"鷭鸟"为"黄雀"，是笔误（"麻"误作"黄"）？还是疏忽？不管出自什么原因，肯定是错的。《汉语大字典》："鷭，mǎ 鸟名。黄雀。《玉篇·鸟部》：'鷭，鸟名。'《广韵·马韵》：'鷭，异鸟。'清范寅《越谚》卷中：'鷭鸟，黄雀，小鸟也。'又卷上：'只要年成熟，鷭鸟吃得几颗谷。'"《汉语大词典》："鷭，mǎ 鸟名。黄雀。"例证是《汉语大字典》所引《越谚》两例。皆袭《越谚》而误。辞书"鷭"字当分两个音义：（1）mǎ（《玉篇》"音马"，《广韵·马韵》莫下切），鸟名；异鸟。（2）má（《越谚》"越音麻"），麻雀之"麻"的俗字。

[㡐]《越谚》卷中"花草"："枕㡐，枕为车水版，㡐为船㡐，各尽其长。"今注："㡐：舍。"（238 页）

《汉语大字典》"㡐"字条收有两音三义：一音 cù（趋玉切），义为"舍"；一音 là（卢达切），义为"庵"和"狱室"。今注即取第一义。但"船舍"含混费解，恐非确诂。此"㡐"当取第二音。卷中"屋宇"："㡐脚屋，上（音）'辣'。放鸡鸭灰草之小屋。"（180 页）此即范寅读"㡐"为入声"卢达切"之力证（《广韵·曷韵》"辣""㡐"均为卢达切）。"船㡐"，吴语，船舷，船两侧的边儿。这个方言词有多种说法和写法，如"船槾子""肋子"等：《汉语方言大词典》："船槾子，船舷。吴语。上海松江。"（5597 页）朱编《宁波方言词典》："肋子，船边：船里货装勒贴肋子。"（117 页）宁波谚语有"人到三十顶风光，船到肋子顶会装"之说。今绍兴方言犹谓船边为"船肋沿"。本字当作"䑰"。明方以智《物理小识·器用类·舟部》："桅之高，少舟之长五十分之一，橹枰之衡为舟之阔，其底深浅视䑰之稜，其柁与其底平，小舟之舵杆则可上可下。"《汉语大字典》举上例而谓"䑰"字"音义未详"，今以吴语证之，"䑰"与"㡐""槾""肋"等当是同一个词。笔者《大字典论稿》53 页有考，可参阅。"㡐为船㡐"是说㡐树材质坚韧耐湿，可以作为制作船舷的木料。

[殈]《越谚》卷中"花草"："三十六桶，此草根似蒜者，采晒磨粉，漂过三十六桶水方可充饥，否则殈杀。"今注："殈：饱满。"（248 页）

"殈"有"饱懑"义（见《集韵·效韵》），然于义不合，当训呕吐。此草有毒，不经过"三十六桶"水漂淘，吃了要呕吐。《越谚》卷中"疾病"即有内证："殈，（音）'毛'上声。呕吐。"（163 页）范寅好用僻字，且往往未必的当，这个词的本字其实就是"冒"。"冒"有"向外透；往上升"义，引申之，吴语当呕吐讲，今绍兴、宁波、杭州等地都有这个词。《吴越文化视野中的绍兴方言研究》："冒：呕吐。"（114 页）《现代汉语方言大词典》："冒，宁波。呕吐：吃勒勿落胃，和总冒掉。"（2678 页）又："冒得唻，杭州。呕吐了：他晕车，冒得唻｜刚吃落去,又冒得唻。"(2681 页)又,"殢"字点注本右边都写作"兒",不确,当作"兒"。"殢"从"兒"(古"貌"字)得声,不从"兒"。顺便说一下,"三十六桶"即石蒜,石蒜鳞茎有丰富淀粉,但有毒,民间以为要换三十六桶清水浸泡冲淡,方可取粉食用,故称石蒜为"三十六桶"。宁波旧时也有这种叫法,参见周时奋《活色生香宁波话》200 页。

[鏖]《越谚剩语》卷上:"鏖屈鏖倒,谓人之故意冤枉我也。'鏖'字脱胎《汉书·霍去病传》'鏖皋兰下'。"今注:"鏖:谓打击之甚者。"(365 页)

《汉书·霍去病传》:"合短兵,鏖皋兰下。"唐颜师古注:"鏖谓苦击而多杀也。"范寅既说"鏖屈鏖倒"是"人之故意冤枉我"的意思,又说此"鏖"脱胎于《汉书》"鏖皋兰下"的"鏖",让人颇费猜详。笔者以为,"鏖屈鏖倒"的"鏖"与鏖战的"鏖"没有关系,本字当作"詨"。《集韵·效韵》:"詨,言逆也。於教切。"吴语管诬赖、毫无根据地说别人做了坏事叫"詨",如嘉兴话"伊勒拉詨我"、宁波话"詨人家做贼"(参《汉语方言大词典》2946 页)。绍兴话现在还有"詨""詨倒"的说法,《吴越文化视野中的绍兴方言研究》:"詨,诬陷。詨倒:诬陷人。"(280 页)犹可为证。

二 《越谚》方俗字考论①

《越谚》除了一部分谚语、歇后语和歌谣之外,也可以看作是一部方言词典。因为是方言著作,加上范氏好古求异,致使全书满是古怪冷僻字。这些古怪冷僻字大致可以分为两类,一类是用来记录方言词的方言字,另一类是区别于正字的俗字,本文统称为"方俗字"。《越谚》方俗字是研究汉语方言字和俗字的宝贵材料,特别是对大型字典编撰具有重要的参考价值,《汉语大字典》(以下简称《大字典》)有不少条目就是根据《越谚》收字立条、引例举证的。但是,迄今为止,人们对《越谚》方俗字的整理和研究还不够深入,大型字典对《越谚》的关注和利用也不够充分。有鉴于此,本文拟就这方面作些探讨。

本文所引《越谚》系光绪八年谷应山房刻本。引用时,与论述无关的内容从略,原文注音加"(音)"标示。

(一)《越谚》方俗字的来源

《越谚》方俗字数量繁多,其来源主要有承古、借用和新造三个方面。

---

① 原载《古汉语研究》2011 年第 4 期,题目为《论〈越谚〉方俗字》。

一是承古。范寅是一位传统语文学家,有很好的文字考据修养。《越谚》方俗字大多见诸古代字书韵书,渊源有自,只是一般很少用。例如:

霶 卷上:"天霶馒头狗造化——可遇不可求。"下文:"九月十二霶,晚稻燥皵皵。"又卷中:"天霶哉,中(音)落。报雨。"《说文·雨部》:"霶,雨零也。"《玉篇·雨部》:"霶,雨霶也。或作落。""霶"为下雨本字,他书少见,《大字典》就只引上揭第二例一例。

朊 卷上:"苍蝇从马朊,逐臭也。"下文:"泰山倒来,人朊揩勿住。"下文:"高上眉毛,低撞朊胪。"又卷中:"朊胝,男子玉茎。卵子,即两肾。卵胪,即肾囊。按:朊出《五音集韵》,与卵均音鸾上声。""朊"同"卵",有睾丸、阴茎等意思。《大字典》"朊"字条:"(二)ruǎn ①人的阴部。《玉篇·肉部》:'朊,人阴异呼也。'"无例证。范氏据以与"卵"杂用之。

噶 卷中:"噶口,上(音)忌。不食荤腥油腻。《玉篇》。"下文:"鲫鱼,此鱼专食土,烹食健脾,其脑随月盈亏,服药不噶。"《玉篇·口部》:"噶,渠义切。吃噶。"此为范氏所本。此字《大字典》失收,《中华字海》:"噶,jì 吃。见《集韵》。"《集韵·志韵》:"噶,食也。渠记切。"颇疑《集韵》"食也"之训文字有误,据《玉篇》当释为"食噶也"或"噶食也"。

粘 卷中:"淘米粘水,粘(音)甘。此即渐也。《孟子》'接渐'。""粘"字出《集韵·谈韵》:"泔,《说文》:'周谓潘曰泔。'或从米。沽三切。"他书罕用,《大字典》无例证。

二是借用。其中有的属于同音近音借用字,有的属于只借其形的新俗字。例如:

斡 卷中:"笋斡,(音)干。会稽竹箭,味美天下,煮烘为斡,藉馈四方。"下文:"淡菜,出宁波者佳。蛤斡也。"下文:"蛏子,海沙地出,薄壳白肉而肥鲜,有两须,可斡。"《说文·斡部》:"斡,日始出,光斡斡也。"《广韵》古案切。"斡"本是日出时光辉闪耀的意思,范氏借作"乾(干)"。

朣 卷中:"糕斡,米粉作方条,焙热成斡,极朣脆,为越城名物。"下文:"肉朣,(音)松。熟肉红镂屡爁之,斡碎如棉朣起。"下文:"朣脆,(音)松菜。勆韧,不朣脆。"《大字典》:"朣,cōng ①肥胖病。《玉篇·肉部》:'朣,肥病也。'②肥。《集韵·钟韵》:'朣,肥也。'"《越谚》"朣"字与此两义都没有关系,而义同"鬆(松)"。

傸 卷上:"做年傸见闰月。"下文:"穷和尚傸见剧门徒。"下文:"恶人自有恶人磨,蜈蚣傸见蜒蚰螺。""傸",《大字典》音bìng,凡列"皆;都""直""罗列"三义。《越谚》借其字形而用作"碰"的俗字。

㻰 卷中:"㻰器,上(音)寿。预为死具之讳。棺仅木料曰㻰板。"《大字典》："膭，dào 同'梼'。棺。《集韵·号韵》：'梼，《博雅》"棺也"，或从片。'""膭"虽有"棺"义，但无"寿"音，其实本字就是"寿"（还有寿材、寿坟、寿衣等）。范氏借用了"膭"字。

三是新造。《越谚》方俗字有不少不见字书，是作者新造的。例如：

唵　卷上："老鼠唵面粞——只够糊嘴。"又卷中："马熊，同治初年，贼平民稀，豺狼出山唵人，呼为马熊。"下文："唵鸡野猫。""唵"同"拖"，指动物用嘴叼走东西。此字不见他书，《大字典》"唵"字条即据以立条。

霓　卷上："东霓西水级，落雨勿肯歇。霓、水级，皆虹也。"下文："霓高日头低，晒杀老雄鸡；霓低日头高，落雨要讨饶。"又卷中："霓，吼去声。即虹。"方言虹称为吼（去声），字多作"鲎"，又作"吼""蛄""虹"等，范氏写作"霓"，似是独创，《大字典》"霓"字条即据上揭首例立条。

軂　卷下："軂，（音）累。圜转不停也。"吴语及西南官话等转动、滚动叫"軂"。字又可写作"摝""勷""礌""擂""累"等。"軂"是范寅自造字，《大字典》"軂"字条即据此立条。需要补充的是，"軂"除了"环转不停"的意思之外，还有"滚动地沾上"义（今宁波方言还有这种用法），如卷中："京糰，糯粉馅糖，外軂芝麻，油炒脬大，故曰京。"下文："金枣，粉质芋心，炒脬軂糖，亦喜馃。"

此外，卷下"两字并音"中"頿""胹""胹""㜑""曼""肴""驾""礙""孬"等九字，大多为范氏新造，《大字典》或不收，或无书证，或只引《越谚》例。

（二）《越谚》方俗字的使用特点

《越谚》使用方俗字最大特点是大量使用古僻字，而使用古僻字的原因又是多种多样的。

有的是为了记录方言词而使用古僻字。如"趈"，卷上："草苦坟哩趈出恶鼍来。"又卷下："趈，实治切，（音）米石之石。疾走貌。趈来趈去、趈进趈出。《玉篇》。""《玉篇·走部》："趈，行疾也。""趈"表示疾行，不见通语，《大字典》即引上揭第二例一例。

有的是为了记录音变字而使用古僻字。如"蟆"，卷中："蟆蛛，（音）吉朱。即蜘蛛。屋檐结网者。"下文："蟆蛛罗网。""蟆"，《广韵》古屑切，字书收有两义（蠅，一种瓜虫；蝗类），都与蜘蛛无关。"蟆"其实就是"蜘"的音转。卷下："只，（音）结。"方言"只"音结，可与"蜘"音吉比较互证。

有的是为了讲究用字有出典又标新立异而使用古僻字。又有两类。一种是用字古僻而确有出处的。如"餲"，卷中："有气餲，（音）息。指臭败者。扬子《方言》。"《方言》卷二："餲，息也。周、郑、宋、沛之间曰餲。"《玉篇·食部》:“鎞,气息也。”《大字典》只引《方言》《玉篇》而无例证。再如“囡”,卷上:“囡囡,奶之古文,音乃爱切,呼乳也。《集韵》。”又卷中:“盐囡,(音)乃。煎盐时,卤漏篾缝,遇火成乳。研食,味较鲜于盐。”“囡”同“嬭”(奶),出《集韵·蟹韵》:“嬭,古作囡。”《大字典》只引《集韵》而无例证。另一种是用字古僻而其实音义不合的。如“髫”,卷中:“小髫头,婴初生及鬌髻时称。髫,(音)毛。《正字通》。见《北齐书·礼服志》。”“髫”为古代少女的一种发式,吴语称婴儿为“小毛头”或“毛头”,“毛”就是本字。又如“臽”,卷上:“粪臽石板——亦殠亦硬。”下文:“茅臽头点灯盏——照料。”又卷中:“臽生姑娘,厕圊鬼。”《说文·臼部》:“臽,小阱也。”“臽”有xiàn、kǎn两个读音,有小坑、同“陷”两个意思,但施诸各例或音不合,或义不合。卷中:“澉潜臽,(音)镴塔坑。溏粪。”这条材料为我们提供了线索:“臽”音“坑”,这里用作粪坑之“坑”,字本可径作“坑”。

《越谚》使用方俗字第二个特点是同一个词的写法前后抵牾,强求分别。例如:

胖/烽/胮 卷中:“胖头,此鱼头最肥大而美。畜荡鱼(引者按:疑作“鱼荡”)者,春养冬网……”下文:“酸胖气。”下文:“奘,体胖。”卷中:“爆烽𤆬,(音)报胮蒲。用糯谷煨火炉,爆出烽起而脯。”下文:“烽,(音)胮。坚物遇火浮起也。”卷上:“黄胮掿年糕——出力不讨好。”又卷中:“酒酵,(音)高。可入面粉发胮者。”下文:“痐痐,大臀撅出貌。越谓肥胮肉动貌。”下文:“奘胮子,(音)莽烽。身躯肥大。”例中“胖”“烽”“胮”三形,其实可用一个“胖”表示。

烂/滥/㶠/糷/爤/殚 卷中:“烂眼瞠睽。”卷上:“滥眼堕贫孥,看见东西件色要。”卷上:“煮三年㶠饭,有一头牛好买。”下文:“梅酸藕㶠蔗空心。”下文:“看人学样㶠肚肠”卷中:“糷饭,饭伤热湿齇住者。”卷上:“好记心弗如爤笔头。”下文:“打弗着,爤狗脚。”下文:“骗得骗,屁股殚(原文从歹,下同)得大半边。”卷下:“烂、㶠、爤、殚,皆音‘滥’。火熟曰‘烂’;水齇谓‘㶠’;腐溃为‘爤’,同‘殚’。四字本分三义,俗似只识‘烂’字,概书‘烂’,可笑也。”以上各字除了“滥”属同音借用以外,其余虽本义或有区别,但在例中均可写作“烂”。事实上,范氏一方面笑人不辨,一方面自己也混用,如“烂眼”与“滥眼”、“㶠饭”与“糷饭”、“㶠肚肠”与“爤狗脚”等。

《越谚》使用方俗字第三个特点是用字太随意,考证欠严谨。例如:

生 卷中:“荫山花,即杜鹃,生柴生中,扫墓时盛开。”下文:“柴生,山间有一种盘错老根,逢春生稊,名此。生音滋,从俗。”“柴生”即木柴的根,字当作“柴株”(《说文》:“株,木根也。”越语滋、株音近)。清茹敦和《越言释》:"今越人砍柴既了,又乞其根卖之,则谓之柴株。"范氏用了一个"生"字,让人摸不着头脑。

　　腧　卷中:"腧身,上(音)俞。雇工人外裳,蓝布为之,御秽浊者。按《史记·万石君传》'厕腧'二字,徐广二注,苏林、孟康、晋灼三说皆未确,师古《汉书》注是也。越之'腧身',不近身而袭外,义实同。"又卷下:"腧,(音)余。衣物围烘缸曰腧。凡物围绕亦同。"以上两条"腧"字皆求之过深,其实"腧"非本字,本字就是"围"。吴语"围"有文白两读,文读音"违",如围棋、围墙、包围等;白读音"余",如围身(即围裙。用染成蓝色的土布制作,劳作时围在身前保护衣服)、围巾等。围身、围巾的"围"今苏州、上海、宁波都读[ɦy](参《现代汉语方言大词典》4378页、《汉语方言大词典》2673页)。卷上:"当弗得经,当弗得纬。(音)裕。"又卷下:"纬,(音)裕。纺铤间棉丝成个者。""纬"从韦声而读裕,可以旁证。

(三)《越谚》方俗字的辞书学价值

　　上面说过,《大字典》已经采择了不少《越谚》方俗字的材料,但从总体看,可以利用的空间还很大。《越谚》方俗字对大型字典的编纂和修订具有多方面的价值,下面主要以《大字典》第二版为参照物,略述一二。

　　1. 补充字条。例如:

　　刨　卷上:"钝薄刀刨猪——越割阔。"(引者按:"越割阔"当作"越割越阔")"刨"同"阉"。《中华字海·补遗》:"刨,音义待考。字出北大方正《汉字内码字典》。"《大字典》不收,可补。

　　槑　卷上:"耐可甩患三槑稻,弗可丢患鲫鱼脑。"又卷中:"稻义(乂),丢稻槑、叠稻芁用。"又卷下:"槑,(音)束。小束也。草一槑。""槑"同"槉""槑"。《集韵·铣韵》:"槉,《说文》:'小束也。'或作槑。"范氏将"槑"字表义的"束"改为表音的"束"。"槑"字不见字书,可补。

　　敕　卷中:"毉不倒,敕泥为坐盘,裱纸为身首,画作弥勒佛形,为孩儿耍具名此。"下文:"缸灶,敕泥如瓮,口容尺四镂,旁有火门,贫贱家用。"下文:"香,锉沉檀速降香木为屑,敕酱成条,祭祀用点。""敕"犹揉、团弄。制作砖瓦等,先要把泥揉得软熟,越语称为"敕"。"敕"同"敕",但"敕"字《大字典》释曰:"敕,liàn ①捶打物。②同'柬(拣)'。选择。"而无此义。"敕"字其形其义不见字书,可补。

　　二是补充音义。例如:

　　义　《大字典》:"'義'的简化字。"可补:chā 同"叉"。卷上《义》(此与孩义手戏语):"义、义、义,义到外婆家。"下文《金角义》:"金角义,银角义。"

又卷中:"夜义,《太平广记》引《河东记》有夜义骂僧事。"下文:"义袋,即囊。盛米谷用。"《越谚》"叉"及偏旁"叉"或作"义",或作"义"。他书亦有其例,如《太平广记》卷三百八十一《皇甫恂》引《广异记》:"寻见牛头人以股义义其颈去,恂得放还。"由于不明古书"义"及偏旁"义"实同"叉",《宋元明清百部小说语词大辞典》把当拱手讲的"义手"之"义"误注为音yì。

甩　《大字典》收有"挥动;摆动""扔,丢"等四义。可补:guàn 指圈形的东西或器物上的提梁。卷中:"锒铛箍,大门铁甩,客叩即鸣。屈戍也。"下文:"担桶,厥桶有甩,成双。每容四五斗,汲水担之。"下文:"四甩篮。"又卷下:"甩,刮患切。……越俗篮甩、箱子甩等字从此。"下文:"倚,物之不相属者联属之。如倚柄、倚甩是也。""甩"吴语音"掼",此义实为"环"之音转。

䭾　《大字典》:"tuó 囊;连囊。《广雅・释器》:'䭾,囊也。'王念孙疏证:'《玉篇》:"䭾,马上连囊也。"今俗语亦谓马上连囊曰䭾。'《广韵・歌韵》:'䭾,䭾负。'"可补:tuó 拿。卷上:"䭾得猪头,无处寻庙门。"下文:"三月弗䭾扇,好像种田汉。"下文:"手弗能䭾,肩弗能挑。"又卷下:"佗、驼、䭾,皆音驮。《集韵》分作三字,负荷曰佗,马负物曰驼,马上连囊曰䭾。越语取物曰䭾来,送物曰䭾去,提物曰䭾东,宜从䭾。"绍兴、宁波一带管拿叫"驼",明李诩《戒庵老人漫笔・今古方言大略》:"凡取物……宁波、浙东曰驼。"字或作"驮""扡"等,写作"䭾"的仅见于《越谚》。又,《说文・人部》:"佗,负何也。"一般以为,"驼"(举"驼"以赅其他)的拿义由"佗(驮)"的背负义引申而来。"䭾",《广韵》释为"䭾负",故范氏把它用作拿取字。又,《大字典》所引《广雅》与《广韵》材料当一分为二,加上《越谚》材料,"䭾"字实有三个意思:囊,袋子;背负;拿。

三是补充例证。例如:

瀸　《大字典》:"(二)yàn 以盐醃物。《广韵・艳韵》:'盐,以盐醃也。瀸,上同。'《字汇・水部》:'瀸,以盐醃物也。'"无例证,可补:卷中:"瀸菜,越俗贫富皆菜饭,冬腌,足用一年。瀸音艳,出《广韵》。"下文:"瀸鸭子,稻草灰和盐捣腌鸭卵,久则臭而黄变黑。"下文:"煞口,越谓臭瀸菜煞口、煞饭。"

莿　《大字典》:"cì 草木的芒刺。《说文・艸部》:'莿,茦也。'朱骏声通训定声:'按:当为茦之或体。'《玉篇・艸部》:'莿,芒也,草木针也。'"无例证,可补:卷上:"摸奶触莿。"下文《九九消寒谣》:"六九五十四,笆头出嫩莿。"又卷中:"地杨梅,秋冬团花,如杨梅而莿疏,有叶无梗。"下文:"杨梅,核外攒莿,簇簇如绒球。"

餗　《大字典》:"同'素'。蔬菜类的食品,与'荤'相对。《集韵・莫韵》:'餗,膳彻荤也。'……"无例证,可补:卷中:"餗斋,避上'荤菜',全用植物米粉为之。又名'餕下饭'。"下文:"斋嚫,和尚拜忏,餕饭外加钱。"下文:"吃长餕,有蓼而终生茹者。亦有吃三年以报母者,曰报孃恩;其报父与舅姑及夫,亦各三年。"下文:"吃花餕,此择日而间花吃者也。或吃观音餕、三官餕、雷餕、斗姥餕,名类不一,皆年有定月,月有定日,此外仍茹荤。"

四是纠正讹误。例如:

屏 《大字典》:"屏,lòng 同'弄'。巷子。《越谚·蟢子窠》:'屏堂花猫赶老鼠。'"

《汉语大词典》:"屏,同'弄²'。参见'屏堂'。"又:"屏堂,小巷,巷子。清范寅《越谚·蟢子窠》:'屏堂花猫赶老鼠。'"其实,"屏""屏堂"是虚假条目。据《大字典》"主要引用书目表",《越谚》依据的版本也是光绪八年谷应山房刻本,该本子"屏"实作"庰"。他如:卷上:"摸暗庰堂。"下文:"天河对庰堂,家家人家晒酱缸。"又卷中:"庰堂,上(音)弄。巷也。"并作"庰",可证。"庰"字古已有之。《大字典》:"庰,③同'弄'。里弄;巷子;胡同。《正字通·广部》:'庰,与弄通……今江北谓长巷曰庰。'"无例证。《越谚》"庰堂"用例正可作为例证。

甖 《大字典》:"甖,qí ②南方之鬼。《集韵·尾韵》:'甖(甖),南方之鬼曰甖(甖)。'清范寅《越谚》卷上:'疑心生暗甖。'又卷中:'甖'。自注:'即鬼。'"又:"甖,同'甖'。《玉篇·鬼部》:'甖,鬼俗。'《广韵·尾韵》:'甖,鬼俗。吴人曰鬼,越人曰甖。'……《集韵·尾韵》:'甖,南方之鬼曰甖。'《类篇·鬼部》:'甖,或从幾。'《中国谚语资料·一般谚语》:'耐可拨在行人轮旗,勿可拨修子甖拜帅。'"

以上"甖""甖"两条多有讹误。"甖"条所引《集韵》实作"甖";所引《越谚》一作"甖",一作"甖"(卷中之"甖"其实不能用作书证),核刻本原文,其实都作"甖"。不仅是这两个,《越谚》全书均作"甖"。"甖"条所引《玉篇》《广韵》《集韵》《类篇》均作"甖";所引《中国谚语资料》出自《越谚》卷上,除了"甖"有误以外,"轮"当作"耙","勿"当作"弗"。要之,《大字典》"甖"义项二所有书证例字都与字头不合;"甖"条所有书证都失实,"甖"也就成了虚假条目;"甖"字失收,当补。

儳 《大字典》:"同'儳'。清范寅《越谚》卷上:'新人新郎官,饭吃九十九汤碗,菜卤淘淘再吃碗,污儳一桶盘,尿儳一竹管。'按:《越谚·叠文成义》:'儳音寨,谓出大恭小解痢疾不止者也。''儳'同'儳'。"

核《大字典》引书所依据的刻本原文,上两例"儳"实作"儳",且《越谚》全书"儳"用例甚多,而无一作"儳"者,"儳"其实也是虚假字条。又,《大字典》"儳"字条释曰:"zhài 大小便排泄不止。……《越谚·叠文成义》:'儳,音寨。谓出大恭小解痢疾不止者也。'"释义不够准确,书证的标点也有问题。正确的标点应为:"儽,音寨。谓出大恭、小解、痢疾不止者也。"范氏是说,"儽"有排泄大小便和拉痢疾(包括拉肚子)两个意思,而非"大小便排泄不止"。请看《越谚》用例:卷上:"门角落头儽污——勿图天亮。"又:"钱塘江儽尿——欠多。"又:"饿弗杀个伤寒,儽弗杀个痢疾。"《〈越谚〉点注》:"儽:在越方言中'儽'有'拉'(屎)、'撒'(尿)、'放'(屁)、'得痢疾'等含义。"(39页)今宁波方言也有此词,字或作"撒",见朱彰年等《宁波方言词典》458页。

　　毃 《大字典》"毃,(二)qiào《越谚》音壳。方言。黏物不熨贴。清范寅《越谚》卷中:'毃,凡黏物不熨贴曰毃起。'"

本条形、音均可商。形是范氏搞错了,音是字典编者搞错了。考《广韵•觉韵》:"毃,毃皱。胡觉切。"又:"皱,毃皱,皮干。苦角切。"《集韵•觉韵》:"毃,毃皱,干也。辖觉切。"又:"皱,毃皱,干也。克角切。""毃皱"为联绵词,音学壳,吴语多单用"皱"。"燥皱皱"形容干燥的样子,《越谚》卷上:"九月十二零,晚稻燥皱皱。""皱起"指东西干后与粘着处脱开,中间凸起(今上海、宁波均有"皱"这个词,参《现代汉语方言大词典》4406页)。可见"毃"应作"皱"。这个词范氏注为音"壳",而"壳"今有ké、qiào两读,字典编者大概是联想到其义与"翘"有关,就取了qiào的音。《越谚》卷中:"皱皱,(音)吉确。湿物乍燥。""壳""确"及"苦(克)角切"都读入声,吴语同音,按《广韵》反切,"皱"今音当为què。总之,《大字典》既沿袭了《越谚》字形错误,又增加了新的注音错误。

　　蠦 《大字典》:"蠦,má 同'蟆'。'蛤蟆',也作'哈蠦'。清范寅《越谚上•三寸姑娘》:'三寸姑娘,芥菜地哩乘风凉。田鸡哈蠦来咹去,郎君哭得好凄凉。'"

"蠦"是第二版新增字。遗憾的是,本条存在着注音、释义、校勘等多种问题。"蠦"从霸声,"蟆"从莫声,二字怎么会音义相同呢?"也作'哈蠦'"的依据又是什么?核原文,"哈蠦"实作"蛤蠦",《大字典》"咹"字条已引本例,正作"蛤蠦"。《越谚》还有两例,如卷上:"蛤蠦豎床脚——竭力撑。"又卷中:"蛤蠦,(音)葛霸。……即《本草》之蟾蜍。"吴语管蛤蟆叫"蛤蠦",音葛霸(gé bà),字又作"蛤蚆""蛤巴""蛤霸"等(参《汉语方言大词典》6098～6099页)。

　　嘓 《大字典》:"嘓,guō ②吃(儿童语)。《中国歌谣资料•越谚》:'煠块白鲞,拨宝宝嘓嘓饭饭。'"

注音、释义均可商。音当读去声guò,义为用菜肴等下饭、下酒。本作"过",如北魏贾思勰《齐民要术•脯腊》:"(鳢鱼脯)过饭下酒,极是珍美也。"

《醒世姻缘传》第二十三回 :"酒倒尽有,只是没有过酒的菜。"《越谚》即有作"过"的,如卷中:"过酒胚,括糕果肴核之堪下酒者。""喎"即"过"的增旁俗字,《越谚》除上例外,还有用例,如卷上:"剁螺蛳喎酒,强盗赶来弗肯走。"又,《大词典》"喎"字条只收"象声词。小儿相应声"一义,义项不全。

　　𡚸　《大字典》:"𡚸,同'媻'。《龙龛手鉴·女部》:'𡚸,俗;媻,正。'清范寅《越谚·孩语孺歌之谚》:'竹管里头一𡚸鸡娘,杀杀请姨娘。'"又:"𡚸,同'媻'。《龙龛手鉴·女部》:'𡚸','媻'的俗字。清范寅《越谚·詈骂讥讽之谚》:'闲管鸡娘𡚸鸭卵。'"

　　考高丽本《龙龛手镜·女部》:"𡚸,俗;媻,正。芳遇反,兔子曰～。又芳万反,鸟伏卵出也。"(《龙龛手鉴》及《越谚》无作"媻"者,"媻"当是"𡚸"的讹体)《大字典》"媻"字条:"(一)fàn ①生子多而素质均匀。②蕃殖。③禽类生蛋。④鸟伏乍出。(二)fù 兔崽。"(书证均略)以上各个音义都不能解通《越谚》的"𡚸"。《越谚》"𡚸"字例多,尚有:卷上:"𡚸小鸡,两妇戏言行房。"又卷中:"𡚸鸡娘,无卵空𡚸曰赖𡚸鸡娘,未卵曰鸡婆。"下文:"浴,𡚸逾卵期不出雏,以温汤浴之,动者仍𡚸,否则弃之。"𡚸"是禽鸟孵卵的意思,字古作孚、伏、抱等。《说文·爪部》:"孚,卵孚也。"徐灏笺:"孚、伏、抱一声之转,今俗谓鸡伏卵为步,即孚之重唇音稍转耳。"《越谚》卷下:"𡚸,(音)步。……文取音义稍近者借伇耳……出《龙龛》。"原来,范氏只是从《龙龛手鉴》借了一个自认为"音义稍近"的字来记录方言中"鸡伏卵"的那个词。《大字典》仅仅指出了"𡚸"的所谓"正字",而没有揭示它在《越谚》里的特殊含义。

　　《越谚》附论有《论雅俗字》一文,其中说:"天地生人物,人物生名义,名义生字,无俗之(则)非雅,无雅不自俗也。……今之士人,字分雅俗,意谓前用者雅,近体者俗。俗虽确切,弃之;雅纵浮泛,僭之。夫士人下笔,岂可苟哉?然雅俗之分,在吐属(谈吐),不在文字耳。今之雅,古之俗也;今之俗,后之雅也。与其雅而不达事情,孰若俗而洞中肯綮乎?"范氏与历代正统文人推崇正字、雅字而排斥俗字的态度不同,支持使用俗字,这是非常"开明"和"通达"的(参《汉语俗字研究》3页)。但是,从《越谚》一书的写作实践看,似乎犯了矫枉过正的毛病。

三 《〈越谚〉点注》商榷

　　《越谚》是一部研究古代吴方言尤其是古越语的重要参考书。"但一直以来,《越谚》只有线装或影印本,搜寻并非易事。同时,《越谚》收录了许多字形生僻的字词，就是找到了，阅读也相当不便。"(方一新《〈越谚〉点注·序》)为了便于阅读和研究，绍兴文理学院侯友兰教授等对《越谚》进行了点注整理，完成《〈越谚〉点注》一书，2006 年 4 月由人民出版社出版。由于点注《越谚》难度大，加上书成众手、时间仓促，该书还存在着一些缺憾。今择其要者，分"注""点""校"三个方面进行辨析。非敢自是，供点注者参考，也供治《越谚》及吴方言者参考。

　　本文引文主要依据《〈越谚〉点注》本。如果点注本文字有误，则据光绪八年谷应山房刻本(以下简称"影印本")校正。引用时，与论述无关的内容从略，原文注音加"(音)"标示，引例注明点注本页码。为了把点注本的注释与范寅的自注相区别，所引点注本注释一律称为"今注"。讨论的条目按书中出现的先后次序排列。

（一）关于"注"

　　1.［勍］发厉挤　小儿皱唇咬牙，拳手作勍也。（卷上"孩语孺歌之谚"）今注："勍：抽筋。"（106 页）

　　"勍"无"抽筋"义，此"勍"以常义解之即可。《说文·力部》"勍，彊也。""彊"同"强"，即强劲、有力。"拳手"即弯曲手指，也即握紧拳头。小儿皱唇咬牙，握紧拳头使劲示强以发泄某种情绪叫做"发厉挤"。此语今绍兴话仍有之，吴子慧《吴越文化视野中的绍兴方言研究》："发厉几：发泄某种情绪。"（121 页）可以互证。

　　2.［殡］骗得骗，屁股殡得大半边　谑也。（卷上"孩语孺歌之谚"）今注："殡：擦（屁股）。"（107 页）

　　"殡"（影印本从歹，下同）无"擦屁股"义，此"殡"即"烂"之别构。《汉语大字典》："殡，同'烂'。破败；腐烂。"《广雅·释诂三》："殡，败也。'王念孙疏证：'殡，与烂通。'《玉篇·歹部》：'殡，败也。亦作烂。'"范寅好用僻字，且喜按照本义用字。卷下"单辞只义"："烂、灒、㺲、殡，皆音'滥'。火热（当作熟）曰'烂'；水馤谓'灒'；腐溃为'㺲'，同'殡'。四字本分三义，俗似只识'烂'字，概书'烂'，可笑也。"（303 页）上文："打弗着，㺲（当作㺲）狗脚。"又："看人学样灒（当作灒）肚肠。"（均 107 页）是其例。"骗得骗，屁股殡得大半边"是儿童戏谑之谚，正可与上两条比勘。

　　3.［胴］对面亲家公，猪油爤胴肛　（音）"工"。（卷上"孩语孺歌之谚"）今注："胴：大肠。"（107 页）

　　"胴"有大肠义，《广韵·送韵》："胴，大肠。徒弄切。"但这里"胴肛"才是一词，应当合起来注解。"胴肛"是个典型的吴语词，义为肛门。字又作

"胴疟""洞肛""洞疟""胴宫""洞宫"等；也说"胴肛（疟）头"，如卷中"身体"："胴疟头，肛门。"（174 页）本条下文《灸屁》："击冬冬，殰胴肛。"今注："'胴肛'，肛门的俗称。"（115 页）此不误。点注者顾此而失彼。

4. [归且　穿计]《月亮弯弯》：月亮弯弯，囡来望娘。娘话心肝孏归且，爹话一盆花归且，娘娘话穿计孏归且。（卷上"孩语孺歌之谚"）今注："归且：回去。穿计：做针线活。"（113 页）

"归且"非一词。"归"，回来，注成"回去"，方向反了。"且"，语助词，音如"嗟"，见卷下"发语语助"（324 页）。"穿计"，影印本文字同，均误，"计"当作"针"。孙女未出嫁时常常帮娘娘（祖母）穿针，故娘娘称其为"穿针孏"。《汉语大字典》"孏"字条引此，正作"穿针"。

5. [縚]《山里果子》：山里果子联联串，姊姊嫁到陶家堰；三日三夜寻勿见，老鼠巷（当作衖）里打弦线；弦线长，縚猫娘；弦线短，縚竹管。（卷上"孩语孺歌之谚"）今注："縚：描绣。"（114 页）

卷中"鬼怪"："縚杀鬾，上，（音）'吊'。缢鬼。《通俗编》。"（162 页）又"疾病"："縚眼疤，上，（音）'吊'。下，（音）'巴'。'縚'，《通俗编》。"（168 页）清翟灏《通俗编·杂字》："縚，《玉篇》：'縚，丁了切，悬物也。'按：世俗借弔字用之，其来已久。"可见，范氏是根据《通俗编》，把"吊（弔）"写成了"縚"。"弦线"可以吊东西，不可以"描绣"东西。

6. [汉　衖]眠鼾　汉卧寐起声。（卷中"身体"）今注："汉：男子汉。"（173 页）

"眠鼾"即鼾声。"眠鼾"不是男子汉专利，女人家也会打鼾。本条断句有误，依《越谚》体例，当作："眠鼾，'汉'。卧寐起声。"（影印本"汉"与"卧寐起声"之间空了一字，即是显证）"汉"是"鼾"的注音字，方言鼾、汉同音，甚至有把"眠鼾"写作"眠汉"的，如应钟《甬言稽诂·释动作》："今谓卧中息声曰眠汉。"同类的例子还有：卷中"屋宇"："衖，弄。街市旁两墙夹空而深长无屋者。"今注："衖：同'巷'。北方称'胡同'，南方称'弄'。"（175 页）其实原文"弄"也是注音字，应加引号（尽管这里"衖"的意思也恰恰等同于"弄"）。下文："屏堂，上，（音）'弄'。巷也。似应作'衖堂'。"（176 页）可以比勘。"衖"有两个读音，一读xiàng，同"巷"，义为胡同；一读lòng，同"弄"，义为小巷、弄堂。其中后者是南方的说法。作为越语，"衖"自然是同"弄"而不应当同"巷"。

7. [地线石]打夯　十余匠共扛大木碓舂地线石入土也。（卷中"屋宇"）今注："地线石：夯击点。"（178 页）

"地线石"不是"夯击点"，而是造房时打地基用的石条。今上海话仍有此词,又叫"地基石"(参《现代汉语方言大词典》1242 页)。事实上,本条下文即有"地线石"一词,释曰:"起屋时先夯石如线,以为墙柱基者。"(180 页)

8. [㤿]嘻 惊愕貌,盖㤿之辞。《史记·外戚世家》。(卷下"发语语助")今注:"㤿:舍不得。"(324 页)

《史记·外戚世家》:"武帝下车泣曰:'嘻!大姊何藏之深也!'"司马贞索隐:"嘻,盖惊怪之辞耳。""㤿"(影印本文字同。同"吝""㤿")当是"怪"(俗作"恠")之讹,与"舍不得"无关。又,原文"盖"下疑脱"惊"字。

(二)关于"点"

1. 肚里头畚一畚 轮思也。(卷上"事类之谚",75 页)

"轮思也"当标点为:"'轮'。思也。"据《越谚》体例可知,"轮"是"畚"的注音,"思"是释义。同类的例子还有:卷中"花草":"梢,张木无节有梢……"(237 页)"张木无节有梢……"当作:"'张'。木无节有梢……""张"是"梢"的注音字;卷下"重文叠韵":"挈剧剧,燥极不驯也。"(288 页)"燥极不驯也"当作:"'燥'。极不驯也。""燥"是"挈"的注音字;又"单辞只义":"殿,真击也。榫卯宽宕,削竹木小橛殿之,曰'殿'。"(304 页)"真击也"当作:"'真'。击也。""真"是"殿"注音字。《广韵·真韵》:"殿,击也。职邻切。""殿"与"真"同音。

2. 多年做老娘,婆错剪脐带(卷上"事类之谚",79 页)

本条范氏自注:"张师正《倦游录》:'三十年为老娘,倒绷孩儿。'""老娘"即接生婆。可能是受到"三十年为老娘"一语的影响,加上此谚上下条皆前后五字为句,于是就如上标点了。但"婆错剪脐带"义不可通,当读作:"多年做老娘婆,错剪脐带。""老娘婆"也是接生婆的俗称,今官话方言及吴语并有此词(参《汉语方言大词典》1696 页),文献的例子如《醒世姻缘传》第二十回:"这一定疑我们产门里边还有藏得甚么物件,好叫老娘婆伸进手去掏取。"事实上《越谚》本身即有内证:卷中"人类":"老娘婆,即收生妪。"(152 页)

3. 煤块白鲞,拨宝宝嗍嗍饭饭。"叶",去声,嗢孟切。(卷上"孩语孺歌之谚",110 页)

依点注体例,"叶"加引号表示是"饭"的注音。其实不然。"叶"的意思是"饭"与"鲞"叶韵,这里读去声,嗢孟切(属于儿童语,今宁波亦这样说)。因此,"叶"不当加引号。

4. 孃娘辨证 ……《子夜歌》:"见娘喜,容媚黄。"《竹子歌》:"得娘还故乡。"(卷中"人类",145 页)

"见娘喜，容媚黄"不辞，当作："《子夜歌》：'见娘喜容媚。'《黄竹子歌》：
'得娘还故乡。'"宋郭茂倩编《乐府诗集·清商曲辞·子夜歌》："见娘喜容媚，
愿得结金兰。"又《黄竹子歌》："一船使两桨，得娘还故乡。""黄竹子歌"为
乐府《吴声歌曲》中的一曲。

5. 污　粪也。又谓"大溲"。大溲曰"解污"，曰"饏"。（卷中"身体"，
172 页）

上条："尿，（音）'西'。小便也，又名'小溲'。小溲曰'解'，尿曰
'饏'。"两相比较可以看出，相似的表述，标点却不一样。"尿"条是，"污"
条误，当作："污　粪也。又谓'大溲'。大溲曰'解'，污曰'饏'。"（"饏"
音"寨"，排泄大小便）范寅意思是说，越语粪叫"污"，又叫"大溲"。名词
"污""大溲"与表排泄义的动词搭配的时候，"大溲"与"解"搭配，说成"解
大溲"；"污"与"饏"搭配，说成"饏污"。"尿"条亦作如此理解。"解大溲""解
小溲"的说法今绍兴方言还有，"溲"也可写作"手"，如《吴越文化视野中的
绍兴方言研究》："解大手：大便。解小手：小便。"（123 页）至于"饏污""饏
尿"，《越谚》用例较多，各举一例：卷上"讔谜之谚"："门角落头饏污——勿
图天亮。"（73 页）卷上"借喻之谚"："钱塘江饏尿——欠多。"（54 页）

6. 缸灶　敕泥如瓮，口容尺四，镬旁有火门，贫贱家用。（卷中"器用"，
182 页）

"口容尺四"费解，当作"口容尺四镬"。"尺四镬"指口径一尺四寸的
小锅。"缸灶"即缸瓦灶，是一种简易灶，因而用的只是"尺四镬"这种小锅。
宁波有"尺四镬"的说法（参《汉语方言大词典》964 页）。

7. 担桶　厥桶，有甩，成双。每容四五斗，汲水担之。（卷中"器用"，
185 页）

"担桶"不等于"厥桶"，"厥桶"下逗号当删。"厥"，代词，其。"甩"，方
言字，音"掼"，器物上的提梁。

8. 折揲桌　（音）"执蝶"。脚与面活榫，做面又两扇堪折，脚亦堪揲，携
用简便者。（卷中"器用"，191 页）

"做面"不辞。"做"字当上属。

9. 猪（狗）鸡砦　猪狗鸡皆待喂盛，喂物之器曰"砦"。音"寨"。（卷中
"器用"，193 页）

两"喂"字影印本作"餧"，"餧"同"喂"。"猪狗鸡皆待喂盛"义不可通，
"盛"字当属后。《汉语大字典》"砦"字条："zhài ②盛饲料的器具。清范寅
《越谚》卷中：'猪狗鸡砦：猪、狗、鸡皆待餧，盛餧物之器曰砦。'"标点不误。
又，"狗"不当加括号。

10. 双枝橹船　农家用居多。又名"田庄",船前有档,无窝门。(卷中"器用",193 页)

"又名'田庄'"当作"又名'田庄船'"。该船"农家用居多",故又名"田庄船"。

11. 敊饭榔槊　殡徽豆腐苋菜梗,两味可口而发病。耕种时农吃麦糁饭,必二味方能下咽,如榔槊、敊饭下喉。(卷中"饮食",209 页)

"榔槊、敊饭"中间不当用顿号。"敊"同"拷";"槊"音"兴","榔槊"即大木槌、大木榔头(见卷中"器用"184 页)。"敊饭榔槊"喻指很能下饭的菜肴。绍兴人喜欢吃殡徽(臭霉)豆腐、苋菜梗,这两种菜肴能像榔头敲饭使饭下咽。宁波话叫"压饭榔头",取喻相同,如杨华生《宁波空城计》:"格是岳奴宁波土产,家乡菜,和总是咸辣辣的压饭榔头。"又,"敊"字影印本及点注本右边均作"支",误,当作"支"。

12. 羯羖羊　肘后经羯羊。(卷中"禽兽",224 页)

"肘后经羯羊"费解。当标点为:"《肘后经》:'羯羊'。"《肘后经》是书名,全称《臞仙肘后经》,作者是明代朱权。《臞仙肘后经·蚕丝六畜类》:"骟马、宦牛、羯羊、阉猪、镦鸡、善狗、净猫。又接树曰骟树。""羯羖羊"指阉割过的公羊。

13. 鮰鱼　出严濑、富阳者佳,美倍。鲻,亦在鳞皮间。(卷中"水族",227 页)

"美倍。鲻,亦在鳞皮间"当读为:"美倍鲻,亦在鳞皮间。"意为鮰鱼美味超过鲻鱼一倍,美味(像鲻鱼一样)也在鳞皮之间。本条上文:"鲻鱼,似鲤而肥甘,烹不去鳞,美在鳞皮间。"可以比勘。

14. 鳓鲞　(音)"勒想"。鲞本非鲜,越无鲜鳓,故"鲞"。亦附同"鳜",出《吴地记》。(卷中"水族",227 页)

"亦附同'鳜'"不可通。当作:"故'鲞'亦附。同'鳜'。"

15. 柴生　山间有一种盘错老根,逢春生梯,名此"生",音"滋",从俗。(卷中"花草",238 页)

"名此"后当施句号,"此"指代"柴生"。"音'滋',从俗"是对"生"的解释。又,"柴生"即柴根,字当作"柴株",范氏用字不够准确。

16. 病病　大臀撅出貌。越谓"肥胖",肉动貌。(卷中"臭味",255 页)

末句当作:"越谓肥胖肉动貌。"

17. 庝歇凹邋　"庝乙"。谷不饱满、铜锡器磕嗙有洼也。(卷中"臭味",256 页)

"'庝乙'"当标点为:"'庝','乙'。""乙"是"庝"的注音。卷下"单辞只义":"唫,（音）'浥'。低下也。铜、锡器磕碰有注。"（315页）"唫"字《集韵·洽韵》乙洽切，越语与"乙""浥"同音。又，"嘭"当从影印本作"碰"，"窪"同"窪（洼）"。

18. 放鱼鎗　鎗排五针如党，又岸边潜鱼，掷戳取之。（卷中"技术"，259页）

"鎗排五针如党"文义不通，"又"字当属上。"党"通"锐"。"锐"，一种长兵器，顶端中有利刃，两边出翅，略似叉。又称"锐钯""锐叉"。"锐叉"例子如：《水浒全传》第四十九回："那弟兄两个……整顿窝弓、药箭、弩子、锐叉，穿了豹皮裤，虎皮套体，拿了铁叉，两个径奔登州山上。"清黄宗羲《与康明府书》："弟尝访问猎夫，有陆奇者，自言用鸟枪六人，锐叉四人，与之从事，势可必获。"又作"桬叉"，如：《水浒全传》第十七回："这个拿桬叉的，便是小人的妻舅。"又第十九回："便差两个做公的，拿了桬叉上岸来。"

19. 孬　（音）"歪"，去声。有谀、骂两吻：谀有才干曰"是孬"；骂，越分曰"好"、"孬"，皆长者论卑幼。（卷下"叠文成义"，280页）

"骂，越分曰'好'、'孬'"当作："骂越分曰'好孬'"。

20. 巍　（音）"步"。……文取音义稍近者"僭"、"侻"耳。（卷下"单辞只义"，297页）

如此标点，句意费解。当作："文取音义稍近者僭侻耳。"（僭同僭）大意是说，禽鸟孵卵的意思用"巍"字来表示，只是取音义稍微相近的形体勉强代替罢了。

（三）关于"校"

1. 疑心生暗宄　（音）"主"。（卷上"警世之谚"，20页）

"宄"是"巍"的类推简化字，但据影印本，《越谚》全书作"巍"不作"巍"。这两字是异体字，为了求简便，整理本作"宄"也可以，但最好在首次出现时用脚注加以说明。

2. 丈姆见郎，割奶放荡（卷上"事类之谚"，76页）

"放荡"当从影印本作"放汤"。吴语管做汤叫"放汤"，鲁迅《故事新编·奔月》："她说着，一面回转头去对着女辛道：放一碗汤罢！"（参《汉语方言大词典》3544页）胡祖德《沪谚》卷上："丈母爱郎，割奶放汤。"自注："言慈母爱子，不惜牺牲其身也。"

3. 已会笑，已会叫，两只黄狗来抬轿　讥其喜怒无常。（卷上"孩语孺歌之谚"，107页）

"叫"，影印本作"嗷"。《公羊传·昭公二十五年》："昭公于是嗷然而哭。"何休注："嗷然，哭声貌。"长于考据是范寅之所以用"嗷"不用"叫"，是因为"嗷"可以形容哭声，而此谚"嗷"与"笑"对举，正表哭义。尽管"嗷"与"叫"是广义的异体字，"叫"在汉语方言里也有哭义（参《汉语方言大词典》1209页），为了保存原貌，笔者认为正文当作"嗷"，然后在脚注里再加说明。卷中"风俗"："天喤喤，地喤喤，我家有个夜嗷郎。"今注："'嗷'，同'叫'。"（273页）这样处理比较妥当。

4.《毅窝脶》：毅毅窝脶，老鼠盘窠。（卷上"孩语孺歌之谚"，109页。本条范寅自注及点注者今注中还有两例"毅"字）毅（音）"笃"。椎击物也。凡棍棒横击曰"打"，直击曰"毅"。（卷下"单辞只义"，302页）

以上《毅窝脶》五例"毅"影印本文字同，均误；"单辞只义"二例"毅"影印本实作"毅"，是。《说文·殳部》："毅，椎毂物也。从殳，豖声。"其字左旁作"豖"不作"豕"。

5. 寄桥　上，（音）"吊"。城口之桥。（卷中"地部"，129页）

"寄"不见字书，影印本作"鸾"，是。"鸾"音diào，有深远义，这里借作"吊"。

6. 嚛砌丬（音）"薑"。亦口也。有含怒意说此名。（卷中"身体"，173页）

"嚛砌丬"前后条均双音节，此为三音节，不伦。影印本"砌"为小号字，依体例，"砌"是"嚛"的注音字，词目实为"嚛丬"。

7. 菱蕻鱼　中，（音）"蓬"，去声。鲛鱼夏躲菱蕻下，撤食甚鲜。"（卷中"饮食"，207页）

老版《汉语大字典》："蕻，hòng ②草木初生。《集韵·送韵》：'蕻，吴俗谓艸木萌曰蕻。'清范寅《越谚》卷中：'鲛鱼，夏躲菱蕻下，彻食甚鱻。'"（《大字典》引文不全；义例不合，另有讨论；"彻"当作"撤"）上述"鲛鱼"影印本文字相同。但字书无"鲛"字，"鲛鱼"也不知为何物。今谓"鲛"当作"鲛"。影印本《越谚》"叉"及偏旁"叉"或作"叉"，或作"义"，如卷中"汉港""跋路""排钗"等偏旁"叉"均作"叉"；卷上"走跋路"、孺歌《叉》、卷中"夜叉"等"叉"或偏旁"叉"均作"义"。此"义"即"叉"之俗写，不同于"義"。卷上"借喻之谚"："药荡鲛鱼。"卷中"水族"："钗鱼，形如钗股，坚瘦多骨，磡边最多。俗名'啄阢头钗鱼'。"又"花草"："钗鱼薀草。"可见"鲛鱼"本作"钗鱼"，"鲛"按规范字形当作"鲛"；若作"鲛"，最好用脚注说明。

8. 大熟无收　又名　饿杀爹娘稻　……稗秕丰茂异常，穗长皆穊，有谷无米云故也。（卷中"花草"，247页）

"云故也"不通。末句影印本作"有谷无米，故云。"是。

9. 胍脚歧休（卷中"臭味"，257页）

"胍"不见字书，影印本作"脈"，是。卷下"单辞只义"："脈，（音）'珀'。

分也。两脚大开亦曰'脈'。出《集韵》。"（299 页）可证。

10. 擤　上声。手捻鼻，屏气出涕脓。（卷下"单辞只义"，306 页）

"上声"影印本作"亨上声"，是。吴语"擤"或音如很，字或作"洨"，清胡文英《吴下方言考》："洨，吴音读若很。吴中谓手捻鼻出涕曰洨。"

11. 炸　（音）"煠"。俗作"煿"，非。沦也。食物纳油锅沸之曰"炸"。音从《集韵》。（卷下"单辞只义"，311 页）

两"炸"字影印本均作"煠"，《广韵·洽韵》："煠，汤煠。士洽切。""煠"在吴语里有"把食物放在沸油或沸水里弄熟"的意思，作"煠"音义更贴切，也更容易被接受。"沦"当作"瀹"。"瀹"音yuè，有"煮"义。

他如：卷上"警世之谚"："只要年成熟，鷃鸟吃得几颗求谷。"（23 页）"求"字衍。又"格致之谚"："耐可拨在行人蛇旗，弗可拨修子宽拜师。"（40 页）"师"当作"帅"。又"'头'字之谚"："好记心弗如殯笔头。"（93 页）"殯"字不见字书，当从影印本作"爛"，"爛"同"烂"。又《灸屁》："击冬冬，殯胴肛。"（115 页）正文不误，今注两个"殯"字亦是"爛"之讹。卷中"鬼怪"："戆不倒，敷泥为坐盘，表纸为身首……"（163 页）"表"当从影印本作"裱"。又"屋宇"："石笆椿，篱间薄石柱。"（180 页）"椿"乃"椿（桩）"之讹。又"饮食"："筋扴头，和麦粉在碗中，用筋扴下煮食，故名。"（205 页）两"筋"字当作"筯"。下文："爆烊熴，（音）'报烊蒲'。用糯谷煨火炉，爆出烊起而脯。"（206 页）注音字"报烊蒲"的"烊"当作"脬"。又"服饰"："衩袆，（音）'坌盖'。两腋下开缝处。"（214 页）"坌"为"岔"之讹。又"水族"："白鲞，黄鱼，皆即石首鱼，薨曰'白鲞'，鲜曰'黄鱼'。"（229 页）"薨"当从影印本作"薧"。"薧"音考，指鱼类干制品，亦指干的、腌制的。又"臭味"："奘，（音）'状'。体胖。"（253 页）"状"乃"壮"之讹。卷下"音义"："韵书之作，总以四声七音七音；字书所详，备及一文一义。"（276 页）一个"七音"为衍文。又"单辞只义"："煅，冷饭放熟镬中温之，比烝为暂。"（318 页）"熟"当为"热"之讹。

以下几条是影印本文字恐怕有误，点注本相袭而未出校注，一并附在这里。

12. 荆庄好讔，鲍照井谜。"讔"即廋语，谜欲惑人。（卷上"讔谜之谚"，70 页）

"井谜"费解。"井谜"与"好讔"对举，"井"当是动词。颇疑"井"为"刱"之讹。《说文·井部》："刱，造法刱业也。"《集韵·漾韵》："刱，通作创。"刻印者只刻了"刱（创）"字的左半，就成了"井"字。

13. 钝薄刀阄猪——越割阔。（卷上"讔谜之谚"，71 页）

首先，影印本"阄"作"刓"，当据改。其次，"越割阔"当作"越割越阔"，下文"雨落拖被絮——越背越重。"可比勘。

14. 一偌怕蛇唔,三偌怕殭草索。(卷上"数目之谚",87页)

第一个"怕"当作"拨"。越语管被叫"拨",如卷上"格致之谚":"贼拨狗咬,搭谩自受。"(33页)又,"殭"当从影印本作"彌"。

15. 搭色嫪　指瞒妻别私之妇。(卷中"人类",156页)

"瞒妻"义不可通,当作"瞒夫"。

16. 胖头　此鱼头最肥大而美。畜荡鱼者,春养冬网……(卷中"水族",226页)

"荡鱼"疑作"鱼荡"。卷中"饮食":"鱼白、虾红、蟹黄,三者皆美味……范蠡遗风,多鱼荡蟹篰而得。"(203页)《禅真后史》第七回:"买了近村肥田三百亩、茶竹花果园五七十亩、鱼荡一二十处、桑田百余亩,征取花息用度。""鱼荡"即养鱼的浅水湖。

17. 草芋　此芋撤田,春茁草,开花结籽,其草粪田。(卷中"花草",235页)撤帐果　新妇入房,羽士祝婚者撤之。(卷中"风俗"267页)

以上两条三个"撤"字并当作"撒"。

18. 眕　(音)"谷"。大目而动貌。俗言大眼历落。(卷下"单辞只义",312页)

例证与词目不合,"历落"当作"眕落"。《汉语方言大词典》:"眕,gǔ ①〈形〉眼睛很大的样子。(一)吴语。江苏常州:他家女女匄气得,大眼眕睩格佬(他的女儿很漂亮,眼睛大大的)。浙江金华、萧山、象山。"(6092页)可见,吴语确有"大眼眕睩(落)"的说法。又,今注:"历落:清晰貌。"释义不确。

四　吴方言札记四则

(一)说"看景生情"

"看景生情"是宁波话里很有特色的一个方言词,但写法、读法颇不一致,来历也没有弄清楚。先看几种代表性的说法:

朱彰年先生等编《宁波方言词典》:"看去生勤　①主动,勤快:做生活要看去生勤,莫拨一拨,动一动。②看着办,灵活行事:买啥下饭,侬看去生勤好了。"

汤珍珠先生等编《宁波方言词典》:"看见生情　看机会、看形势;见机行事:侬搭外婆屋里去要看见生情,事体帮渠做眼掉;送多少东西去,侬看见生情好嗬。"

周时奋先生编《活色生香宁波话》（修订版）："看起生情 见计（机之误）行事，看情况而定。看起，看情况；起，发起，起势；生，产生；情，情势，主观行为。例：'有些事体逢早（预先）没好样样忖好，只好看起生情做。'"

20世纪90年代我们编词典的时候首先注意到这个方言词，当时找不到合适的字，就写作"看去生勤"（两个义项可合二为一）。后出的两部书则分别写作"看见生情"和"看起生情"。其实这三种写法都跟这个词的原貌有一定距离，这个词原本应作"看景生情"，由于语音讹变，宁波话里说成"看见生情"或"看起生情"。

"看景生情"是近代汉语里产生的一个新词，始见于明代白话作品。例如《水浒全传》第七十四回："非是燕青敢说口，临机应变，看景生情，不到的（不至于）输与他那呆汉。"《二刻拍案惊奇》卷十六："毛烈也晓得陈祈有三个幼弟，却独掌着家事，必有欺心毛病，他日可以在里头看景生情，得些渔人之利。"《大唐秦王词话》第二十二回："范君章分付尉迟恭，看景生情，不可轻意。"《欢喜冤家》第十六回："密骗道：'你原为着那人做事，只须同去停当了前件，看景生情便了。'""看景生情"还可写作"见景生情"，例如：《西湖二集》第十二卷："（吴二娘）假以探望为名，见景生情，乘机走到小姐楼上。"《醒世姻缘传》第七十七回："你只见景生情，别要跟着姐姐胡做，得瞒就瞒，得哄就哄，侮弄着他走一遭回来就罢。"《歧路灯》第五回："我也不知该费多少，总是五七十两银子，大约可以。你两个见景生情。"《品花宝鉴》第三十二回："你若访实了，歇天我同你去找他，看怎样，我们见景生情，大家可以发些财。"

"看景生情""见景生情"的字面意思是看到眼前景物而引起某种联想或感叹。但上述例子都是随机应变、见机行事的意思。就"看景生情"而言，现有文献材料没有发现使用字面意义的例子，用的都是引申义。文献中的"看景生情"与宁波话里的"看见生情"或"看起生情"意义和用法十分相似，因此我们认为宁波话里表示灵活行事、见机行事的那个方言词本来就是"看景生情"。

底下讨论"看景生情"是如何演变成"看见生情"或"看起生情"的。

"看景生情"虽然是古代通俗小说中的一个词语，但本身仍是文绉绉的，进入到方言里以后，一般人弄不清楚本来是什么意思，该怎样写，就有可能读别。尤其是前半截"看景"，宁波话表示"看到"的意思一般说"看见"或"看张"，没有"看景"的说法，于是就把"看景"误读为语音比较接近、意思比较显豁的"看见"。"景""见"声母相同，按方言读法，"景"韵母为ing，

"见"韵母为i,主要元音也相同,很容易讹变。"今末"(今天)宁波话又可读作"几末",也是属于韵母ing 讹变为i,可作旁证。

"看见生情"口语里也可说成"看起(去)生情",这是因为"见"(ji)与"起(去)"(qi)韵母相同,声母只有不送气与送气之别,也很容易讹变。"差来无几"(差不多)宁波话又可读作"差来无去",也是属于ji讹变为qi,可以比较互证。

综上所述,宁波话表示灵活行事、见机行事的方言词本来写作"看景生情",产生于明代,原是一个很"雅"的口语词。进入方言(主要是宁波话,其他方言似乎不说)后,由于人们不清楚它的来历和写法,就误读为"看见生情"。由"看见生情"再误读,就变为"看起生情"。

(二)形象的量词"眼"和"星"

宁波话里有两个形象的量词——"眼"和"星"。"眼"相当于普通话的"点","星"相当于普通话的"些"。

先说"眼"。请看用例:一眼东西;有眼事体;下饭买眼去;介眼路走走过去算嘞。其中"眼"表示少量,与普通话"点(点儿)"用法完全相同。不同的是,普通话量词"点"还可以用于事项,如"两点意见、文章错误有三点",宁波话"眼"没有这种说法。

"眼"作量词当"点"讲,是吴语用法,上海、江苏、浙江许多方言都有这种用法。如《太平天国民谣·魂灵出送》:"团勇团勇,一眼无用,一听'长毛',魂灵出送。"许钦文《悔过书》:"阿拉船上人,带眼东西赚眼外快。"量词"眼"还可以重叠使用,"一眼眼"表示很少,程度或语气比"一眼"更深,如:推扳一眼眼;吃一眼眼老酒就要醉;一眼眼花头也呒没个。应钟《甬言稽诂·释语》:"甬俗称甚小曰一眼眼。"

宁波话里还有两个由"一眼"构成的俗成语,一个是"一眼一沰",有一点儿、一点一点地等意思,如:一眼一沰下饭莫剩的,吃吃掉算嘞;储蓄箱里个角子是阿爷平常一眼一沰积的个。另一个是"一眼呒告",有一点都没问题、毫无结果等意思,如:昨日磕一跌,今末一眼呒告;该事体弄到结煞一眼呒告。

吴语量词"眼"当是由其本义引申而来。尽管眼睛是心灵的窗户,尽管有人长着一双美丽的大眼睛,但是眼睛与整个面部乃至整个身体相比,仍然是很小的一个"点",所以吴语就把"点"形象地称为"眼"。

再说"星"。普通话"有些"宁波话往往说成"有星",如:有星事体,做乱梦也忖勿着个;工会旅游,有星人想去黄山,有星人想去庐山。但作动词的"有些"（镬里有些冷饭）和作副词的"有些"（天家有些冷）不说"有星"，而说"有眼"。"这些"可说成"该星"（也说"格星"），多用在举例之后，意思相当于"之类"，如：该星东西好孾买个，屋里有该；蔬菜该星多点眼，龙虾、甲鱼该星好孾点个。"哪些"可说成"啥星"（啥音梭），如：夜到吃饭还有啥星人？另外，还有"多星"的说法，用在数词后面，表示多于这个数目，如：一斤多星；报名人有一百多星；会开到十二点多星。"多星"表示概数，意思与"多些"相似。

"星"作量词当"些"讲，也是吴语用法，且习见于明清通俗文学作品。如：明末清初袁于令《西楼记》第十出："只因年纪多子星，合墙门叫我老伯伯。"清王有光《吴下谚联·有余》："变星铜钱银子，落满吾哩江南省。"明冯梦龙《山歌·陈妈妈》："在上游了游，到有星滋味。"清吴伟业《秣陵春》第六出："姚仰溪，我倒有星怕去。"明吾邱瑞《运甓记》第十三出："今日出来，果然还早，个星胡狲还弗见到，且挪个牛来缚在树上，困一忽再做计较。"清钱德苍编选《缀白裘·白兔记·闹鸡》："大公介星年纪哉，还会说鬼话个来。"清二春居士《海天鸿雪记》第三回："华生道：'该星物事是倽人个？'"（"个星""介星""该星"都是这些的意思）

"星"表"些"义，有人认为是"些"之音转。清范寅《越谚》卷下："些，音星……方音之异。"朱彰年先生等编写的《阿拉宁波话》和《宁波方言词典》都没有收录"有星""该星""啥星""多星"等词语，也是认为"星"只是"些"的音变。笔者过去也持这种观点，现在看来，"音转说"似乎还可推敲，"星"的量词用法恐怕也是由其本义引申而来。星星数量繁多，或明或暗，但每一颗又很渺小。以星星细小的形象色彩来表示物品量少的抽象意义，应该是顺理成章的。唐李群玉《仙明州口号》诗："半浦夜歌闻荡桨，一星幽火照叉鱼。"元孙仲章《勘头巾》第二折："这头巾在菜园里埋伏许多时，可怎生无半点儿尘丝，一星儿土渍？"元白朴《梧桐雨》第四折："这待诏，手段高，画的来没半星儿差错。"以上"星"都义同"点"。现代汉语还有"一星半点儿"的说法，形容极少的一点儿。既然"星"与"点"同义，"点"可以作量词，"星"也理应可以作量词。

"眼"和"星"以其词义的形象性和表意的特殊性，在宁波方言量词系统中别具一格。普通话"眼"也有量词用法，用于井、泉水或窑洞等，但与宁波话量词"眼"的用法不一样；"星"的量词用法古已有之，现代汉语消失了，现代其他吴语也大多不用了，却保留在宁波方言里。

（三）宁波话里跟时间量相关的后置词“庉”①

宁波话里有一种比较特殊的句法现象，表示“还要（有）多少时间”的句子里常常在句末使用一个后置词“庉”（音屯[$dəŋ^{24}$]）。这种句式当地人习焉不察，也没有引起方言研究者的注意。先看用例：

A1 落课还超晌庉。（下课还要一会儿。超，要；晌，一会儿）

A2 杨梅上市还超半个月庉。（杨梅上市还要半个月）

A3 地铁通车还超有两年庉。（地铁通车还要好几年。有两年，好几年）

B1 落班还有一晌庉。（下班还有一会儿。一晌，一会儿）

B2 开学还有一礼拜庉。（开学还有一礼拜）

B3 退休还有五六年庉。（退休还有五六年）

“庉”在宁波话里主要有以下三个意思：

①住；居住。如：“旅馆里庉勒一夜。”“我庉勒西门口。”俗语：“庉庉朝南屋，吃吃陈年谷。”②呆；过。如：“雨介大，庉晌再走。”“其有眼事体，庉晌会来个。”“好好养病，庉两日再来看侬。”③停歇；休息。如：“阿拉儿子交关热拆（爱调皮捣蛋），一日到夜手脚勿庉个。”“其身体勿咋好，屋里庉庉半个月嚯。”“该晗（这段时间）交关忙，礼拜日也呒没庉个。”

这三个意思互相联系，词义引申脉络非常清楚。《集韵·魂韵》：“庉，居也。徒浑切。”一般以为，“庉”是本字。这个词应该是常用词，但文献中找不到“庉”当居住等讲的实际用例。其实，“庉”充其量是个“后出本字”或“后出专字”，真正的本字其实就是“停”。从读音看，宁波话有些字常可由iŋ韵读成əŋ韵，如“宁可”读成“能可”，“明朝”读成“盟朝”，“头顶”读成“头等”等。从意义看，“停”古代有居住义，如《南史·侯安都传》：“母固求停乡里。”“停乡里”即居住乡里；唐韩愈《答张彻》诗：“浚郊避兵乱，睢岸连门停。”“连门停”即门挨门居住。引申之，有停留、停歇等义（参阅《周志锋解说宁波话·从“宁海”读“能海”说起》）。另外，“庉”的“过”义，目前两本同名《宁波方言词典》都没有单独列出，如欠妥当。“饭庉晌再吃”宁波话又可说成“饭过晌再吃”，“该事体庉晗再讲”又可说成“该事体过晗再讲”，“庉”表“过”义是很明显的。

弄清楚了“庉”字的意义和用法，我们再来讨论跟时间相关的后置词“庉”。上面例句分A、B两组，A组“庉”意义比较“实”，是“过”的意思，它用法上的特殊性是用在时间补语之后。试比较：

---

① 原载《方言》2013年第3期，今有改动。

A1 落课还超晌庖＝落课还超庖晌＝下课还要过一会儿

A2 杨梅上市还超半个月庖＝杨梅上市还超庖半个月＝杨梅上市还要过半个月

A3 地铁通车还超有两年庖＝地铁通车还超庖有两年＝地铁通车还要过好几年

其中第一种是宁波话典型说法，第二种理论上讲得通，实际上不说，第三种是普通话说法。

B组"庖"由A组"庖"发展演变而来，意义比较"虚"，试比较：

B1 落班还有一晌庖＝下班还有一会儿≠落班还有庖一晌

B2 开学还有一礼拜庖＝开学还有一礼拜≠开学还有庖一礼拜

B3 退休还有五六年庖＝退休还有五六年≠退休还有庖五六年

其中第一种是宁波话典型说法，第二种是普通话说法，第三种句子不通，不说。

A、B两组的差异在于：A组"庖"前面的动词是"超"（要、需要的意思，也可换成"要"），所以后置词"庖"可以解释为"过"。B组"庖"前面的动词是"有"，所以后置词"庖"不能解释为"过"。

实际上，尽管A组的"庖"意义比较"实"，可以解释为"过"，但是不解释为"过"，句子也是通的，句意也没有什么变化。试比较：

杨梅上市还超半个月庖＝杨梅上市还要过半个月＝杨梅上市还要半个月

因此，我们认为，即使A组的"庖"意义已经虚化了，至少是半实半虚了；至于B组的"庖"意义已经完全虚化了。

综上所述，我们对宁波话里跟时间相关的后置词"庖"作如下概括：1. "庖"一般用在表示"还要多少时间（A组）""还有多少时间（B组）"的句子里。2. "庖"最初表"过"义，为了突出时间，用在时间补语后面，用在动补结构后面。3. 由于用在句末，容易虚化，最后演变成意义较虚的后置词。

跟时间相关的后置词"庖"与跟数量相关的后置词"凑"有许多相似之处。

在吴方言、赣方言里，"凑"可以用在句末，用在动补结构或动宾结构后面，表示添加同类的东西。如："吃碗凑""加眼凑""买本凑"；"吃一碗饭凑""加眼老酒凑""买一本书凑"；"再吃碗凑""再加眼凑""再买本凑"。"凑"本是添补、追加的意思，因为用在句末，词义虚化，《汉语方言大词典》干脆把"借点凑"的"凑"看作副词"再"。至于在"再吃碗凑"的句式里，"凑"字更是变成一个可有可无的后置词了。

后置词"凑"有关方言论著都有论及，后置词"庖"则未见有人提到，故特撰短文加以讨论。

（四）请为"隘"字补一个宁波地名特殊读音

"隘"字《现代汉语词典》（第6版）、《新华字典》（第11版）只有一个读音"ài"，共收"狭窄，狭小"和"险要的地方"两个义项，但是在宁波，它常被用作地名，读gà，不读ài。宁波市鄞州区有一个地名叫"邱隘"，宁波市区有一条道路叫"姚隘路"，外地人如果问"邱ài"在哪里，"姚ài 路"怎么走，宁波人肯定是一脸茫然。

宁波地名用字"隘"的特殊读音常常会引起一些"麻烦"。日常生活中问路、打车经常要引起误会这还是小事，广播、电视播报新闻，遇到带有"隘"的地名时，播音员很纠结：读ài，老百姓有意见，感到别扭甚至听不懂；读gà，字典、词典里没有这个读法，不规范。另据报载，宁波市区王隘路的"隘"字路牌上曾有两种标音，一种标ga，一种标ai，王隘路上有六块路牌，两种标法各占一半。有趣的是，在与兴宁路相交的王隘路路口有两块路牌，一块写作"WANGGA LU"，另一块写作"WANGAI LU"，路人对此疑惑不解，无所适从（见《宁波晚报》2003 年11 月13 日第5 版）。

我认为，现代汉语辞书尤其是《新华字典》《现代汉语词典》等权威辞书应该为"隘"字补一个音和义："gà，用于地名，浙江宁波有邱隘、邬隘等。"理由如次：

其一，"隘"是宁波地名特色用字，宁波用"隘"作地名的数量众多。据调查，宁波带"隘"字的地名（包括路名）有将近40 个，主要分布在江东区（宁波市区老三区之一）、鄞州区和北仑区。江东区有余隘、张隘、柳隘、王隘（宁波市区王隘路因南边有王隘村而得名）、姚隘（宁波市区姚隘路因在原姚隘村地界形成而得名）等；鄞州区有邱隘、黄隘、项隘、殷隘、曹隘、高隘、滕隘、郑隘、李隘、章隘、林夹隘、平隘、外河沿隘等；北仑区有邬隘、李隘、林隘、下周隘、上周隘、周隘陈、施隘周、王隘（现代著名作家王鲁彦就出生在大碶镇王隘村）、上王隘、丁隘、里隘等。此外，江北区甬江街道有甄隘和乌隘自然村，慈城镇有赵隘自然村，镇海区庄市街道有大昌隘自然村。宁波俗有"东乡十八隘，南乡十八埭，西乡十八埠"之说，意谓宁波（鄞州）东部以"隘"为地名、南部以"埭"为地名、西部以"埠"为地名的各有十八个之多（十八是虚指，甚言其多）。

考察以上地名，其基本形式都是"姓+隘"。"姓"是村主姓或始居者姓，容易理解；"隘"本是"狭窄"或"险要的地方"义，但是宁波以"隘"为名的村落绝大多数地处平原，为什么也叫"隘"呢？《宁波市鄞州区地名志》解释说：鄞州东部一带河网密布，村庄多建在河边，有的沿河设街，形成狭窄之势。村庄之间看似相近,但河流环绕阻隔,非桥不过,犹如关隘,因而地名中多用"隘"字(西安地图出版社2006年版,441页)。《宁波市北仑区地名志》解释说:推想这些地方成村较早,村民自筑小路,外人过村如过关隘,故名其地(内蒙古科学技术出版社2001年版,401页)。以上说法都有一定道理。可见,宁波地名中的"隘"字与其原来意思还是有联系的,与这些村庄形成之初道路狭窄、险要如同关隘有关。换言之,"隘"用作地名,是表示村子的地貌特征。

其二,"隘"读作gà,有音理依据。《广韵·卦韵》:"隘,陕也,陋也。乌懈切。""隘"为卦韵,影母,去声,蟹摄开口二等字,今音为ài。按照宁波话与普通话的对应规律,"隘"宁波话本该读作[a⁴⁴],[①]而用作地名,读作gà,逸出了一般对应规律。这是为什么呢?只要深入分析,它的音变缘由还是可以解释的。下面试从韵母、声母和声调三方面来分析。韵母容易解释,同属卦韵开口二等字的"懈""解""卖""派""债"等字宁波话韵母即为"a"。声母变化最特殊,由影母变为见母。但影母字与见母字互相转化的现象从古汉语到现代方言都有之。例如,"翁、瓮、鸭、押"都是影母字,而声符"公、甲"都是见母字;"娃、蛙、闺、桂"都从圭得声,"娃、蛙"为影母字,"闺、桂"为见母字;"遏、葛"都从曷得声,"遏"为影母字,"葛"为见母字;苏州话"现在、这时候"意思叫"该歇",也说"哀歇","该"音[kɛ⁵⁵],"哀"音[ɛ⁵⁵],宁波话"现在、这会儿"意思叫"该晌",也说"一晌","该"音[kiŋʔ⁵⁵],"一"音[iŋʔ⁵⁵],也都属于见母读作影母。还有一个重要证据是,"溢"宁波话读作[kɐʔ⁵⁵](与隔同音),如"水溢([kɐʔ⁵⁵])出";"老酒倒勒满进溢([kɐʔ⁵⁵])出"。"隘"与"溢"同从益得声,都读见母,其理相似。从声调看,"隘"《广韵》读阴去声,按照对应规律,宁波话阴去字的声调相当于普通话的阴平,宁波话阴平字的声调相当于普通话的去声,"隘"单字宁波话读[ka⁴⁴],与"界[ka⁴⁴]"同音。[②]如果用汉语拼音来标注,就是gà。

其三,"隘"读作gà,有历史渊源,有广泛的社会认同。地名"隘"读gà始于何时已经无从考证,但从理论上推测,应该与该村落形成并被命名是同步的。宁波以"隘"为地名的乡镇、村庄,大多历史悠久,如位于宁波市东郊的鄞州区邱隘镇,是一个具有1300多年历史的浙东名镇。由此可知,"隘"

---

① "狭隘"的"隘"宁波人口语中往往读成[iŋʔ⁵⁵],那是根据声符误读了。

② 《周志锋解说宁波话》第194～195页:"宁波方言里有许多独特的音变现象,也有不少古音成分。'隘'读作gà(宁波话音同街[ka⁵³],普通话音同尬),就是典型一例。"其中"宁波话音同街[ka⁵³]"表述不够准确。就"隘"单字本音而言,宁波话音同"界[ka⁴⁴]",至于邱隘、邬隘的"隘"读[ka⁵³],那是连读变调所致。

读作gà，至少也有1300多年历史了。地名"隘"读gà，千百年来，宁波人口口相传，代代相承，约定俗成，无人置疑。即使在普通话已经普及的今天，宁波人还是沿袭旧读，排斥ài音。不仅口语如此，公交车报站也都读作gà，路牌汉语拼音除了上文提到过的王隘路路牌曾有两种不同标法外，其余一律标为gà。不仅民间如此，据宁波市地名委员会办公室工作人员介绍，由于"隘"字在宁波历史上一直被读作gà，因而在地名普查时也被认定为gà。已经出版的《宁波市地名志》及宁波市所辖各区地名志也绝大多数把"隘"注音为gà。

其四，"隘"读作gà，公知度低，容易被误读；与普通话读音区别大，误读听不懂。尽管宁波以"隘"为地名的村落数量很多，但是，这些村庄大多规模不大，最大的也只是镇级建制邱隘镇，因此，除了宁波，地名"隘"社会公知度比较低，外地人很容易误读，一旦误读，就会影响交流。地名特殊读音古今都有，如广东番禺的"番"读pān不读fān，河南浚县的"浚"读xùn不读jùn，河南泌阳的"泌"读bì不读mì，安徽蚌埠的"蚌"读bèng不读bàng，安徽六安的"六"读lù不读liù，浙江台州的"台"读tāi不读tái，浙江丽水的"丽"念lí不读lì，湖北监利的"监"读jiàn不读jiān，山东济南的"济"读jǐ不读jì等。上述各例地名读音与其一般读音的差别仅仅表现在声母上、韵母上或声调上，而且随着社会的发展，有些地名特殊读音有向普通话靠拢的趋势。[1]与此不同，"隘"之ài、gà两读，声母、韵母都不同，语音差别相当大，并且只要有方言存在，宁波人根本无法接受把地名"隘"读成ài，因此更需要辞书为"隘"字补充一个地名读音以备查考。

其五，"隘"字增补地名读音gà，完全符合地名异读审音的原则和要求。地名读音审定是一项政治性、政策性和学术性很强的工作，既不能对那些明显违背规范的现象一味迁就，也不能无视语言实际死板地照章办事。迄今为止，专家学者就方言地名规范化问题提出了许多原则，如需要性原则、准确性原则、稳定性原则、历史语音原则、音义一致原则、名从主人原则、社会发展原则，等等。我认为，"隘"读作gà，完全符合以上地名规范的各项原则。另外，地名属于非物质文化遗产，是重要的地方历史文化资源，理应得

---

① 刘美娟《地名读音的社会语言学考察——以"丽水"的"丽"为例》（《语言文字应用》2011年第3期）一文通过实地调查和文献考证，认为"丽水"的"丽"应该读lì。他如"六安"的"六"、"监利"的"监"等也有人（包括学者和本地人）主张按普通话读音来读的。反之，对于有些特殊的方言地名，有些学者主张根据需要、准确、从俗等原则进行规范，保留方言读音，这方面的文章有盛爱萍《"驮猫垟"能写成"老虎冈"吗？——兼论方言地名的规范化原则》（《语文建设》2001年第12期）、胡萍《歙县地名富墦读音考》（浙江大学内刊《汉语史研究中心简报》2012年第1～2期）。

到传承和保护；地名命名权是一个地区言语社群的文化权利的组成部分,理应得到支持和尊重。对那些具有特殊的历史文化内涵、鲜明的区域文化特点,又符合地名规范原则的地名用字和地名读音,采取视而不见、听而不闻的态度,我们认为是不可取的。

众所周知,《新华字典》和《现代汉语词典》的编写宗旨是为推广普通话、促进汉语规范化服务的。对此,我们完全赞同。但是推广普通话不是消灭方言,汉语规范也不能一刀切。宁波地名"隘"读gà是客观存在的语言事实,辞书如实反映出来,应该不会对推广普通话和汉语规范化产生多大负面影响,相反,对保护和传承地名文化资源、帮助读者准确掌握这一地名读音将会起到积极的作用。

据悉,20世纪90年代《新华字典》重新修订时,宁波市民政局曾将地名"隘"的gà音报上去,但最终没有被采纳。笔者是宁波人,又是一名语言文字工作者,虽然人微言轻,但还是强烈呼吁有关机构（如普通话审音委员会）、有关专家尤其是中国社会科学院语言研究所词典编辑室的专家关注"隘"这个特殊读音。600多万宁波人期待着有一天"隘"这个读音能堂而皇之地进入到现代汉语权威辞书,因为它记录的是一种历史,一种文化。

主要参考文献

（清）段玉裁：《说文解字注》，上海古籍出版社1981年版。

（清）郝懿行：《尔雅义疏》，中国书店1982年版。

（清）钱绎：《方言笺疏》，上海古籍出版社1984年版。

（清）王念孙：《广雅疏证》，江苏古籍出版社1984年版。

（清）王念孙：《读书杂志》，中国书店1985年版。

（清）王先谦：《释名疏证补》，上海古籍出版社1984年版。

（清）王引之：《经传释词》，岳麓书社1985年版。

（清）王引之：《经义述闻》，江苏古籍出版社2000年版。

（清）朱骏声：《说文通训定声》，中华书局1984年版。

白维国：《金瓶梅词典》，中华书局1991年版。

白维国主编：《白话小说语言词典》，商务印书馆2011年版。

辞海编辑委员会：《辞海》（1999年版缩印本），上海辞书出版社2000年版。

董绍克、张家芝主编：《山东方言词典》，语文出版社1997年版。

董志翘：《训诂类稿》，四川大学出版社1999年版。

董志翘、蔡镜浩：《中古虚词语法例释》，吉林教育出版社1994年版。

段观宋：《文言小说词语通释》，广西人民出版社1994年版。

方一新：《东汉魏晋南北朝史书词语笺释》，黄山书社1997年版。

高文达主编：《近代汉语词典》，知识出版社1992年版。

顾学颉、王学奇：《元曲释词》（全四册），中国社会科学出版社1983～1990年版。

郭芹纳：《训诂散论》，中国社会科学出版社2002年版。

郭芹纳：《训诂学》，高等教育出版社2005年版。

郭锡良等：《古代汉语》（修订本），商务印书馆1999年版。

郭在贻：《训诂丛稿》，上海古籍出版社1985年版。

郭在贻：《训诂学》（修订本），中华书局2005年版。

汉语大词典编辑委员会：《汉语大词典》，汉语大词典出版社1990～1993年版。

汉语大字典编辑委员会：《汉语大字典》（第二版），四川辞书出版社、崇文书局2010年版。

洪成玉:《古汉语复音虚词和固定结构》,浙江人民出版社1983年版。

侯友兰等:《〈越谚〉点注》,人民出版社2006年版。

胡竹安:《水浒词典》,汉语大词典出版社1989年版。

湖北大学古籍研究所:《汉语成语大词典》,中华书局2002年版。

黄河清编著、姚德怀审定:《近现代辞源》,上海辞书出版社2010年版。

黄侃述、黄焯编:《文字声韵训诂笔记》,上海古籍出版社1983年版。

黄树先:《汉藏语论集》,华中科技大学出版社2007年版。

吉常宏主编:《汉语称谓大词典》,河北教育出版社2001年版。

江蓝生:《魏晋南北朝小说词语汇释》,语文出版社1988年版。

江蓝生:《近代汉语探源》,商务印书馆2000年版。

江蓝生、曹广顺:《唐五代语言词典》,上海教育出版社1997年版。

蒋冀骋:《近代汉语词汇研究》,湖南教育出版社1991年版。

蒋冀骋、吴福祥:《近代汉语纲要》,湖南教育出版社1997年版。

蒋礼鸿:《敦煌变文字义通释》(第四次增订本),上海古籍出版社1988年版。

蒋礼鸿主编:《敦煌文献语言词典》,杭州大学出版社1994年版。

蒋绍愚:《近代汉语研究概况》,北京大学出版社1994年版。

蒋宗福:《四川方言词语考释》,巴蜀书社2002年版。

蒋宗许:《语文鸿泥》,巴蜀书社2009年版。

雷汉卿:《近代方俗词丛考》,巴蜀书社2006年版。

黎良军:《汉语词汇语义学论稿》,广西师范大学出版社1995年版。

李崇兴、黄树先、邵则遂:《元语言词典》,上海教育出版社1998年版。

李法白、刘镜芙:《水浒语词词典》,上海辞书出版社1989年版。

李建国:《汉语训诂学史》,上海辞书出版社2002年版。

李荣主编:《现代汉语方言大词典》,江苏教育出版社2002年版。

李申:《金瓶梅方言俗语汇释》,北京师范学院出版社1992年版。

李申:《近代汉语释词丛稿》,江苏教育出版社1995年版。

刘美娟:《浙江地名疑难字研究》,中国社会科学出版社2012年版。

龙潜庵:《宋元语言词典》,上海辞书出版社1985年版。

鲁国尧:《鲁国尧自选集》,河南教育出版社1994年版。

陆宗达:《说文解字通论》,北京出版社1981年版。

陆宗达、王宁:《训诂方法论》,中国社会科学出版社1983年版。

陆宗达、王宁:《训诂与训诂学》,山西教育出版社1994年版。

闵家骥、范晓、朱川、张嵩岳:《简明吴方言词典》,上海辞书出版社1986年版。

裴学海：《古书虚字集释》，中华书局1954年版。

钱钟书：《管锥编》（全五册），中华书局1986年版。

曲彦斌主编：《俚语隐语行话词典》，上海辞书出版社1996年版。

商承祚：《说文中之古文考》，上海古籍出版社1983年版。

商务印书馆编辑部：《辞源》（修订本重排版），商务印书馆2010年版。

沈怀兴：《联绵字理论问题研究》，商务印书馆2013年版。

石汝杰、宫田一郎主编：《明清吴语词典》，上海辞书出版社2005年版。

苏宝荣：《词义研究与辞书释义》，商务印书馆2000年版。

苏宝荣：《词汇学与辞书学研究》，商务印书馆2007年版。

孙雍长：《训诂原理》，语文出版社1997年版。

汤珍珠、陈忠敏、吴新贤：《宁波方言词典》，江苏教育出版社1997年版。

汪少华：《古诗文词义训释十四讲》，上海书店出版社2008年版。

汪维辉：《东汉—隋常用词演变研究》，南京大学出版社2000年版。

汪维辉：《汉语词汇史新探》，上海人民出版社2007年版。

王海棻、赵长才、黄珊、吴可颖：《古汉语虚词词典》，北京大学出版社1996年版。

王力：《同源字典》，商务印书馆1982年版。

王力主编：《古代汉语》（校订重排本），中华书局1999年版。

王宁：《训诂学原理》，中国国际广播出版社1996年版。

王涛等：《中国成语大辞典》，上海辞书出版社1987年版。

王学奇、王静竹：《宋金元明清曲辞通释》，语文出版社2002年版。

王锳：《诗词曲语辞例释》（增订本），中华书局1986年版。

王锳：《宋元明市语汇释》，贵州人民出版社1997年版。

王锳：《唐宋笔记语辞汇释》（修订本），中华书局2001年版。

王云路：《六朝诗歌语词研究》，黑龙江教育出版社1999年版。

王云路、方一新：《中古汉语语词例释》，吉林教育出版社1992年版。

吴连生、骆伟里、王均熙、黄希坚、胡慧斌：《吴方言词典》，汉语大词典出版社1995年版。

吴士勋、王东明主编：《宋元明清百部小说语词大辞典》，陕西人民教育出版社1992年版。

吴子慧：《吴越文化视野中的绍兴方言研究》，浙江大学出版社2007年版。

向熹：《诗经词典》，四川人民出版社1986年版。

萧旭：《古书虚词旁释》，广陵书社2007年版。

徐复岭：《醒世姻缘传作者和语言考论》，齐鲁书社1993年版。

徐仁甫：《广释词》，四川人民出版社1981年版。

徐时仪：《古白话词汇研究论稿》，上海教育出版社2000年版。

徐时仪：《玄应〈众经音义〉研究》，中华书局2005年版。

徐振邦：《联绵词概论》，大众文艺出版社1998年版。

许宝华、宫田一郎主编：《汉语方言大词典》，中华书局1999年版。

许少峰：《近代汉语大词典》，中华书局2008年版。

杨宝忠：《古代汉语词语考证》，河北大学出版社1997年版。

杨树达：《词诠》，上海古籍出版社1986年版。

杨琳：《小尔雅今注》，汉语大词典出版社2002年版。

杨琳：《训诂方法新探》，商务印书馆2011年版。

杨葳、杨乃浚：《绍兴方言》，国际文化出版公司2000年版。

殷寄明：《汉语语源义初探》，学林出版社1998年版。

于省吾：《泽螺居诗经新证》，中华书局1982年版。

俞樾等：《古书疑义举例五种》，中华书局1956年版。

袁宾：《近代汉语概论》，上海教育出版社1992年版。

袁宾、段晓华、徐时仪、曹澂明：《宋语言词典》，上海教育出版社1997年版。

曾良：《俗字及古籍文字通例研究》，百花洲文艺出版社2006年版。

曾良：《明清通俗小说语汇研究》，江西教育出版社2009年版。

曾上炎：《西游记辞典》，河南人民出版社1994年版。

曾昭聪：《汉语词汇训诂专题研究导论》，暨南大学出版社2010年版。

翟建波：《中国古代小说俗语大辞典》，上海辞书出版社2013年版。

张鸿魁：《金瓶梅字典》，警官教育出版社1999年版。

张惠英：《崇明方言词典》，江苏教育出版社1993年版。

张季皋主编：《明清小说辞典》，花山文艺出版社1992年版。

张生汉：《〈歧路灯〉词语汇释》，河南大学出版社1999年版。

张相：《诗词曲语辞汇释》，中华书局1979年版。

张永言：《语文学论集》（增补本），语文出版社1999年版。

张涌泉：《汉语俗字丛考》，中华书局2000年版。

张涌泉：《汉语俗字研究》（增订本），商务印书馆2010年版。

赵振铎：《训诂学纲要》，陕西人民出版社1987年版。

中国社会科学院语言研究所词典编辑室：《新华字典》（第11版），商务印书馆2011年版。

中国社会科学院语言研究所词典编辑室:《现代汉语词典》(第6版),商务印书馆2012年版。

中国社会科学院语言研究所古代汉语研究室:《古代汉语虚词词典》,商务印书馆1999年版。

周时奋:《活色生香宁波话》(修订版),宁波出版社2005年版。

周志锋:《大字典论稿》,浙江教育出版社1998年版。

周志锋:《明清小说俗字俗语研究》,中国社会科学出版社2006年版。

周志锋:《周志锋解说宁波话》,语文出版社2012年版。

朱彰年、薛恭穆、汪维辉、周志锋:《宁波方言词典》,汉语大词典出版社1996年版。

祝鸿熹:《古语词新解100篇》,上海教育出版社2009年版。

祝鸿熹:《祝鸿熹汉语论集》,中华书局2003年版。

宗福邦、陈世铙、萧海波主编:《故训汇纂》,商务印书馆2003年版。

词目索引

W

X